编委会

编委会主任 刘晓红

编委会顾问（依姓氏笔画为序）

　　　　　　车 英 杨 恕 潘志平

编委会副主任 张继红 殷 敏 朱永彪

国内编委会委员（依姓氏笔画为序）

　　　　　　王 蔚 王丽华 石其宝 石子伟 田新文 田俊芳

　　　　　　刘志强 刘 宪 刘娴静 任 际 李 铖 汪伟民

　　　　　　肖建明 张少英 张正怡 范铭超 赵运锋 胡戎恩

　　　　　　胡宗山 柳 梅 贾少学 袁胜育 康敬奎 彭文华

国际编委会委员（依姓名首字母排列为序）

　　　　　　Anselmo Reyes　　　Elena Sychenko

　　　　　　Ermanno Calzolaio　　Roger Halson

编辑部主任 张继红（兼）

责任编辑 殷 敏 宋俊荣 谢垚琪 王盛哲 冯 硕 朱 怡

第 7 卷

Legal Research on the "Belt and Road"

「一带一路」法律研究

主　编　刘晓红
执行主编　殷敏

中国政法大学出版社

2023·北京

图书在版编目（ＣＩＰ）数据

"一带一路"法律研究. 第7卷/刘晓红主编. —北京：中国政法大学出版社，2023.6

ISBN 978-7-5764-1323-6

Ⅰ.①一… Ⅱ.①刘… Ⅲ.①法律－研究－世界 Ⅳ.①D910.4

中国国家版本馆CIP数据核字(2023)第255460号

出 版 者	中国政法大学出版社
地　　址	北京市海淀区西土城路 25 号
邮寄地址	北京 100088 信箱 8034 分箱　邮编 100088
网　　址	http://www.cuplpress.com (网络实名：中国政法大学出版社)
电　　话	010-58908289(编辑部) 58908334(邮购部)
承　　印	北京鑫海金澳胶印有限公司
开　　本	650mm×960mm　1/16
印　　张	21.75
字　　数	305 千字
版　　次	2023 年 6 月第 1 版
印　　次	2023 年 6 月第 1 次印刷
定　　价	110.00 元

CONTENTS

目 录

域外法治

Contents

The "Belt and Road" Community of Health

Research on International Investment Law

Frontier Exploration

Extraterritorial Rule of Law

"一带一路"卫生健康共同体

"人类健康命运共同体"视域下
"一带一路"疫苗合作困局及因应[*]

张丽英^{**}　苗文卿^{***}

摘　要： 新冠肺炎引发了关于疫苗等防疫产品共享的国际思考与讨论。在疫苗分配国际法体系方面，"一带一路"国家的域内域外制度环境呈现出"内外交困"的状态，国际卫生健康规则以"软条款"为主，而国际知识产权保护规则以"硬条款"为主，全球公共产品分配体制不成熟；区域内制度保守僵化，共建国家间医疗制度互信低，促进疫苗分享的规则发力不足。只有站在"人类健康命运共同体"的高度，将全球公共产品供给法治化、破解知识产权限制、促进自然人流动便利化等，才能提升疫苗分配规则的法律执行力和国际适应性，长效疏解"一带一路"国家所面临的健康赤字、分配赤字。长久来看，公平合理、符合国际法的分配路径对于"一带一路"倡议引领国际卫生产品共享和国际医疗共建而言是一次根本性革新。

关键词： 人类健康命运共同体；"一带一路"倡议；疫苗民族主义；疫苗国际合作；全球公共产品

引　言

新冠疫情的"全球大流行"为"一带一路"共建国家的发展与合作带来了新的挑战。疫情旷日持久，对国家公共卫生事件应急能

---

　*　基金项目：2019 年司法部国家法治与法学理论研究项目"'一带一路'倡议下涉外公共法律服务体系建设研究"（项目编号：19SFB2029）。

　**　中国政法大学教授。研究方向：国际经济法、国际卫生法。
　***　中国政法大学 2022 级博士研究生。研究方向：国际经济法、国际卫生法。

力、公共卫生治理体系、以疫苗为代表的公共产品供给能力都提出极高要求。而"一带一路"共建国家的卫生应急能力普遍较低，有超过一半的共建国家的应对能力低于全球平均水平；[1]同时，"一带一路"国家本身疫苗研发能力弱，国际供给又不足，致其长期处于疫苗匮乏状态，有大量国家居民尚未接种疫苗。截至2022年10月，赤道几内亚的一针剂疫苗接种率仅有29.9%，阿尔及利亚的一针剂疫苗接种率为34%；印度的疫苗接种率为每人接种1.56针剂，土耳其的疫苗接种率为每人接种1.79针剂；"一带一路"共建国家很少有达到每人接种两针及以上（加强针）的。[2]在国家间疫苗分配过度不均的背景下，世界卫生组织总干事甚至将国家间的疫苗不公平分配的现状认定为"疫苗种族隔离"。[3]

在新冠疫情蔓延时期，中国作为"一带一路"的倡议国和参与国，迅速分享病毒基因数据，积极向"一带一路"共建国家提供援助，体现出构建"人类健康命运共同体"的高姿态。而在新冠病毒的"真面目"被逐步揭秘出来的今天，新冠疫苗的有效性已经达成国际共识，如何长效性地解决"一带一路"共建国家疫苗分配的公共健康权与知识产权这一私权之间的矛盾成为未来医疗合作的关键一环。在"一带一路"国家疫苗匮乏、分配不公的现实之下，国家间需要达成分配规则共识，将制度体系规范化、便利化、强制化，这些都需要"人类健康命运共同体"理念的指引。进一步讲，探索疫苗共享的国际法合规进路是对"人类健康命运共同体"理论的一次有效践行。

一、从"人类健康命运共同体"角度研判"一带一路"疫苗合作理念与挑战

"人类健康命运共同体"理论与"一带一路"倡议是交叉渗透

---

〔1〕 参见刘瑾瑜、肖安琪、黄蒇燕：《"一带一路"国家突发公共卫生事件应急能力现状分析》，载《医学与社会》2022年第6期。

〔2〕 See "Country Information on Trading Economics", available at https://zh. tradingeconomics. com, last visited on Oct. 10, 2022.

〔3〕 See Fatima Hassan, et al. , "Unequal Global Vaccine Coverage Is at the Heart of the Current Covid-19 Crisis", *British Medical Journal*, Vol. 375, 2021, p. 3074.

的。2020 年 3 月，面对新冠疫情的严峻挑战，习近平主席首次提出了构建"人类健康命运共同体"的倡议。在"人类健康命运共同体"倡议全球实践的过程中，可采取区域合作撬动全球合作的方式，在"一带一路"共建国家先行实践。同时，"一带一路"国家卫生治理能力弱、疫苗可及性低，需要站在"人类健康命运共同体"的高度方能纾解共建国家所面临的疫苗共享困境。

（一）"一带一路"疫苗共享以"人类健康命运共同体"为指引

"人类健康命运共同体"理论的生成逻辑是顺应时代变化的。自 2020 年疫情以来，许多国家逾越世界卫生组织（以下简称"世卫组织"或者"WHO"）构建的国际卫生体系，违背《国际卫生条例》对额外卫生措施的限制，过度使用限制跨国运输和旅行的额外卫生措施；[4]无视国际多边主义体制，大行"本国优先"之道，使国际贸易、国际投资等均受到严重的边界限制，国际合作严重受阻。各国各行其道的做法恶化了新冠疫情对全球的影响，新冠疫情已经不单是国际卫生治理问题，更是国际经贸合作史上的重大挫折。在此背景下，推行"人类健康命运共同体"正是对抗卫生治理和经贸合作逆全球化的有效路径。

在"一带一路"抗疫合作的实践中，中国已经做出表率，努力践行"人类健康命运共同体"理念，包括迅速分享病毒基因数据，[5]通过"中欧班列"向"一带一路"国家输送防疫物资，[6]并强调加强本国企业与"一带一路"各国企业在传染病防控、卫生援助、疫苗研制等领域的国际合作。中国还引领"一带一路"倡议衍生出"健康丝绸之路"这一新的内涵，从国际卫生健康合作层面纵深"一带一路"理念。由此可见，"人类健康命运共同体"在指导抗疫方面

---

〔4〕 参见张丽英：《新冠疫情下额外卫生措施的适用及其局限性研判》，载《清华法学》2021 年第 2 期。

〔5〕 参见张丽英：《人类卫生健康共同体视域下健康权法律问题的化解——以疫苗研发为切入点》，载《中国软科学》2021 年第 10 期。

〔6〕 参见丛培影：《"一带一路"疫苗合作为全球抗疫树立典范》，载 https://baijiahao. baidu. com/s？id＝1707763129399503385&wfr＝spider&for＝pc，最后访问日期：2022 年 9 月 6 日。

十分有效，疫苗分配合作同样需要这个站在全人类高度的指导思想。

（二）"一带一路"国家身处"内外交困"的疫苗共享制度环境

在"人类健康命运共同体"理论指导之下，国际上控制新冠疫情的速度已经远超此前的大流行病控制速度。但是，对于"一带一路"国家而言，在此次抗击疫情过程中仍是困难重重，可谓"内外交困"。从域外表征来看，本次新冠疫情中暴露出疫苗民族主义基调，一些先进国家强调本国优先，国家间卫生合作意愿和疫苗分配积极性都较低。例如，美国政府强调"美国优先"（American-First），为美国公民预留足够的药物和疫苗，保护美国本土；[7]甚至在疫苗最为紧俏之时独占超过3000万剂疫苗。[8]域内层面上，"一带一路"国家间合作不足，大部分共建国家以接受疫苗捐赠为主，在医疗队派遣、疫苗本土研发等方面没有纵深合作，导致大多数共建国家的外部依赖性极大。

从国际法的角度来看，这种"内外交困"的局面可解构为域外和域内的制度困局。域外困境指向的是民族主义、独占主义支配下的制度缺位，有关疫苗分配和全球公共产品共享的国际制度无力抗衡疫苗知识产权保护制度，独占权与公共健康权之间的协调尚处于建议性规制的状态，国际卫生治理体系尚未建立合理善治的分享机制。域内合作难题所对应的制度困局是"一带一路"国家的制度便利化程度不足和合作机制匮乏，主要体现在各国医疗服务贸易制度、知识产权制度等僵化，在支持域内合作方面发力不足。为了解决"一带一路"国家面临的域外制度无力困局和域内制度僵化困局，应当从现行卫生治理的国际规则和区域内卫生合作体系入手，在阐述困局的基础上剖析成因，进而在"人类健康命运共同体"理论的指导下探求"一带一路"国家因应。

---

[7] See Politico, "How Trum's 'America First' Edict Delayed the Global Covid Fight", a-vailable at https://www. politico. com/news/2021/12/01/trump-america-first-covid-523604, last visited on Sep. 13, 2022.

[8] See Axios, "The Fight over Vaccine Nationalism", available at https://www. axios. com/ 2021/03/12/fight-coronavirus-vaccine-nationalism, last visited on Sep. 13, 2022.

二、外部困局："一带一路"国家所依赖的国际制度环境无力

从"一带一路"国家所依赖的外部制度环境来看，现行疫苗合作分配机制主要是指国际组织建立的合作机制和国家间的援助与豁免机制，具体是指世卫组织引导建立的国际公共卫生治理体系所提供的对外援助模式以及 WTO 在有关知识产权保护的协定中规定的专利豁免制度等。"一带一路"共建国家本身的国际话语权较弱，缺乏创设新机制的国际影响力，主要依赖这些已经形成的疫苗分配合作机制来获取疫苗。而面对现行治理机制，"一带一路"共建国家同样有较大的适应性困境。

（一）WHO"软"条款没有为"一带一路"国家提供疫苗获取依据

国际卫生治理体系（Global Health Governance）以国际卫生政策（Global Health Policy）为基本单元。世卫组织 2005 年《国际卫生条例》和 2011 年《共享流感病毒以及获得疫苗和其他利益的大流行性流感防范框架》（以下简称《框架》）共同构成了国际卫生治理体系下的基本法和疫苗共享专门规范，但是这些规则并不能支撑"一带一路"等发展中国家公平且充分地获取疫苗。

首先，WHO 的规范对国家间疫苗公平分配问题基本处于失语状态。《国际卫生条例》中有关条款包括第 2 条和第 44 条，其中第 2 条规定了"预防、抵御和控制疾病的国际传播"的目的；第 44 条规定了缔约国之间、缔约国与世卫组织之间的"合作和援助"义务，其中包含进行技术合作、动员财政资源合作等。但是这些条款没有指明研发和获取疫苗有困难的国家如何提高疫苗可及性。除了《国际卫生条例》，《框架》略有涉及有关合作的问题，形成了疫苗捐赠[9]、疫苗从发达国家向发展中国家分配[10]外加技术转让[11]的三层共享机制，但是没有对如何进行疫苗分配和技术转让做出具体安排。同

---

[9] 参见 2011 年《框架》第 6.9 条。
[10] 参见 2011 年《框架》第 6.10 条和第 6.12 条。
[11] 参见 2011 年《框架》第 6.13 条。

时，《框架》的效力是"敦促""呼吁"性质的，更是从效力上削弱了其有效性。

其次，WHO 的组织机制决定其无法从根本上主导疫苗共享。WHO 的资金来源主要是国家自愿捐赠，其治理模式自然受到捐赠国的限制，很难进行自主行为。因此，有学者将 WHO 定性为咨询机构。[12]换言之，WHO 的行为具有授权性的色彩。在这种非独立组织机制下，尽管国家间基于其援助规定进行了疫苗捐赠和援助，但也主要是国家间的自主行为，而非 WHO 规制下的行为。并且，WHO 所规定的捐助和援助并不能实质性地改变疫苗不公平分配的现状；相反，这种捐赠和援助仅是一种国际慈善事业，会分散国际社会对疫苗不公平的注意力。

最后，WHO 所建立的惠益共享机制难以回应"一带一路"国家对疫苗获取的实际需求。1993 年联合国《生物多样性公约》首次提出了"惠益共享"（benefit sharing）的概念，其含义是遗传资源利用国应当与资源提供国公平分享基于所分享资源得到的研发成果。[13]这种惠益共享机制是为了避免"生物剽窃"，实现加速病毒样本共享和促进疫苗合理分配的双重效果。其中，掌握病毒样本是疫苗研发的根基，但是获取疫苗是各国健康权实现的保障，对于没有研发能力的许多"一带一路"国家而言后者更为关键。WHO 沿用了这一机制。但是，由于《框架》没有合理有效的疫苗分配机制，在此背景下沿用《生物多样性公约》的惠益共享机制实际上很难达到病毒样本分享和疫苗获取之间的平衡。原因是疫苗与病毒样本并不相同，疫苗所指向的是市场经济利益，在没有建立合理的强制性分配机制之前，医药企业往往不会自发进行疫苗共享。实践中确实如此，根据《2016 年〈框架〉审查小组的报告》，有医药企业虽然收取了病毒样本，但是不作出合理的疫苗共享承诺；即使作出共享承诺，疫

---

〔12〕 See VOX, "How to Fix the WHO, According to An Expert", available at https://www.vox.com/2020/4/19/21224305/world-health-organization-trump-reform-q-a, last visited on Sep. 6, 2022.

〔13〕 参见 1993 年《生物多样性公约》第 15 条。

苗生产商往往也只是作出捐赠疫苗的承诺，不会进行技术转让或者发放他国生产的许可证。

实际上，WHO 的治理缺位和治理不平衡在此前的大流行病治理中已经暴露出来，曾给"一带一路"国家带来沉重打击。早在 2005年，基于 VSV 载体的埃博拉病毒疫苗就被证明能够提供快速、完全保护。[14]然而，高收入国家政府和制药企业均对投入巨额资金研发这一疫苗没有兴趣，而饱受埃博拉病毒困扰的许多国家（包括许多"一带一路"国家）却没有能力研发这一疫苗，这些国家强烈呼吁国际社会关注埃博拉病毒疫苗，而由于 WHO 的独立性不足等原因，疫苗研发被长期搁置。因此，"一带一路"国家长期受到病毒威胁而WHO 并未对埃博拉病毒治理作出迅速反应。

因此，法律效力和实践现实均表明，在没有强制性的分配框架中，WHO 的治理体系很难发力，无法真正实现公平分享。"一带一路"国家一方面没有能力主导 WHO 建立新的卫生治理体系，另一方面现行的惠益共享机制以"软"条款为主，并不能解决这些国家的实际需求。

（二）"一带一路"国家无法适应国际知识产权保护"硬"条款

即使是在以 WHO 为核心的国际卫生体系下，国家间的合作与援助模式仍然不能免除知识产权对疫苗公平分配的限制。为了保护知识产权和获取经济回报，权利人往往会对其定价过高，且不愿意授予他国生产许可证或者豁免知识产权。高标准的知识产权保护使"一带一路"国家在医药产品获得方面付出沉重代价。[15]实际情况也是如此。此次新冠疫苗问世之后，医药企业不愿意许可非排他性生产销售，即使作出此类承诺的企业也有意在未来开始盈利性销售。[16]可以说，

---

〔14〕 See Sylvain Baize, "A Single Shot against Ebola and Marburg Virus", *Nat Med*, Vol. 11, 2005, pp. 720-721.

〔15〕 参见余劲松、吴志攀主编：《国际经济法》，北京大学出版社、高等教育出版社 2019 年版，第 166 页。

〔16〕 See Biopharma Dive, "J&J Foresees End to Not-for-Profit Sales of Coronavirus Vaccine", available at https://www.biopharmadive.com/news/johnson-johnson-vaccine-not-for-profit-price/608477/, last visited on Sep. 21, 2022.

"一带一路"国家获取疫苗的必经之路之一就是移除知识产权的限制。然而，移除知识产权的制度强制性力度远小于国际上知识产权保护制度的力度，相较之下，保护制度以"硬"条款为主而豁免制度以"软"规范为主。

首先，除了中国之外，其他国家的医药企业没有向"一带一路"国家作出自愿许可。自愿许可制度是私权之间的自愿承诺放弃，一般是指医药企业之间的许可。在大流行病面前，可能会出现国家之间协调达成多方许可，然后再由医药企业作出自愿许可。但是由于自愿许可无强制性，属于意思自治行为，不具备可规制性，很难成为消除知识产权限制的主导路径。

其次，国际社会往往最先探究知识产权强制许可制度能否提供疫苗公平分配的进路。在公共健康领域，强制许可制度能够解决专利保护和公共健康保护之间的伦理错位，其中包括与疫苗可及性之间的冲突。[17]《与贸易有关的知识产权协定》（以下简称"TRIPs协定"）及《TRIPs协定与公共健康多哈宣言》规定权利人之外的人可通过强制许可制度使用某项专利技术，这是TRIPs协定所提供的灵活性措施。[18]发达国家对这一制度启动较少，一方面是药品生产能力高，另一方面是话语权高的发达国家甚至会以强制许可制度作为降低药价的筹码。[19]与此同时，许多发展中国家为了吸引外资或者追随国际知识产权保护大潮流，其知识产权制度也大多跟随TRIPs协定的有关规范，甚至出现"超TRIPs协定"的规范模式，导致国际上启动强制许可的程序很少，制度启用也较为困难。

2022年6月，WTO第12届部长级会议（以下简称"MC12会议"）达成《关于世贸组织新冠肺炎疫情应对和未来疫情应对准备的部长宣言》和《TRIPs协定部长决定》，国际上对新冠疫苗专利豁

---

〔17〕 参见许春明、陈雪妮：《论WTO拓展新冠疫苗可及性的专利豁免》，载《科技与法律（中英文）》2022年第4期。

〔18〕 参见TRIPs协定第8、31条。

〔19〕 2001年，美国暴发炭疽疫情，为了应对疫情，美国以专利强制许可为筹码，与生产治疗炭疽疫情的药品（西普洛）公司拜尔展开谈判，约定降低西普洛50%的药价。

免达成一致。[20]相比于公共健康领域的其他多边协议，关于新冠疫苗的豁免提案通过速度已经十分理想。但是，豁免决定如何落地取决于对知识产权这一私权的协调以及技术学习的能力：一方面，国家层面的豁免决定如何影响国内医药企业的知识产权私权还有赖于国内立法，而目前没有国家为应对这一豁免政策而修改本国知识产权保护立法，如何在各国国内协调豁免制度以及激励医药企业加大生产仍有待考察。另一方面，从技术上看，新冠疫苗需要生产稳定的 mRNA，但是其制造技术属于新兴产业，制造过程的高学习曲线带来诸多生产风险，[21]导致无法在短期内普遍应用。[22]可以说，豁免决定带来的最为确定的影响即为引发医药企业强烈反对，除此之外变数较大。因此，即使建立技术专利豁免，大量"一带一路"国家也没有足够的能力完成技术学习，如何在这些国家完成疫苗或者仿制药生产同样未知。

从本质上看，这些措施的本意是促进技术转让，但是这些措施以"软"条款为主，导致规则很难要求发达国家履行。[23]同时，即使有强制许可条款或者知识产权豁免决定，由于规范不甚明确或者国内履约缺位，普及疫苗的外部依赖性仍然很大，在公共卫生和技术转让之间很难找到平衡。

（三）全球公共产品分配体制不成熟

由于缔约国没有切实履行 WHO 卫生体系项下的义务，疫苗的全球公共卫生属性应运出现，意图为扫除实现全球疫苗共享所面临的国际体制障碍提供基础条件。[24]在疫情初期，关于疫苗是不是公共产品的问题争议明显。世卫组织和中国等"一带一路"国家都强调疫苗具备公共产品属性，应当由国际社会公共管理疫苗的知识产权，

〔20〕　参见 2022 年《TRIPs 协定部长决定》。

〔21〕　参见许春明、陈雪妮：《论 WTO 拓展新冠疫苗可及性的专利豁免》，载《科技与法律（中英文）》2022 年第 4 期。

〔22〕　参见姚恒美：《mRNA 疫苗发展态势研究》，载《竞争情报》2021 年第 4 期。

〔23〕　参见彭亚媛、马忠法：《管制与自由：国际技术转移法律规则的回顾与展望》，载《国际经济法学刊》2021 年第 3 期。

〔24〕　参见龚向前、樊夏涵：《人类卫生健康共同体构建的国际法路径与中国方案》，载《中州学刊》2022 年第 6 期。

并进行全球公平分配，并就此建立了“专利池”管理机制。[25]但是，英美等发达国家则倾向于保护医药企业的利润，强调知识产权管理；制药公司团体也对共享专利提出质疑。[26]

全球公共产品是全球治理、国际多边合作供应的产物，强调产品的非竞争性、非排他性、非营利性、外部性、有益于全球发展等特点。国家或者非国家行为体将特定产品定性为全球公共产品的优势在于能够提高该产品的全球可及性，使全人类、人类后代都受益于这一产品。然而，由于缺乏国际法支持的配套实施机制，以及国际地缘政治复杂等环境因素，疫苗的全球公共产品属性无法从根本上解决“一带一路”国家面临的诸多疫苗分配挑战。原因是疫苗这种全球公共产品本身就面临供给结构难题和供给有效性难题，主要体现在以下几个方面：

第一，多元疫苗国际生产主体导致供求竞争性。首先是疫苗的供需尚未达到平衡，存在供不应求和供求对接差等障碍，公共可及性低，可能在多主体之间出现零和博弈。其次，由于世卫组织治理体系的明显缺陷，全球疫苗免疫联盟（GAVI），新冠疫苗发展工作组，全球抗击艾滋病、结核病和疟疾基金等非政府组织都在开展疫苗项目，多主体之间可能出现资源、资金争夺，甚至出现供求竞争。

第二，全球公共产品属性没有公平合理的分配机制予以配合，不能解决疫苗公平分配的结构性问题。[27]全球公共产品的供需不仅是经济市场问题，还涉及公共产品供给的合法性分配和政治市场竞争问题。由于全球公共产品概念之下没有明确的分配规范，将特定产品“公共产品化”的行为本质上是主观的，是政治进程的结果，供给方可能会决定优先考虑特定的全球发展目标和国际认同。这种

---

〔25〕 See Health Policy Watch, "WHO, Costa Rica & Chile Announce Official Launch of CO-VID-19 Intellectual Property Pool", available at https://healthpolicy-watch. news/who-costa-rica-announce-official-launch-of-covid-19-intellectual-property-pool/, last visited on Sep. 10, 2022.

〔26〕 See AP NEWS, "Countries Urge Drug Companies to Share Vaccine Know-How", available at https://apnews. com/article/drug-companies-called-share-vaccine-info-22d92afbc3ea9ed519be 007f8887bcf6, last visited on Sep. 6, 2022.

〔27〕 See Nivedita Saksena, "Global Justice and the COVID-19 Vaccine, Limitations of the Public Goods Framework", *Global Public Health*, Vol. 16, 2021, pp. 1516-1517.

国际供给结构容易在强国和弱国之间形成主导和从属地位。目前，即使"一带一路"国家普遍呼吁将新冠疫苗定性为全球公共产品，但是在总量有限的情况下，供给结构是全球性供给，并未向中低收入国家倾斜，"一带一路"共建国家的中低收入国家仍然难以在全球市场上获取这种公共产品，还是只能求助于国际援助。

第三，发达经济体排斥"搭便车"行为，国际推行动力不足。从可行性角度来看，"一带一路"国家往往只能成为全球公共产品的接收方，而发达国家等往往作为供应方，收益与供给的不平衡导致发达国家没有动力推动新冠疫苗成为全球公共产品。新冠疫情带来的挑战远超单个国家的承受能力，显然无法通过中国的力量独自承担新冠疫苗这种全球公共产品的供给。然而，高收入国家和中低收入国家之间本身存在公共产品收益上的差异，难以推进集体行动。而 WHO 等非政府组织一方面在协调国际集体行动方面代表性不足；另一方面，WHO 等应对全球公共产品分配问题更是缺乏经验。因此，全球公共产品这一概念缘起于平衡国际资源、物品等，但是全球公共产品的分配结构缺乏协调性机制，难以全面解决疫苗国际分配问题。

除了供给问题以外，所供给产品的有效性将影响产品的全球公共产品属性认定。新冠疫情自出现以来，病毒不断发生变异，出现德尔塔毒株、奥密克戎毒株等变异冠状病毒，免疫逃逸能力不断提升，新冠疫苗对这些新型毒株的效果并不明确，甚至有研究表明变异毒株对现有新冠疫苗的有效性构成严重威胁。[28]当新冠疫苗完成研发并且及于部分"一带一路"国家时，新冠病毒可能已经发生变异，疫苗的有效性可能已经折损。随着病毒不断变异，针对特定毒株的疫苗的收益性降低，如何从特定毒株疫苗角度认定其全球公共产品属性有待观察。

总结来看，《国际卫生条例》、《框架》、TRIPs 协定以及《TRIPs协定与公共健康多哈宣言》等多个公约和框架协议共存，但是大多

---

〔28〕 See Lihong Liu, et al., "Striking Antibody Evasion Manifested by the Omicron Variant of SARS-CoV-2", *Nature*, Vol. 602, 2022, pp. 676-681.

对独占权与公共健康权之间的矛盾调和处于失语状态。在国际语境下，"一带一路"国家大多处于被动状态。由于目前国际公共卫生治理体系本身就存在较大缺陷，大多数"一带一路"国家很难依靠这一体系获取充分的疫苗供给。

三、域内困局："一带一路"共建国家制度保守僵化

（一）"一带一路"域内医疗服务贸易便利化制度不足

疫苗引入和广泛接种需要大量医疗服务人员，但是许多"一带一路"国家的医疗人员十分稀缺，新冠疫情的大肆传染导致许多医护人员感染，因而加重了医护匮乏，疫苗接种难度陡增。数据显示，孟加拉国政府保健设施的医生数量稀少，每1万人平均仅有5.26名医生能够提供救助。[29]根据印度尼西亚政府发布的信息，直至2022年1月，印尼的医生资源仍然无法在本国范围内合理分配，一名医生要服务于超过6000名民众。[30]同时，许多"一带一路"国家对远程医疗认可度低，国内基础设施也不完善，导致远程医疗同样难以开展。

1. 医疗人才流动的统一规范缺位

医疗队域外派遣的本质一般属于国际服务贸易范畴内的自然人流动（movement of natural persons），是四大国际服务贸易模式之一。自然人流动一般是指一国服务提供者（特指自然人）在另一国驻留，向该另一国服务消费者提供服务。[31]鉴于医疗对国民健康的重要意义，"一带一路"国家的医疗服务贸易属较为封闭的行业，各国在医疗层面的减让普遍较少，更鲜有有关医疗的深入合作协议。

目前，共建国家的自然人流动法律渊源主要包括三类：《服务贸易总协定》（GATS）、自由贸易协定以及国内法。根据 GATS 的承诺

---

〔29〕 See Shaharior Rahman Razu, et al., "Challenges Faced by Healthcare Professionals during the COVID-19 Pandemic: A Qualitative Inquiry from Bangladesh", *Front Public Health*, Vol. 9, 2021, pp. 1-2.

〔30〕 See A Nursyifa Az-Zahra, et al., "Solving Indonesia's Health System Problem during Covid-19 Pandemic through ASEAN Economic Community (AEC)", *Sociae Polites*, Vol. 23, 2022, p. 241.

〔31〕 参见李先波：《自然人流动规制的晚近发展及其对中国的启示》，载《法学研究》2010年第1期。

减让表,相较于 GATS 的其他服务贸易模式,"一带一路"各国对自然人流动这种市场准入模式所作的准入承诺最少、限制最多。[32]"一带一路"国家间没有统一的包含自然人流动的协定,不同国家是依照不同维度的自然人流动模式展开医疗服务人员流动的,如依据《区域全面经济伙伴关系协定》(RCEP)、东盟相互承认协议(MRA)和东盟自然人流动协议(MNP)等协定,除此之外,国家间一般通过国内法作出规定。统一规范的缺失导致自然人流动受到颇多限制,主要体现在以下两个方面:

第一,"一带一路"国家之间缺少共同承诺的自然人市场准入制度。市场准入制度关系到一国服务提供者能否进入其他国家市场的问题。在医疗服务领域,重点应当关注合同服务供应商(CSS)和/或独立专业人员(IP)类型的自然人流动准入制度。由于区域互信程度、贸易便利化承诺程度等不同,不同维度的协定对自然人流动给出的限制类型和限制程度差异悬殊:在东盟相互承认协议和东盟自然人流动协议中,只有菲律宾、越南和缅甸允许 CSS 和 IP 与商业脱钩的服务人员入境;有的国家对于入境人数作了限制,比如规定本国公民应占到企业特定层级人员的一定比例或者仅允许特定数量的非本国国民参与服务等。[33]在 RCEP 中,只有中国一个"一带一路"国家作出了 CSS 开放承诺,没有"一带一路"国家作出 IP 开放承诺。[34]

由此可见,"一带一路"国家的开放现状难以满足医疗服务人员入境需求:一方面,"一带一路"国家没有形成服务贸易便利化共识,没有形成相互承认协议和自然人流动协议,大多数国家的医疗市场准入还要求进行劳动市场准入测试,且没有执业资格互认制度;另一方面,即使是在更小范围的区域性协定中,"一带一路"国家相互之间开放 CSS、IP 的承诺较少,更鲜有专门涉及医疗、护理等部

---

〔32〕 See Ghantal Blouin, Nick Drager, Richard Smith, "International Trade in Health Services and the GATS", *World Bank*, Vol. 1, 2013, p. 102.

〔33〕 See Flavia Jurje, Sandra Lavenex, *ASEAN Economic Community: What Model for Labor Mobility*, Working Paper of NCCR Trade Regulation, No. 2, 2015, p. 5.

〔34〕 参见 2020 年 RCEP 第 8 章第 1.18 条、第 9 章第 2 条以及附件 4。

门的开放承诺，大多只是在水平承诺范围内提及医疗部门，故而这些类型的人员流动受限较多。

第二，跨境医疗服务国民待遇等法律地位问题。国民待遇等法律地位关系到服务提供者进入他国之后能否享受平等待遇问题。在"一带一路"国家参加的现有协定中，各国均未将国民待遇作为一种强制承诺义务，而是允许缔约国自由选择国民待遇的有关条件。以东盟相互承认协议和东盟自然人流动协议为例，柬埔寨、老挝等均采取了歧视性的国民待遇，新加坡、菲律宾等对国民待遇没有作出承诺或者仅作限制性承诺，还有一些国家的承诺十分模糊。[35]再如，中国与毛里求斯签订了《中华人民共和国政府和毛里求斯共和国政府自由贸易协定》（以下简称"中毛协定"），这是中国与非洲国家的第一个自贸协定。其中，中毛协定附件三规定的服务贸易具体承诺减让表中，除了水平承诺中的内容外，中毛双方均没有对医疗相关的自然人给予国民待遇承诺。[36]由此可见，"一带一路"国家在自然人流动的服务贸易方面壁垒明显。

2. 新冠疫情更加凸显了流动便利性不足

新冠疫情的蔓延对自然人流动提出新的要求，自然人流动便利不足的缺陷变得更加显著。在 GATS 下，自然人流动本就便利性不足。相关壁垒主要是因循劳动力市场测试、签证制度、执业资格认证、国民待遇几个方面构筑起来的，即通过检验哪些是国内急需的行业、控制签证签发数量、制定繁杂的入境程序以及考核和认定劳动人员的执业资格等，限制入境自然人的数量、工作类型和驻留时长等，各国对入境后是否为劳动者提供国民待遇方面也有承诺差异。面对与卫生治理有关的自然人流动需求激增的现实，各国亟待突破自然人流动的便利化限制。

然而，大流行病情形下没有突破性和例外性的自然人流动制度，疫情进一步限制各国按照承诺履行流动制度。目前，"一带一路"国

---

〔35〕 参见王娟、刘巧：《中国面对东盟国家的自然人流动壁垒研究》，载《广西经济》2021 年 3~4 月合刊。

〔36〕 参见 2021 年中毛协定附件三第一部分和第二部分。

家均未设置专门的医疗人员入境特殊通道等例外流动机制，边境措施带来的压力毫无例外地压在了每个服务贸易业之上。加之，许多国家采取过度的额外卫生措施，迅速封锁边境、限制入境，导致人员跨境流动停滞，加剧了医疗人员流动壁垒。同时，国民待遇和最惠国待遇方面并未因疫情而有所改善。实际上，大流行病背景下的自然人临时性移动与一般情况下的流动多有不同，境外医疗人员在当地工作的风险极高，且信息获取能力相较于当地工作人员而言更差，如果此时市场准入制度严格外加跨境后没有充分的国民待遇和最惠国待遇等，国家势必会失去派遣医疗队进行跨境援助的动力。

3. 缺乏远程医疗具体实施路径

在新冠疫情蔓延过程中，为了限制新冠肺炎的传播，大量服务贸易被限制或者暂停，线上服务贸易和遥距支援开始出现。在此背景下，远程医疗大量涌现，其优势迅速显现。对于疫苗接种及接种后的医学观察，或可通过远程指导的方式进行。因此，除了医疗人员流动，远程医疗有关的服务贸易制度同样值得关注。远程医疗是指某一国家或者地区的医疗服务提供者在其境内，远程、非接触地向他国或者地区的消费者提供医疗服务，[37]属于四类服务贸易中的跨境交付之范畴。大多数国家对于跨境交付的市场准入和国民待遇问题均无限制，远程医疗的便利化程度较高。但是，这一领域本身并不完善，导致有便利化措施却无具体实施之路，未来扩大远程医疗服务范围的难度同样较大：

（1）各国对远程医疗的认可度不同，导致在各国开展远程医疗的难度不同，如在南非，远程医疗只是线下医疗的辅助，允许远程问诊的情形很少；再如，我国严格禁止通过远程方式进行首次诊疗，而其他许多国家和地区没有这种限制。因此，在一些制度较为保守的国家或地区，即使是新冠疫情疫苗接种辅助工作，也很难在没有诊疗记录的情况下首次开诊。

（2）接入平台的准入问题，目前主要有实体医院"互联网化"、

---

〔37〕 参见刘凯：《互联网医疗与跨境医疗结合的法律风险：以粤港澳大湾区为例》，载《中国全科医学》2019 年第 31 期。

独立的第三方商业机构建立的移动医疗平台两种模式，各国法律对这两类的许可和监管不同。《远程医疗服务管理规范（试行）》规定我国仅许可医院间的远程医疗和通过第三方机构的远程医疗两种类型，但是始终要依托于实体医院；新加坡《远程医疗指南（2015）》规定的远程医疗是指各类医疗机构所提供的服务，并未提到第三方商业机构。[38]同时，接入平台的限制还体现了各国对本地化等要求的差异，如建立本地化实体医院、本地化医疗系统和相应的本地化数据存储等都加大了布局远程医疗的难度。

（3）规范的复杂性与多重性。一国医生在从事跨境远程医疗时，往往要遵守服务国的医疗标准或者持有服务国的医疗许可证，并且提供符合该国医疗标准的医疗服务，包括遵守本国用药权、按照本国标准识别患者类别等，例如新加坡即规定提供远程服务必须在新加坡有注册并持有执照。[39]因而，一位远程医生往往需要获得多个医疗执照或者在多国注册后才能从事远程医疗服务，且要遵守多国医疗规范，繁杂的许可准入程序会严重折损远程医疗的便利性。

由此可见，本次疫情暴露出两大"一带一路"内部合作阻碍，即一些"一带一路"国家本身没有充分的医疗救助能力，又缺乏自由化的跨境医疗人员流动制度和便利化的入境制度；也没有充分的远程医疗服务条件和便利化措施，导致医疗服务过度紧张，严重限制了本国的医治速度。总之，"一带一路"国家要开展统一化医疗服务贸易的路还很长。

（二）"一带一路"内部的疫苗合作机制不成熟

在国际法制机制缺位的情况下，如果能直接建立一个捐赠与筹措机制，同样能够协调疫苗分配问题。2021年6月，"一带一路"亚太区域国际合作高级别会议期间，二十多个发展中国家共同开展"一带一路"疫苗合作伙伴关系倡议（以下简称"倡议"），在"人类健康命运共同体"理念下支持"一带一路"国家疫苗合作。但是

〔38〕 See Singapore National Telemedicine Guidelines，"Definitions，Scope and Interpretation"，2015.

〔39〕 See Singapore National Telemedicine Guidelines，Art. 2. 3，2015.

这一倡议主要停留在政府间合作意向层面，并未制定具体的合作条款以规范疫苗认证、疫苗分配等合作程序问题，以及基金、捐助等资金来源问题。

除了本倡议，2020年4月，GAVI、WHO和流行病防范创新联盟（CEPI）共同成立了"新冠肺炎疫苗实施计划"（COVID-19 Vaccines Global Access，COVAX）。对比之下，倡议在诸多方面均存有不足：

第一，参与国结构单一，以中国为疫苗供应国、其他多数"一带一路"国家为接收国；而COVAX的92个参与国被分为两大类，分别主导供应和接收，并随着接收量的增加实现地位动态转换。具体而言，COVAX支持92个低收入和中等收入国家［2018年和2019年人均国民总收入低于4000美元的所有经济体，以及世界银行国际开发协会（IDA）认定的其他符合条件的经济体］接受疫苗资助，同时支持97个中上收入和高收入国家参与捐赠，这种雄心和规模的努力远超倡议。[40]

第二，资源没有实现集中。倡议主要是通过一对一捐助的方式分配疫苗，没有国家间的生产机制和认证机制，参与国以需求国、不发达国家为主，没有充分的合作能力，倡议很容易流于形式。而COVAX创新了疫苗的流动方式，通过公私合营的方式邀请全球参与，将资源集中化。其中最重要的是通过预先市场承诺（AMC）进行融资，支持中低收入国家获取疫苗。

第三，没有将倡议制度化。鉴于疫苗难题的根源是疫苗生产不足的问题，仅建立政府层面的合作很难带动医药企业扩大生产。换言之，企业层面的合作焦点和难点是知识产权豁免制度，而倡议尚未深化至知识产权制度，企业生产十分受限。单从各国知识产权制度来看，区域内各国制度大多处于较为割裂的状态，一方面对TRIPs

---

［40］ See GAVI, "Gavi. Vaccine Request Annex A: COVAX Facility Terms and Conditions for the AMC Group Participants", available at https://www.gavi.org/sites/default/files/covid/covax/COVAX-VR-Annex-A-COVAX-Facility-TCs-AMC-group-participants.pdf, last visited on Sep. 6, 2022.

协定和《TRIPs 协定与公共健康多哈宣言》有关的豁免制度进行扩大解释，希望获取更多的公共利益豁免；[41]另一方面又给强制许可申请人等附加资格申请限制和义务等，在国际公约基础上形成了超TRIPs 协定条款。这无疑增加了企业层面的跨境合作难度。

第四，倡议没有有关基金项目予以支持。而对比之下，COVAX是在 GAVI 引领下进行的，通过多方融资和预付款促进疫苗生产并购入疫苗，然后再出售给被捐助国，开展循环经济和规模经济。GAVI长期通过这种公私合营的方式创新融资机制，资金来源较为稳定。

总之，这一倡议的缺陷一方面体现出"一带一路"国家卫生治理能力不足；另一方面，合作机制停滞不前更体现出"一带一路"国家在公共卫生层面的合作意愿和合作能力十分有限，属于尚未充分发掘的领域。

四、"一带一路"国家疫苗合作困难的成因

疫苗可及性和公平性难题表面上看是因为国家在应对公共危机时时间精力有限，只能更多地关注到本国群体保护；而实质上民族主义观念和利益冲突肇起，使公共产品属性与知识产权之间存在对抗，导致现有的"一带一路"疫苗合作体系在建立和发展的过程中始终存在规范模式碎片化问题，且无法联动应对。

（一）外部制度深受"本国保护主义"掣肘

从法律制度来看，"一带一路"国家疫苗获取的外部依赖性高，外部制度环境是影响这些国家疫苗获取的主要因素。但是，以 WHO为核心的国际卫生政策有市场性的特点，不利于"一带一路"中低收入国家。从本质上看，国际卫生政策的效力取决于其表达、范式、制定机构和深层核心等，这些因素之间是相互影响的。[42]虽然《国际卫生条例》《框架》以及疫苗的公共产品属性认定等均关注到病

---

〔41〕 参见林秀芹：《TRIPs 体制下的专利强制许可制度研究》，法律出版社 2006 年版，第 9 页；管育鹰主编：《"一带一路"沿线国家知识产权法律制度研究——中亚、中东欧、中东篇》，法律出版社 2017 年版，第 33 页。

〔42〕 See Simon Rushton, Owain David Williams, "Frames, Paradigms and Power: Global Health Policy-Making under Neoliberalism", *Global Society*, Vol. 26, 2012, pp. 147-167.

毒分享、疫苗分配存在"国际卫生安全"威胁，其表达和范式表面上体现了促进疫苗公平分配的意向，但从制定机构来看，上文已述，WHO 资金来源以捐助为主，自然受到发达国家掣肘。同时，《国际卫生条例》《框架》关于疫苗问题的深层核心是发达国家知识产权市场经济与中低收入国家公共健康资源之间的平衡问题，是市场性的和经济性的，这导致在利益平衡面前很难达成强制性规范之合意。这一深层核心影响了《国际卫生条例》《框架》的表达和范式，导致其解决疫苗公平性的效力"大打折扣"。

而从供应机制来看，在制度失衡的情况下，"一带一路"国家始终靠的是外部的捐赠承诺和定购协议，有"疫苗外交"的色彩。这种捐赠和订购的方式仍然难以解决疫苗生产商的知识产权保护利益，也没有为供应商提供保障。因此，这种捐赠方式只是在等待现有疫苗生产积累，没有扩大生产的效果，供应不足的难题只是随着时间经过而被弥合，机制本身的协调作用有限。同时，"疫苗外交"的方式会进一步削弱 WHO 为核心的国际卫生治理体系效能，在国家之间形成因循国家软实力的政治化疫苗分配机制。

总之，无论是国家间还是在国际组织领导下，制度设计缺陷均导致国际疫苗分配不公。而这种制度设计背后的根源是国际卫生治理体系本身活力不足，对主权国家依赖性高，因此必然受到"本国优先主义"的掣肘。

（二）"一带一路"域内制度互信程度低

"一带一路"国家域内制度缺陷主要表现在关于服务贸易便利化不足和合作倡议不成熟两个方面，两者内里的根源是许多"一带一路"国家本身服务贸易发展水平较低，为了避免境外医疗过分渗透、医疗执业竞争和医疗资源分配不均等，许多国家在医疗合作层面保持较为谨慎的态度，主要体现在三个方面：

第一，各国对待疫苗合作持保守态度，对疫苗援助依赖性高，在政府合作和知识产权制度融合方面意愿不足。在管理和治理机制方面，"一带一路"国家政府对疫苗问题的参与主要停留在政治性、倡导性层面，没有与医药企业建立实质性合作协议。实际上，各国很难依托政府间"一带一路"倡议进行有关知识产权这种私权的合作。究其原因，疫苗合作的本质还是医药企业大批量提供疫苗，如若缺乏有效的私主体合作或者公私合作体系，医药企业自然不愿意在缺乏成本收回保障的情况下向他国投放疫苗。"一带一路"国家缺少 COVAX 采取的"选择价格合理的疫苗组合""与最低利润定价的生产商合作"等具体管理措施，尚未建立"一带一路"国家共享的疫苗来源库，也没有合作审计机制和问责机制，措施、来源和监管都处于空白状态，难以督促国家间实际执行疫苗合作机制。

第二，"一带一路"国家医疗竞争力本身较弱，又缺乏评估卫生政策的能力，导致"一带一路"国家许可境外医疗服务者准入和国民待遇的意愿较低。其深层原因是医疗卫生服务不是简单的商业行为，而是服务贸易与人类生命权、健康权和社会福利的结合，是带有较高风险的领域，因此各国往往会对其辅以优先于贸易的保护。如果医疗市场准入门槛过低，在欠发达国家可能出现两大挑战：一是外资医院过度挤占本国医疗市场；二是难以对境外医疗机构和人员追责，尤其在本国医疗规制未涵盖的领域。因此，"一带一路"国家都更倾向于获取医疗市场开放所带来的医疗技术进步，但是不想为生命权和健康权等承担过多的责任，因此各国都鲜有作出医疗服务贸易方面的减让承诺。

第三，在额外措施方面，各国对"一带一路"域内国与域外国采用同样的标准无限制地援用额外卫生措施。在新冠疫情大流行期间，各国都在加强边境控制，限制人员跨境流动的措施随疫情发展而不断增加。同时，即使一些"一带一路"国家医疗人员十分紧缺，也并未给医疗服务人员设置旅行例外，侧面体现出各国对于医疗服务人员跨境流动的积极性不足的问题。

这些因素共同导致国家间以医疗援助为主，而医疗服务贸易的"韧性"极低。[43]当面临诸如新冠疫情的危险事件干扰时，"一带一

---

〔43〕 所谓医疗体系的"韧性"是指社会生态系统面临危险事件或干扰时，不仅能够保持自身基本的功能、特征和结构不受影响，还有能力适应、学习和变革。See WHO, "Operational Framework for Building Climate Resilient Health Systems", available at https://apps. who. int/iris/bitstream/handle/10665/189951/9789241565073_eng. pdf, last visited on Dec. 20, 2022.

路"国家间的医疗服务贸易合作制度更是无法保持自身稳定。由此可知,"一带一路"国家之间虽然政治互信度高,但是医疗卫生互信度不足,很难在重大流行病面前形成共同抵御机制。

五、"人类健康命运共同体"视域下疫苗难题的应对

目前,"一带一路"疫苗合作的难题主要体现为生命健康权与知识产权难以平衡、国家间本国优先主导下的不公平、援助机制无力以及域内保守落后等,其深层原因是"内外交困"的制度环境。而"人类健康命运共同体"的深刻价值逻辑,如生命至上、平等尊重、守望相助等[44]都能够为解决这些难题指明方向。具体而言,"一带一路"国家应当以国家间通力合作的姿态解决内外制度难题,具体措施如下:

（一）促进全球公共产品供给稳定化、法治化

推动新冠疫苗成为全球公共产品过程中遇到的难题主要包括公共产品属性认定体系、公共产品供求与分配关系以及国际共识几个层面。相较于其他国家间组织,"一带一路"国家政治互信程度高,有能力共同推动疫苗成为国际认可的全球公共产品。从供给稳定化和法治化的视角出发,可在以下三个层面考虑推动认定全球公共产品属性的路径:①产业力量;②建立和执行分配与定价规则;③明确的规则和原则。[45]从"一带一路"倡议入手,共建国家合力推动新冠疫苗成为全球公共产品具有其特殊的优势:

第一,在产业力量方面,"一带一路"国家应当在疫苗支援方面建立稳定的援助关系;并与"一带一路"倡议形成良性互动关系,丰富"一带一路"倡议的内涵。稳定的援助关系并非无尽头的,援助应当在《国际卫生条例》第44条和《框架》第6.9、6.10、6.13条的指引下进行。具体而言,援助的前提是基础供应。我国的疫苗

---

[44] 参见杨振家:《人类卫生健康共同体的理论阐释与世界意义》,载《理论建设》2020年第6期。

[45] See Muhammad Yunus, Cam Donaldson, Jean-Luc Perron, "COVID-19 Vaccines a Global Common Good", *The Lancet Healthy Longevity*, Vol. 1, 2020, pp. 6-7.

生产能力和存储能力已经较为成熟，而"一带一路"共建国家尚未形成全面的供应链，这代表了我国在供应方面的主导地位。而后是在基础设施建设方面予以辅助。疫苗的运输与储存是疫苗援助后的辅助步骤，我国可通过中欧班列、冰上丝绸之路、海上丝绸之路等共同配合运输，并关注"一带一路"国家的基础设施建设，这些都是通过"一带一路"倡议形成的既有体系来辅助疫苗援助，体现出"一带一路"倡议本身的优势与价值。

第二，考虑到"一带一路"国家的实际支付能力，定价应当公正合理。价格方面，中国曾表示要以公平合理的价格向世界提供。当疫苗援助已经能够支持"一带一路"国家完成应急性防范之后，应当按照公益性定价、分层定价的原则，以及在各国之间进行差异化定价的原则，确定新冠疫苗稳定且可及的价格。具体而言，疫苗应当以成本为定价依据，首先在医药企业和政府间形成协议价，之后在政府间谈判中依据接收国收入水平定价。同时，考虑到部分国家的经济脆弱性，疫苗定价输出的方式和疫苗捐助的方式应当并行，否则难以惠及部分最不发达国家。

第三，在规则和原则问题上，以疫苗分配为契机，推动建立国际认同的全球公共产品规范体系，形成合法的分配体系，解决结构性难题。从国际上来看，虽然 MC12 会议建立了临时豁免制度，但是全面的、无例外的新冠疫苗技术和所需产品的知识产权豁免十分困难。而在"一带一路"内部，国家间互相承认豁免或许更为直接、有效。各国应当共同转变对知识产权豁免的理念，在 TRIPs 协定的基础上形成"一带一路"一体化标准，例如可共同明确"公共健康"豁免的范畴，给予一定的规则弹性但是又要限定在特定的公共健康危机范围内。这种区域性知识产权豁免共识将助力解决目前国际知识产权规则的模糊性问题。

（二）区域内共建公私合作的本地化供应链

除了全球公共产品分享规范化路径之外，"一带一路"国家间还可通过国家间政府合作、内部医药企业自愿许可的方式突破知识产权限制。

具体而言,"一带一路"内部应当建立公私合作的本地化生产供应链。本地化生产实质上是技术转让行为,对基础设施、知识产权保护、监管审批流程等都提出了新的要求,属于更高标准的合作。面对本地化生产中最核心的专利、数据和商业秘密等问题,公私合作是最为可行的本地化生产路径。所谓公私合作,是指主权国家和医药企业共同生产、共担风险的市场化合作机制,具体措施包括内部技术共享、建立承诺采购机制和预先市场机制,并且建立内部供应链条。在这种模式下,主权国家和医药企业均不能单方面控制疫苗生产和分配机制,既避免受主权国家意愿干预而过度政治化,也避免商业控制导致过度市场化。

实践方面,中国已经与19个国家开展联合生产,核心措施是通过公私合作的方式完成的:一是政府间知识产权豁免,如2020年12月,中埃两国政府签署了《中埃关于新冠病毒疫苗合作意向书》,允许在埃及生产中方新冠疫苗。二是企业之间的一对一许可,属于自愿许可的范畴,一般是在政府合作的基础上开展。如在《中华人民共和国政府与马来西亚政府关于疫苗开发和可及性的合作协定》的基础上,科兴公司与马来西亚制药企业发马公司达成疫苗合作协议,由科兴公司向马来西亚提供新冠疫苗半成品,由发马公司在马来西亚本土完成疫苗最终生产等。[46]

在监管方面,由于没有统一的监管机构,各国进行独立的申请和审批,加重了特定国家及其企业进入其他国家的难度。因此,监管合作与统一尤其重要,是"一带一路"国家应当共同关注的重点。"一带一路"国家可共同建立监管审批网络,制药企业在这一虚拟合作平台上进行信息披露与合作信息公开,还可探索与WHO的公共卫生事件监测体系进行数据共享,使国际审批流程统一化、简便化。

在本地化生产普及后,"一带一路"国家可共同建立疫苗国际生产中心,并与COVAX对接。长期来看,疫苗必然要通过协作的方式

---

〔46〕参见彭敏:《破解"分配赤字"弥合"免疫鸿沟"》,载 https://baijiahao.baidu.com/s?id=1725707683614098652&wfr=spider&for=pc,最后访问日期:2022年9月20日。

完成全球流动，建立疫苗生产中心将形成长期稳健的疫苗合作机制。"一带一路"疫苗合作伙伴可共同建立"一带一路"共建国家疫苗生产中心，推动区域性细化生产和推广，加速疫苗充分供给的目标实现并为"一带一路"国家提供疫苗储备。在 COVAX 缺乏充分的疫苗生产能力的现状下，"一带一路"国家还可与 COVAX 对接，吸收 COVAX 的先进性，细化区域内合作倡议。这一措施还将产生巨大边际效益，即揭示中国"人类健康命运共同体"理念是与国际社会相契合的健康理念。

（三）促生"一带一路"自然人流动便利化规则

国家中心主义导致各国很难通过国内法来放松本国的医疗服务贸易限制，导致"一带一路"国家在国家间医疗服务贸易方面制度保守，自然人流动、跨境医疗等都普遍存在壁垒。故而，各国需要在共同体思路下共同谈判流动范围和便利化方式，促生"一带一路"区域内的自然人流动便利化规则体系。

第一，"一带一路"国家应当关注建立统一的疫苗接种等医护人员的跨境流动机制。由于"一带一路"国家互信程度高，医疗服务贸易合作空间大，各国可在服务贸易的视角下探索建立统一的自然人流动机制。机制不仅要在水平承诺中作出有关卫生服务行业的流动承诺，还应当就医疗服务作出便利化程度更高的流动承诺。具体而言，国家间可选择设置最低承诺标准，并重点关注两个方面：一是医疗主体临时准入程序；二是资质互认和资质承认，除了跨境医疗人员的资质互认问题，还要关注到外国医学学历毕业生的资质承认问题，在更大范围内作出医疗开放承诺。在这些问题上，已经有一些可参考的模式，例如，日本与菲律宾之间的自贸协定中，双方对于从菲律宾引入自然人从事医疗、护理工作进行专章约定，通过提供语言课程、专业技能课程的方式促进市场准入便利化。[47]再如 RCEP 第九章专门规定了自然人跨境流动，从区域层面上提供了一些便利化途径，如允许通过多种方式认定专业资格和执照。"一带一

---

〔47〕 See Japan-Philippines Economic Partnership Agreement, Annex 8, Section 6.

路"国家可借鉴双边协定、RCEP 等已有成果构建区域内跨境流动
便利化协议。

第二，在疫情面前，疫苗接种人员跨境流动将迅速纾解一国难
题，且这种流动是暂时性的、迅速的，故而快速的跨境流动十分必
要。因此，"一带一路"国家应建立专门的大流行病临时自然人流
动机制，建立快速流动通道。具体包括，在有关卫生健康的特殊
情形下允许医疗人员获得临时通行证和工作许可证，建立大流行
病有关的资质需求平台和数据库，各国及时登记本国需求和披露
各国所能提供的医疗人员的资质等。另外，这一平台可与疫苗需
求有关数据平台进行整合，建立"一带一路"国家共同治理大流行
病的统一数据平台。在机制协调方面，各国应当依据比例原则实施
自然人流动有关的限制，不能通过卫生措施过度压缩服务贸易的
空间。

（四）以疫苗合作为基点扩大医疗服务贸易合作范围

从疫苗合作可以看出，"一带一路"国家在医疗方面的合作十分
有限。各国可以从疫苗合作入手，通过在各国间建立统一的"一带
一路"医疗服务贸易合作倡议等，由点到面地深化医疗服务贸易领
域的合作，具体应当关注以下几个方面：

首先，促进有关医学教育方面的合作。2018 年 5 月，"一带一
路"国家共同发起了国际医学教育联盟，采取大学间合作教育（合
作办学、合作交流等）的模式，探索医疗卫生教育新问题、满足新
需求，是授人以渔的合作方式。目前，国际医学教育联盟的活动大
多通过线上方式进行。未来，国际医学教育联盟的发展势必需要人
员流动，即涉及教育服务贸易的自然人流动问题，仍有赖于边境开
放和自然人流动便利化。

其次，无论是新冠疫情救治过程中还是医学教育合作中，中医
都被多有关注，未来应当逐步实现在自贸协定、合作倡议中增加有
关中医合作的条款。中医在轻型新冠病毒感染人群救治中起到举足
轻重的作用，未来应当大力发展"一带一路"国家间的中医跨境流
动和中医教育合作。中国已经在规则层面积极践行中医域外传播，

如在中毛协定中即对中医自然人流动作了专门规定，属于试点性规范，可供未来参考。

最后，完善远程医疗制度。长久来看，"一带一路"国家应当考虑远程医疗更大范围的普及化，由一国专家远程指导其他国家的医护人员完成接种和接种后的医学观察等，减少人员流动。在此背景下，我国应当积极参与有关远程医疗的制度建设，包括降低本国远程医疗的壁垒、推动"一带一路"国家间医疗认证体系、医疗平台准入体系等便利化和统一化，从制度层面上促生远程医疗。这些措施可通过以点带面的方式推进：中国已经建立了较为成熟的远程医疗平台，即"海上中医"国际医疗健康服务平台，其所关注的制度重点是中医药国际标准化体系、中医药服务贸易立法等。[48] 中国可向"一带一路"国家推介"海上中医"国际医疗健康服务平台，推动"一带一路"国家共建标准体系和有关服务贸易立法，重点关注各国在远程医疗平台准入、基础设施位置和本地化存储以及药品许可等方面的制度安排。

六、结论

新冠疫情的持续蔓延给"一带一路"国家带来重大的公共卫生应对压力，疫苗可及性难题使"一带一路"国家无力对抗疫情对公民健康权的损害。为了平衡健康赤字与利益赤字，国际社会已经通过多个机制、多领域合作治理疫苗合作问题。但是，目前的国际治理机制总体上十分松散，无法完善协调各国利益、南北差异以及国际组织之间的关系。"一带一路"国家间也面临着自然人流动便利性不足、疫苗合作倡议不够成熟等内部局限。面对这种无国界的挑战，国际社会必须站在"人类命运共同体"的高度研判当前的规则困局，协力对抗全球性的疫苗隔离问题和疫苗民族主义问题。未来，"一带一路"国家应当共同以"人类健康命运共同体"理论为指导，多视角平衡公共卫生权与知识产权等私权，包括完善公共产品供

---

〔48〕 参见刘昕：《推动中医药产业国际化快步发展》，载 https://www.sohu.com/a/249762251_275039，最后访问日期：2022 年 11 月 22 日。

给制度、建立公私合作的本地化生产链、促生区域内自然人流动规则等，努力为未来的国际卫生产品共享和国际医疗共建提供可行性规则示范。

（本文责编：谢垚琪）

Difficulties and Approaches of Vaccine Cooperation among the "Belt and Road" Initiative Countries from the Perspective of "A Global Community of Health for All"

Zhang Liying, Miao Wenqing

Abstract：COVID－19 has triggered international thinking and discussion on the sharing of vaccines and other epidemic prevention products. Observing the international law system of vaccine distribution, it can be seen that the regulatory environment within and outside the region of the BRI countries are beset with troubles internally and externally. International health rules are mainly based on "soft clauses", while international intellectual property protection rules are mainly based on "hard clauses". Also, Global public goods distribution system is immature. Meanwhile, institutions inside the region are conservative and rigid, mutual trust in medical legal systems is low, and rules to promote vaccine sharing are weak. Only by legalizing the supply of global public goods, cracking intellectual property restrictions, and facilitating the movement of natural persons, can the legal enforcement and the international adaptability of vaccine distribution rules be improved as well as the health deficit and the distribution deficit of "Belt and Road" countries be resolved in a long－term manner. All of these measure are to be adopted at the height of "A Global Community of Health for All". In the long run, the fair, equitable and compliant approach to distribution will constitute a fundamental innovation for the BRI countries to take a leading role in the international health product sharing and international healthcare co-construction.

Keywords：A Global Community of Health for All；the "Belt and Road" Initiative；Vaccine Nationalism；International Cooperation on Vaccines；Global Public Goods

中国—东盟命运共同体下中菲公共卫生合作法律困境与制度因应*

金　璐** 　朱晓莉***

摘　要： 面对全球蔓延的新冠肺炎疫情，中菲携手共同应对病毒带来的危机，取得抗疫合作积极成效。然而，中菲公共卫生合作面临数字化抗疫法律框架缺漏、跨境传染病联防联控机制不健全、信息共享渠道单一等问题，对深化中菲公共卫生合作带来困阻。"中国—东盟命运共同体"的提出，为进一步完善我国与东盟成员的卫生合作指明了方向。为此，我国应充分拓展和深化中菲两国公共卫生合作机制，扫除制度性困阻，明确数字化合作抗疫规范，创新医疗合作机制，强化重大疫情联防联控治理合作，增强应对突发公共卫生事件的能力，规范公共卫生事件信息沟通保障机制，不断深入开展中菲公共卫生安全领域合作。

关键词： 公共卫生；中菲合作；制度因应

新冠肺炎疫情的全球蔓延，对国家和地区公共卫生安全形成重大挑战。公共卫生问题不但对中菲两国人民生命健康造成严重威胁，同时也给两国经济、政治和社会的安全与稳定带来负面影响。公共卫生合作一直是两国在"中国—东盟命运共同体"建设中的重要领域。中菲两国在重大疫情监测预警、疫情态势研判和疫情应急处置方面的合作已形成多元合作机制，包括中国与东盟、东盟与中日韩、

---

　*　基金项目：2020 年度国家社科基金国家应急管理体系建设研究专项"PHEIC 背景下中国—东盟重大疫情防控合作与区域性公共卫生秩序重构研究"（项目编号：20VYJ036）。

　**　广西民族大学副教授。研究方向：东盟法。

　***　广西民族大学 2021 级硕士研究生。研究方向：国际私法。

东亚峰会、东盟地区论坛等由领导人、部长级、高官及工作层组成的会议机制。综观中菲卫生合作的研究现状，大多数学者着眼于全球卫生治理相关问题，围绕国际卫生条例修改、世卫组织转型等提出主张。[1]然而，具体如何构建中国—菲律宾两国公共卫生合作方面的研究有所欠缺，对中菲公共卫生合作的法律研究尚属空白。对此，本文填补该空白，积极探索两国公共卫生合作的可行之路，为健全公共卫生安全法治体系建设，实现治理体系和治理能力现代化，进一步推动"中国—东盟命运共同体"建设进程奠定基础。

一、中菲公共卫生合作现状

新冠肺炎危机暴发以来，中菲积极开展抗疫合作，深化了两国政府和人民对中菲命运共同体的认同，也为两国推进公共卫生安全合作带来新机遇。

突发公共卫生事件对中菲两国人民的生命健康和公共卫生安全构成巨大威胁。突发公共卫生事件"通常具有传播速度快、传染范围广和防控难度大的特点"[2]，对两国卫生治理体系和治理能力构成重大挑战，对两国政治、经济、文化、安全造成强烈冲击：一是贸易受到疫情严重打击。由于疫情下菲律宾进口远超出口，2021年"进口与出口间的差额达432.26亿美元，是自2018年435.3亿美元来的最大贸易逆差"[3]，菲律宾国家经济和发展署表示："若无疫情影响，菲GDP或已达22万亿比索，这意味着疫情给菲经济造成的损失在3万亿比索到4万亿比索之间。"[4] 二是旅游业发展滞缓。"菲律宾旅游业对经济的贡献在2020年下降了超过370亿美元，从

---

〔1〕 参见刘蔡宽：《应对非传统安全威胁国际合作的国际法审视与制度创新——以PHEIC为视角》，载《政法论坛》2020年第6期；李志文、熊奕成：《全球卫生治理中临时建议制度的国际法治实现路径》，载《太平洋学报》2021年第10期。

〔2〕 张超汉、冯启伦：《全球卫生合作治理——以重大突发公共卫生事件防控为视角》，载《河北法学》2020年第8期。

〔3〕 《2021年菲贸易赤字为近三年最高》，载 http：//ph. mofcom. gov. cn/article/jmxw/202204/20220403308084. shtml，最后访问日期：2022年12月18日。

〔4〕 《NEDA：疫情致使菲经济损失3万亿比索》，载 http：//ph. mofcom. gov. cn/article/jmxw/202204/20220403305037. shtml，最后访问日期：2022年12月16日。

2019 年的 900 亿美元降至 2020 年的约 528 亿美元，对国内生产总值（GDP）的贡献下降 41.4%。"[5]三是菲律宾国内的私人消费低迷。"菲律宾的家庭消费约占国内生产总值的 70%，由于失业率居高不下且收入较低，消费占比第一季度下降了 4.8%。"[6]四是航空行业严重受损。"菲本地航空业目前的航班飞行率仅为疫情前的 10%~12%。2020 年，菲本地航空业估计已至少损失了约 600 亿比索。"[7]事实证明，在这场突发疫情的影响下，两国贸易、旅游、消费、国际贸易、航空等各行各业均已受到严重影响，国际社会亟须同舟共济抗击疫情。自新冠肺炎疫情发生以来，中国疫情防控工作已取得重大突破，成效显著。据《抗击新冠肺炎疫情的中国行动》白皮书记载，中国守住了全球抗疫的"第一道防线"，仅用一个多月便初步遏制住了疫情蔓延的势头，用两个月左右将本土每日新增病例数量控制在了个位数以内，用三个月左右取得了武汉保卫战的决定性成果。目前，国内新冠肺炎疫情防控形势持续向好，生产生活秩序已重回轨道。然而菲律宾的第一例病例于 2020 年 1 月 30 日确诊，从 2020 年 1 月 30 日至 2023 年 2 月 21 日，菲律宾已向世卫组织报告了 4 075 545 例 COVID-19 确诊病例，其中 66 030 人死亡。菲律宾是东南亚新冠肺炎确诊病例第二高的国家，亚洲第 7 位，世界第 23 位。

中国与菲律宾的政治关系持续向好发展，为两国开展公共卫生合作创造条件。中国同菲律宾自 1975 年建交以来，两国关系总体发展顺利，各领域合作不断拓展。首先，建交以来，中菲高层互访不断。比如，2016 年，杜特尔特（Rodrigo Duterte）总统对华进行国事访问，双方发表《中华人民共和国与菲律宾共和国联合声明》，实现中菲关系全面转圜；2018 年，习近平主席对菲律宾进行国事访问，双方发表《中华人民共和国与菲律宾共和国联合声明》；2021 年，

---

〔5〕《菲旅游业对 GDP 贡献下降 41.4%》，载 http://ph.mofcom.gov.cn/article/jmxw/202106/20210603069172.shtml，最后访问日期：2022 年 12 月 16 日。

〔6〕《菲律宾私人消费仍旧低迷》，载 http://ph.mofcom.gov.cn/article/jmxw/202105/20210503065885.shtml，最后访问日期：2022 年 12 月 16 日。

〔7〕《菲众议院探讨航业 400 亿比索救助计划》，载 http://ph.mofcom.gov.cn/article/jmxw/202105/20210503063635.shtml，最后访问日期：2022 年 12 月 16 日。

国务委员兼外交部长王毅访问菲律宾。其次，中菲两国保持密切的交往与沟通。两国外交部自 1988 年建立磋商机制起，迄今已举行 22 次外交磋商；2023 年，在新年伊始之际，菲律宾共和国总统费迪南德·罗慕尔德兹·马科斯（Ferdinand Romualdez Marcos）对中国进行国事访问，双方发表《中华人民共和国和菲律宾共和国联合声明》，签署了《中华人民共和国政府与菲律宾共和国政府关于"一带一路"倡议合作的谅解备忘录》《中华人民共和国工业和信息化部与菲律宾共和国信息和通讯技术部数字和信息通信技术合作谅解备忘录》等合作文件。最后，中菲抗疫合作具有良好的实践基础。2003 年"SARS"疫情后，中国与东盟各国正式开启公共卫生合作的征程，并在经过甲型 H1N1 流感、禽流感疫情及新冠肺炎疫情的协作后合作机制逐步得到完善。随着中国—东盟命运共同体的发展建设，中菲传染病防控合作的监测、信息共享以及公共卫生能力建设方面取得一定成效。

目前，中菲公共卫生合作已经在全球、区域及双边治理的立体层面不断深入推进。首先，中菲两国在世卫组织制度框架下积极开展全球卫生合作。在监测方面，《国际卫生条例》（2005 年）要求各成员国应当及时对公共卫生事件进行监测并及时提供国际援助。在信息沟通方面，《国际卫生条例》要求成员国需在 24 小时内向世界卫生组织通报"可能构成国际关注的突发公共卫生情况的所有事件"和采取的措施。在信息评估方面，世界卫生组织有权根据国际卫生法对事件"是否构成国际关注的突发公共卫生事件"进行评估并提出合作建议。其次，中菲在中国—东盟区域公共卫生合作框架下积极开展区域卫生合作。两国通过东盟突发公共卫生事件紧急行动中心网络（ASEAN EOC Network）和东盟生物离散虚拟中心（ABVC）展开监测、通报和评估合作。自中国正式宣布疫情以来，东盟突发公共卫生事件紧急行动中心网络每天主动通报和分享东盟范围内的疫情动态，并通过官方门户网站和移动应用程序 Whats App 实现设备终端疫情信息的实时更新分享给广大公众。最后，中菲在双边层面积极开展卫生务实合作。中国通过东盟—中日韩现场流行病学培训网络，支持菲律宾公共卫生人力资源开发和能力建设。在中国的帮助下，菲律宾已组建由中央、地区、省和市各级单位组成的流行病学和监测单位网络。这个全国性的流行病学和监测单位网络承担着对结核病、疟疾、艾滋病、结核病等传染病的监测工作。它在监测和控制中东呼吸综合征冠状病毒、埃博拉病毒和严重急性呼吸综合征等新发传染病方面发挥了主导作用。

二、中菲公共卫生合作治理机制法律困境

尽管中国与菲律宾在中国—东盟命运共同体建设中，公共卫生合作治理方面已取得一定成就，但在具体合作进程中仍然存在问题。从整体上看，两国在传染病控制合作过程中存在的问题主要包括以下几个方面：

（一）数字化抗疫合作法律框架缺漏

世界正进入以信息产业为主导的经济发展时期，中国和东盟面临着经济转型的压力。传统经济向数字经济转型，中国与菲律宾开展公共卫生安全合作存在医疗数据保护法律和医疗数据共享机制缺失的问题。

首先，医疗数据保护的相关国际法缺失。医疗数据本身与个人隐私紧密结合。若相关立法未能跟上行业发展的脚步，在当前勒索软件攻击等网络安全问题愈发突出的背景下，数字化抗疫缺乏国际法保障将阻碍中菲开展公共卫生安全合作的信息化、智能化进程。2019年美国11.9亿张包含患者个人信息的机密医学图像泄露、2021年爱尔兰卫生部门遭到勒索软件攻击发生大规模瘫痪等事件均为前车之鉴。中菲两国医疗领域的医疗信息标准制定起步比较晚。我国通过出台和修订《数据安全法》《个人信息保护法》等数据保护法律法规和《精神卫生法》《医师法》《护士条例》等行业性法律法规，共同构建了医疗卫生单位、医护工作者对个人健康信息隐私保护责任义务的基本框架，有关部门也逐渐形成一套成熟的执法与司法规范。我国"从2009年下半年开始，卫生部开始大力推行健康档案电子化，并且先后发布了《电子病历基本架构与数据标准（征求意见稿）》等多个文件通知和标准"〔8〕。但我国个人信息泄露问题依然严重。中国互联网络信息中心第49次《中国互联网络发展状况统计报告》显示："截至2021年12月，有22.1%的网民遭遇个人信息泄露。"〔9〕由此可见，我国医疗数据保护问题依然需要更为明确的法律标准和执法司法实践加以规制和指导。菲律宾仅制定了两部与数据隐私和数据保护相关的实体法，即2012年《数据隐私法案》（Data Privacy Act 2012）及《网络犯罪预防法案》（Cybercrime Prevention Act of 2012）。〔10〕这两部隐私法规为数据保护提供的是总体指导原则，但是医疗行业具有其特殊性，现行法律在数字化合作抗疫中略显捉襟见肘。医院等医疗机构所采集、存储和使用的个人信息数据相比于其他行业，有着更强烈的隐私属性。尤其在疫情时代，互联网医院的推广和使用，使得医疗数据呈现爆发式的增长。在菲律宾目前的法律和道德框架下，对病人隐私的保护在很大程度上依赖于医务人员的自我监管。虽然隐私权受到现行法律的保护，但是没有任何立法直接处理卫生信息技术特有的或远程保健服务中固有的隐私问题。相反，关于现有的国内立法，这些规定要么过于笼统，要么过于集中，不足以为中菲抗疫合作提供充分的医疗数据保护。

其次，政府与企业之间的医疗数据共享缺乏规范性。政府和企业之间的数据共享是数据协作治理的关键，发挥着疫情防控期间政企协同抗疫的效应。在数据隐私安全方面，我国于2018年印发《国家健康医疗大数据标准、安全和服务管理办法（试行）》（国卫规划发〔2018〕23号），推进了医疗数据隐私安全保障的法治进程；在医疗数据共享方面，我国国家卫生健康委员会建立了健康医疗大数据开放共享机制和数据共享交换体系，明确了在共享过程中发生的数据泄露等安全问题由委托单位和受委托单位共同承担安全责任。然而，在中菲抗疫合作有关医疗数据共享的主体、共享的内容等方

---

〔8〕 中国信息通信研究院编著：《互联网法律白皮书（2021）》，第36页。

〔9〕《第49次〈中国互联网络发展状况统计报告〉》，载 https://www.cnnic.cn/n4/2022/0401/c88-1131.html，最后访问日期：2022年12月16日。

〔10〕 See Robert Brian Smith, "Three Shades of Data: Australia, Philippines, Thailand", *Singapore Journal of Legal Studies*, Vol. 31, No. 6, 2021, p. 82.

面，存在缺乏明确规定的问题。比如，对于有权要求企业报送医疗数据信息的政府机构的范围未作明确规定；报送数据的类型不明确等问题悬而未决。

最后，在跨境医疗数据应用方面存在规则真空。我国当前很多医疗机构的医务软件或系统主要由国外第三方服务商提供，例如病历管理系统、影像分析系统、检测化验系统等。这些系统在医疗机构的日常业务中处理了大量的医疗数据，涉及人口信息、健康信息、基因遗传信息等，经过分析后将产生巨大的价值。如果此类软件或系统将其所处理的医疗数据传输至境外，将会给我国的国家安全、社会公共安全以及数据安全带来直接的风险。医疗数据共享的跨境交流活动目前尚缺乏统一和明确的指引，需要进一步制定法律法规加以明确。

（二）跨境传染病联防联控合作执法机制不健全

菲律宾国内执法机制不健全致使中国与菲律宾两国在公共卫生安全领域迄今没有建立统一的执行机制：

首先，政府部门过度执法，损害法治的尊严和权威。受国防和安全部门的强大影响力，菲律宾政府在最初的疫情防控措施中优先考虑采取保护国家安全的方法，而不是公共卫生治理和灾害管理的应对措施。这样过度执法导致人们负面认为政府正在"将大流行应对措施军事化"，封锁期间在公众中引起不必要的恐慌，影响社会秩序的稳定。同时，菲律宾政府在新冠肺炎疫情防控期间实施的应对措施的合法性更多是通过胁迫而非共识来塑造的。政府将危机视为国家安全威胁并采取自上而下、严格和安全的方法，菲律宾武装部队和菲律宾国家警察全面参与其中。该方法衍生了高度安全化的政策。比如，实施宵禁和设立检查站，对违反者施加严厉惩罚，从而将预防失控作为社会控制的主要机制。中国国内也存在地方防疫"一刀切"乱象。由于担心疫情蔓延的风险，部分执法人员擅自滥用职权。个别地方执法存在威吓教育违法人员，有的借疫情防控严禁入内，有的乘机限供或断供物资引发口罩荒、药品荒。执法过度容易导致民众情绪反弹，对政府失去耐心，进而不积极配合防疫工作，最终导致防疫难度增加。

其次，出入境联合防控机制不完善损害了疫情防控合作成效。在出入境管制方面，菲律宾较早对来自中国的国际旅客、过境交通工具、货物及装卸等过度采取额外卫生措施。这包括对来自中国的旅客采取了旅行限制的额外卫生措施，禁止除菲律宾公民和菲律宾永久居留证持有者以外，任何经由中国内地及香港、澳门地区或于出行菲律宾前14天内到过中国内地及香港、澳门地区的任意国籍旅客入境菲律宾。额外卫生措施主要针对中国游客以及有中国旅游经历的国际游客，这一带有歧视性的卫生措施限制了个人权利，煽动了民族主义。在过境交通工具管控方面，菲律宾采取了交通限制的措施。菲律宾部分港口不接受来自中国港口的船舶；取消来往中国地区的航班服务。在来自中国的国际货物及装卸区执法方面，菲律宾采取从中国进口的货柜需要经过约14天的新冠肺炎病毒检疫后，才能允许报关进口至菲律宾的政策，严重阻碍了两国贸易往来。上述这些行为均属于滥用额外卫生措施的行为，给国际交通和贸易造成不必要干扰，有违《国际卫生条例》的目的与宗旨。

最后，菲律宾群众卫生防疫意识淡薄。大多数乘客未佩戴口罩，部分市民面对军警检查嬉戏打闹。尤其在贫困地区，普通民众既缺乏防护物资，也缺乏自我保护意识，因此小规模人群聚集现象依然非常普遍。老年人群体是新冠肺炎易感人群和高危人群，一旦感染，重症率和死亡率都较高。但在菲律宾，老年人群体防疫意识薄弱，不少老年人仍无视社交安全距离，密集聚会且几乎不戴口罩。

（三）公共卫生事件信息沟通渠道单一，欠缺制度保障体系

在突发公共卫生事件应对中，当务之急是尽快将准确严峻的疫情信息向有关国家、机构和公众及时共享。信息沟通是采取集体行动的第一步，而及时科学的联合行动又是应对疫情的关键。然而，当前中国与菲律宾的医疗卫生信息系统还处于各自建设阶段，区域内没有搭建好高效及时的公共卫生信息沟通制度保障体系。

首先，中国和菲律宾两国主要依托世界卫生组织的信息沟通平台，沟通渠道单一，信息传递效率较为低下。根据《国际卫生条例》

的规定，缔约国只能将信息先报送给世界卫生组织，世界卫生组织根据信息进行专家评估与分析之后才能将其指导建议与行动部署告知缔约国，这一过程需要的时间较长，程序较繁琐。而在分秒必争的抗疫战斗中，需要快速的反应。如果在国家之间建立起信息共享平台，一国可以在其邻国发生疫情后及时获知情况并实行边境防控等防范措施，其他国家及时予以援助，做到以最迅速的反应将疫情影响尽量降至最低。然而，如果等到世卫组织分析评估后再作出决定并反馈给缔约国，效率可能大大降低。

其次，中菲尚未形成规范化的公共卫生事件信息沟通保障机制。中国与菲律宾主要依托东盟—中日韩多边关系，利用东盟官方门户网站进行信息沟通。比如，东盟突发公共卫生事件紧急行动中心网络是东盟—中日韩卫生合作组织在应对 COVID-19 时使用的机制之一。同时，由菲律宾领导的东盟生物离散虚拟中心向东盟地区防控 COVID-19 编写区域风险评估报告。然而，在信息沟通方面，一方面，上述这些机制是临时启动的，中菲两国在多边关系框架下并没有建立规范化、长效性的信息沟通和协调机制，遇到突发疫情临时抱佛脚，造成各方被动应对新冠肺炎疫情的地区公共卫生潜在风险。另一方面，中菲联合打击虚假信息机制缺位。在大数据时代，虚假信息传播速度快、范围广并伴有他国蓄意散布虚言混淆视听的政治企图，严重扰乱网络传播秩序和社会秩序。我国与东盟曾在中国—东盟卫生部长视频会议上明确提出打击虚假信息。然而，双方尚未建立切实有效的虚假信息联合打击的相关制度。

最后，在中菲双边关系中，疫情信息传达缺乏及时性。就中国而言，从新冠病毒资源库到国家科技资源服务系统，从全民健康信息平台到华人华侨互联网咨询服务平台，从科研成果学术交流平台到科研文献共享平台，中国多个政府部门和机构均积极发布涉新冠肺炎疫情的数据。然而，就菲律宾而言，由于菲律宾医疗技术和基础设施的限制，部分病毒实验室的报告出现延迟。自疫情开始以来，菲律宾确诊病例数量与实际数量不一致的情况一直反复出现。菲律宾因为其落后的技术水平和基础设施，难以复制中国信息沟通机制。

中国和菲律宾在这方面展开合作存在一定难度。

三、中菲公共卫生合作治理机制法律困境分析

由于经济发展水平差异，中菲两国在公共卫生治理上的投入迥然不同。中国虽然是发展中国家，但近年来不断增加公共卫生治理方面的投入，逐步完善了公共卫生治理网络。菲律宾经济发展水平较低，医疗资源欠缺，公共卫生治理网络尚不完善。

首先，菲律宾经济基础相对薄弱，公共卫生领域的政府财政投入非常有限，这极大限制了政府进行大规模检测的能力，从而妨碍了对新出现的疾病热点的快速识别和化解。"据世卫组织的统计，2018年，菲律宾卫生部拨款为 106 亿比索，合计人民币 15 亿元"[11]，在东南亚国家中处于较低水平。菲律宾对医疗卫生领域的不重视和投入不足，导致公共卫生安全体系薄弱，这直接影响了病毒检测能力。在菲律宾暴发新冠肺炎初期，菲律宾的确诊案例"由 3 月 7 日的 2 例，飙升到 4 月 13 日的 6087 例，且死亡病例为 397 例"[12]。无论是确诊病例，还是死亡病例，都跃居东南亚国家首位。出现确诊数量急剧攀升现象的原因主要是菲律宾前期检测能力有限，未能在人群中大规模开展检测。中国 2018 年公共卫生支出占 GDP 比重为 6.6%，卫生投入不断提高，中国公共卫生网络逐渐完善，医疗服务水平持续提升。截至 2021 年 2 月，全国新冠病毒核酸检测能力已经超过了 1500 万份/天。

其次，菲律宾的医疗资源分布不均，地区差异较大，严重影响对疫情的防控和治疗效果。菲律宾的医疗体系是 1987 年通过的双重医疗体系，即公共部门和私营部门共同组成。"公共部门基于税收实施预算，包括公立医院、地方医院及农村卫生保健中心，菲律宾大

---

[11] Robert Brian Smith, "Three Shades of Data: Australia, Philippines, Thailand", *Singapore Journal of Legal Studies*, Vol. 31, No. 6, 2021, p. 80.

[12]《2020 世界卫生统计报告》，载 https://www.who.int/publications/i/item/9789240005105，最后访问日期：2022 年 12 月 20 日。

约有 40% 的公立医院。"[13] "菲律宾卫生部门下属 1224 家医院、2587 个城市/农村卫生中心和 20 216 个村庄卫生站。"[14] 但是，菲律宾医院大多集中于大马尼拉地区，医护人员也多分布于城市地区，"只有 10% 的卫生工作者在农村地区服务。"[15] 这样导致菲律宾农村和城市医疗条件差异巨大，农村地区医疗资源匮乏，医疗条件落后。但农村人口占总人口比重大，不论是疫情的防控还是治疗，农村地区都是一大难点。对于一般的菲律宾人来说，家庭往往是他们生病时护理场所的第一选择。但对于新冠病毒这种呼吸道疾病来说，需要严格的隔离治疗措施才能得以有效控制，如果仍按照传统模式以家庭为单位自我治疗，对于确诊患者的恢复和疫情蔓延的阻断都是致命的打击。

最后，中菲双方互信不足，缺乏统一的卫生合作指导思想。随着国际格局日益错综复杂，霸凌主义大行其道，国家间矛盾冲突不断。在世界各国人民生命安全遭到严重威胁、社会经济发展受到巨大冲击的严峻形势下，习近平主席提出了"构建人类卫生健康共同体"的理念。这一理念得到了国际社会的高度关注和积极响应，在联合国等国际组织的文件中得到充分体现。在抗击疫情过程中，中国积极开展国际抗疫合作，主动扛起推动构建"人类卫生健康共同体"的大国担当。中菲双方应秉持"人类卫生健康共同体"理念作为开展双边卫生合作的指导理念。该理念包括如下几方面重要内涵：一是构建人类卫生健康共同体的前提是人民至上、生命至上。生命安全和身体健康是社会发展的基石，保障民众的生命健康安全是打造人类卫生健康共同体的首要目标。[16] 中菲应增强民众自身卫生健康意识，建立相互尊重的卫生伙伴关系。二是构建人类卫生健康共

---

〔13〕 Peter Jerome B. and Del Rosario, "The Philippines Health System Review", *Health Systems in Transition*, Vol. 8, No. 2, 2018, p. 42.

〔14〕 Yuri Lee, "Future Directions for Notifiable Diseases: Tuberculosis-Related Laws in the Philippines", *Globalization and Health*, Vol. 12, No. 3, 2018, p. 86.

〔15〕 Riyanti Djalante, "COVID-19 and ASEAN Responses: Comparative Policy Analysis", *Progress in Disaster Science*, Vol. 8, No. 3, 2020, p. 102.

〔16〕 参见杨振家：《人类卫生健康共同体的理论阐释与世界意义》，载《理论建设》2020 年第 6 期。

同体的本质是促进公共卫生安全。中菲应健全公共卫生体系和医疗制度，提高应对公共卫生危机水平。三是构建人类卫生健康共同体的核心是加强全球卫生治理。中国可以帮助菲律宾完善医疗卫生基础设施，加快"健康丝绸之路"建设。四是构建人类卫生健康共同体的目标是构建人类命运共同体。大疫面前，没有一个国家可以独善其身。中菲两国应坚持多边主义，加强国家间的科研攻关合作，推进抗击病毒的药物和疫苗等相关方面的研发，携手合作共同攻克公共卫生治理难题。

四、中菲公共卫生合作治理机制的制度因应

中国与菲律宾可以将此次共同抗击新冠肺炎疫情作为契机，总结经验，吸取教训。两国在多边、双边框架下，围绕数字合作抗疫、医疗合作抗疫、传染病跨境联防联控协作治理这几个方面展开公共卫生合作。

（一）静态到动态：数字合作抗疫制度化提升中菲抗疫合作能效

《东盟与中日韩抗击新冠肺炎疫情领导人特别会议联合声明》提出了与世界卫生组织的密切配合和加强东盟——中日韩在医疗、经济、政策等多方面的务实合作等18条应对新冠疫情扩散的具体措施。其中强调了积极分享并利用数字技术和创新，推动科学抗疫。中菲两国需加强对突发性公共卫生事件的监测与数据分享以及加强数字化信息安全合作法治化，推动实现中菲抗疫合作由静态到动态的转变，提升疫情预警监测机制能效。

首先，创制中菲公共卫生合作制度，奠定中菲数字抗疫合作的法律基础：其一，通过设立双边数字抗疫合作常设性权威机构，加强对数字抗疫标准和公共卫生合作政策规范的制定。落实《东盟与中日韩抗击新冠肺炎疫情领导人特别会议联合声明》提出的利用数字技术科学抗疫。根据《中国——东盟关于建立数字经济合作伙伴关系的倡议》，探索设立数字抗疫合作的权威机构，制定符合两国实际情况的、权威并且具有可执行性的数字抗疫合作的法律框架和监管标准，深化在数字经济领域的合作，缩小两国数字鸿沟。其二，两

国在中国—东盟、东盟—中日韩等多边框架下，根据疫情形势通过不定期政府间互访和磋商机制创建中菲两国间更加紧密的风险沟通和信息共享的常态化机制，实现信息沟通与共享的常态化、及时性、高效性及透明性。两国在中国—东盟框架下，积极搭建抗疫交流合作平台，紧扣融入"中国—东盟命运共同体"建设等主题，通过制度性框架协议，进一步加强政策沟通。其三，通过中菲双边卫生协定，奠定中菲数字合作抗疫的国际法基础，并细化在跨境医疗合作平台、传染病实验室等医疗基础设施方面的制度保障，提高我国与菲律宾的公共卫生治理信息化建设与风险捕捉水平。比如，双方将远程医疗纳入现有政策法规和护理标准，可以跨越时空，及时交流新的病理研究成果，相互传授成功经验。这将极大提高双方疫情信息收集和归并水平，增强综合研判能力。

其次，在双边合作及多边层面方面，合理构建医疗数据监管机制，强化国家间、中国—东盟区域科学抗疫立法，维护医疗数据安全：其一，政府部门可以通过立法，限定与之合作的企业和平台的数据采集类型、渠道和使用方式，制定数据共享责任清单，明确数据共享的主体、内容。其二，进一步细化企业违规利用医疗数据惩罚规则。违法处理相关数据的，可能导致停业整顿、吊销相关业务许可、巨额罚款等处罚。给他人造成损害的，需要承担民事赔偿责任。构成犯罪的，需要承担刑事责任。其三，完善相关配套法规标准，执法和司法环节强化保护患者隐私与个人信息，严格要求数据安全保障义务与责任。针对隐私政策难以保障患者的知情同意权等立法层面不便解决的问题，应当进一步探索行之有效的个人权利保障机制，配合执法与司法力量，形成全面系统的法治保障体系。

最后，加强对重大疫情有关药物、疫苗、医疗设备的数据共享相关法规的完善，消除在公共产品研发与生产环节国际合作的制度障碍：一方面，细化药物、疫苗等数据共享的标准。数据作为疫苗研发的核心要素，疫苗研发信息共享离不开标准化的数据收集与使用规范。在《区域全面经济伙伴关系协定》（RCEP）框架下，中菲两国应贯彻落实 RCEP 等相关条款要求，合理设计知识产权保护规范，明确数据共享标准，构建网络化数据共享平台，实现信息数据共享。另一方面，建立疫苗管理的长效反馈机制。在双边协定中，增加在疫苗接种过程中信息采集、存储、分析和应用的技术标准条款，形成对疫苗接种覆盖率、接种后的人体反应等疫苗接种数据及时收集的反馈机制，实现疫苗接种数据和信息各层级统一的目标。

（二）扁平到立体：强化中菲重大疫情联防联控治理协作

继续深化《中国—东盟关于合作支持〈东盟全面复苏框架〉的联合声明》下的政策对话和交流，加强传染病联防联控机制建设，促进包括公共卫生政策、人员培训和纪律的联合研究发展。这要求进一步增强中菲两国在公共卫生治理中的协同、兼容和互补能力，强化法律框架的约束作用，完善相关法律规则，调动多元主体参与，增强传染病跨境联防联控协作治理能力。

一方面，通过完善中菲国际卫生法制在重大疫情应对方面的配套机制，增强联防联控合作实效。中菲两国可以商讨拟定双边的联防联控形式和方案，包括选派中方专家前往菲律宾开展传染病调研和诊治；创新完善交流互访机制，建立跨国、跨地域、跨部门协调机构；拟定共同的操作流程，用于双方指定传染病的登记、统计和信息交流。通过加强《"健康中国2030"规划纲要》与"东盟后2015卫生发展议程"合作对接，推动签署区域性、地方性医疗卫生合作协议。

另一方面，加强双方出入境联合防控的执法力度：一是充分利用大数据、人工智能等数字科技，推动出入境边防检查机关信息预警机制建设。健全出入境信息的多方收集机制，进一步拓宽信息收集渠道；与各媒体保持良性互动，及时、准确、高效地收集与发布信息；加强协作平台的建设，建立统一的信息平台。比如，将民航信息系统、海关查验系统、口岸监控系统、出入境边防检查系统等融合，打造基于现代智能分析技术的智能化、全方位出入境管理平台。二是建设常态化的重大疫情出入境联合执法队伍，形成联合执法长效机制。中菲双方可以协同建立联合执法的机构，统筹联合执法工作。三是根据《国际卫生条例》的规定，健全出入境执法有关的规范体系。双方应参与制定《国际卫生条例》额外卫生措施有关的配套立法，完善其适用的范围与程序要件、执法配套机制及法律责任条款等内容，进一步完善额外卫生措施制度。

（三）输血到造血："医疗合作抗疫"增强国家公共卫生能力建设

从根本上讲，疫情防治的国际合作机制建立在各国卫生体系基础上，而这种能力的强弱与每个国家的发展紧密相连。中国可以帮助菲律宾完善国内公共卫生体系，与其合作模式实现输血到造血的转变，逐渐使其具备疫情潜伏期的预警能力、暴发期的应对能力以及恢复期的重建能力。

首先，推动优化医疗卫生资源配置的机制建构：其一，中菲两国通过强化多边合作机制的方式加强对公共卫生尤其是传染病疫情防控合作的资金投入保障。中菲两国可以加强政策协调，保持国家间贸易市场开放，推动后疫情时代经济复苏。严守世界贸易组织规则，加强东盟—中日韩国家的贸易合作，保持区域内外供应链畅通，支持经济发展。其二，以医疗机构、医科大学等为依托，联合开展公共卫生人才培养计划。依托现有中菲公共卫生多边合作框架，通过强化线上线下流行病学培训，不断促进和加强两国现场流行病学培训能力，帮助菲律宾进行传染病防控领域的技术人才培养，提升卫生处置能力和水平。此外，中国需帮助菲律宾加强边境防疫站、联合工作站的建设，推进基础社区医院、常规病床等配套卫生设施的落地，切实提升菲律宾的综合卫生能力，防止疫情反复或跨境传播。其三，中菲两国建立公共卫生应急管理合作监督评价机制。通过成立两国官员参与的评价工作小组，开展医疗资源配置进度和效果评价。

其次，加强公共卫生应急准备和响应方面的能力建设合作：其一，加强经验和最佳做法的交流沟通，提高预防、检测和应对突发公共卫生事件能力；开辟中国与菲律宾公共卫生领域交流新渠道、新空间，实现公共卫生交流领域规制互认、信息互通、资源共享。例如，在多边关系框架下，加强与上海合作组织的合作。依托国际医学创新合作论坛（中国—上海合作组织），积极举办国际卫生领域各类专题会议，推动上海合作组织国家与东盟国家医学深度合作，加强医疗政策沟通、人才培养、成果交流和医学产业合作，提升"中国—东盟命运共同体"共建水平。其二，加强风险沟通和评估方面的合作，以支持多方利益相关者和多部门参与。建设云计算、大数据中心，搭建信息共享和经验交流平台。另外，收集和分析相关数据时建立可持续的软件和硬件，以便为包括COVID-19在内的所有危害的准备和响应提供信息。其三，加强关于COVID-19发展的政策对话，包括药物和疫苗开发、安全和自力更生以及其他潜在的健康威胁。中国可以通过持续加强与菲律宾公共卫生发展战略、决策、政策和规则对接，建立全方位、高水平医疗卫生合作新机制。

最后，建立中国与菲律宾应急医疗物资供应链合作，充实医疗合作抗疫后备库。应急医疗物资供应链是国家公共卫生安全治理体系的基础。菲律宾医疗抗疫物资匮乏，医疗物资生产产业链薄弱，面对突发公共卫生事件（Public Health Emergency of International Concern，PHEIC），应急医疗物资供给捉襟见肘，充实医疗合作抗疫后备库，能够为双方尽快提供有效医疗服务：其一，在多边关系框架下，中国和东盟可以建立应急物资储备中心及传染病医疗防护物资储备中心，构建实物储备、合同储备、技术储备和生产能力储备相结合的应急物资储备供应链。积极推进防城港国际医学开放试验区的建设，搭建全球人道主义应急仓库和枢纽防城港基地。其二，在双边关系框架下，推动中国对菲律宾进行健康产业的贸易和投资，强化中国医药企业的市场渗透。笔者建议，一方面消除政策、技术、贸易、体制壁垒，扩大中国传统医药行业的东盟市场渗透性；另一方面探索知识产权保护机制，建立重点医学知识产权保护中心，鼓励中医药产品积极通过世卫组织的药品资格预审（PQ）。除此之外，建立金融监管标准以便中医药大规模的投资和生产。综合运用贷款投放、债券发行、国际结算、跨境人民币结算、外汇资金交易等金融政策，为试验区医药企业"走出去"和外资医药企业"引进来"提供国际化、多元化的全方位金融服务。

（四）规范公共卫生事件信息沟通保障机制

《中国—东盟卫生合作论坛倡议》强调中国与东盟携手实现区域

伙伴国家在疾病监测和防控领域的信息共享、推动培养人才和智库建设。这要求中菲增强流行传染病应急国际合作机制的沟通，促进区域公共卫生安全合作。

第一，创新国内和国际立法，将有关数据共享和隐私保护政策法规纳入目前的大流行病防范准则，建立连贯一致的中菲信息沟通合作机制：一是不断拓展中菲信息沟通多元化途径及其制度保障。中菲可在中国—东盟框架下，定期召开卫生高官会议，就疫情形势和各国应对举措，自由、及时、开放、透明地分享实时信息。同时，调动媒体、大学和企业等主体通过民间渠道进行交流。组织民间论坛活动，交流抗疫经验和最佳实践。二是构建隐私保护的国际法律机制。即使是在疫情防控这样的特殊时期，个体隐私也不能被随意侵犯。为了更好地保护隐私安全，中菲需要一方面完善国内隐私保护相关法律，并为政府机构或服务提供商适当的监测和数据收集设定界限；另一方面，创建公众对政府和企业数据使用的监督体系。公众有权对政府和企业采集、使用公众数据的过程及其目的进行监督，有权对公职监控者进行督促与制约。三是健全法律之间的联动机制。中菲需统一建立在公共卫生与信息安全领域的应急管理体系，打破卫生领域临床科研与药物研发等模块的信息壁垒，实现健康法与信息法的联动。

第二，建立健全识别和应对虚假信息的中菲联动机制。一是健全打击虚假信息的法律框架。双边层面，中菲可以在多边关系框架下，联合制定打击虚假新闻的双边法律文件，共同营造安全健康的网络环境。国内层面，进一步完善国内《网络安全法》及其配套立法、地方立法，明确企业、个人等有关主体在遏制虚假信息传播中的权利与义务。二是完善中菲两国社交媒体平台的相关规范。社交媒体平台具有审核所发布内容的责任。中菲可通过健全国际和国内有关法律，明确社交媒体监管虚假信息的审查标准，加大对恶意制造或传播虚假信息的社交媒体的处罚力度。同时，国家应加强对突发公共卫生事件期间健康和其他与人民安全有关的信息进行适当监控。执法机关可以委托社交媒体运营商检测虚拟设备基本信息，例如虚假信息发布者的身份、地理位置和其他基本信息，也可以委托社交媒体运营商拦截虚假信息，删除积分，封禁用户。三是多元主体协同参与打击虚假信息，共同遏制有关中菲两国的虚假信息及其传播。互联网平台、学校、科研机构和用户等多元主体在打击虚假信息中发挥着重要作用。完善对有关单位、社会公众和专家学者积极监控、投诉举报虚假信息的奖励制度，并依法保护其个人信息安全。强化互联网平台通过大数据等数字信息技术，识别、追踪和拦截虚假信息的法定责任。另外，虚假信息受众也需要通过网络平台培训、学校教育，提高个人信息真伪识别能力，不信谣不传谣，共同抵制违法和不良信息，坚决打赢疫情防控阻击战。

五、结语

随着全球化的深入发展，国家之间相互依赖、相互联系的程度加深，全球性问题愈加明显，传染性疾病的跨国传播的影响更为广泛和深刻。在全球治理机制不健全的情况下，探索行之有效的双边抗疫合作机制并推而广之，对我们应对全球性疫情具有重要意义。中菲在公共卫生安全领域的合作历史悠久，双方已建立起涵盖各层面的卫生治理合作机制，为未来的合作提供了良好基础。但双方仍面临着数字化抗疫法律框架缺漏、跨境传染病联防联控机制不健全、信息沟通渠道单一及两国公共卫生治理能力的差异性等问题。为深化公共卫生安全合作，中菲应充分拓展和深化中菲两国公共卫生合作机制，共同推动构建中国—东盟命运共同体。

本文虽已完成，但还有一些方面值得后续关注：一是全球公共卫生治理处于动态发展状态，后续仍需关注新问题并进行分析；二是全球公共卫生合作理论研究，尤其是涉突发传染病疫情领域尚不成熟。希望本文可以为未来其他学者研究中菲公共卫生治理提供参考，也希望能为促进全球公共卫生治理贡献一份力量。

（本文责编：谢垚琪）

Legal Dilemmas and Institutional Responses to China-Philippines Public Health Cooperation under China-ASEAN Community of Destiny

Jin Lu, Zhu Xiaoli

Abstract: In the face of the global spread of the new crown pneumonia epidemic, China-Philippines public health cooperation faces many dilemmas: the lack of a legal framework for digital anti-epidemic cooperation, an inadequate mechanism for joint prevention and control of cross-border infectious diseases, a single channel for information sharing and differences in the public health governance capacity of the two countries, which pose obstacles to deepening public health cooperation between China and the Philippines. The proposal of "China-ASEAN Community of Destiny" has pointed out the direction for further improving the health cooperation between China and ASEAN members. To this end, China should fully expand and deepen the public health cooperation mechanism between China and the Philippines, remove institutional obstacles, clarify the digital cooperation against epidemic norms, innovate medical cooperation mechanisms, promote cross-border joint prevention and control cooperation mechanisms for infectious diseases, enhance the ability to respond to public health emergencies, and continuously and deeply develop cooperation in the field of public health and safety between China and the Philippines.

Keywords: Public Health; Sino-Philippine Cooperation; Institutional Response

上海合作组织卫生健康共同体的机制构建与法治保障研究[*]

方瑞安^{**}

摘　要： 2018 年与 2020 年习近平主席在上海合作组织青岛峰会和成员国元首理事会会议中陆续提出"构建上合组织命运共同体"及"四个共同体"倡议。而在全球抗疫复苏的大背景下，"四个共同体"倡议中的卫生健康共同体建设正在成为上海合作组织命运共同体建设的健康基石。上海合作组织卫生健康合作历经将近二十年的发展，已经形成了丰富且具有代表性的区域卫生健康合作的制度化成果，上海合作组织卫生健康共同体观念深入人心，为更进一步的卫生健康合作打下了扎实的基础。下一发展阶段，上海合作组织卫生健康合作可以在应对流行病威胁、医药产业合作及民间医药合作领域走深走实，在继续夯实上海合作组织传染病疫情通报制度的基础上，完善卫生应急合作措施、搭建应急资源共享机制，着力促进医药合作产业布局、药品审批监管合作及民间医药互助。

关键词： 上海合作组织；卫生健康共同体；应对流行病威胁；卫生应急合作；医药产业合作；民间外交

2020 年 11 月，习近平主席在北京以视频方式出席上海合作组织成员国元首理事会第二十次会议并发表题为《弘扬"上海精神"深

---

* 基金项目：司法部国家法治与法学理论研究项目"'一带一路'倡议下涉外公共法律服务体系建设研究"（项目编号：19SFB2029）。

** 中国政法大学在站博士后，上海政法学院讲师，法学博士。研究方向：国际法基础理论、国际军事法、国际贸易法。

化团结协作 构建更加紧密的命运共同体》的重要讲话。习近平强调，上海合作组织要弘扬"上海精神"，加强抗疫合作、维护安全稳定、深化务实合作、促进民心相通，携手构建卫生健康共同体、安全共同体、发展共同体、人文共同体，为推动构建人类命运共同体作出更多实践探索。[1] 上述"四个共同体"倡议的提出，折射出人类命运共同体理念在上海合作组织中不断走深走实。[2]

在"四个共同体"的倡议中，卫生健康共同体建设是上海合作组织命运共同体建设的健康基石。而在卫生健康领域，上海合作组织已然形成了相当丰富的实践。早在2004年的《上海合作组织成员国政府首脑（总理）理事会联合公报》中就首次明确指出上海合作组织要开展卫生合作，而2022年的上海合作组织成员国元首理事会及政府首脑（总理）理事会联合公报中都有较大篇幅聚焦卫生健康合作，足见其已然成为上海合作组织命运共同体建设不可缺少的重要一环。

相对地，以世界卫生组织（WHO）为代表的全球卫生治理体系已经在历次应对流行病威胁的进程中暴露出信息收集与评估机制滞后、合作与协调的深度不足以及相关国际法规则的履约难以保证等劣势。[3] 而历次国际公共卫生紧急事件尽管影响是全球性的，但从病理学和发生学的角度，其区域性特点却是首要特征，[4] 这也正是各国逐步在区域公共卫生治理机制上深耕的重要原因。应该说，上海合作组织成立二十多年以来在卫生健康领域的合作取得了瞩目成就，2020年上海合作组织卫生健康共同体倡议的正式提出又为上海合作组织成员国构建更加紧密的命运共同体提供了发展指引。回顾

---

〔1〕 习近平：《弘扬"上海精神" 深化团结协作 构建更加紧密的命运共同体》，载《人民日报》2020年11月11日，第2版。

〔2〕 2022年9月，习近平主席在上海合作组织成员国元首理事会第二十二次会议上的重要讲话中指出："要勇于面对国际风云变幻，牢牢把握时代潮流，不断加强团结合作，推动构建更加紧密的上海合作组织命运共同体。"习近平：《把握时代潮流 加强团结合作 共创美好未来》，载《人民日报》2022年9月17日，第2版。

〔3〕 参见郝宇彪：《全球卫生治理的困境与中国推动构建人类卫生健康共同体的路径选择》，载《国外社会科学》2021年第4期。

〔4〕 参见陈霞：《区域公共产品与东亚卫生合作（2002—2009）》，复旦大学2010年博士学位论文。

上海合作组织卫生健康共同体的实践成果，畅想其机制构建可能，并且勾勒其未来发展的法治保障进路可谓恰逢其时。

一、上海合作组织卫生健康合作的既有框架

（一）上海合作组织卫生健康合作的历史回顾

公共卫生是上海合作组织的重要合作领域，早在 2004 年，上海合作组织成员国政府首脑（总理）理事会第三次会议发布的《上海合作组织成员国政府首脑（总理）理事会联合公报》就首次明确指出要开展卫生合作，指出应加强上海合作组织文化、教育、卫生和体育合作，以进一步巩固各成员国人民的友谊。此后的 2005 年、2006 年、2009 年、2011 年、2018 年有《上合组织成员国政府间救灾互助协定》《上海合作组织五周年宣言》《上海合作组织地区防治传染病联合声明》《上海合作组织成员国政府间卫生合作协定》《上合组织成员国元首关于在上海合作组织地区共同应对流行病威胁的声明》等各类性质的卫生健康合作相关文件陆续出台，这在奠定了上海合作组织卫生健康合作基础的同时，也标志着地区卫生治理步入制度化阶段。

2019 年底新冠肺炎疫情暴发，上海合作组织卫生健康合作的重点也适时转向应对新冠肺炎传播。2020 年 5 月和 9 月，上海合作组织分别发布了《上海合作组织成员国外长关于应对新冠肺炎疫情的声明》与《上合组织成员国抗击新冠疫情（COVID-19）采取的先进措施概述》。为落实中国国家主席习近平 2019 年 6 月在比什凯克举行的上海合作组织成员国元首理事会第十九次会议上提出的"中方愿意适时举办上海合作组织传统医学论坛"的倡议，上海合作组织传统医学论坛在 2020 年以视频会议方式举办，2021 年、2022 年又分别在江西和塔什干举办，标志着上海合作组织卫生健康合作的领域有了更多元的延展。2021 年 9 月，《上海合作组织二十周年杜尚别宣言》指出上海合作组织在传染病预防、流行病监测、非传染性慢性病预防、母婴健康等领域继续合作具有重要意义。[5]2022 年 9

---

[5] 参见《上海合作组织二十周年杜尚别宣言》第 5 条第 4 款。

月，《上海合作组织成员国元首理事会撒马尔罕宣言》也特别关注了《上合组织成员国应对地区流行病威胁联合行动综合计划》的落实、共同防止疫情蔓延、开展数字化医疗领域合作、协调国际公共卫生事件应急措施、就查明和应对卫生防疫紧急情况举行定期演练，并支持世界卫生组织根据《国际卫生条例》（2005 年）在全球卫生治理体系中发挥领导作用。

上海合作组织卫生健康合作已然形成的制度化成果也是相当丰富的。当前关于上海合作组织卫生健康合作的高级别、核心机制为"成员国卫生部长会议"合作机制。2008 年上海合作组织成员国首次卫生部门高官会上，各成员国便已然就上海合作组织成员国卫生部长会议的机制搭建形成共识。上海合作组织成员国首届卫生部长会议于 2010 年 11 月在哈萨克斯坦阿斯塔纳召开，通过了《上海合作组织成员国卫生专家工作组工作条例》，批准了《上海合作组织成员国卫生领域重点合作计划》。2015 年 7 月、2020 年 7 月、2021 年 6 月又分别召开上海合作组织成员国第二届、第三届和第四届卫生部长会议，通过了《上合组织成员国应对新冠病毒肺炎传播的有效措施综述》和《上合组织成员国卫生领域合作主要措施计划（2022—2024 年）》等会议成果文件。

在卫生健康合作的具体领域，上海合作组织搭建了"成员国卫生防疫部门负责人会议"机制，2008 年、2013 年、2014 年、2017 年相继召开，通过了包括《关于加强上海合作组织成员国应对传染病扩散的挑战与威胁能力的建议》《上海合作组织成员国传染病疫情通报方案》及联合声明等文件。2020 年上海合作组织成员国卫生防疫部门负责人会议以视频会议形式召开，落实上合地区应对流行病威胁联合行动计划草案及上海合作组织国家鼠疫防治合作协议。此外，上海合作组织政府首脑第六次会议授权上海合作组织秘书处会同国家协调员理事会研究成立专家工作组，制订上海合作组织成员国卫生部门合作计划，确定该领域优先合作方向。[6]2010 年通过的

---

〔6〕《上海合作组织成员国政府首脑（总理）理事会会议联合公报》，载《人民日报》2007 年 11 月 3 日，第 3 版。

《上海合作组织成员国卫生专家工作组工作条例》进一步为卫生专家工作组工作的开展提供法律基础。

（二）上海合作组织卫生健康合作的特征总结

总结上海合作组织当前卫生健康合作的特征，可以发现其已然形成了较之全球治理而言的区域卫生治理的独特优势。当然，囿于上海合作组织的制度内生特点，加之外部公共卫生威胁的多样化，也存在不少挑战和困局需要进一步应对和突破。

第一，上海合作组织成员国就卫生健康合作的愿景和价值形成高度共识的同时，呈现参与度和贡献度的不平衡。诚如前文所述，上海合作组织成员国多次共同强调了需要进行卫生健康合作，并且已经出台了各类性质的卫生健康合作相关文件，设立包括卫生部长会议、卫生部门高官会、卫生防疫部门负责人会议等在内的专门性机制，这在一定程度已经能够清晰反映上海合作组织成员国就卫生健康合作议题已经形成了必要性、重要性的共识，人类命运共同体理念在上海合作组织中不断走深走实。但是，上海合作组织成员国中，哈萨克斯坦、乌兹别克斯坦、吉尔吉斯斯坦、塔吉克斯坦以及巴基斯坦的参与度、贡献度相较于中国、俄罗斯及印度而言相对有限。有学者指出，上海合作组织逐渐显现出奥尔森（Mancur Lloyd Olson, Jr.）在《集体行动的逻辑》（*The Logic of Collective Action*）中提及的合作困境，即由于区域国际组织提供的公共产品的非排他性和非竞争性，集团中较小的成员国容易出现"搭便车"的政策倾向。[7]下一步，上海合作组织应当考虑设计有效的激励机制或者成本分摊机制，以促进部分成员国积极参与治理活动，并承担治理成本，如此方能实现上海合作组织成员国卫生健康合作的可持续发展。

第二，上海合作组织成员国卫生健康合作逐步常态化的同时，呈现机制化和应急能力的不完备。当前上海合作组织成员国卫生健康合作已经形成各类常态化运作的机制，例如卫生部长会议等。但

---

〔7〕 参见葛明、聂平平：《区域性国际组织协作的集体行动逻辑分析——以上海合作组织为例》，载《上海行政学院学报》2017年第6期。

一方面诚如有学者指出的，类似会议的召开频率过低，[8]且并没有固定的会议召开周期，首届卫生部长会议于 2010 年召开，第二届会议已然是时隔五年后的 2015 年，但是第三届与第四届会议却在两年内（2020 年与 2021 年）连续召开。另一方面，上海合作组织成员国卫生健康合作仍没有形成真正意义上的机制化，卫生健康合作没有成为单独的议程，而仅仅是"人文文化合作"的组成部分。在《上海合作组织宪章》第 1 条的宗旨和任务中，我们可知上海合作组织鼓励开展政治、经贸、国防、执法、环保、文化、科技、教育、能源、交通、金融信贷及其他共同感兴趣领域的有效区域合作，11 项明确列举的领域中见不到卫生健康合作的身影，足见其至少在上海合作组织诞生之初并非重点关注的议题。此外，由于当前的卫生健康合作机制更多是通过会议的形式，既未形成专门机构也未设置常设机构来管理上海合作组织卫生健康合作中的日常问题，这便导致了上海合作组织成员国卫生健康合作的应急能力明显不足，难以对突发公共卫生事件作出及时、有效的应对。

第三，上海合作组织成员国卫生健康合作在区域卫生治理取得瞩目成果的同时，呈现参与全球层面卫生治理的不充分。诚如前文所述，上海合作组织成员国卫生健康合作在区域卫生治理层面已有丰富成果，范围覆盖传染病防控、医药产业合作、民间合作、救灾互助和卫生健康物资援助等多个领域。但整体上而言，尽管近年来在多个场合或文件中都能发现"与以世界卫生组织为重点的多边合作机制密切交流""成员国支持世界卫生组织根据《国际卫生条例》（2005 年）在全球卫生治理体系中发挥领导作用""积极支持上海合作组织同世界卫生组织及其他国际组织深化合作，克服疫情对世界经济、社会方面的影响"等类似表述，[9]并且中国、俄罗斯、印度

---

〔8〕 阿达莱提·塔伊尔：《上海合作组织框架内的医疗卫生合作回顾与展望》，载《欧亚经济》2019 年第 4 期。

〔9〕 例如上海合作组织秘书长张明在 2022 年上海合作组织医药合作发展大会中的致辞，参见《上合组织医药合作发展大会：推动医药合作，提高地区人民健康福祉》，载 http://www.gov.cn/xinwen/2022-09/08/content_5709061.htm，最后访问日期：2022 年 11 月 26 日；参见《上海合作组织成员国元首理事会撒马尔罕宣言》，2022 年 9 月 16 日；参见《上

在助力世界各国抗击非洲埃博拉病毒、寨卡疫情及新冠肺炎疫情时发挥了重要作用，产生了良好的国际影响，但实操层面以上海合作组织为发起主体、参与主体的全球卫生治理合作仍旧有限，上海合作组织在国际公共卫生产品提供、全球卫生合作等全球卫生治理活动中发挥的作用仍存在进一步提升空间。[10]下一步应继续在卫生健康合作领域有效贯彻落实习近平主席在上海合作组织成员国元首理事会第二十二次会议上发表讲话中提出的，"要拓展本组织同联合国等国际和地区组织交往，共同坚持真正的多边主义，齐心协力完善全球治理，携手推动国际秩序朝着更加公正合理的方向发展。"[11]

（三）上海合作组织卫生健康合作的未来展望

从 2022 年 11 月 1 日《上海合作组织成员国政府首脑（总理）理事会第二十一次会议联合公报》及 2022 年 9 月 16 日《上海合作组织成员国元首理事会撒马尔罕宣言》可以看出，近期上海合作组织卫生健康合作的核心领域仍在卫生防疫、防止传染病传播及应对上合组织地区内流行病威胁领域。[12]下一步如何切实有效地落实《上合组织成员国元首关于在上合组织地区共同应对流行病威胁的声明》（2018 年 6 月 10 日，青岛），《上合组织成员国应对地区流行病威胁联合行动综合计划》（2020 年 11 月 10 日，莫斯科），《上合组织成员国卫生部门远程医疗合作构想》和《上合组织成员国医疗卫生机构防治传染病合作路线图》（2022 年 9 月 16 日，撒马尔罕）仍将是重点任务。

此外值得关注的是，除开上海合作组织的政府间卫生健康合作，医药产业合作也被列入值得关注的重点领域，成为上海合作组织卫生健康合作的新发展面向。例如，在前述联合公报中，也提及了关注

海合作组织成员国政府首脑（总理）理事会第二十次会议联合公报》，2021 年 11 月 25 日。

〔10〕 参见李雪威、王璐：《上海合作组织参与全球卫生治理：优势、挑战及路径选择》，载《国际问题研究》2020 年第 6 期。

〔11〕 习近平：《把握时代潮流 加强团结合作 共创美好未来》，载《人民日报》2022 年 9 月 17 日，第 2 版。

〔12〕 参见《上海合作组织成员国政府首脑（总理）理事会第二十一次会议联合公报》，2022 年 11 月 1 日；《上海合作组织成员国元首理事会撒马尔罕宣言》，2022 年 9 月 16 日。

上合组织传统医学论坛成果以及俄罗斯关于成立上合组织医药协会的建议。上合组织传统医学论坛即是由中方的民间机构上海合作组织睦邻友好合作委员会发起，至 2022 年已是第三次举办，是上海合作组织卫生健康民间合作的典范。

而 2022 年 9 月，由中方倡议上海合作组织相关国家行业组织和机构共同发起的上海合作组织传统医药产业联盟已然率先在北京正式成立。同时在 2022 年 9 月，上海合作组织医药合作发展大会在北京成功召开，意在促使上海合作组织国家在加强药品监管、搭建医药产业合作交流平台，推动医药产业融合发展与以世界卫生组织为重点的多边合作机制密切交流，推动药品监管政策协调等方面做更多的实际工作，并发布《推动建立上合组织框架下医药产业合作倡议》，足见医药产业合作已然成为上海合作组织卫生健康合作的又一新发展面向。

综合晚近的文件、实践，可以判断的是，在可预见的未来，上海合作组织卫生健康合作中机制构建的关键领域一定囊括上海合作组织如何有效应对区域乃至全球流行病威胁，以及上海合作组织如何推动区域内的医药产业合作与民间合作，且其已成为现阶段亟待开展工作的重中之重。因此，本文特此撷取"应对流行病威胁""医药产业合作""民间合作"为重点探讨对象，以期助力上海合作组织卫生健康合作的机制构建与法治保障。

二、上海合作组织应对流行病威胁的机制构建与法治保障

在新冠肺炎疫情暴发之前，上海合作组织就已然在应对流行病威胁议题上推动了丰富的合作实践与合作文本。[13]例如，《上海合作组织地区防治传染病联合声明》和《上海合作组织成员国传染病疫情通报方案》，以及与此相关的《上海合作组织成员国政府间救灾互助协定》等。自 2020 年以来，与阻绝新冠疫情全球大流行

---

〔13〕 例如，《上海合作组织地区防治传染病联合声明》《上海合作组织成员国元首关于在上海合作组织地区共同应对流行病威胁的声明》《关于加强上海合作组织成员国应对传染病扩散的挑战与威胁能力的建议》《上海合作组织成员国传染病疫情通报方案》等。

相关的区域合作蓬勃发展，助推了上海合作组织更为紧密的卫生健康合作。

（一）上海合作组织已形成成熟的传染病疫情通报制度

1969 年《国际卫生条例》适用时期，遭受疫情的国家为避免自身遭受旅行和贸易限制从而导致对经济的负面影响，一般倾向于对疫情的具体发展情况保密，从而使国际社会一直受到不报告疫情问题的困扰。这直接导致了《国际卫生条例》在 2005 年修订时增加了一个互换的规则设计，以公开报告疫情为交换条件，试图让其他国家不对其施加过度的惩罚性旅行和贸易限制，意在促进传染病疫情通报。[14] 然而，历史的经验教训让许多学者悲观地表示，在传染病大流行期间保持开放边界和国际合作的愿望注定难以实现，[15] 这也进一步增加了主权国家主动对外通报疫情情况的顾虑。

为应对这一问题，上海合作组织成员国早在 2009 年即发表了《上海合作组织地区防治传染病联合声明》，要求完善边境等地区的传染病的流行病学监控体系，及时透明地交换传染病暴发信息，并且根据现行的国际卫生组织《国际卫生条例》（2005 年）及时就传染病暴发事实、原因及其应对措施交流信息。[16] 并且，2013 年 11 月 29 日在塔什干集体签署的《上合组织成员国传染病疫情通报方案》，意在搭建上海合作组织区域范畴内的传染病疫情通报制度。此后，在 2018 年的青岛峰会，再度发表《上海合作组织成员国元首关于在上海合作组织地区共同应对流行病威胁的声明》，强调了"需要建立各国之间有关在上海合作组织地区的传染性疾病表现及根据现行的国际医疗卫生法规而采取的应对措施等可靠信息的交流机制"。

与之相关，中方还着力推动完善上海合作组织传染病通报机制，

---

〔14〕 参见张丽英：《新冠疫情下额外卫生措施的适用及其局限性研判》，载《清华法学》2021 年第 2 期。

〔15〕 Christian Enemark, "Is Pandemic Flu a Security Threat?", *Survival*, Vol. 51, 2009, pp. 191-214.

〔16〕 参见《上海合作组织地区防治传染病联合声明》，载 http://chn.sectsco.org/documents/20091014/46052.html，最后访问日期：2022 年 11 月 26 日。

建立上海合作组织疫情数据库，构筑成员国边境地区联防联控机制，[17]倡议成员国疾控中心设立热线，及时通报跨境传染病信息。[18]事实上，在新冠肺炎疫情暴发伊始，中方已然就传染病疫情通报作出表率。[19]此后，在不到半个月的时间，还及时通报了病原学鉴定取得的初步进展、提交新型冠状病毒基因组序列信息等。[20]上海合作组织成员国领导人纷纷发来慰问信，对中方防控措施得力表示赞赏，并表示愿向中方提供支持和协助。[21]

（二）上海合作组织卫生应急合作的措施完善及法治保障

在应对流行病威胁的议题上，应当注意到流行病具有来势凶、发展快、影响广的特征，疫情扩散的涟漪效应（Ripple Effect）和抗疫物资的挤出效应（Crowding Out Effect）会迅速发酵，这就导致间隔长达数年的高官会议型卫生健康合作机制在应对流行病威胁尤其是新型流行病威胁时缺乏快速响应，从而效果匮乏。因此，上海合作组织在这一议题之下需及早搭建起卫生应急合作机制，避免在应对流行病威胁时的无法可依、无措可施。参考各国国内具有代表性的应对跨域突发公共卫生事件的机制设计，除却已然相对完善的上海合作组织传染病疫情通报制度，上海合作组织卫生应急合作机制至少有下述几个方面可以先期搭建：上海合作组织卫生应急合作协定、高官会议的常设机构及其工作程序设置、上海合作组织卫生应急预案编制机制等卫生应急处置机制以及上海合作组织卫生应急资

---

〔17〕 参见《弘扬"上海精神" 守护多边体系——王毅国务委员兼外交部长在上海合作组织成员国外长视频会议上的发言》，载 https://www.mfa.gov.cn/web/gjhdq_676201/gjhdqzz_681964/lhg_683094/zyjh_683104/202005/t20200513_9388564.shtml，最后访问日期：2022 年 11 月 26 日。

〔18〕 习近平：《弘扬"上海精神" 深化团结协作 构建更加紧密的命运共同体》，载《人民日报》2020 年 11 月 11 日，第 2 版。

〔19〕《抗击新冠肺炎疫情的中国行动》白皮书中记录，2020 年 1 月 3 日起，中国有关方面定期向世界卫生组织、有关国家和地区组织以及中国港澳台地区及时主动通报疫情信息。

〔20〕 中华人民共和国国务院新闻办公室：《抗击新冠肺炎疫情的中国行动》，载《人民日报》2020 年 6 月 8 日，第 10 版。

〔21〕《外交部评上合组织声明支持中方抗"疫"：体现成员国安危与共、守望相助良好传统》，载 http://www.xinhuanet.com/politics/2020-02/14/c_1125575412.htm，最后访问日期：2022 年 11 月 26 日。

源共享机制。

1. 上海合作组织卫生应急处置机制

上海合作组织卫生应急合作协定系上海合作组织卫生健康合作具备法治保障的重要表征。当前上海合作组织卫生健康合作缺乏国际法的硬法规范，多是联合声明、宣言、计划、建议等国际软法规范，不具备法律拘束力，也相应地导致其在义务划定、责任分配方面无法可依。高官会议的常设机构及其工作程序的设置则是在现有卫生部长会议等机制的基础上附加常设机制，对卫生部长会议负责，落实具体合作方案和措施，常设机制的设立可以一并与上海合作组织卫生应急处置机制相结合，而当前上海合作组织卫生专家工作组或可经过机制微调充当这一角色。[22]至于上海合作组织卫生应急预案编制机制则可参考我国《国家突发公共卫生事件应急预案》，辅之以上海合作组织的区域卫生治理特点，系统化地明确突发公共卫生事件应急管理制度和职责，突发公共卫生事件监测、预警和报告，突发公共卫生事件应急响应、终止和善后处置，突发公共卫生事件应急保障以及突发公共卫生事件预案的管理和更新。

值得关注的是，上海合作组织卫生应急处置机制需特别聚焦对额外卫生措施的限制问题。WHO一贯建议各国在应对传染病疫情时避免旅行和贸易限制等边境管控措施，但此次新冠肺炎疫情大流行下，已至少有56个国家通报使用了额外卫生措施，[23]而实际使用额外卫生措施的国家远超这一数字，且在实践中很难做到健康保护上达到利益最大、国际交通和贸易干扰最小的效果，易造成负面效果。[24]在全球卫生治理硬法不足、收效不佳的大背景下，上海合作组织可以先行先试，在区域层面尝试将《国际卫生条例》第43条第

---

〔22〕 由于笔者未检索到《上海合作组织成员国卫生专家工作组工作条例》的公开文本，故此尚不清楚当前上海合作组织成员国卫生专家工作组的具体功能定位。

〔23〕 WHO, WHO advice for international traffic in relation to the SARS-CoV-2 Omicron variant（B.1.1.529），Nov. 30, 2021, available at https://www.who.int/news-room/articles-detail/who-advice-for-international-traffic-in-relation-to-the-sars-cov-2-omicron-variant, last visited on Nov. 26, 2022.

〔24〕 参见张丽英：《新冠疫情下额外卫生措施的适用及其局限性研判》，载《清华法学》2021年第2期。

1 款第 2 项的"比例原则"及第 43 条第 1 款的"科学原则"具体落实，[25] 附加责任条款确保能够有效执行，使得至少上海合作组织成员国的应急处置措施对上合区域交通造成的限制以及对人员的创伤性或干扰性不大于可合理采取并能实现适当程度保护健康的其他措施且具备科学性。最后则是卫生应急资源共享的机制搭建，涉及病毒基因共享、紧急救助和疫苗援助。

2. 上海合作组织卫生应急资源共享机制

卫生应急资源的共享是上海合作组织卫生应急合作中最具实质性的内容，盖因资源的有效调配、共享很可能将在危机发生时扭转局面，大力提升应急救援效能。[26] 如前所述，上合区域卫生应急资源共享的机制搭建，涉及病毒基因共享、紧急救助和疫苗援助三大核心问题。在全球卫生治理层面，《国际卫生条例》并没有直接涉及病毒基因数据分享的具体规定，而 2011 年 5 月 24 日第 64 届世界卫生大会通过的《共享流感病毒以及获得疫苗和其他利益的大流行性流感防范框架》对此作了有效的补缺，从病毒共享、疫苗分担和惠益共享等层面就全球如何应对和防范大流行性流感进行了全面的规定。[27]

但是，这一框架仅限于大流行性流感，即"已确诊感染人类，并且具有不同于季节性流感病毒的血凝素抗原从而表明有可能引起人间大流行传播的任何野生型流感病毒"，不涉及其他传染病疫情，[28] 范围有限。上合区域卫生应急资源共享的机制搭建完全可以以这一框架为基础，扩展其应用范围至更多类型的传染病疫情，实现上合区域更广泛、深入的病毒共享、疫苗分担和惠益共享实践。例如，可

---

〔25〕 "比例原则"指这些措施对国际交通造成的限制以及对人员的创伤性或干扰性不应大于可合理采取并能实现适当程度保护健康的其他措施。"科学原则"指在决定是否执行额外卫生措施时，缔约国的决定应基于：①科学原则；②对于人类健康危险的现有科学证据，或者此类证据不足时，现有信息包括来自世卫组织和其他相关政府间组织和国际机构的信息；以及③世卫组织的任何现有特定指导或建议。

〔26〕 陈安：《跨域突发公共卫生事件机理分析与应对机制设计》，载《四川大学学报（哲学社会科学版）》2020 年第 4 期。

〔27〕 张丽英：《人类卫生健康共同体视域下健康权法律问题的化解——以疫苗研发为切入点》，载《中国软科学》2021 年第 10 期。

〔28〕 参见 WHO：《共享流感病毒以及获得疫苗和其他利益的大流行性流感防范框架》第 4.2 条。

以在上合框架内规定从上合区域病毒基因共享系统获得信息而制成的疫苗和抗病毒药物制造商应向上海合作组织卫生专家工作组等机构提供特定数量的疫苗和抗病毒药物等，再由上海合作组织卫生专家工作组等机构向疫苗和抗病毒药物数量匮乏的上海合作组织成员国分派应急资源，共渡难关。

而关于紧急救助，上海合作组织已经缔结了《上海合作组织成员国政府间救灾互助协定》，其中规定上海合作组织成员国在应对紧急情况时相互提供帮助，同时对于过境本国领土帮助成员国或其他国家消除紧急情况的救援队简化过境手续。在发生紧急情况时，上海合作组织成员国将保持信息交流，并共同商讨应对措施。这一协定既为上海合作组织紧急医务人员救援队工作的顺利开展提供法律保障，也为疫情出现后实现疫苗援助提供了法律基础。疫苗援助领域，上海合作组织还可以尝试开展疫苗联合研发和合作生产，支持相关企业同上海合作组织成员国合作开展Ⅲ期临床试验，以扩大当地产能的方式助力上合区域的抗疫工作。

三、上海合作组织医药产业合作的机制构建及法律保障

诚如前文所述，当前上海合作组织卫生健康合作又有了全新的发展。上海合作组织卫生健康合作迈向新征程，医药产业合作将成为下一阶段上海合作组织卫生健康合作的新领域及重点领域。现阶段由于该种合作尚处起步阶段，应以促进机制的搭建作为首要任务。具体来说，可能有两个方面的促进机制将成为下一阶段的重点工作：合作产业布局及药品审批监管合作。

（一）上海合作组织医药合作产业布局的促进机制及法治保障

自 2020 年开始，以发挥传统医学独特优势抗击新冠疫情为契机，上海合作组织传统医药领域的产业合作逐步走深走实。上海合作组织传统医学论坛于 2020 年、2021 年、2022 年连续三年召开，中国与吉尔吉斯斯坦、印度等国政府卫生或传统医学主管部门签署了传统医药领域的合作谅解备忘录，发布了《关于开展上海合作组织传统医学合作的南昌倡议》，未来将在上合区域建设一批中医药中心或传统

医学中心、友好医院和产业园，以及发展传统医药服务贸易。[29]

总体来说，上海合作组织医药合作产业布局的合作样态的法律保障以国际投资法与国际贸易法为依托，具体的措施可包括：区域层面，通过在上合区域双边及多边协定中进一步开放医药行业领域，尝试在上海合作组织成员国境内建设传统医药服务贸易功能区、医药合作研发中心、友好医院和产业园，并且以上海合作组织传统医学论坛为合作平台，更好地促进政府层面的沟通协作；国内层面，支持传统医药企业在上海合作组织成员国开展投资合作，鼓励传统药品的出口，创新上海合作组织医药合作模式如远程医疗领域等。[30]

（二）上海合作组织药品审批监管合作的促进机制及法治保障

2022年9月，上海合作组织成员国首次在上海合作组织框架下举办了医药领域合作会议——上海合作组织医药合作发展大会，会上发布了《推动建立上合组织框架下医药产业合作倡议》，提出支持加强药品监管交流合作，积极推动建立上海合作组织框架下更加高效共赢的国际药品、医疗器械研发合作模式，推动国际药品审批监管合作，以重点产品、重点领域为突破口，实现监管互认和市场共荣。[31]

上合区域层面的药品审批监管合作有充分的合作潜力，当前中方已经加入国际人用药品注册技术协调会（ICH），并当选为ICH管理委员会委员，药品审评审批制度进一步与全球接轨，而上合区域创新药市场体量需求大，如能实现更密切深入的合作如监管标准互认、经验交流分享等，将为上海合作组织各方带来福音。上合区域的药品监管交流合作可以先期缔结多边协定作为法律法规的基础，规定药品监管的总体原则、药品共同注册标准、药品合作流通监管

---

[29] 参见陈茜、欧阳雨婷：《聚焦传统医学发展 构建人类卫生健康共同体》，载《南昌日报》2021年7月30日，第5版。另参见《2020上海合作组织传统医学论坛视频会议举办 为构建人类卫生健康共同体贡献中医药力量》，载 http://www.natcm.gov.cn/guohesi/gongzuodongtai/2020-07-31/16230.html，最后访问日期：2022年11月24日。

[30] 《上海合作组织二十周年杜尚别宣言》中提及：成员国注意到应在卫生保健领域引入新的远程技术，支持上合组织成员国卫生部门在远程医疗领域建立合作关系。

[31] 《上海合作组织医药合作发展大会在北京举办》，载 http://world.people.com.cn/n1/2022/0909/c1002-32523421.html，最后访问日期：2022年11月26日。

等内容，并且合作进行药品监管科学研究，帮助上海合作组织成员国加速转化和实施国际标准，促进审评审批制度改革。在此过程中，进一步加强药品监管国际交流合作，与国际药品认证合作组织（PIC/S）、国际药品监管机构联盟（ICMRA）、国际医疗器械监管者论坛（IMDRF）、全球医疗器械法规协调会（GHWP）等国际组织或者协调机制加强合作交流。远期的愿景是一旦一国国内药品获批上市，其临床试验数据、药理数据、质量数据等完整数据，将能够以快速通道的方式提交给其他成员国监管部门，加速注册和上市流程。

四、上海合作组织卫生健康合作的新面向：民间医药互助

早先上海合作组织卫生健康合作主要是政府层面的合作，而当前"民间外交"在上海合作组织卫生健康合作中发挥着愈发重要的作用。医疗卫生领域的"健康丝绸之路"能够优化各国及其社会和公民之间的互信，卫生健康合作中的民心相通能够夯实上海合作组织睦邻友好合作的社会基础。2020年8月，由上海合作组织睦邻友好合作委员会、上海合作组织秘书处、上海外国语大学和上海全球治理与区域国别研究院共同举办"新冠疫情与上合组织民间外交的新议程、新举措、新方向"视频研讨会，探索新冠疫情背景下的上海合作组织民间外交的发展路径。乌兹别克斯坦外交部代理副部长诺罗夫（Vladimir Imamovich Norov）曾表示，民间外交不同于国家层面的外交渠道，它不受政治因素的限制，学者、艺术人士、青年团体、女性组织、体育机构、基金会等都可以是民间外交的参与者。[32] 目前上海合作组织民间医药互助的成熟形式主要是各成员国民间基金会面向其他成员国的医药捐助援助，而当前正在着力推动的新发展面向主要包括三个领域：医学药学论坛、研讨班，国际医学开放试验区，以及医院合作联盟、医学大学联盟。

（一）上海合作组织成员国民间基金会的捐助援助

目前上海合作组织民间医药互助已取得成熟实践成果的主要是

---

〔32〕 杨逸夫：《越是面对动荡世界，越要活跃民间外交》，载《光明日报》2022年5月13日，第12版。

民间基金会捐助援助，通过开展"健康快车国际光明行"活动，中方的中华健康快车基金会已为上海合作组织国家数百名白内障患者实施免费手术。[33]此前基于"丝路一家亲"框架，中国社会组织已经向包含上海合作组织成员国在内的近二十个国家提供援助，捐赠防疫物资、医疗器械和中医药品，开展线上疫情防控经验分享会等活动。在上海合作组织成员国民间基金会捐助援助的法治保障层面，最显著的问题当属法律体系的不完整。国际法层面尽管已经存在世界卫生组织《国际卫生条例》第 13、44 条等关于国际卫生援助的规则以及世界卫生组织和其他国际组织的一系列软法规则，[34]但一方面，上述规则即便是硬法规则更多使用的也是建议性、框架性的表述，更何况软法规则并不具备拘束力；另一方面，上述规则基本不涉及民间社会组织的非官方援助，而是更多聚焦于主权国家的官方援助问题。我国国内法层面，2021 年通过的《对外援助管理办法》也没有调整非官方援助的权利义务关系，明确指出该法仅涉及使用政府对外援助资金的援助形式。下一阶段，我国可以适时补充社会组织非官方援助的法律制度框架，以助力我国民间基金会"走出去"和接受境外民间基金会捐助援助的良性发展，并且牵头上海合作组织卫生健康合作框架内的民间非官方捐助援助的软法制定，以期优化上海合作组织民间捐助援助中各援助方的资源分配与统筹协作，增强非官方援助形式的透明度与效率。

（二）上海合作组织医学药学论坛、研讨班

医学药学论坛、研讨会、研讨班方面，上海合作组织睦邻友好合作委员会、中国人民对外友好协会等民间主体已于 2021 年 6 月在武汉成功开展围绕公共卫生治理、医疗服务高质量发展、疾病预防与控制、国际药品监管与互认等议题的上海合作组织民间友好论坛

---

〔33〕 "健康快车，是中国唯一流动的、专门从事慈善医疗活动的眼科火车医院。"参见"健康快车'一带一路'国际光明行慈善项目"的相关介绍，载 http://ydyl. lifeline - express. com/front/web/site. index，最后访问日期：2022 年 11 月 29 日。

〔34〕 例如，《传染病暴发时的伦理问题应对指南》《确保世卫组织有能力防范和应对未来的大规模持久疫情和突发事件》《全球卫生应急队伍》《2019—2023 年促进药物、疫苗和其他卫生产品获得路线图草案》，等等。

卫生健康分论坛。2021 年 12 月，上海合作组织睦邻友好合作委员会、俄罗斯儿童基金会主办的上海合作组织国家小儿脑瘫康复研讨班通过线上方式举办，全面介绍小儿脑瘫概述、现代医学康复治疗、传统医学康复治疗、引导式教育、手术治疗、辅助器具及矫形器、营养支持及干预等方面的成果及经验。[35]上海合作组织范畴内医学药学论坛、研讨班的陆续开展，能够促进来自上海合作组织不同成员国的医学、药学专家相互学习、取长补短、凝聚共识、深化合作，也进一步促进了上海合作组织的民心相通，不断拉近上海合作组织人与人之间的心理距离，促进精神交流，增进友谊。

（三）上海合作组织国际医学开放试验区

当前，上海合作组织睦邻友好合作委员会也正在筹划建设国际医学开放试验区。自 2019 年开始，作为民间交流机制的上海合作组织睦邻友好合作委员会、广西壮族自治区防城港市常态化举办国际医学创新合作论坛（中国—上海合作组织），意在促进上海合作组织国家人文交流合作，已形成《国际医学创新合作论坛（中国—上海合作组织）防城港宣言》，成立"中国上海合作组织医学创新合作委员会"，并正建设防城港国际医学开放试验区。

2021 年 6 月，国家发展改革委等十一个部委发布《关于支持防城港国际医学开放试验区改革创新若干政策措施的通知》；2021 年 9 月，《防城港国际医学开放试验区总体方案》正式印发。该试验区的总体部署将聚焦开展医学、药品、传统医药、食品健康方面的合作论坛，建设区域医疗中心、重大疫情救治基地、应急医疗物资储备库、医药领域广西重点实验室，开展国际卫生行政人员和专业技术人员培训，进行医药类中外合作办学，建立非人灵长类实验动物储备中心、种质资源基地，共建国际医学医药研究共享实验平台等共计 15 个具体方面。[36]

---

[35] 《上海合作组织国家小儿脑瘫康复研讨班正式上线》，载 https://media. huanqiu. com/article/45z8NyYuFiM，最后访问日期：2022 年 11 月 29 日。

[36] 国家发展改革委等十一部委联合印发《关于支持防城港国际医学开放试验区改革创新若干政策措施的通知》（发改社会〔2021〕673 号），2021 年 6 月 18 日发布。

值得关注的是，国家发展改革委等十一个部委此次对防城港国际医学开放试验区的制度支撑力度及法治保障力度相当显著，例如审批权限的下放、海关快速通关、利用在上市国家获得的研究数据申报注册、税收优惠、特定营养健康食品生产经营权限、优先审查、免领进口药品通关单，等等。具体包括进口实验动物活体的审批权限委托下放给广西实施，由自治区林业局审批行政许可，由国家濒危物种进出口管理办公室广州办事处核发允许进出口证明书；属于国家鼓励仿制药品种，符合相关法规及技术要求的，在试验区可以使用该药品在上市国家获得的研究数据申报注册；试验区内企业将纳入食药物质目录及试点物质的传统医药经典名方（列入保健食品禁用物品名单的除外）开发营养健康食品；支持试验区对我国尚未批准为新食品原料，但在国外有长期食用历史的传统食品原料开展研究，对试验区内企业申报的原料给予优先审查；允许试验区根据我国的食药物质目录，以食品用途申报进口国家进口的相关物质，免领进口药品通关单；等等。

（四）上海合作组织医院合作联盟、医学大学联盟

2018 年 5 月，上海合作组织医院合作联盟在北京成立，第一届联盟正式成员有中方医院 74 家，外方医院 7 家。此前中方已牵头成立中国—东盟医院合作联盟、中国—中东欧国家医院合作联盟、中国—以色列医院合作联盟、中国—法国医院合作联盟、"一带一路"医院合作联盟等，积累了相当程度的经验。而上海合作组织医院合作联盟的成立将使得上海合作组织内部在搭建组织平台、开展联合研究、进行学术交流、促进技术合作等方面有更深入的务实合作。

2022 年 11 月，上海合作组织医学大学联盟在江西南昌正式成立，由北京中医药大学牵头，联合北京大学医学部、俄罗斯圣彼得堡州儿科大学、哈萨克斯坦国立医科大学、伊朗德黑兰医科大学等上海合作组织成员国的二十余所高校共同发起成立的高水平学术平台，力求推动成员国高校之间在人才培养、科学研究、临床服务等领域的交流合作，提高成员国高校的医学人才培养质量，提升医学

科学研究水平，提高临床医疗服务能力。[37]

总体而言，下一阶段上海合作组织民间医药互助工作的顺利开展，需要进一步利用好现有的民间交流机制，如中国的"上海合作组织睦邻友好合作委员会"、乌兹别克斯坦的"上海合作组织民间外交中心"、塔吉克斯坦的"上海合作组织友好合作中心"、吉尔吉斯斯坦的"上海合作组织国家和丝绸之路文化一体化中心"等，在现有论坛、研讨会、研讨班等合作形式的基础上，更进一步探索民间基金会捐助援助、国际医学开放试验区、医院合作及医学大学联盟等新合作业态。

五、结语

事物的发展都具有两面性，新冠肺炎疫情大流行给全球卫生治理带来空前挑战的同时，也使主权国家充分认识到全球卫生健康合作、卫生健康共同体倡议的重要性，呈现前所未有的团结一致。而上海合作组织卫生健康合作历经近二十年的发展，已经形成了丰富且具有代表性的区域卫生健康合作的制度化成果，上海合作组织卫生健康共同体观念深入人心，为更进一步的卫生健康合作打下了扎实的基础。下一发展阶段，上海合作组织卫生健康合作可以在应对流行病威胁、医药产业合作及民间医药合作领域走深走实，在继续夯实上海合作组织传染病疫情通报制度的基础上，完善卫生应急合作措施、搭建应急资源共享机制，着力促进医药合作产业布局、药品审批监管合作及民间医药互助。力图实现有效激励各成员国充分参与治理活动、加强卫生健康合作的应急能力、积极参与全球层面卫生治理。相信在不远的未来，上海合作组织卫生健康合作的实践成果将成为人类命运共同体理念在上合区域、卫生健康领域的拓展和升华，为全球公共卫生治理提供上合方案，并推动构建和完善全球公共卫生治理体系、提升全球公共卫生治理能力，助力构建人类命运共同体。

（本文责编：谢垚琪）

---

〔37〕《上海合作组织医学大学联盟正式启动》，载 https://www.bucm.edu.cn/tbgz/78257.htm，最后访问日期：2022 年 11 月 29 日。

Mechanism Construction and Legal Guarantee of Community of Health of the SCO

Fang Ruian

Abstract: After nearly 20 years of development, SCO has yielded abundant and representative institutionalized results of regional health cooperation. The concept of SCO health community is deeply rooted in people's hearts, laying a solid foundation for further health cooperation. In the next stage of development, SCO health cooperation can be strengthened and deepened in addressing epidemic threats, medical industry cooperation and non-governmental medicine cooperation, and improve measures for health emergency cooperation, set up a mechanism for sharing emergency resources, strive to promote the distribution of pharmaceutical cooperation industries, cooperate in drug approval and supervision, and carry out folk medical mutual assistance on the basis of strengthening the reporting system of infectious diseases in the SCO.

Keywords: Shanghai Cooperation Organization; Community of Health; Responding to Epidemic Threats; Health Emergency Cooperation; Medical Industry Cooperation; Folk Diplomacy

国际投资法治保障

国际投资仲裁中法人精神损害求偿机制实证研究：缘起、证成与中国因应*

梁　咏** 周真伊***

摘　要：2021 年中山富诚诉尼日利亚案，是中国大陆地区投资者首次在国际投资仲裁中胜诉，也是法人投资者成功获得精神损害赔偿的少数案例之一。基于对涉及法人精神损害求偿的 46 起国际投资争端的实证分析，得出国际投资仲裁实践中对法人精神损害求偿的可仲裁性、正当性基础和证明标准等方面已形成部分共识，且其中能否证明"例外情形"通常是决定诉请能否获偿的关键因素的初步结论，但仲裁实践对精神损害赔偿数额计算标准尚待进一步明确。作为双向投资大国，中国应从两方面进行规则设计和策略准备：从投资者母国视角出发，中国应积极论证法人精神损害赔偿的可仲裁性及正当性基础，并提升举证水平；从东道国视角出发，要依法保护和管理外国投资，积极掌握抗辩要点，必要时对少数投资者的滥诉进行反制，维护中国的正当权益。

关键词：国际投资仲裁；法人；精神损害；赔偿

2021 年 3 月，中山富诚诉尼日利亚案（Zhongshan Fucheng v. Nigeria）[1]临时仲裁庭作出裁决，裁定被申请人尼日利亚政府违反

---

* 基金项目：2020 年上海市哲学社会科学一般项目"后疫情时代国际投资争端调解机制的中国创新研究"（项目编号：2020BFX020）；复旦大学义乌研究院 2020 年度课题"民营企业'一带一路'投资争端解决便利化研究"。

** 复旦大学法学院副教授，投资仲裁常设论坛副秘书长。研究方向：国际投资法、国际贸易法。

*** 方达律师事务所律师，复旦大学法学院法学硕士。研究方向：国际经济法。

〔1〕 Zhongshan Fucheng v. Nigeria, Ad hoc Arbitration, Final Award, Mar. 26, 2021. 2016 年

了 2001 年《中国—尼日利亚双边投资条约》（以下简称"中国—尼日利亚 BIT"）中的持续保护义务条款、禁止歧视待遇条款、公正与公平待遇（Fair and Equitable Treatment，FET）条款及征收条款，要求尼日利亚政府除就征收行为向中山富诚公司赔付 5560 万美元外，[2] 还应就警方对中山富诚公司首席财务官赵先生 [3] 的殴打、虐待行为以及对公司其他雇员的恐吓行为等支付精神损害赔偿金 7.5 万美元。[4] 仲裁庭大致是以对赵先生所受虐待每天赔偿 5000 美元的标准进行计算。[5] 被申请人尼日利亚政府未针对精神损害赔偿进行单独抗辩，而从不存在投资以及申请人违反岔路口条款（Fork in the Road Clause）进行了整体抗辩。中山富诚诉尼日利亚案是中国大陆地区投资者在国际投资者—东道国投资仲裁（Investor-State Dispute Settlement，ISDS）中胜诉的首案，[6] 也是已知的 1190 起 ISDS 争端 [7] 中第六起支持投资者精神损害赔偿的案件。然而，2021 年 11 月作出的 Güriş 诉利比亚案（Güriş İnşaat ve Mühendislik A. Ş. v. Libya）[8] 裁

4—8 月，尼日利亚奥贡州政府终止了与中富公司（中山富诚公司在尼日利亚设立的全资子公司）关于开发、经营和管理自贸区的合资协议，没收了中富公司资产并驱逐中富公司雇员，在此过程中，尼日利亚警方逮捕、拘留了中富公司管理人员，并对部分人员进行殴打、虐待和恐吓。2018 年 8 月，中国中山富诚公司提起仲裁。

〔2〕 Zhongshan Fucheng v. Nigeria, Ad hoc Arbitration, Final Award, para. 198.

〔3〕 赵先生（英文名 Wenxiao Zhao）在 2012 年 4 月至 2016 年 6 月期间担任中富公司首席财务官。参见 Zhongshan Fucheng v. Nigeria, Ad hoc Arbitration, Final Award, para. 22.

〔4〕 Zhongshan Fucheng v. Nigeria, Ad hoc Arbitration, Final Award, para. 198.

〔5〕 Zhongshan Fucheng v. Nigeria, Ad hoc Arbitration, Final Award, paras. 177-178.

〔6〕 截至 2022 年 11 月 24 日，中国大陆地区投资者在 ISDS 机制中起诉 12 次。前两案（2010 年黑龙江国际经济技术合作公司诉蒙古国政府案、2012 年中国平安诉比利时政府案）中，仲裁庭以没有管辖权驳回起诉；第三案（2014 年北京城建诉也门政府案）和解；中山富诚案是第四案，也是中国大陆地区投资者胜诉首案。余下 8 起争端中，除 2019 年无锡赫兹科技公司和中建材浚鑫太阳能公司诉希腊政府案中投资者已经撤诉，其余 7 起案件均在进行中。See UNCTAD, available at https://investmentpolicy. unctad. org/investment - dispute - settlement/country/42/china/investor, last visited on Nov. 24, 2022.

〔7〕 截至 2021 年底，公开已知的 ISDS 争端达 1190 起。See UNCTAD, World Investment Report 2022, 2022, pp. 73-74.

〔8〕 Güriş İnşaat ve Mühendislik A. Ş. v. Libya, ICC Case No. 22137/ZF/AYZ, Final Award, Nov. 23, 2021. 2021 年 11 月 23 日仲裁庭作出裁决，认定利比亚政府违反了征收条款和 FPS 条款，但驳回了投资者提出的精神损害赔偿诉请。

决中，仲裁庭虽然认定利比亚未能阻止其警察对申请人雇员的攻击，违反了充分保护和安全（Full Protection and Security，FPS）义务，但以申请人未解释"雇员遭受的严重损害如何给公司造成了损失"〔9〕为由驳回了申请人提出的精神损害赔偿诉请。Güriş 诉利比亚案与中山富诚诉尼日利亚案裁决前后相距不过数月，但对相似情形下提出的精神损害赔偿求偿结果却大相径庭，也从侧面证明 ISDS 实践对法人精神损害求偿支持与否存在明显分歧。

一、法人投资者精神损害赔偿实践的案件分析

精神损害是一个难以准确界定的概念，它通常被理解为难以用货币来量化的非金钱损害。〔10〕此类损害可能包括人身伤害、各类情感伤害以及具有"病态"（pathological）特征的非物质伤害，如精神压力、焦虑、疼痛和痛苦等。〔11〕2008 年 Desert Line 诉也门案（Desert Line Projects LLC v. The Republic of Yemen）〔12〕是向法人投资者赔付精神损害赔偿的首案，是"迄今为止在精神损害方面最重要的投资仲裁裁决"。〔13〕

ISDS 实践涉及的精神损害求偿基本可分为自然人精神损害求偿、

---

〔9〕 Damien Charlotin, "Uncovered: Despite Finding of Liability, Turkish Builder is Awarded No Damages in Treaty Arbitration against Libya; But Investor is Free to Try Its Chance Again", IA Reporter, available at https://www.iareporter.com/articles/uncovered-despite-finding-of-liability-turkish-builder-is-awarded-no-damages-in-treaty-arbitration-against-libya-but-investor-is-free-to-try-its-chance-again/, last visited on Nov. 24, 2022.

〔10〕 Patrick Dumberry, "Compensation for Moral Damages in Investor-State Arbitration Disputes", *Journal of International Arbitration*, Vol. 27, No. 3, 2010, pp. 247, 265–266.

〔11〕 Dogan Gültutan, *Moral Damages under International Investment Law: The Path towards Convergence*, Kluwer Law International B. V., 2022, pp. 55–56.

〔12〕 Desert Line Projects LLC v. The Republic of Yemen, ICSID Case No. ARB/05/17, Award, Feb. 6, 2008. 2003 年，阿曼 Desert Line 公司按照与也门政府合同约定完成建设工程项目后，也门政府未按约履行支付工程价款义务，在双方交涉过程中，Desert Line 公司工作人员受到也门地方官员、居民及武装人员的威胁，在仲裁程序期间也门军方对公司人员进行了逮捕。2005 年 8 月，Desert Line 公司依据 1998 年阿曼—也门 BIT 向 ICSID 仲裁庭提起仲裁。2008 年 2 月仲裁庭作出裁决，支持了申请人的精神损害赔偿诉求及其他部分诉求。

〔13〕 Conway Blake, "Moral Damages in Investment Arbitration: A Role for Human Rights?", *Journal of International Dispute Settlement*, Vol. 3, No. 2, 2012, p. 375.

法人精神损害求偿以及法人雇员精神损害求偿三类。[14]虽然理论上可能存在东道国国家作为被申请人提出的精神损害求偿，由于 ISDS 机制仅允许东道国针对投资者诉请提起反诉，甚至部分国际投资协定（International Investment Agreement，IIA）还禁止东道国反诉。[15]因此，尚无东道国提出精神损害赔偿反诉成功案例。[16]

截至 2022 年 7 月 31 日，共有 46 起 ISDS 争端中涉及精神损害赔偿，[17]除 12 起争端中申请人为自然人投资者外，其他案件申请人均为法人投资者或涉及法人投资者，约占案件总数的 74%。出于税收筹划和管理效率等因素，[18]大部分跨国投资基本通过公司形式进行，[19]因此在精神损害求偿案中，以法人投资者的精神损害赔偿情形居多。在 46 起争端中，有 7 起被仲裁庭认定没有管辖权或不可受理未进入实体审查阶段，有 33 起进入实体审查阶段最终被仲裁庭驳回诉请，仅有 6 起争端的申请人成功获得精神损害赔偿，占比约为 13%，其中 1 起申请人为自然人投资者，其他 5 起为法人投资者，该 6 起争端基本信息统计见表 1。

首先，在可仲裁性问题上，仲裁庭对于精神损害赔偿诉求能否建立管辖权并予以受理？其次，在进入实体审查阶段后，应然层面上法人投资者要求精神损害赔偿是否具有正当性基础？再次，实然层面上法人投资者应满足何种证明要件？最后，此种赔偿大致计算标准如何？以下将用实证研究方法对上述四个问题进行逐一探讨。

---

〔14〕 Dogan Gültutan, *Moral Damages under International Investment Law：The Path towards Convergence*, Kluwer Law International B. V., 2022, p. 22.

〔15〕 2004 *Canada Model BIT*, Articles 21-22, and 2008 *Germany Model BIT*, Article 10. 2："应另一缔约国投资者要求"，争议应被提交仲裁。

〔16〕 Lundin Tunisia B. V. v. Tunisia, ICSID Case No. ARB/12/30, Award（Excerpts），Dec. 22, 2015；Cementownia v. Turkey（I），ICSID Case No. ARB（AF）/06/2, Award, Sep. 17, 2009；Europe Cement v. Turkey, ICSID, Award, Aug. 13, 2009.

〔17〕 案件来源于 Jus Mundi 数据库 "Moral Damages" 词条，IA Reporter 数据库及其他途径。

〔18〕 Dogan Gültutan, *Moral Damages under International Investment Law：The Path towards Convergence*, Kluwer Law International B. V., 2022, p. 22.

〔19〕 Merryl Lawry-White, "Are Moral Damages an Exceptional Case?", *International Arbitration Law Review*, Vol. 15, No. 6, 2012, pp. 236, 239. See also Muthucumaraswamy Sornarajah, *The Settlement of Foreign Investment Disputes*, Kluwer Law International, 2000, p. 8.

表 1　裁定精神损害赔偿争端统计表[①]

序号	案件	提起	裁决	法律依据	仲裁庭	仲裁庭构成	数额	比例 1	比例 2
1	Benvenuti & Bonfant 诉刚果（金）案[②]	1977	1980	1973 年合营合同	ICSID[③]	Jørgen Trolle *, Edilbert Razafindralambo, Rudolf Bystricky	500 万非洲法郎[④]	1.6%	2%[⑤]
2	Desert Line 诉也门案	2005	2008	1998 年阿曼—也门 BIT	ICSID	Pierre D. Tercier *, Ahmed Sadek El Kosheri, Jan Paulsson	100 万美元	35%	2.5%[⑥]
3	Al-Kharafi 诉利比亚案[⑦]	2011	2013	2006 年投资合同和 1980 年《阿拉伯国家阿拉伯资本投资统一协议》	临时仲裁庭	Abdel Hamid El-Ahdab *, Mohamed El-Kamoudi El-Hafi, Brahim Fawzi	3000 万美元	3%	60%[⑧]
4	von Pezold et al. 诉津巴布韦（自然人）案[⑨]	2010	2015	1995 年德国—津巴布韦 BIT	ICSID	L. Yves Fortier *, Michael Hwang, David A. R. Williams	100 万美元	0.8%	7.69%[⑪]
5	Border Timbers 诉津巴布韦案[⑩]	2010		1996 年瑞士—津巴布韦 BIT			100 万美元	0.8%	20%[⑫]
6	中山富诚诉尼日利亚案	2018	2021	2001 年中国—尼日利亚 BIT	临时仲裁庭	David E. Neuberger *, Rotimi Oguneso, Matthew Gearing	7.5 万美元	0.13%	N/A

①表 1 中仲裁员排序为首席仲裁员（用 ＊号标注）、东道国指定仲裁员、投资者指定仲裁员；比例 1 指仲裁庭裁定的精神损害赔偿数额占裁定的实际损害赔偿数额的比例；比例 2 指仲裁庭裁定的精神损害赔偿数额占申请人精神损害求偿数额的比例。

②SARL Benvenuti & Bonfant v. People's Republic of the Congo, ICSID Case No. ARB/77/2.

③全称为国际投资争端解决中心（The International Center for Settlement of Investment Disputes, ICSID），是解决 ISDS 争端最主要的国际机构。

④SARL Benvenuti & Bonfant v. People's Republic of the Congo, Award, ICSID Case No. ARB/77/2, Aug. 8, 1980, para. 4. 96. 非洲法郎全称为非洲金融共同体法郎（CFA），500 万 CFA 约等值于 8000 欧元。

⑤申请人要求精神损害赔偿数额为 2. 5 亿非洲法郎。See SARL Benvenuti & Bonfant v. People's Republic of the Congo, Award, ICSID Case No. ARB/77/2, Aug. 8, 1980, para. 3. 1. 6.

⑥申请人要求精神损害赔偿数额为 4000 万美元。See Desert Line Projects LLC v. The Republic of Yemen, ICSID Case No. ARB/05/17, Award, Feb. 6, 2008, para. 58（viii）.

⑦Mohamed Abdulmohsen Al-Kharafi & Sons Co. v. Libya and others, Ad hoc Arbitration.

⑧申请人要求精神损害赔偿数额为 5000 万美元。See Mohamed Abdulmohsen Al-Kharafi & Sons Co. v. Libya and others, Ad hoc Arbitration, Final Arbitral Award, Mar. 22, 2013, para. 44. 4.

⑨Bernard Friedrich Arnd Rudiger von Pezold et al. v. Republic of Zimbabwe, ICSID Case No. ARB/10/15.

⑩Border Timbers Limited, Border Timbers International（Private）Limited, and Hangani Development Co.（Private）Limited v. Republic of Zimbabwe, ICSID Case No. ARB/10/25.

⑪von Pezold et al. 诉津巴布韦（自然人）案中，申请人要求对 Heinrich von Pezold 赔付 500 万美元精神损害赔偿，对其他申请人每人赔付 100 万美元精神损害赔偿，最终仲裁庭仅裁定赔付 Heinrich von Pezold 精神损害赔偿 100 万美元，参见 Bernard Friedrich Arnd Rudiger von Pezold et al. v. Republic of

Zimbabwe, ICSID Case No. ARB/10/15, Award, Jul. 28, 2015, para. 8. 13.

⑫von Pezold et al. 诉津巴布韦（自然人）案和 Border Timbers 诉津巴布韦案因案情基本相同而进行了合并审理。2005 年津巴布韦政府实施了土地改革和重新安置计划，无偿没收了 von Pezold 等人及 Border Timbers 公司的农田、农场等财产。没收过程中，申请人遭到了退伍军人及定居者的绑架、袭击等虐待。在 Border Timbers 诉津巴布韦案中，申请人要求精神损害赔偿数额为 500 万美元。See Border Timbers Limited, Border Timbers International (Private) Limited, and Hangani Development Co. (Private) Limited v. Republic of Zimbabwe, ICSID Case No. ARB/10/25, Award, Jul. 28, 2015, para. 9. 11.

二、法人投资者精神损害赔偿可仲裁性分析

ISDS 仲裁庭确认对案件的管辖权是法人精神损害赔偿的第一步。在前述仲裁庭裁定不可仲裁的 7 起争端中，除 Funnekotter 诉津巴布韦案（Bernardus Henricus Funnekotter and others v. Republic of Zimbabwe）是由于申请人提出精神损害赔偿诉请超过时限而被裁定不可受理外，[20]其余 6 起争端[21]均因未满足合同或条约中的争端解决条款要求而被拒绝管辖。

（一）援引合同争端解决条款作为法律依据

Biloune 诉加纳案（Biloune and Marine Drive Complex Ltd. v. Ghana）是 ISDS 仲裁庭最早拒绝精神损害赔偿诉请的争端，也是唯一一起因不符合诉争投资合同争端解决条款而被否定管辖权的争端。投资者 Biloune 诉称加纳政府机关对其拘留和驱逐侵犯人权，要求加纳政府

---

[20] Bernardus Henricus Funnekotter and others v. Republic of Zimbabwe, ICSID Case No. ARB/05/6, Award, Apr. 22, 2009, para. 139.

[21] Biloune and Marine Drive Complex Ltd. v. Ghana, Ad hoc Arbitration, Award on Jurisdiction and Liability, Oct. 27, 1989; Zhinvali Development Ltd. v. Republic of Georgia, ICSID Case No. ARB/00/1, Award, Jan. 24, 2003; Generation Ukraine v. Ukraine, ICSID Case No. ARB/00/9, Award, Sep. 16, 2003; Caratube International Oil Company LLP v. The Republic of Kazakhstan, ICSID Case No. ARB/08/12, Award, Jun. 5, 2012; Güneş Tekstil Konfeksiyon Sanayi ve Ticaret Limited Şirketi and others v. Republic of Uzbekistan, ICSID Case No. ARB/13/19, Award, Oct. 4, 2019; Mohamed Abdel Raouf Bahgat v. Arab Republic of Egypt (Ⅰ), PCA Case No. 2012–07, Final Award, Dec. 23, 2019.

予以赔偿。仲裁庭认为尽管任何国家都不得侵犯基本人权，但仲裁庭无权将侵犯人权作为一个独立诉求进行处理。[22]当然，Biloune 诉加纳案仲裁庭的推理逻辑并不意味着 ISDS 仲裁庭绝对排除对人权问题管辖，但仅管辖那些与投资有关的侵犯人权行为，[23]这对申请人诉讼策略和论证重点提出一定要求。

（二）援引 IIA 争端解决条约争端解决条款规定

构成现行国际投资法主要渊源的 BIT 中绝大多数未对精神损害赔偿作出任何支持或限制，[24]因此仲裁庭在投资者援引 BIT 寻求精神损害赔偿争端中具有较大的自由裁量权，但仍有 5 起争端的仲裁庭认为申请人未能根据 BIT 中的争端解决条款建立精神损害赔偿的管辖权基础。其中一类为申请人未结合 BIT 文本论证争端的可仲裁性而被拒绝。比如 Generation 诉乌克兰案（Generation Ukraine v. Ukraine）中，申请人仅以《乌克兰宪法》为依据要求乌克兰国家工作人员对其非法决策承担精神损害赔偿责任，仲裁庭以该请求不属于 1994 年美国—乌克兰 BIT 第 6 条第 1 款中 "涉嫌违反赋予或创设的任何权利" 所引发的争端而否认对案件具有管辖权。[25]Bahgat 诉埃及案（Mohamed Abdel Raouf Bahgat v. Arab Republic of Egypt）中情况类似，仲裁庭认为涉案 BIT 中没有规定精神损害赔偿，且申请人也没有说明精神损害与 BIT 所保护的投资之间的关系，因此拒绝对该事项进行裁定。[26]另一类是仲裁庭认为申请人提出的赔偿诉求不符

---

〔22〕 Biloune and Marine Drive Complex Ltd. v. Ghana, Ad hoc Arbitration, Award on Jurisdiction and Liability, Oct. 27, 1989; Zhinvali Development Ltd. v. Republic of Georgia, ICSID Case No. ARB/00/1, Award, Jan. 24, 2003, paras. 60-61.

〔23〕 Arifa Zahra, "Investment Treaty Arbitration & Human Rights", *Supremo Amicus*, Vol. 28, 2022, p. 98.

〔24〕 Borzu Sabahi, "Moral Damages in International Investment Law: Some Preliminary Thoughts in the Aftermath of Desert Line v. Yemen", in Jacques Werner & Arif Hyder Ali ed., *A Liber Amicorum: Thomas Wälde, Law Beyond Conventional Thought*, Cameron May, p. 257; Lars Markert & Elisa Freiburg, "Moral Damages in International Investment Disputes—On the Search for a Legal Basis and Guiding Principles", *Journal of World Investment & Trade*, Vol. 14, No. 1, 2013, p. 29.

〔25〕 Generation Ukraine v. Ukraine, ICSID Case No. ARB/00/9, Award, Sep. 16, 2003, para. 17. 6.

〔26〕 Mohamed Abdel Raouf Bahgat v. Arab Republic of Egypt (I), PCA Case No. 2012-07, Final Award, Dec. 23, 2019, para. 520.

合 BIT 对可仲裁事项的规定。Güriş 诉利比亚案中，仲裁庭就以涉诉 BIT 仅保护投资而非投资者为由，拒绝受理申请人提出的精神损害赔偿。[27]Zhinvali 诉格鲁吉亚案（Zhinvali Development Ltd. v. Republic of Georgia）中，仲裁庭认定申请人的"开发成本"不构成《华盛顿公约》第 25 条第 1 款中的"投资"，因此认为对此案不具有属事管辖权，无需再处理申请人的精神损害赔偿。[28]在 2012 年 Caratube 诉哈萨克斯坦案（Caratube International Oil Company LLP v. The Republic of Kazakhstan）中，仲裁庭基本遵循相似逻辑，以申请人未能充分证明诉称经济活动构成美国投资为由否定管辖权。[29]

从案例统计看，尽管大部分法人投资者精神损害求偿案件进入了实体审查阶段，但仍有少量案件在管辖权阶段被否定。因此，投资者必须注意精神损害赔偿并非一个独立请求，必须证明其与投资合同或 IIA 中保护的"投资或与投资相关的活动"有关，才能满足 ISDS 机制中的可仲裁性要求。中山富诚诉尼日利亚案中诉称的对公司高管人权"不可辩驳的严重侵犯"[30]违反了 2001 年中国—尼日利亚 BIT 中 FET 条款，[31] 因而被仲裁庭认为属于可仲裁事项范围。

三、法人投资者精神损害赔偿正当性基础分析

相对于 ISDS 仲裁中对可仲裁性问题已经基本形成共识，围绕法人投资者精神损害正当性存在较大争议。

（一）精神损害赔偿是否独立于实际经济损失存在之辩

在 Rompetrol 诉罗马尼亚案（The Rompetrol Group N. V. v. Romania）中，仲裁庭明确表明"精神损害赔偿不能成为无法证明实际经

〔27〕 Simon Weber, "Demystifying Moral Damages in International Investment Arbitration", The Law & Practice of International Courts and Tribunals, Vol. 19, No. 3, 2020, p. 418.

〔28〕 Zhinvali Development Ltd. v. Republic of Georgia, ICSID Case No. ARB/00/1, Award, Jan. 24, 2003, para. 406.

〔29〕 Caratube International Oil Company LLP v. The Republic of Kazakhstan, ICSID Case No. ARB/08/12, Award, Jun. 5, 2012, para. 457.

〔30〕 Zhongshan Fucheng v. Nigeria, Ad hoc Arbitration, Final Award, para. 177.

〔31〕 Zhongshan Fucheng v. Nigeria, Ad hoc Arbitration, Final Award, para. 130.

济损失的替代"。[32]仲裁庭认为东道国对外资采取不法行动，显然会对投资者产生不利影响，也会引致融资成本和其他交易成本的增加，但这仅是实际经济损失或损害的另一种表现形式，也应受举证责任规制。如果可以纯粹酌情给予精神损害赔偿将颠覆举证责任和证据规则。[33]

仲裁庭将声誉损失等同于可能的精神损害，忽视了可能存在对声誉的损害无法通过证据证明的情况。此种推理与习惯国际法规定的国际不法行为所造成的损害必须得到充分补偿的立场相悖，而且也忽视了矫正非正义的必要性。[34]根据矫正正义理论（theory of corrective justice），任何错误行为引起的伤害都应该得到赔偿。[35]

Desert Line 诉也门案是已知 ISDS 仲裁中支持法人精神损害赔偿的首案。仲裁庭认为"一般认为法人（相对于自然人）仅在例外情形（exceptional circumstances）下才能被判精神损害赔偿，包括名誉损失"；[36]但仲裁庭并没有说明什么情况下将构成"例外情形"。从裁决内容看隐含着仅在申请人高管身体健康、申请人的信用和名誉受到精神损害才能得到赔偿。[37]Desert Line 诉也门案根本性推翻了 Rompetrol 诉罗马尼亚案推理。之后的 von Pezold 诉津巴布韦案中，仲裁庭完全认可并遵循 Desert Line 诉也门案的推理和结论，并同样裁定被申请人赔付精神损害赔偿 100 万美元。[38]然而，反对者则认为支持法人精神损害赔偿，可能引致双重计算（double counting），即裁决以实际损失（material damages）和精神损害名义对同一笔损

〔32〕 The Rompetrol Group N. V. v. Romania, ICSID Case No. ARB/06/3, Award, May 6, 2013, para. 293.

〔33〕 The Rompetrol Group N. V. v. Romania, Award, para. 289.

〔34〕 Dogan Gültutan, *Moral Damages under International Investment Law*: *The Path towards Convergence*, Kluwer Law International B. V. , 2022, pp. 26−27.

〔35〕 Ernest J. Weinrib, "Corrective Justice", *Iowa Law Review*, Vol. 77, 1992, p. 403.

〔36〕 Desert Line Projects LLC v. The Republic of Yemen, ICSID Case No. ARB/05/17, Award, Feb. 6, 2008, para. 289.

〔37〕 Desert Line Projects LLC v. The Republic of Yemen, ICSID Case No. ARB/05/17, Award, Feb. 6, 2008, para. 290.

〔38〕 Bernard Friedrich Arnd Rudiger von Pezold et al. v. Republic of Zimbabwe, ICSID Case No. ARB/10/15, Award, Jul. 28, 2015, paras. 205, 225−226.

失进行了两次赔偿。[39]

（二） 法人通过 ISDS 仲裁寻求精神损害赔偿可行性之辩

对法人可否通过 ISDS 仲裁寻求精神损害赔偿存在明显分歧。反对观点认为国内法上对自然人和法人受到精神损害的可恢复性（recoverability） 未采用不同规则，因此投资法中也没有必要另起炉灶，完全可以通过国内法予以求偿。[40]支持观点则认为法人投资者占投资者主体，如果全面禁止法人投资者精神损害赔偿近乎等同于在 ISDS 仲裁中排除精神损害赔偿。法律的存在是为了纠正错误，任何错误都应该以一种反向行为矫正；[41]做错事的一方必须赔偿受害方的损失。[42]任何可能滥用权力的行为均应被坚决制止，而不应该存在反向激励。[43]如果法人投资者的精神损害无法在 ISDS 机制中得到支持，迫使法人投资者单独向东道国当地法院寻求精神损害赔偿，且不说法官的独立性和公正性，[44]就相同或类似事实另行提起精神损害赔偿需要消耗额外时间和成本，还可能加剧各案间的不一致。

随着国际人权法的演进特别是欧洲人权法院（European Court of Human Rights，ECtHR） 的实践发展，对法人投资者精神损害赔偿提供了进一步的支持。比如，ECtHR 对精神损害的裁决的实证研究显示，尽管法人投资者无法感到 "焦虑或痛苦"（anxiety or distress），但依据的 "法人投资者背后或协调的自然人会受到精神损害"。[45]

---

〔39〕 Patrick Dumberry, "Satisfaction as a Form of Reparation for Moral Damages Suffered by Investors and Respondent States in Investor-State Arbitration Disputes", *Journal of International Dispute Settlement*, Vol. 3, No. 1, 2012, pp. 205, 227-229.

〔40〕 Patrick Dumberry, "Compensation for Moral Damages in Investor-State Arbitration Disputes", *Journal of International Arbitration*, Vol. 27, No. 3, 2010, pp. 247, 265-266.

〔41〕 Ernest J. Weinrib, "Corrective Justice", *Iowa Law Review*, Vol. 77, 1992, p. 403.

〔42〕 Ernest J. Weinrib, "Corrective Justice", *Iowa Law Review*, Vol. 77, 1992, pp. 408-409.

〔43〕 Dogan Gültutan, *Moral Damages under International Investment Law: The Path towards Convergence*, Kluwer Law International B. V. , 2022, p. 29.

〔44〕 Borzu Sabahi, *Compensation and Restitution in Investor-State Arbitration: Principles and Practice*, Oxford University Press, 2011, p. 139.

〔45〕 Szilvia Altwicker-Hamori, Tilmann Altwicker and Anne Peters, "Measures Violations of Human Rights: An Empirical Analysis of Awards in Respect of Non-Pecuniary Damage under the European Convention on Human Rights", *Heidelberg Journal of International Law*, Vol. 76, 2016, p. 16.

（三）法人投资者代表其雇员和管理人员所受精神损害求偿权之辩

由于东道国行为还可能对投资者雇员和管理人员产生精神损害，这就不可避免带来法人投资者精神损害求偿可否涵盖其雇员和管理人员所受的精神损害问题。投资合同和 IIA 一般都明确对投资者的保护，但通常未明确其保护的投资者是否涵盖投资者的雇员和管理人员等。从传统矫正正义理论出发，赔偿义务应限于具有重要关系的特定当事人之间。然而，在某些情形下界限变得比较模糊，很难采取确定的方法。[46] 霍茹夫工厂案（The Factory at Chorzów）最早从国际公法视域对违反国际法义务损害赔偿问题确立了如下标准——既要将可归因于第三方造成的损失从东道国赔偿中排除，但同时不能将受害人要承担的债务和其他义务的赔偿金从东道国赔偿中排除。[47]

Desert Line 诉也门案裁决明确提出 "对申请人高管施加的身体胁迫" 是与精神损害赔偿目的相关的，其立足点在于针对投资者雇员不法行为对投资者产生不利影响，构成了精神损害赔偿的基础。然而，由于仲裁庭未对该问题进行充分探讨，因此必须谨慎对待仲裁庭的结论，对裁决的探讨必须充分考虑案件中不同寻常和特殊的事实（unusual and peculiar facts）及其对仲裁庭推理的影响，以免造成对既定原则的分歧。[48] 在 von Pezold 诉津巴布韦案中，ICSID 仲裁庭则采用了务实的解决方案，仲裁庭指出："公司员工求助于有管辖权、公平的仲裁庭是适当的，仲裁庭针对公司员工所遭受的恶劣待遇，就可以裁定精神损害赔偿以支持他们的雇主。"[49] 但是其中存在两大问题：其一，在严格法律方法下，仲裁庭无权对公司雇员进行管辖。因此，仲裁庭明知缺乏管辖权却依然作出精神损害赔偿，其公允性

---

〔46〕 Dogan Gültutan, *Moral Damages under International Investment Law: The Path towards Convergence*, Kluwer Law International B. V. , 2022, p. 31.

〔47〕 The Factory at Chorzów（The Government of Germany v. The Government of the Polish Republic）, Decision on Indemnity, 1928 PCIJ（Ser A）, p. 31.

〔48〕 Dogan Gültutan, *Moral Damages under International Investment Law: The Path towards Convergence*, Kluwer Law International B. V. , 2022, p. 31.

〔49〕 Bernard Friedrich Arnd Rudiger von Pezold et al. v. Republic of Zimbabwe, ICSID Case No. ARB/10/15, Award, Jul. 28, 2015, para. 915.

存疑。其二，对投资者有利的裁决是否对员工有益并不明确。[50]如果处理不当，反而会加剧矛盾和分歧，引发国际投资法的危机甚至进一步分化。

（四）法人投资者精神损害赔偿求偿路径选择之辩

反对法人投资者在ISDS仲裁中提出精神损害求偿，而要求其在东道国国内法院另行提起诉讼的观点，不仅可能存在公正性和效率的问题，还可能存在法律上困境。仅有少数国家在其国内立法或实践中支持法人精神损害赔偿，譬如，法国在2012年的判例中承认了法人会遭受精神损害且可获赔偿，[51]对法人在不公平竞争、诽谤等情形下遭受的精神损害予以赔偿已经成为法国法中的基本共识。[52]英国曾在侵权案件中支持法人精神损害赔偿，然而之后又转向了否定态度。[53]但是，中国国内法及司法实践中均未认可法人有权获得精神损害赔偿。2020年《中华人民共和国民法典》第110条虽然规定法人组织享有人格权中的名称权、名誉权和荣誉权，但并未规定法人有权获得精神损害赔偿。2020年《最高人民法院关于确定民事侵权精神损害赔偿责任若干问题的解释》[54]第4条中明确不支持法人以名誉权、荣誉权、名称权遭受侵害为由提出的精神损害赔偿之诉。截至目前，国内司法实践中尚未出现法人基于其名誉损失或雇员损害获得精神损害赔偿的案件。

---

〔50〕 Dogan Gültutan, *Moral Damages under International Investment Law: The Path towards Convergence*, Kluwer Law International B. V., 2022, p. 32.

〔51〕 French Court of Cassation, Commercial Chamber, 15 mai 2012, n°11-10278.

〔52〕 Marius Scheaua, "Moral Damage of the Legal Person", *Corporate and Commercial Law Review*, Vol. 3, 2018, p. 60.

〔53〕 Reza Mohtashami QC, Farouk El-Hosseny and Romilly Holland, "Non-Compensatory Damages in Civil and Common Law Jurisdictions: Requirements and Underlying Principles", *Global Arbitration Review*, available at https://globalarbitrationreview.com/guide/the-guide-damages-in-international-arbitration/4th-edition/article/non-compensatory-damages-in-civil-and-common-law-jurisdictions-requirements-and-underlying-principles#footnote-071, last visited on Nov. 24, 2022.

〔54〕 《最高人民法院关于确定民事侵权精神损害赔偿责任若干问题的解释》（法释〔2020〕17号），2020年12月29日发布，2021年1月1日起施行。该司法解释沿袭了2001年《最高人民法院关于确定民事侵权精神损害赔偿责任若干问题的解释》（法释〔2001〕7号）第5条的规定。

相较于国内法中对法人精神损害赔偿的基本否定态度，国际法中对法人精神损害具有更高的兼容性。卢西塔尼亚号案（Lusitania）[55]最早涉及该问题，法庭认为按照国际法原则，受害方有权就其受到的精神痛苦、情感伤害、羞耻、耻辱、等级下降、失去社会地位或对其信用或声誉的伤害得到赔偿。[56]即针对非常真实的精神损害，仅凭它们难以用金钱衡量或估计这一事实就否认受害方应得到补偿性损害赔偿的权利是不合逻辑的。[57]数年后，常设国际法院（Permanent Court of International Justice，PCIJ）在 Chorzów 案进一步阐明：国际惯例特别是国际法庭所确立的基本原则是赔偿必须尽可能消除不法行为所产生的所有后果，并尽一切可能重新建立起如果没有此种不法行为下的情势。[58]Chorzów 案的结论及其中蕴含的理念被联合国国际法委员会（International Law Commission）编纂的 2001 年《国家对国际不法行为的责任条款草案》（Draft Articles on Responsibility of States for Internationally Wrongful Acts，以下简称《草案》）所采纳。[59]

（五）正当性构成要素的实证分析

国际投资法中出现精神损害赔偿要明显晚于国际公法，Benvenuti & Bonfant 诉刚果（金）案是 ISDS 仲裁中首次支持精神损

---

〔55〕 1915 年 5 月，德国潜水艇在爱尔兰海面击沉了纽约至利物浦航线上的英国籍邮轮卢西塔尼亚号（Lusitania），船上包括一百余名美国乘客在内的一千余名乘客遇难。美国于 1922 年 10 月以德国为被申请人提起仲裁要求赔偿，最终索赔委员会支持了美国的索赔诉求。Lusitania（United States v. Germany），*Reports of International Arbitral Awards*，Nov. 1，1923，Vol. VII，pp. 34－35，available at https://legal. un. org/riaa/cases/vol_VII/32－44. pdf，last visited on Aug. 2，2022.

〔56〕 Lusitania（United States v. Germany），*Reports of International Arbitral Awards*，Nov. 1，1923，Vol. VII，pp. 32，40，available at https://legal. un. org/riaa/cases/vol_VII/32－44. pdf，last visited on Aug. 2，2022.

〔57〕 Dogan Gültutan，*Moral Damages under International Investment Law：The Path towards Convergence*，Kluwer Law International B. V. ，2022，p. 2.

〔58〕 The Factory at Chorzów（Germany v. Poland），Decision on Indemnity，1928 PCIJ（Ser A）.

〔59〕 《草案》第 31 条（赔偿）规定：①责任国有义务对国际不法行为所造成的损害提供充分赔偿；②损害包括一国国际不法行为造成的任何损害，无论是物质损害还是精神损害。

害赔偿。〔60〕仲裁庭认为虽然并没有具体证据支持其主张的声誉损失和雇员的精神损害，但虑及申请人遭受不法对待和由此产生的诉讼程序对申请人经营活动的干扰，根据公平公正原则（ex aequo et bono）裁决被申请人支付 500 万非洲法郎作为精神损害赔偿。仲裁庭仅模糊适用了公平公正原则，未对法人精神损害赔偿正当性基础进行探讨，对研究法人精神损害赔偿的实际贡献有限。〔61〕

Desert Line 诉也门案仲裁庭援引了 Lusitania 案裁决中对精神损害赔偿的阐述，明确指出法人在例外情形下有权获得精神损害赔偿。〔62〕其中，仲裁庭指出法人精神损害可分为法人信用和声誉、法人雇员的身体健康两类。〔63〕但是，此案仅援引国际公法中的精神损害赔偿判决作为法人精神损害的正当性基础，并没有探讨其背后的法理依据，因此"只有部分令人信服"（only partly convincing）。〔64〕ISDS 机制本身是偏向保护投资者的二元机制，〔65〕与处理国家之间争端的传统国际公法存在实质区别。〔66〕后续 ISDS 实践中，仲裁庭也曾

---

〔60〕 1973 年意大利 Benvenuti & Bonfant 公司与刚果（金）政府签订合营协议。1977 年，刚果（金）政府对该公司采取国有化措施，对公司主管及意大利员工进行驱逐，公司总部也被当地武装部队所攻占。Benvenuti & Bonfant 公司依据双方签订的合营合同向 ICSID 仲裁庭提起仲裁。1980 年 8 月仲裁庭裁决刚果（金）政府行为构成征收，并支持了申请人包括精神损害赔偿在内的部分赔偿诉请。

〔61〕 Subhiksh Vasudev, "Damages for Non-Material Harm in Investment Treaty Arbitration", ASA Bulletin, Vol. 97, 2019, p. 100.

〔62〕 Desert Line Projects LLC v. The Republic of Yemen, ICSID Case No. ARB/05/17, Award, Feb. 6, 2008, para. 289.

〔63〕 Desert Line Projects LLC v. The Republic of Yemen, ICSID Case No. ARB/05/17, Award, Feb. 6, 2008, para. 290.

〔64〕 Ingeborg Schwenzer and Pascal Hachem, "Moral Damages in International Investment Arbitration", in Stefan Kroll et al. ed., International Arbitration and International Commercial Law: Synergy, Convergence and Evolution, Kluwer Law International, 2011, p. 422.

〔65〕 彭德雷：《论国际投资秩序中投资者保护与国家规制的二元结构——基于中国的实证考察与理论解释》，载《当代法学》2017 年第 4 期；刘笋：《国际投资仲裁引发的若干危机及应对之策述评》，载《法学研究》2008 年第 6 期；梁咏：《国际投资仲裁机制变革与中国对策研究》，载《厦门大学学报（哲学社会科学版）》2018 年第 3 期。Also see Susan D. Franck, "The Legitimacy Crisis in Investment Arbitration: Privatizing Public International Law through Inconsistent Decisions", Fordham Law Review, Vol. 73, 2005, pp. 1582-1585, 1587-1611.

〔66〕 Stephan W. Schill、肖俊：《国际投资法与比较公法——一些基本问题》，载《国际经济法学刊》2013 年第 3 期。

指出："一般国际法当然地接受精神损害赔偿，但司法实践和学术研究都表明，这种情况或是对一国的声誉和尊严的损害（此时的救济是非经济性质的），或是在外交保护名义下间接补偿申请方公民所遭受的人身伤害。仲裁庭认为，这些情况均不适用于本案。"[67] 因此，有必要针对法人精神损害赔偿不同类型的法理依据进行单独分析，以厘清 ISDS 机制中法人精神损害赔偿背后的法理依据。

1. 因法人名誉损失要求赔偿的正当性依据

由于法人名誉突出的财产性质导致法人名誉损失中的精神损害与物质损失之间界限具有模糊性。Rompetrol 诉罗马尼亚案仲裁庭认为，法人名誉损失引致的融资成本或交易成本的增加，应属于实际经济损失；[68] Sterling Finance 诉佛得角案（Sterling Finance v. Cabo Verde）中，独任仲裁员认为只有在名誉损失造成失去商业机会等物质损失时才能得到赔偿。[69] 上述两案中，仲裁庭都要求将精神损害赔偿和失去商业机会等物质损失结合起来考虑。从 Desert Line 诉也门案开始，仲裁庭以更加开放态度看待法人精神损害赔偿，将法人名誉损害作为与法人雇员遭受损害相并列的精神损害事项进行审查。此争论的实质就是精神损失究竟应采广义说还是狭义说。如果按照狭义说，精神损害应被解释为自然人因其人身权受到侵害而遭受的生理、心理上的痛苦及其他不良情绪，自然就无法涵盖法人精神损害赔偿问题；[70] 而广义说则认为精神损害除精神痛苦外还包括精神利益的损失，其中精神利益涵盖自然人和法人的人格利益和身份利益。[71]

---

〔67〕 Inmaris Perestroika v. Ukraine Inmaris Perestroika Sailing Maritime Services GmbH and others v. Ukraine, ICSID Case No. ARB/08/8, Award, Mar. 1, 2012, para. 428; The Rompetrol Group N. V. v. Romania, ICSID Case No. ARB/06/3, Award, May 6, 2013, para. 289; Al Warraq v. Indonesia, Ad hoc arbitration, Final Award, Dec. 15, 2014, para. 653.

〔68〕 The Rompetrol Group N. V. v. Romania, ICSID Case No. ARB/06/3, Award, May 6, 2013, para. 289.

〔69〕 Sterling Finance v. Cabo Verde, PCA Case No. 2014-33, Final Award, Nov. 27, 2015, para. 206.

〔70〕 王利明：《人格权法研究》（第 2 版），中国人民大学出版社 2012 年版，第 674 页；马俊驹、余延满：《试论法人人格权及其民法保护》，载《法制与社会发展》1995 年第 4 期；李永军：《论民法典中人格权的实证概念》，载《比较法研究》2022 年第 1 期。

〔71〕 周利民：《论法人的精神损害赔偿》，载《政法论坛》2002 年第 3 期；张力：《论法人的精神损害赔偿请求权》，载《法商研究》2017 年第 1 期。

因此，采用广义说理论，法人精神损害赔偿就可以获得正当性基础。

2. 因法人雇员遭受损害要求赔偿的正当性依据

（1）公平公正原则。由于 ISDS 仲裁中仅允许投资者提起仲裁，投资者雇员或高管无法以自己名义就所受精神损害提起 ISDS 仲裁。如果法人投资者仅能针对其自身损失进行求偿，而不能为其雇员提出求偿，[72]那么投资者雇员和高管似乎只能在东道国国内法院起诉。虑及东道国国内法院的公正性、经济效率和相对一致性问题，由 ISDS 仲裁受理投资者就其雇员遭受精神损害求偿案件是一种公平公正及经济理性选择，[73]以往 ISDS 实践中，此种公平公正原则是仲裁庭支持法人为其雇员精神损害求偿的主要理论依据。譬如，Border Timbers 诉津巴布韦案中，仲裁庭认为尽管法人雇员损害不同于对法人损害，但是虑及东道国国内法院可能无法提供公正的判决，因此遵循了 Desert Line 诉也门案中的推理，允许仲裁庭对法人雇员遭受的损害作出裁决。[74]中山富诚诉尼日利亚案仲裁庭指出申请人雇员已在尼日利亚国内法院对政府不法行为提起了赔偿损失之诉，但最终诉讼程序中止，被告未遵循法院的期限也得以逍遥法外（apparently with impunity），[75]侧面也反映了仲裁庭对尼日利亚国内法院的中立性表示怀疑，对法人雇员精神损害赔偿进行审查也有公平公正原则的考量。然而在 Lemire 诉乌克兰案（Joseph Charles Lemire v. U-kraine）[76]中，仲裁庭认为乌克兰国内法已经给投资者提供了包括上

---

〔72〕 Sergey Ripinsky and Kevin Williams, "Damages in International Investment Law", *British Institute of International and Comparative Law*, 2008, p. 311.

〔73〕 Sergey Ripinsky, "Assessing Damages in Investment Disputes: Practice in Search of Perfect", *Journal of World Investment & Trade*, Vol. 1, 2009, p. 36.

〔74〕 Border Timbers Limited, Border Timbers International (Private) Limited, and Hangani Development Co. (Private) Limited v. Republic of Zimbabwe, ICSID Case No. ARB/10/25, Award, Jul. 28, 2015, para. 985.

〔75〕 Zhongshan Fucheng v. Nigeria, Ad hoc Arbitration, Final Award, para. 44.

〔76〕 Joseph Charles Lemire v. Ukraine, ICSID Case No. ARB/06/18, Final Award, Mar. 28, 2011. 1995 年美国投资者 Lemire 投资了乌克兰电台 Gala 公司，因投资者无法在乌克兰获得无线电频率和广播频道的许可证，乌克兰国家委员会将其电台停播。1997 年及 2006 年，Lemire 两次向 ICSID 仲裁庭提起仲裁，在第二次仲裁程序中，Lemire 提出国家委员会授予无线电许可证程序导致其付出了不合比例的过度努力，并对其造成了不尊重和羞辱，应给予精神损害赔偿。仲裁庭裁决中驳回了 Lemire 的精神损害赔偿请求。

诉在内的有效救济手段，因此仲裁庭无须单独对精神损害求偿予以认定，因此驳回了 Lemire 的精神损害求偿。[77]

（2）公司支持原则。公司支持原则认为由于公司雇员个人的精神痛苦可能会对个人生产力和消费产生负面影响，进而引致公司财务损失，因此将对雇员的损害视为对公司的损害，[78]这一理论成立的条件是公司雇员和公司投资之间存在足够的关联性。这意味着只有拥有较大决策权的雇员和高级管理层受到损害才能被认为对公司产生不利影响。[79]中山富诚诉尼日利亚案中，仲裁庭详细分析了赵先生、韩博士在中山富诚公司担任的职位、职能和任职期等，与依据公司支持原则建立对此案精神损害赔偿的管辖权有着内在联系。

（3）公司代位原则。公司代位原则对公司支持原则提出了挑战，该理论认为公司支持原则忽视了公司和雇员是不同的主体，对雇员的损害不能等同于对公司的损害，公司只能基于代位求偿权提出精神损害赔偿诉求。[80]在这一理论下，公司在胜诉后应将获得的赔偿款项移转给实际受害的雇员。

无论是基于公平公正原则、公司支持原则抑或公司代位原则，ISDS 仲裁中法人精神损害赔偿的正当性已得到普遍承认，实践中法人精神损害求偿能否得到支持与其是否满足证明要件有着紧密联系。

四、法人精神损害获偿的证明要件

近年来对法人精神损害赔偿的可仲裁性和正当性基础问题在实

---

〔77〕 Joseph Charles Lemire v. Ukraine, ICSID Case No. ARB/06/18, Final Award, Mar. 28, 2011, para. 345.

〔78〕 Borzu Sabahi, "Moral Damages in International Investment Law: Some Preliminary Thoughts in the Aftermath of Desert Line v. Yemen", in Jacques Werner & Arif Hyder Ali ed., *A Liber Amicorum: Thomas Wälde*, *Law Beyond Conventional Thought*, Cameron May, 2009, p. 256.

〔79〕 Lars Markert & Elisa Freiburg, "Moral Damages in International Investment Disputes——On the Search for a Legal Basis and Guiding Principles", *Journal of World Investment & Trade*, Vol. 14, No. 1, 2013, p. 36.

〔80〕 Jarrod Wong, "The Misapprehension of Moral Damages in Investor-State Arbitration", in Arthur Rovine ed., *Contemporary Issues in International Arbitration and Mediation*, The Fordham Papers, 2012, p. 67; Antoine Champagne, "Moral Damages Left in Limbo", *McGill Journal of Dispute Resolution*, Vol. 1, No. 2, 2015, pp. 14-15.

践中已经渐趋统一，但围绕法人精神损害赔偿需要满足哪些证明要求尚存在较大争议。通过实证研究发现，双重客观要件、主观恶意以及东道国抗辩理由都可能对最终裁决产生实质影响，本部分将从上述三方面予以展开：

（一）法人精神损害赔偿的双重客观要件

1. 违反条约或合同项下义务

根据习惯国际法和《草案》，在国际投资法中，东道国仅应对违反 IIA 或投资合同的不法行为承担赔偿责任。因此，如果案件中争议行为并不违反 IIA 或投资合同规定，[81]或法人所受精神损害不是直接由违反投资义务的措施引致，法人精神损害赔偿诉请就无法得到仲裁庭支持。2015 年 Quiborax 诉玻利维亚案（Quiborax S. A., Non-Metallic Minerals S. A. v. Plurinational State of Bolivia）中，仲裁庭指出玻利维亚的征收行为虽然违反了涉案 BIT 规定，但申请人所主张的精神损害是由征收发生后的骚乱行为引致的，因此不支持申请人的精神损害赔偿诉请。[82]因此，法人不仅要证明存在东道国对其所采取的行为导致其名誉受损或雇员的人身权利无法得到保障，还需要证明争议行为已经违反 IIA 或投资合同中的具体条约义务。

2. 存在例外情形

法人证明东道国违反 IIA 或合同义务后，还需要证明符合"例外情形"（exceptional circumstances）要求。Desert Line 诉也门案裁决提及"BIT 本身并不妨碍一方当事人在例外情形下寻求精神损害赔偿"，[83]并认为该案中也门政府对投资者雇员实施的逮捕、恐吓等行为造成了投资者雇员的精神痛苦和法人本身的名誉损失，符合应认定为精神损害赔偿的"例外情形"，[84]这也是 ISDS 实践中首次

---

〔81〕 Helnan International Hotels A/S v. Arab Republic of Egypt, ICSID Case No. ARB/05/19, Award, Jul. 3, 2008, para. 170; Romania Roussalis v. Romania Spyridon Roussalis v. Romania, ICSID Case No. ARB/06/1, Award, Dec. 7, 2011, para. 746; Toto Costruzioni Generali S. p. A. v. The Republic of Lebanon, ICSID Case No. ARB/07/12, Award, Jun. 7, 2012, para. 255.

〔82〕 Quiborax S. A., Non-Metallic Minerals S. A. v. Plurinational State of Bolivia, ICSID Case No. ARB/06/2, Award, Sep. 16, 2015, para. 617.

〔83〕 Desert Line Projects LLC v. The Republic of Yemen, Award, para. 289.

〔84〕 Desert Line Projects LLC v. The Republic of Yemen, Award, para. 286.

涉及法人精神损害赔偿问题。三年后的 Lemire 诉乌克兰案对 Desert Line 诉也门案提出的"例外情形"从三方面进行了具体阐述：其一，东道国实施的人身威胁、非法拘禁或其他类似行为违反了文明国家应遵循的准则；其二，东道国的行为引致投资者或其雇员健康恶化、压力、焦虑和其他精神痛苦，如侮辱、羞辱和贬低，或名誉、信用和社会地位的丧失；其三，造成精神损害的原因和结果是严重的或实质性的。[85] Lemire 诉乌克兰案所确立的东道国行为违反"文明国家通行准则"以及造成严重精神损害后果这两项要件在之后的 ISDS 实践中得到反复援引，[86] 具体表现为：

（1）东道国行为违反"文明国家通行准则"。

Lemire 诉乌克兰案仲裁庭确认申请人申请无线电许可证期间遭到了乌克兰媒体监管机构的拒绝、警告等不当对待，但此类行为与武装威胁等无法相提并论，无法满足"例外情形"要求。[87] 在支持精神损害赔偿的 6 起 ISDS 争端中，除 Benvenuti & Bonfant 诉刚果（金）案和 Al-Kharafi 诉利比亚案外，其他 4 起争端中均存在武装威胁或身体暴力情形，其中 Desert Line 诉也门案中公司高管及其家属遭到骚扰、逮捕和枪击威胁；[88] von Pezold 诉津巴布韦案和 Border Timbers 诉津巴布韦案中公司员工遭到武装袭击、死亡威胁和绑架；[89] 中山富诚诉尼日利亚案中公司高管被警察持枪逮捕，并在拘留期间受到恐吓和殴打等。[90] 在 von Pezold 诉津巴布韦案和 Border Timbers 诉津巴布韦案中，实施武装袭击、死亡威胁和绑架行动的是东

---

〔85〕 Joseph Charles Lemire v. Ukraine, ICSID Case No. ARB/06/18, Final Award, Mar. 28, 2011, para. 333.

〔86〕 Stati v. Kazakhstan（I）, SCC Case No. 116/2010, Award, Dec. 19, 2013；Tza Yap Shum v. Peru, ICSID Case No. ARB/07/6, Award, Jul. 7, 2011；Oxus Gold v. Uzbekistan, Ad hoc Arbitration, Final Award, Dec. 17, 2015；OIEG v. Venezuela, ICSID Case No. ARB/11/25, Award, Mar. 10, 2015；Arif v. Moldova, ICSID Case No. ARB/11/23, Award, Apr. 8, 2013.

〔87〕 Joseph Charles Lemire v. Ukraine, ICSID Case No. ARB/06/18, Final Award, Mar. 28, 2011, para. 339.

〔88〕 Desert Line Projects LLC v. The Republic of Yemen, Award, Feb. 6, 2008, para. 146.

〔89〕 Bernard Friedrich Arnd Rudiger von Pezold et al. v. Republic of Zimbabwe, Award, Jul. 28, 2015, para. 918.

〔90〕 Zhongshan Fucheng v. Nigeria, Ad hoc Arbitration, Final Award, para. 39.

道国退伍军人而非东道国，但仲裁庭认为东道国对退伍军人行动事实上的鼓励、纵容和不作为的态度足以将本应由退伍军人承担的责任转化为东道国责任。[91]

Benvenuti & Bonfant 诉刚果（金）案和 Al-Kharafi 诉利比亚案中不涉及武装威胁或身体暴力，[92]但两案仲裁庭对东道国行为性质认定相对宽泛的标准在之后的 ISDS 仲裁中未得到遵循。2006 年 Siag 诉埃及案（Waguih Elie George Siag and Clorinda Vecchi v. Arab Republic of Egypt），仲裁庭认为埃及政府的征收行为并不构成支持精神损害赔偿的"恶劣行为的极端情况"（extreme cases of egregious behaviour）；[93]在 2016 年 Getma 诉几内亚案［Getma International and others v. Republic of Guinea（Ⅱ）］中，仲裁庭认为"终止协议和征用的公共当局的行为在任何情况下都不具有非金钱损失所要求的严重性"。[94]

综上，当东道国行为涉及武装威胁或身体暴力时，大概率会被认定为违反文明国家通行准则的行为；而当东道国行为仅为征收、终止合同等违反 IIA 和投资合同义务的一般行为时，获仲裁庭支持的可能性较低。

（2）造成严重的精神损害后果。

在支持精神损害赔偿的 6 起争端中，除 Benvenuti & Bonfant 诉刚果（金）案中裁定实际损失赔偿外，Desert Line 诉也门案既存在法人名誉损失也存在雇员精神损害；Al-Kharafi 诉利比亚案申请人遭受

---

〔91〕　Bernard Friedrich Arnd Rudiger von Pezold et al. v. Republic of Zimbabwe，Award，Jul. 28, 2015, para. 448.

〔92〕　该案投资者诉称刚果（金）政府对投资进行征收，使其失去了工作和投资机会，无法恢复在意大利的业务，失信于供应商和银行，且失去了公司优秀人才，造成精神损害。See SARL Benvenuti & Bonfant v. People's Republic of the Congo，Award，ICSID Case No. ARB/77/2, Aug. 8, 1980, para. 4. 95. Al-Kharafi 诉利比亚案中投资者诉称利比亚政府滥用权力擅自终止合同履行，强迫投资者停止工作，致使投资者在股票市场、商业市场以及建筑市场中的名誉严重受损。See Mohamed Abdulmohsen Al-Kharafi & Sons Co. v. Libya and others，Ad hoc Arbitration，Final Arbitral Award，pp. 366-367.

〔93〕　Waguih Elie George Siag and Clorinda Vecchi v. Arab Republic of Egypt，ICSID Case No. ARB/05/15, Award，Jun. 1, 2009, para. 545.

〔94〕　Getma International and others v. Republic of Guinea（Ⅱ），ICSID Case No. ARB/11/29，Award，Aug. 16, 2016, para. 457.

了法人名誉损害；而 von Pezold 诉津巴布韦案、Border Timbers 诉津巴布韦案和中山富诚诉尼日利亚案则均为法人雇员遭受损害引发的精神损害赔偿。法人雇员遭受损害的典型表现是公司高管人身权利遭受侵害而产生的健康恶化、压力、焦虑等结果，如 Desert Line 诉也门案中申请人高管因遭到也门政府和武装部落的骚扰、威胁和扣押而感到压力和焦虑，影响了身体健康。[95]在中山富诚诉尼日利亚案中，公司高管赵先生被尼日利亚警察持枪逮捕，并在被拘留的两周期间遭遇剥夺食物和水、殴打、恐吓等严重侵犯人权的虐待，被仲裁庭认为构成了对赵先生人权"不可辩驳的严重侵犯"。[96]法人名誉损失则主要表现为对法人市场信誉、商业形象的减损。在 Al-Kharafi 诉利比亚案中，申请人主张利比亚当局取消了先前批准申请人建立、投资的为期 83 年的重要项目，损害了公司因赢得该项目而获得的信任和荣誉。受 Lemire 标准影响，为使精神损害赔偿得到支持，申请人必须证明精神损害得到严重的程度，这就涉及对举证责任和具体证明标准的论证。

（3）举证责任及证明标准。

除非另有说明，"谁主张谁举证"是国际法上一般举证原则，ISDS 机制也不例外。精神损害赔偿作为损害赔偿的一种类型，同样适用该一般举证规则，"精神损害性质的索赔不能减轻申请人所承担的举证责任。"[97]实践中，证明责任的确定取决于提交给法院的争议涉及的主体和性质，根据案件裁决所必须确立的事实类型而有所不同。[98]未来可能针对证据规则采取更加宽松情形。

证明标准方面，仲裁庭普遍采用 ISDS 机制中的一般证明标准，即

［95］ Desert Line Projects LLC v. The Republic of Yemen, ICSID Case No. ARB/05/17, A-ward, Feb. 6, 2008, paras. 286, 290.

［96］ Zhongshan Fucheng v. Nigeria, Ad hoc Arbitration, Final Award, para. 177.

［97］ Victor Pey Casado v. Republic of Chile, ICSID Case No. ARB/98/2, Award, Sep. 13, 2016, para. 243; The Rompetrol Group N. V. v. Romania, ICSID Case No. ARB/06/3, Award, May 6, 2013, para. 293; Bank Melli and Bank Saderat v. Bahrain, PCA Case No. 2017-25, Final Award, Nov. 9, 2021, para. 793.

［98］ Dogan Gültutan, *Moral Damages under International Investment Law: The Path towards Convergence*, Kluwer Law International B. V., 2022, p. 159.

"盖然性权衡"（balance of probabilities）标准。[99]然而在具体实践中，由于 Desert Line 诉也门案和 Lemire 诉乌克兰案均强调了支持精神损害赔偿的例外性，后续仲裁庭遵循这一思路采纳较高证明标准。本文对 33 起进入实体审理阶段但未获支持的法人精神损害赔偿争端实证分析显示，超过半数案件仲裁庭以申请人未能满足存在"例外情形"的证明标准而驳回申请人的诉请。[100]

ISDS 实践中对法人精神损害赔偿"例外情形"设置的高标准也遭到部分学者的批评。批评意见主要集中于精神损害赔偿目的是填补受害者遭到的损害，因此例外的、严重的损害后果不是此类案件的必要条件，[101]而仅是加重赔偿责任的效果要件，否则 ISDS 仲裁中的精神损害赔偿证明标准将明显高于一般国际公法下的精神损害赔偿的证明标准。[102]

（二）法人精神损害获偿主观恶意要件

ISDS 实践中未将东道国恶意明确纳入精神损害赔偿认定标准。

---

〔99〕 Border Timbers Limited, Border Timbers International（Private）Limited, and Hangani Development Co.（Private）Limited v. Republic of Zimbabwe, ICSID Case No. ARB/10/25, Award, Jul. 28, 2015, para. 177；The Rompetrol Group N. V. v. Romania, Award, para. 183.

〔100〕 Tecmed v. Mexico, ICSID Case No. ARB（AF）/00/2, Award, May 29, 2003, para. 198；Bogdanov v. Moldova（III）, SCC Case No. 144/2009, Final Award, Mar. 30, 2010, para. 98；Lemire v. Ukraine（II）, para. 339；MMS v. Central African Republic, ICSID Case No. ARB/07/10, Arbitral Award（Excerpts）, May 12, 2011, para. 434；Tza Yap Shum v. Peru, ICSID Case No. ARB/07/6, Award, Jul. 7, 2011, para. 282；Arif v. Moldova, ICSID Case No. ARB/11/23, Award, Apr. 8, 2013, para. 605；Stati v. Kazakhstan（I）, SCC Case No. 116/2010, Award, Dec. 19, 2013, para. 1786；Abou Lahoud v. DR Congo, ICSID Case No. ARB/10/4, Award, Feb. 7, 2014, para. 622；Africard v. Niger, CCJA Case No. 003/2013/ARB, Final Award, Dec. 6, 2014, para. 44；OIEG v. Venezuela, ICSID Case No. ARB/11/25, Award, Mar. 10, 2015, para. 916；Quiborax S. A., Non-Metallic Minerals S. A. v. Plurinational State of Bolivia, ICSID Case No. ARB/06/2, Award, Sep. 16, 2015, para. 618；Sterling Finance v. Cabo Verde, Final Award, para. 206；Oxus Gold v. Uzbekistan, UNICTRAL, Final Award, Dec. 17, 2015, para. 903；Getma v. Guinea（II）, ICSID Case No. ARB/11/29, Award, Aug. 16, 2016, para. 457；Victor Pey Casado v. Chile, Award, May 8, 2008, para. 243；Caratube International Oil Company LLP v. The Republic of Kazakhstan, ICSID Case No. ARB/08/12, Award, Jun. 5, 2012, para. 1203；Etrak v. Libya, ICC Case No. 22236/ZF/AYZ, Final Award, Jul. 22, 2019, para. 432；Bank Melli Iran and Bank Saderat Iran v. Bahrain, PCA Case No. 2017-25, Award, Nov. 9, 2021, para. 793.

〔101〕 Wade Coriell and Silvia Marchili, "Unexceptional Circumstances: Moral Damages in International Investment Law", *Investment Treaty Arbitration and International Law*, Vol. 3, 2010, p. 220.

〔102〕 朱明新:《国际投资仲裁中的精神损害赔偿研究》，载《现代法学》2011 年第5期。

在认定精神损害赔偿的 6 起争端中，仅 Desert Line 诉也门案在裁决中使用了"过错责任"（fault-based liability）的表述，认定也门政府恶意违反涉案 BIT，构成了应给予精神损害赔偿的过错责任。[103]在未支持精神损害赔偿的 33 起争端中，仲裁庭仅在 2 起争端中将东道国欠缺恶意作为驳回精神损害赔偿诉请的原因或原因之一。Inmaris 诉乌克兰案（Inmaris Perestroika Sailing Maritime Services GmbH and others v. Ukraine）仲裁庭认定争端源于双方对合同权利义务的误解，以乌克兰违约行为并非出于恶意为由拒绝了申请人的精神损害赔偿诉请。[104]Rompetrol 诉罗马尼亚案中援引了 Inmaris 诉乌克兰案意见，认为精神损害赔偿只有针对受驱使或恶意诱导下作出的不法行为才能作出。[105]由于 Inmaris 诉乌克兰案仲裁庭认为申请人遭受的精神损害未达到需要额外赔偿的严重程度，[106]Rompetrol 诉罗马尼亚案仲裁庭在之前分析中已否认了法人名誉损失获得精神损害赔偿的正当性基础，[107]因此东道国欠缺主观恶意并不是精神损害赔偿被驳回的唯一理由。在 2008 年 Biwater 诉坦桑尼亚案［Biwater Gauff（Tanzania）Limited v. United Republic of Tanzania］中，仲裁员加里·博恩（Gary Born）发表的异议意见提及"如果一国故意以其已知错误的方式行事，无视当事人的基本权利保护，那么仲裁庭应该对当事人予以救济"[108]，隐含着将东道国主观恶意作为判断标准的倾向。

以上 3 起案件裁决及 1 起案件仲裁员异议意见中将东道国的主观恶意作为判定精神损害赔偿的考量因素，无法得出东道国不存在主观恶意就主动被免除精神损害赔偿的结论。根据《草案》第 2 条

---

〔103〕 Desert Line Projects LLC v. The Republic of Yemen, Award, Feb. 6, 2008, para. 290.

〔104〕 Inmaris Perestroika Sailing Maritime Services GmbH and others v. Ukraine, ICSID Case No. ARB/08/8, Award, Mar. 1, 2012, para. 428.

〔105〕 The Rompetrol Group N. V. v. Romania, Award, para. 653.

〔106〕 Inmaris Perestroika v. Ukraine, ICSID Case No. ARB/08/8, Award, Mar. 1, 2012, para. 428.

〔107〕 The Rompetrol Group N. V. v. Romania, ICSID Case No. ARB/06/3, Award, May 6, 2013, para. 653.

〔108〕 Biwater Gauff (Tanzania) Limited v. United Republic of Tanzania, ICSID Case No. ARB/05/22, Concurring and Dissenting Opinion of Arbitrator Gary Born, Jul. 24, 2008, paras. 32–33.

和第 31 条规定，可归因于一国的违背国际义务的行为即为一国不法行为，责任国有义务对其不法行为造成的包括精神损害在内的所有损害提供充分赔偿，过错在一定程度上决定国家责任的大小并影响赔偿形式和额度。[109] 因此，东道国主观恶意与赔偿之间形成充分不必要关系，即东道国没有主观恶意并不能必然免除赔偿责任，但是存在主观恶意可能加重责任和被裁定的赔偿额度。

（三）东道国可能的抗辩理由

1. 一般抗辩理由

针对申请人提出的精神损害赔偿，东道国政府可能针对可仲裁性、正当性基础、证明要件提出抗辩。常见抗辩理由可能包括精神损害赔偿诉求与投资无关[110]、精神损害赔偿属于惩罚性赔偿[111]、法人无权要求精神损害赔偿[112]以及不存在"例外情形"[113]等。之前实证分析表明，仲裁庭通常会因申请人对"例外情形"举证不足

---

〔109〕 Gaetano Arangio-Ruiz, "Second Report on State Responsibility", *ILC Yearbook*, 1989, Vol. II Part 1, p. 53, paras. 180-182.

〔110〕 Quiborax S. A. , Non-Metallic Minerals S. A. v. Plurinational State of Bolivia, ICSID Case No. ARB/06/2, Award, Sep. 16, 2015, para. 598; Caratube International Oil Company LLP and Devincci Salah Hourani v. Republic of Kazakhstan（II）, ICSID Case No. ARB/13/13, Award, Sep. 27, 2017, para. 998.

〔111〕 Quiborax S. A. , Non-Metallic Minerals S. A. v. Plurinational State of Bolivia, ICSID Case No. ARB/06/2, Award, Sep. 16, 2015, para. 83.

〔112〕 Yury Bogdanov v. Republic of Moldova（III）, SCC Case No. 114/2009, Final Award, Mar. 30, 2010, para. 61; Sterling Finance v. Cabo Verde, PCA Case No. 2014-33, Final Award, Nov. 27, 2015, para. 203; Caratube v. Kazakhstan（II）, Award, paras. 1057-1059; Etrak İnşaat Taahut ve Ticaret Anonim Sirketi v. State of Libya, ICC Case No. 22236/ZF/AYZ, Award, Jul. 22, 2019, para. 403.

〔113〕 Joseph Charles Lemire v. Ukraine, ICSID Case No. ARB/06/18, Final Award, Mar. 28, 2011, paras. 319-324; Romania Roussalis v. Romania Spyridon Roussalis v. Romania, ICSID Case No. ARB/06/1, Award, Dec. 7, 2011, para. 296; Arif v. Moldova, ICSID Case No. ARB/11/23, Award, Apr. 8, 2013, para. 565; The Rompetrol Group N. V. v. Romania, ICSID Case No. ARB/06/3, Award, May 6, 2013, para. 199; Stati v. Kazakhstan（I）, SCC Case No. 116/2010, Award, Dec. 19, 2013, paras. 1776-1780; Quiborax S. A. , Non-Metallic Minerals S. A. v. Plurinational State of Bolivia, ICSID Case No. ARB/06/2, Award, Sep. 16, 2015, para. 610; Sterling Finance v. Cabo Verde, PCA Case No. 2014-33, Final Award, Nov. 27, 2015, para. 203; Oxus Gold v. Uzbekistan, Ad hoc Arbitration, Final Award, Dec. 17, 2015, para. 894; Aven and others v. Costa Rica, ICSID Case No. UNCT/15/3, Sep. 18, 2018, paras. 686-687; Etrak v. Libya, ICC Case No. 22236/ZF/AYZ, Jul. 22, 2019, para. 408.

而不支持精神损害赔偿，而对精神损害赔偿的可仲裁性、正当性基础的抗辩则较少采信。

2. 特殊抗辩理由

除了一般抗辩理由外，东道国还可能依据"不洁之手"或紧急情况等理由针对案件管辖权和可受理性予以整体性抗辩。

（1）不洁之手原则。在 2014 年 Al Warraq 诉印度尼西亚案（Al Warraq v. Indonesia）中，被申请人印度尼西亚政府提出投资涉及盗窃、腐败和洗钱罪行，主张申请人所提出的包括精神损害赔偿在内的所有诉请均不应被受理。[114] 仲裁庭审理认为申请人与投资相关的行为违反了印度尼西亚法律且有损公共利益，属于"不洁之手原则"的适用范围，据此驳回了申请人提出的所有诉请。[115] 在 2016 年 KCI 诉加蓬案（KCI v. Gabon）中，仲裁庭也将 KCI 公司开具虚假发票等违法行为视为"不洁之手原则"适用范围，驳回了申请人包括精神损害赔偿在内的所有诉请。[116]

（2）紧急情况。在 von Pezold 诉津巴布韦案及 Border Timbers 诉津巴布韦案中，被申请人津巴布韦政府均主张没收申请人财产由退伍军人和定居者实施，而当时津巴布韦面临严重的经济危机，国家处于紧急状态下，因此应免除其违法责任。[117] 仲裁庭依据《草案》第 25 条对争议行动分析后认定津巴布韦政府未能证明其基本安全利益面临严重、紧迫的威胁，也未证明土地改革和重新安置行动是应对威胁的唯一方法。此外，争议行动还涉及了种族歧视，违反了津巴布韦国内法上的义务。特别是，津巴布韦政府直接协助和纵容了退伍军人及定居者夺取投资者土地的行动，对该紧急状况的形成有贡献，因此不得援引紧急情形条款要求免责。[118] 仲裁庭对东道国援

---

[114] Al Warraq v. Indonesia, Ad hoc arbitration, Final Award, Dec. 15, 2014, paras. 161-164.

[115] Al Warraq v. Indonesia, Ad hoc arbitration, Final Award, Dec. 15, 2014, paras. 647, 654.

[116] KCI v. Gabon, PCA Case No. 2015-25, Final Award, Dec. 23, 2016, para. 285.

[117] Bernard Friedrich Arnd Rudiger von Pezold et al. v. Republic of Zimbabwe, ICSID Case No. ARB/10/15, Award, Jul. 28, 2015, paras. 610-612.

[118] Bernard Friedrich Arnd Rudiger von Pezold et al. v. Republic of Zimbabwe, ICSID Case No. ARB/10/15, Award, Jul. 28, 2015, paras. 624-668.

引紧急情况对其不法行为进行的抗辩采取事实上的实质审查，对所面临威胁的紧迫性、争议行为与威胁之间的相关性和相当性以及是否存在对投资限制更少的替代性措施可能进行全面审查，而不会仅仅因为援引紧急情况即免除东道国责任。

五、法人精神损害赔偿计算标准

（一）法人精神损害赔偿的形式

根据《草案》第 34 条的规定，责任国对国际不法行为造成损害应进行充分补偿，应以恢复原状（restitution）、补偿（compensation）和抵偿（satisfaction）三种单独或组合方式进行。由于精神损害的非物质性，恢复原状并不是精神损害赔偿的适当形式；补偿是以金钱赔偿形式填补评估的损失；[119] 抵偿既包括承认违反义务，如表示遗憾、正式道歉等宣示性的抵偿，[120] 也包括金钱性的抵偿，但抵偿数额只能以近似和概念化的方式确定。[121]

以往 ISDS 实践中出现过将宣示性抵偿作为精神损害赔偿的实践。2008 年 Victor Pey Casado 诉智利案（Victor Pey Casado v. Republic of Chile）中，仲裁庭认为 "本裁决承认申请人权利和他们所遭受的司法不公，本身就构成了实质和充分的精神抵偿"。[122] 此种意见在 2011 年 MMS 诉中非案（MMS v. Central African Republic）得到援引，并阐述 "本裁决宣布申请人是征用和司法不公的受害者，连同就原告遭受的损害给予的赔偿（如果有的话）本身就构成了充分的赔偿"。[123] 然而上述两案仲裁庭已经在实体审查阶段以举证不足驳回了申请人精神损害求偿，因此无法反向推论出在存在严重声誉损失

---

〔119〕 International Law Commission, *Draft Articles on Responsibility of States for Internationally Wrongful Acts*, *with Commentaries*, UNGAOR, 53rd Session, Supp No. 10, UN Doc A/56/10 (2001), p. 99.

〔120〕 *Draft Articles on Responsibility of States for Internationally Wrongful Acts*, Article 37 (2).

〔121〕 *Draft Articles on Responsibility of States for Internationally Wrongful Acts*, *with Commentaries*, UNGAOR, 53rd Session, Supp. No. 10, UN Doc A/56/10 (2001), p. 99.

〔122〕 Victor Pey Casado v. Republic of Chile, ICSID Case No. ARB/98/2, Award, Sep. 13, 2016, para. 704.

〔123〕 MMS v. Central African Republic, ICSID Case No. ARB/07/10, Arbitral Award (Excerpts), May 12, 2011, para. 434.

或雇员精神痛苦的情况下，仲裁庭可能在宣示性抵偿之外再给予金钱赔偿。虽然也有观点认为，抵偿似乎更契合精神损害赔偿缺乏客观量化标准的现状，但是《草案》第 37 条评注显示，恢复原状、补偿、抵偿三种方式在适用中存在先后关系，抵偿仅在前两种方式无法填补损害时才能适用。[124] 换言之，如果补偿能填补受害方精神损害，就无适用金钱性抵偿的必要，因此将精神损害赔偿定性为补偿更为合适。

（二）法人精神损害赔偿的数额

ISDS 仲裁对精神损害赔偿数额计算并没有客观明确的标准，以往实践中多从公平角度进行近似量化计算，[125] 但未阐述具体计算方法。譬如，Desert Line 诉也门案仲裁庭仅"根据所掌握的信息和一般准则"裁定给予申请人 100 万美元精神损害赔偿。[126] von Pezold 诉津巴布韦案和 Border Timbers 诉津巴布韦案中，仲裁庭指出非物质损害难以量化，因此参照 Desert Line 诉也门案，同样裁决赔付申请人 100 万美元作为精神损害赔偿。[127] 中山富诚诉尼日利亚案中，仲裁庭按照每天 5000 美元标准对赵先生所受的虐待行为进行赔偿，加上对其他公司雇员的精神损害赔偿，确定赔偿总额为 7.5 万美元。Benvenuti & Bonfant 诉刚果（金）案和 Al-Kharafi 诉利比亚案更加简略，直接将赔偿数额认定为 500 万非洲法郎和 3000 万美元，并未说明具体理由。

曾有学者建议根据东道国是否存在主观过错或恶意、精神损害赔偿数额占投资价值比重、精神损害赔偿数额与实际损失之间的比例设定参考标准。[128] 这种建议与实证研究结果之间存在较大偏差。

---

〔124〕 International Law Commission, *Draft Articles on Responsibility of States for Internationally Wrongful Acts, with Commentaries*, UNGAOR, 53rd Session, Supp. No. 10, UN Doc A/56/10 (2001), p. 99.

〔125〕 Stephan Wittich, "Non-Material Damage and Monetary Reparation in International Law", *Finnish Yearbook of International Law*, 2004, p. 333.

〔126〕 Desert Line Projects LLC v. The Republic of Yemen, ICSID Case No. ARB/05/17, Award, Feb. 6, 2008, para. 290.

〔127〕 Bernard Friedrich Arnd Rudiger von Pezold et al. v. Republic of Zimbabwe, ICSID Case No. ARB/10/15, Award, Jul. 28, 2015, para. 921.

〔128〕 Lars Markert & Elisa Freiburg, "Moral Damages in International Investment Disputes——On the Search for a Legal Basis and Guiding Principles", *Journal of World Investment & Trade*, Vol. 14, No. 1, 2013, pp. 41–43.

前述 6 起支持精神损害赔偿裁决存在如下特征：其一，相比实际损失赔偿数额，精神损害赔偿数额近乎可以忽略不计。除 Desert Line 诉也门案中精神损害赔偿数额占实际损失赔偿数额的 35% 外，其余 5 案中均不到实际损失赔偿数额的 3%。其二，相比申请人求偿数额，最终裁定的精神损害赔偿数额的宣示性意义似乎大于损失填补价值。除 Al-Kharafi 诉利比亚案、Border Timbers 诉津巴布韦案中支持的精神损害赔偿数额分别达到了求偿数额的 60% 和 20%，其他均低于 8%。

ISDS 围绕法人精神损害赔偿的实践差异巨大，固然与精神损害赔偿难以客观量化有关，但与国际投资法本身的"高度碎片化"[129]、ISDS 裁决不具有"先例"作用、各案（即便在造成法人精神损害情形相似的各案）仲裁庭对条约解释和适用标准不一也有关系，但无论如何，各案的差异化结果可能进一步加剧了法理上的混乱。

六、法人精神损害赔偿演进的中国因应

当下，国际社会面临的安全问题更加多元和复杂，传统安全威胁与非传统安全威胁相互交织构筑新的"不安全的时代"。[130] 同时，随着全球化大变局的到来，[131] 民族主义、单边主义抬升，可能进一步激化已有矛盾。少数东道国及团体对外国投资者采取特殊管制措施、不法行为乃至极端行为的可能性大幅提升。中国对外直接投资（Outward Foreign Direct Investment，OFDI）流向地多为发展中国家或经济转型国家，[132] 法律体系多样且大部分缺乏良好的法治传统。近

---

〔129〕 截至 2021 年底，全球共签署了 3288 项 IIA，其中包括 2861 项 BIT 和 427 项含投资规则的贸易协定。See UNCTAD, *World Investment Report 2022*, 2022, p. 65.

〔130〕 ［英］拉里·埃里奥特、丹·阿特金森：《不安全的时代》，曹大鹏译，商务印书馆 2001 年版，第 1 页。

〔131〕 《中共中央关于坚持和完善中国特色社会主义制度 推进国家治理体系和治理能力现代化若干重大问题的决定》，第 4 页。

〔132〕 《2022 年世界投资报告》数据显示，截至 2021 年底，中国 OFDI 存量高达 25 818 亿美元，位居世界第三，占全球 OFDI 的 6.18%。See UNCTAD, *World Investment Report 2022*, 2022, pp. 214-215. 文中的中国 OFDI 不含香港地区、澳门地区和台湾地区的 OFDI。截至 2021 年末，中国在发展中经济体的投资存量为 24 983.8 亿美元，占 89.7%。参见中华人民共和国商务部、国家统计局、国家外汇管理局编：《2021 年度中国对外直接投资统计公报》，中国商务出版社 2022 年版，第 23 页。

年来中国对"一带一路"共建国家、拉美和非洲的 OFDI 规模持续快速攀升，[133] 加上极少数国家和组织针对中国 OFDI 进行污名化宣传，[134] 客观上加剧了少数东道国可能针对中国投资者及其雇员等采取不法行为的可能。因此，预先防范并进行必要反制准备对保障中国 OFDI 安全具有重要价值。从这个角度讲，中山富诚诉尼日利亚案的胜诉强化了中国投资者运用 ISDS 机制的信心。同时，受中国国内市场竞争压力增加、逆全球化趋势抬升、全球供应链调整甚至"排挤"中国供应链等多种因素影响，少数外资者已经或准备从中国撤资，撤资后维持与中国政府长期良好关系的需求下降，在第三方资助下运用 ISDS 仲裁等法律工具寻求损失补偿甚至恶意仲裁的可能性也显著上升。作为双向投资大国，对 ISDS 仲裁中精神损害赔偿问题的实证研究有助于中国投资者和中国政府做好预案。

（一）从投资者视角看精神损害求偿策略

一国营商环境评判中，政府是否依法行政是重要的评判标准之一。结合世界银行《2020 年世界营商环境报告》，本文探讨的 6 起支持精神损害赔偿的 ISDS 争端涉及的也门、津巴布韦、刚果、利比亚和尼日利亚均为营商环境排名居尾部的国家，[135] 其他 40 起争端针对的东道国分布为非洲（19 起）、拉美（6 起）和亚洲（12 起，其中中亚 8 起、阿拉伯 3 起），相关东道国营商环境也多处于中下

---

〔133〕 2021 年中国 OFDI 为 1788.2 亿美元，同比增长 16.3%；其中对 63 个共建"一带一路"国家 OFDI 达到 241.5 亿美元，同比增长 7.1%；对拉美 OFDI 达到 261.6 亿美元，同比增长 57%；对非洲 OFDI 达到 49.9 亿美元，同比增长 18%。参见中华人民共和国商务部、国家统计局、国家外汇管理局编：《2021 年度中国对外直接投资统计公报》，中国商务出版社 2022 年版，第 3、17~18 页。

〔134〕 Shannon Tiezzi, "The New Silk Road: China's Marshall Plan?", *The Diplomat*, Nov. 6, 2014. Also see Jonathan Pass, *American Hegemony in the 21st Century: A Neo Neo-Gramscian Perspective*, Routledge, 2019, pp. 174-176; Agatha Kratz et al., *Data on the Debt Trap Question*, Rhodium Group, Apr. 29, 2019.

〔135〕 根据世界银行发布的《2020 年世界营商环境报告》，190 个经济体营商环境优劣度由高到低排名为尼日利亚（第 131 位）、津巴布韦（第 140 位）、刚果（第 180 位）、利比亚（第 186 位）和也门（第 187 位）。由于 2020 年 6 月有内部报告称 2018 年和 2020 年《世界营商环境报告》数据违规后，自 2021 年起世界银行不再发布《世界营商环境报告》。

水平，基本可以得出营商环境越低、投资者遭遇精神损害风险越高的结论。对此，中国投资者应积极为可能的精神损害赔偿设计预案，就可仲裁性、正当性基础、证明要件三方面进行针对性安排。

1. 建立法人精神损害赔偿可仲裁性的坚实基础

鉴于部分案件中，法人投资者精神损害求偿因无法确立可仲裁性而未进入实体审查阶段，申请人应从四方面进行安排：其一，由于 ISDS 机制管辖权必须建立在书面同意的基础上，此类书面同意多以投资合同、IIA 或东道国国内法出现。相较于在 IIA 和东道国国内法中直接明确精神损害赔偿可仲裁性存在较大障碍，如在投资合同中明确精神损害赔偿可提交 ISDS 仲裁，则有助于夯实 ISDS 仲裁管辖权基础。其二，由于国际投资法宗旨是保护和促进投资而非支持精神损害赔偿，中国法人投资者起诉中不仅要强调东道国不法行为构成对投资者严重的人权侵犯并造成严重的精神损害，更要强调所主张的精神损害赔偿与东道国针对投资的不法行为的关联性。在证明与投资的关系时，还应注意受案仲裁庭所遵循的准据法和仲裁规则。具体而言，如果选择 ICSID 仲裁，则应关注满足《华盛顿公约》第 25 条第 1 款对管辖权的规定；如果交由常设仲裁法院、国际商会仲裁院、瑞典斯德哥尔摩商会仲裁院等非 ICSID 机构受理，则应关注符合选择的准据法和仲裁程序要求等。其三，中国投资者应明确指出被申请人实施的行为涉嫌违反 IIA、投资合同或国内法中哪一个具体义务，如 FET 义务或 FPS 义务，为确立对精神损害赔偿求偿管辖权提供明确的义务条款。其四，如果提交 ICSID 管辖，还应注意法人投资者应证明其具有不同于东道国的国籍或者虽具有东道国国籍但受到外国控制，从而确保投资者具有"另一缔约国国民"的身份。

2. 确立法人精神损害的正当性基础

国际法中对精神损害赔偿支持立足于对受害方损失填补，并非惩罚性赔偿，因此中国投资者必须在诉请中明确损失的计算标准和计算方式，而非笼统提出一个抽象数额，以免被仲裁庭将所求偿的精神损害赔偿视为惩罚性赔偿或被认定为与实际损失双重计算而被驳回。对于法人雇员遭受损害的情形，申请人应强调受损害雇员在公司具有较高行政级别和决策权力，从而建立起法人雇员损害与公司损失之间的紧密关联，使其落入 IIA 或投资合同的保护范围。由于法人名誉损失往往会产生实际损失，实践中区分法人名誉损失引致的精神损害和实际损失区分存在困难。但无论仲裁庭将名誉损失产生的损害定为精神损害还是实际损失，只要投资者能够证明损失的存在，东道国均应承担赔偿责任。因此申请人应对名誉损害所造成的融资成本、交易成本增加以及商业机会丧失等损失积极举证，以争取充分赔偿。

3. 积极承担法人精神损害的举证责任

以往精神损害求偿中，大多数案件进入了实体审理阶段，但因申请人举证不足而被驳回，因此满足精神损害赔偿证明要求成为求偿成功与否的关键，要求投资者进行相应筹划：其一，就客观要件而言，申请人首先应证明被诉东道国行为违反了 IIA 或投资合同项下的义务，这是仲裁庭支持赔偿的前提条件。依据前述 Quiborax 诉玻利维亚案的裁决观点，仅笼统说明东道国违反义务是不够的，申请人必须明确争议行为具体违反哪项 IIA 或投资合同哪个条款。其二，申请人需要证明案件中存在应给予精神损害赔偿的"例外情形"。因此，投资者应在日常经营活动中注意收集体现东道国政府行使公共管理权的政府通知、投资者与政府间沟通记录等证据，以证明东道国存在滥用公权力等违法行为。其三，结合前面实证分析可以发现，仅证明案件中存在造成精神损害后果的某种可能性（a mere likelihood）是不够的，[136] 仅依靠当事人和证人的口头陈述、缺乏书面证据支撑的精神损害后果显然很可能无法达到需要的证明要求，[137] 因此应尽可能提供物证、书证等证明争议行为产生的严重精神损害后果。譬如针对因武装威胁或暴力行为造成的身体健康影响，

---

〔136〕　Victor Pey Casado v. Republic of Chile, ICSID Case No. ARB/98/2, Award, Sep. 13, 2016, para. 243.

〔137〕　Al Warraq v. Indonesia, Ad hoc arbitration, Final Award, Dec. 15, 2014, para. 290.

受害雇员可进行相关医学鉴定并提供鉴定报告；对于法人名誉损失，可以提交对公司声誉损失和估值的专门报告，以证明法人名誉遭受了严重损害。其四，尽最大可能论证东道国存在恶意。尽管恶意并不是仲裁庭支持精神损害赔偿的必要条件，但从 ISDS 实践来看，仲裁庭对积极举证，提供相关报道证明争议行动存在恶意的情况下给予投资者更多的精神损害赔偿。因此，投资者对东道国的主观恶意应予以积极举证，通过提供相关报道、证明争议行动存在歧视等材料，增加可能获得的精神赔偿数额。

从现有实证研究看，仲裁庭对法人投资者精神损害赔偿数额具有较大的自由裁量权，但是裁定的精神损害赔偿数额有限甚至可能仅在裁决中确认东道国存在不法行为或要求东道国仅进行宣示性抵偿，但此类裁决对中国 OFDI 的积极维权依然具有关键价值，对塑造中国投资者善意履行东道国的法律规定的义务并促进东道国政府建设更稳定的法治环境和良好的营商环境具有关键价值。

（二）从东道国视角看精神损害防范对策

尽管大部分投资者精神损害赔偿求偿因无法满足举证要求而被驳回，但是依然有少量投资争端中的精神损害赔偿要求得到仲裁庭支持。在国家间竞争加剧、围绕减缓气候变化推动的部分强化中国政府正当规制权的措施、新冠疫情防控特别措施等多种因素作用下，部分外资企业可能将其在华投资的不利和困难归因于中国政府，比以往更加积极运用 ISDS 机制作为法律工具寻求投资损失补偿，中国对外签署的庞大 BIT 网络，又为外国投资者将中国政府直接诉诸 ISDS 仲裁庭提供了法律依据。如果外国投资者针对中国政府的投资争端频发，投资者同时提出法人精神损害赔偿也可能变成现实。联合国贸易和发展会议（United Nations Conference on Trade and Development，UNCTAD）统计显示，自 2011 年 5 月中国政府首次在 ISDS 机制被诉以来，截至 2022 年 11 月 15 日，中国在 ISDS 机制共被诉 8 次，其中 2020 年以来就被诉 4 次，[138] 从侧面也反映了外国投资者比

---

〔138〕 UNCTAD, available at https://investmentpolicy.unctad.org/investment-dispute-settlement/country/42/china/respondent, last visited on Nov. 24, 2022.

以往更加频繁援引 ISDS 机制提起针对中国政府的争端解决。尽管中国政府可以援引一般例外、安全例外或紧急情形等理由为争议行为寻求法律上的正当性，但从以往 ISDS 仲裁实践看，仲裁庭拥有很大自由裁量权，未必会支持或充分考虑中国政府提出的抗辩理由。一旦败诉，中国政府可能面临两难境地：如果履行裁决，即便裁定的精神损害赔偿数额可能不高甚至仅是宣示性抵偿，也可能引起其他外国投资者就类似情形再起诉中国政府，甚至在短期内可能产生 ISDS 争端"井喷"的现象；如果不履行裁决，则可能成为中国不履行 ISDS 裁决的"所谓例证"。因此，中国有必要从东道国视角做好相关防范。

1. 依法保护和管理外国投资

精神损害赔偿多缘于东道国采取违反 IIA 或投资合同的行为引起，如果东道国全面遵守 IIA 或投资合同的规定，可以消弭大部分争端，当然在某些特殊必要情形下，东道国政府可能采取特别管理措施以保障公共管理权或国家安全。具体而言，应从以下方面入手：其一，尊重基本人权，严格遵守国内实体法和程序法要求，杜绝采用违反文明国家通行准则的武装威胁或身体暴力等不法行为。依照 IIA 或投资合同为外国投资提供相应保护，并积极改善营商环境。其二，以往 ISDS 仲裁实践认为东道国对相关不法行为的鼓励、纵容甚至不作为也应受到审查并承担责任，哪怕相关不法行为不能直接归因于东道国政府。[139] 因此，东道国除了约束自身行为外，还应防止其他主体包括但不限于东道国国民、东道国有关组织可能对外国投资者造成精神损害，应对投资及投资者提供及时、全面的保护，充分执行非歧视性、必要性、合比例性和对投资的最低限制要求，将规制权行使的负面影响最小化，减少潜在纠纷，进而构建公平、透明、可期的外商投资环境。

2. 灵活运用一般抗辩理由

东道国合法行使正当管理权可以消弭相当比例的精神损害赔偿

---

〔139〕 Bernard Friedrich Arnd Rudiger von Pezold et al. v. Republic of Zimbabwe, ICSID Case No. ARB/10/15, Award, Jul. 28, 2015, para. 448.

诉求，此外，从东道国视角出发，中国政府还可以围绕争端的可仲裁性、正当性基础以及证明要件方面提出有针对性的抗辩理由。

（1）在可仲裁性方面，尽管在 IIA 中直接禁止法人精神损害赔偿似乎可以"一劳永逸"，例如 2016 年伊朗—斯洛伐克 BIT 第 21 条第 3 款明确规定仲裁庭不得裁定惩罚性赔偿或精神损害赔偿；2015年印度 BIT 范本第 26 条第 4 款明确排除惩罚性赔偿和精神损害赔偿。这种直接将精神损害求偿排除在 ISDS 仲裁范围之外的做法，尽管能够大幅降低中国政府在 ISDS 机制中的被诉可能，但会对中国投资者援引 IIA 针对东道国不法行为提起精神损害赔偿产生"反身性"遏制效果，对保障日益增长的中国 OFDI 不利。因此，笔者建议要从建构更均衡的国际投资法入手，将基本安全利益、金融审慎、税收、环境、劳动等涉及国家安全或重大社会公共利益事项排除在可仲裁范围之外，[140]确保中国就保护国家安全或重大社会公共利益所采取的管理行为可以被明确排除在精神损害赔偿仲裁之外。

（2）在正当性基础方面，建议中国政府深入系统研究相关案件的裁决意见，结合各案的具体案情从国际公法中精神损害赔偿理论是否可以全面移植到 ISDS 仲裁之中、法人名誉损失属于实际损失而非精神损害、中国国内法已经为投资者提供充分救济手段、外国投资者所寻求的精神损害与实际损失已经构成双重计算角度入手，系统性思考法人提起精神损害赔偿的基本要求和例外情形。

（3）在证明要件方面，中国政府应从以下三方面进行完善：一是中国政府应主张自身行为未违反 IIA 或投资合同的规定，符合实体法和程序法的要求；二是强调申请人主张精神损害赔偿需要承担相应举证责任，且对于存在违反文明国家通行准则的国家行为及造成严重精神损害后果的"例外情形"应承担更高的举证责任，应基本达到"高度盖然性"标准；三是在抗辩中应具体针对申请人所提供证据的合法性、真实性及关联性进行针对性抗辩，同时提供对应

〔140〕 梁咏：《国际投资仲裁机制变革与中国对策研究》，载《厦门大学学报（哲学社会科学版）》2018 年第 3 期。

证据进行有效抗辩削弱申请人证据证明力，以说服仲裁庭驳回法人精神损害求偿诉请。

3. 合理主张特殊抗辩理由

理论上除了一般抗辩理由外，东道国还可能通过针对 ISDS 争端整体提出特殊抗辩理由如"不洁之手原则"等以争取对己方有利的裁决结果，对此中国政府也可以适当予以借鉴，譬如可以申请人在投资过程中的欺诈、腐败等不法行为推翻申请人提出的 ISDS 争端的可受理性、申请人诉称的不法行为是由申请人的滋扰和不尊重所产生或加剧的，[141]降低法人精神损害求偿获得支持或被裁定数额。当争议行动者真正涉及国家安全事项时，东道国可以适用基本安全利益条款或国家安全例外条款予以抗辩，从而对 ISDS 机制偏向投资者、忽视东道国公共管理权的失衡进行必要矫正，[142]将基本安全作为保障合法利益的最后屏障。

七、结语

目前 ISDS 仲裁实践对法人精神损害求偿的可仲裁性、正当性基础、证明要件等方面已经形成初步共识，但在精神损害赔偿具体数额计算方面存在高度自由裁量权甚至较大随意性，远未形成相对客观统一的认定标准。作为双向投资大国，中国有必要全面归纳 ISDS 实践，从投资者母国和东道国双向视角思考法人精神损害赔偿问题，进行预先系统性安排。从投资者母国视角出发，中国投资者应重点强调东道国行为违反"文明国家通行准则"并造成严重精神损害后果方面的举证，同时还应注意结合 ISDS 争端受理机构的不同，根据其针对 ISDS 争端的仲裁规则，对法人所受的精神损害与投资及其相

---

〔141〕 Lemire 诉乌克兰案仲裁庭认为不应给予精神损害赔偿的强化因素之一是 Lemire 先生不断向法院上诉，向美国大使馆寻求救济，反复给政府当局写信以及对乌克兰全国委员会会议进行录像的行为都可能是对乌克兰当局的无礼和不尊重。See Joseph Charles Lemire v. Ukraine, ICSID Case No. ARB/06/18, Final Award, Mar. 28, 2011, para. 345.

〔142〕 Liang Yong and Xie Xinyu, "The Essential Security Interests Clause of International Investment Treaties in the Non-Traditional Security Era: Changes, Evolution and Justification", *China Legal Science*, Vol. 10, No. 3, 2022, p. 138.

关活动的相关性予以充分证明。从东道国视角出发，中国政府应从遵守 IIA 或投资合同、改善投资环境、规范管理权行使及积极抗辩等方面入手，保障中国投资的安全、利益和发展。

（本文责编：宋俊荣）

An Empirical Study on the Mechanism of Judicial Person's Moral Damage Claims in International Investment Arbitration: Origins, Justifications and China's Countermeasures

Liang Yong, Zhou Zhenyi

Abstract: Zhongshan Fucheng v. Nigeria case ruled in 2021 is the first time that an investor from Mainland China won in the investor-state investment arbitration, and it is also one of the few landmark cases in which judicial person's claims for moral damage has been successfully affirmed by the tribunal. Based on an empirical study of 46 investor-state investment arbitration cases involving moral damage claims by judicial persons, it is concluded that there is a preliminary consensus in investment arbitration practice on the arbitrability, justification basis and the standards of proof for moral damages claims by judicial persons, and that the ability to prove "exceptional circumstances" is usually a key factor in determining whether a claim can be awarded. However, arbitration practice has yet to further clarify the criteria for calculating the amount of moral damages. As a major two-way investment country, China should design rules and prepare strategies from two perspectives. From the perspective of the home state, China should actively argue the arbitrability and justification basis of moral damages for legal persons and improve the level of proof; from the perspective of the host state, it should protect and manage foreign investment in accordance with the law, actively master the points of defense, counteract abusive lawsuits by a few investors when necessary, and safeguard the legitimate rights and interests of China.

Keywords：International Investment Arbitration；Legal Person；Moral Damages；Compensation

中国投资者赴东盟投资的条约保障之效用评估

——兼评 RCEP 与 CPTPP 投资章节

张　皎[*]　董婧怡[**]

摘　要：近十年，我国投资者赴东盟直接投资存量和投资流量总体呈上升趋势，投资者遇到的投资风险的种类和数量也相应明显增加。基于对赴东盟投资较为突出的风险的归类分析，发现投资协定可以为中国投资者应对政治风险提供重要的国际法保障。现有赴东盟投资条约保障体系从结构上来说较为完整，在内容上对大多数投资风险也有相应的条款保障，但在实践中使用效益低。结合投资协定应有的吸引外资、投资保护、投资促进三方面的价值，应在中国与东盟国家投资条约中强化条约履约机制，提升东道国营商法律环境；细化投资保护条款，兼顾东道国实际发展情况；增加政府间合作条款，服务于双向投资促进。

关键词：投资风险；条约保障；RCEP；CPTPP；软性机制

引　言

近年来东盟与中国的经贸发展与联系愈加紧密，在 2020 年超越欧盟成为中国最大的贸易伙伴。[1]2011—2020 年中国赴东盟直接投

---

　*　华东政法大学国际法学院副教授，硕士生导师。研究方向：国际投资法。
　**　华东政法大学国际法学院 2021 级硕士研究生。研究方向：国际法。
　〔1〕　参见余淼杰、蒋海威：《从 RCEP 到 CPTPP：差异、挑战及对策》，载《国际经济评论》2021 年第 2 期。

资存量和投资流量情况总体呈上升趋势。[2]然而，一系列投资风险也接踵而至。例如，2011 年因缅甸政策变动搁置的密松水电站项目，至今仍难以恢复；[3]2012 年，缅甸中资企业建设的莱比塘铜矿附近爆发大规模抗议，被迫停工两个月；[4]2014 年发生的 5·13 越南打砸中资企业事件，几十家中资企业受到严重损失。[5]这些风险导致了我国投资者遭受巨大损失。投资合同是具体投资项目最基本的法律基础，但是，一些政治风险的发生在投资合同拟定时并没有被考虑到，因而，投资者难以基于投资合同中的条款应对政治风险。而如双边投资协定（Bilateral Investment Treaty，BIT）等国际法虽然不是由投资者缔结的，但却为投资者提供了非歧视、公平公正、征收补偿、投资担保等投资保护。本文拟基于对赴东盟十国投资较为典型的投资风险的归类与总结，评估现有中国与东盟十国间的双边投资协定、中国与东盟投资协定在投资者应对这些风险上的作用及其限度，进而探讨《区域全面经济伙伴关系协定》（Regional Comprehensive Economic Partnership，RCEP）[6]和《全面与进步跨太平洋伙伴关系协定》（Comprehensive and Progressive Trans-Pacific Partnership，CPTPP）[7]对于我国投资者赴东盟投资国际法保障的补充，并从发

---

[2] 《商务部、国家统计局和国家外汇管理局联合发布〈2020 年度中国对外直接投资统计公报〉》，载 http://www.mofcom.gov.cn/article/news/202109/20210903203247.shtml，最后访问日期：2023 年 3 月 5 日。

[3] 参见于景浩、孙广勇：《记者探访停工后寂静的缅甸密松水电站》，载 http://sg.xinhuanet.com/2014-01/03/c_125949690.htm，最后访问日期：2023 年 3 月 5 日。

[4] 参见于景浩、孙广勇：《中缅莱比塘铜矿停工"双输"危险令人忧》，载 http://world.people.com.cn/n/2013/0122/c1002-20277313.html，最后访问日期：2023 年 3 月 5 日。

[5] 参见查云帆：《越南向受暴力影响外资企业支付 700 万美元赔偿》，载 https://www.chinanews.com.cn/gj/2014/06-25/6318388.shtml，最后访问日期：2023 年 3 月 5 日。

[6] 根据 RCEP 第 20 章第 20.6 条的规定，RCEP 应在至少 6 个东盟成员国和 3 个东盟自由贸易协定伙伴交存批准书、接受书或核准书后正式生效。且协定应在签字国交存其批准书、接受书或核准书之日起 60 天后生效。2021 年 11 月 2 日，RCEP 成员国中，文莱、柬埔寨、老挝、新加坡、泰国、越南这 6 个东盟成员国和中国、日本、新西兰、澳大利亚这 4 个非东盟成员国已向东盟秘书长正式提交核准书，达到协定生效门槛。根据协定规定，RCEP 于 2022 年 1 月 1 日对上述十国生效。

[7] 根据中华人民共和国商务部报道，2021 年 9 月 16 日，中国正式申请加入 CPTPP，载 http://bn.mofcom.gov.cn/article/jmxw/202109/20210903200092.shtml，最后访问日期：2023 年 3 月 5 日。

挥投资协定效用的角度，探究完善中国投资者赴东盟投资的条约保障之道。

一、东盟国家主要投资风险

东盟十国地理位置相近，政治环境、经济环境、文化环境、自然环境以及风俗习惯存在相似性，其投资环境和投资风险亦存在共性和个性特征。赴东盟投资的主要投资风险为政治风险，除新加坡、马来西亚、文莱以外的其他七国在投资风险层面有很多相似的特征，如政局动荡、政府腐败以及法律体系变更频繁问题。[8]而新加坡、马来西亚、文莱在政府经济管理、投资法律环境建设层面相对较完善，相应的风险则更多地体现为合规等商业风险。

在政治风险方面，首先，部分东盟国家政权更迭频繁，在国家大选或者民意要求等原因下，改变政策或停止项目的情况频发，政府违约风险较高。例如，中国政府与马来西亚前首相纳吉布（Najib）签署的东海岸铁路项目，在2018年5月马来西亚新政府上台后被宣布中止，后中方对项目作出较大让步，才使得项目得以重新开工。[9]又如，2011年受缅甸政局更迭，新政府实行民主化进程，缅甸总统吴登盛（Thein Sein）突然以违背人民意愿为由宣布在其任期内搁置中资企业投资的密松水电站项目。2012年，缅甸政府军与克钦独立军团在密松项目附近区域交战，中国电力投资集团被迫撤离项目。该集团在项目原址上留下了大量的工程设备、施工材料、营地、已经修建好的道路桥梁等基础设施。[10]截至目前，中国政府一直在与缅甸政府方就恢复项目进行协商，但是该项目一直处于停滞状态。[11]

〔8〕 See Prinz P. Magtulis, Sauk-Hee Park, "The Lagged Effects of Corruption Control, Business Environment and Economic Growth on Foreign Direct Investment in the Philippines", *Asian Journal of Social Science*, Vol. 45, No. 1, 2017, p. 176.

〔9〕 参见赵洪：《马来西亚投资：机遇与风险并存》，载 https://www.huxiu.com/article/310131.html，最后访问日期：2023年3月5日。

〔10〕 参见马忠法、熊殷泉：《缅甸中资企业投资争端解决法律问题研究》，载《安徽师范大学学报（人文社会科学版）》2020年第5期。

〔11〕 参见白洁、崔文毅：《李克强同昂山素季会谈：推进密松水电站合作》，载 https://news.bjx.com.cn/html/20160819/764051.shtml，最后访问日期：2023年3月5日。

此外，由于政府在外资管理方面的治理仍处于发展阶段，在外资审批过程中行政程序繁杂、项目落地过程中政府不作为等，都会对投资造成阻碍。

其次，投资法律环境的不完善或者法律变更频繁也是东盟国家较为突出的政治风险。例如，中方投资的印尼燃煤电站项目，最初以 PE[12] 形式提供服务，2009 年印尼突然修改《电力法》，将电站服务定义为支持性电力服务，需以 PT[13] 形式注册才可提供服务。因此我国电力集团被电力行业集体抵制和控诉，导致产业链端遭遇损失。[14] 又如，老挝的土地政策规定土地租赁者对于土地上的附着物在租赁期间享有所有权，但是租赁期满后，地上附着物都将随土地一起重新归出租人或国家所有。而其政策对于土地的征收、补偿以及相关的实施细则均不完善，导致相关投资争端的发生。[15] 而知识产权保护法律的欠缺也会使得投资者有知识产权被侵犯的风险。例如，雅迪一款车型通过贸易形式进入越南市场后，被越南厂商迅速仿制，中资企业注册外观设计专利时，因不具备创新性，无法受到专利保护，造成企业每年约上亿元人民币损失。[16]

最后，环保、劳工等问题与政治问题相交织也是投资者赴东盟投资需要注意的风险。例如，2012 年 11 月，缅甸当地民众就因对环境影响的担忧在蒙育瓦莱比塘铜矿项目地旁进行了大规模的抗议，爆发了近千人的大规模阻工事件，项目被迫停工，停滞了近两年的

---

〔12〕 Permanent Established（PE），常设机构，不是一个在印尼注册成立的法人，它是外国公司在印尼开展业务时在印尼注册的办事机构。

〔13〕 Perseroan Terbatas（PT），有限责任公司，也称"外国投资有限公司"，是在印尼注册成立的法人。

〔14〕 参见章晓科：《法律变更引发的投资争议？——记中国电站运营服务商印尼遭遇》，载 http://www. lawyers. org. cn/info/3a5add47620f47fab091b1b03527587d，最后访问日期：2023 年 3 月 5 日。

〔15〕 参见中国国际贸易促进委员会法律事务部、中国经济信息社编著：《"一带一路"国别法律研究》（第 5 辑·老挝），新华出版社 2019 年版，第 41～42 页。

〔16〕 参见王健：《雅迪科技有限公司总经理吕刚：以优质产品赢得越南电动自行车市场》，载 http://column. chinadaily. com. cn/a/201508/10/WS5bee888aa3101a87ca93e5a4. html，最后访问日期：2023 年 3 月 5 日。

时间。[17]2015 年，印尼雅万高铁项目中，因雇佣中国劳工而减少印尼本地劳工引发了印尼工人游行示威向政府施压。[18]实践中，环保、劳工问题并非单纯遵守环保、劳工法律的问题，一旦与政治问题相结合，则更为复杂、难以应对。

二、投资协定：投资合同与东道国法律体系外的法律保障

中资企业赴东盟投资项目的成功经历在风险的应对方面提供了许多有益经验。例如，积极履行社会责任，充分发挥外国投资者对当地经济、就业等方面的促进作用；[19]公开进行环境影响评估，严格审查确保项目合法合规；[20]与政府、民众、媒体等各方保持良好沟通，树立良好的社会形象，营造良好的社会环境；[21]与东道国企

〔17〕 参见于景浩、孙广勇：《中缅莱比塘铜矿停工"双输"危险令人忧》，载 http:// world. people. com. cn/n/2013/0122/c1002-20277313. html，最后访问日期：2023 年 3 月 5 日。

〔18〕 参见刘健西、邓翔：《"一带一路"东南亚沿线国家投资的劳工风险研究》，载《四川大学学报（哲学社会科学版）》2022 年第 1 期。

〔19〕 在中国企业投资的龙江工业园项目案中，园区积极履行社会责任，助力当地基础设施建设，与当地百姓关系密切，项目受到多方支持和欢迎。参见郭志明：《海外园区提升中国"一带一路"影响力》，载《中国企业报》2018 年 9 月 25 日，第 9 版。

〔20〕 在中国能源建设集团投资菲律宾卡利瓦大坝项目中，中资企业在项目开展前进行了充足的调研，同时邀请政府相关部门进行环境评估，并就可能受项目影响的地区举行听证会，消除居民顾虑。参见商务部国际贸易经济合作研究院、中国驻菲律宾大使馆经济商务处、商务部对外投资和经济合作司：《对外投资合作国别（地区）指南——菲律宾（2020 年版）》，第 68~69 页。如菲律宾卡利瓦大坝项目，中方投资者在项目落地过程中，与菲律宾马尼拉水务局紧密配合，同时菲方政府部门对该项目的各项审查程序，如环保、招标程序等都严格审核确保项目合法合规。并且中国进出口银行为该项目提供贷款，获得了双边政府的支持。参见商务部国际贸易经济合作研究院、中国驻菲律宾大使馆经济商务处、商务部对外投资和经济合作司：《对外投资合作国别（地区）指南——菲律宾（2020 年版）》，第 59~60 页。

〔21〕 中国企业投资的缅甸蒙育瓦莱比塘铜矿案中，项目遭遇大规模阻工事件，被迫停工近两年。后经万宝矿业采取各种有效的风险化解措施，莱比塘铜矿面临的停工风险得到了化解，并于 2016 年 3 月建成投产，2018 年产量突破十万吨，项目提前实现达产。例如，中信集团（缅甸）有限责任公司在缅甸投资中，高度重视社会责任，重视居民需求，通过公益培训、合作办学、与当地政府合作等方式，以中国元素和中信牵头为原则，充分履行企业的社会责任，让当地民众对企业有充分的了解和信任，使得企业在当地树立了良好的社会形象。参见于景浩、孙广勇：《中缅莱比塘铜矿停工"双输"危险令人忧》，载 http://world. people. com. cn/n/2013/0122/c1002-20277313. html，最后访问日期：2023 年 3 月 5 日。

业共同投资建设的方式实现合作共赢。[22]除此之外，外国投资者和外国投资在国际投资法的范畴内受到投资合同、东道国法律制度以及国际法的保障。

（一）投资合同与东道国法律体系提供的法律保障

投资者可以通过双方签订的投资合同以法律条款的形式对风险进行预防，包括缔约方权利和义务的确认和分担、法律适用、稳定条款[23]、争端解决等。此外，东道国法律体系一方面对外商投资予以规制，另一方面也鼓励、促进及保护外商投资。

在投资促进方面，大部分东盟国家对于鼓励投资的行业都实行税收减免、区域或行业补贴、外汇的自由汇出等相关政策。[24]在投资保护方面，各国投资法均限制政府对外资进行国有化或者征收，

---

〔22〕 如2019年，中国交通建设股份有限公司（CCCC）与菲律宾公司亚洲宏观航空服务公司共同竞标，赢得菲律宾桑莱岬机场的大规模重建权，既满足了菲律宾外资持股比例的要求，同时降低了可能存在的政治风险，得到当地政府支持，使得项目的审批程序大大简化，促进了项目的顺利推进。参见商务部国际贸易经济合作研究院、中国驻菲律宾大使馆经济商务处、商务部对外投资和经济合作司：《对外投资合作国别（地区）指南——菲律宾（2020年版）》，第59~60页。

〔23〕 稳定条款（Stabilization Clauses），是指投资者与东道国协商此后应适用于投资合同的法律为某一特定日期时有效的法律——通常为投资合同生效之日，而不考虑东道国未来的法律法规和制度。稳定条款排除了东道国在合同生效后制定的法律或行政法规对投资合同的适用，以确保投资合同的稳定性。投资者通过与东道国在投资合同中纳入稳定条款，能够保障东道国法律对投资合同及项目的稳定性，在投资项目期限内排除影响合同的相关不利法律、政策的适用，确保投资项目的顺利推进。See Paul E. Comeaux, Stephen Kinsella, "Reducing Political Risk in Developing Countries: Bilateral Investment Treaties, Stabilization Clauses, and MIGA & (and) OPIC Investment Insurance", *New York Law School Journal of International and Comparative Law*, Vol. 15, No. 1, 1994, p. 23; Hansen, T. B., "The Legal Effect Given Stabilization Clauses in Economic Development Agreements", *Virginia Journal of International Law*, Vol. 28, No. 4, 1988, p. 1016; Samuel K. B. Asante, "Stability of Contractual Relations in the Transnational Investment Process", *International and Comparative Law Quarterly*, Vol. 28, No. 3, 1979, p. 409.

〔24〕 对于赴东盟的投资者而言，投资者若投资政府鼓励行业，可以有效降低如柬埔寨、老挝、越南等国政府项目审批繁琐、执法效率低下等风险。菲律宾、老挝为促进外商投资在土地使用上提供优惠（参见2016年《老挝投资促进法》第59条）。缅甸为加大投资吸引度而放宽外来用工的限制条件（参见2016年《缅甸投资法》第51条）。这在一定程度上可以有效预防企业面临的土地使用限制、政府限制劳工商业风险。新加坡为外国投资者提供多种财务援助方式，以促进外商投资企业的发展（财政援助见新加坡企业发展局官方网站，其对财政援助的种类和条件进行了详细列举，载 https://www.enterprisesg.gov.sg/，最后访问日期：2023年3月5日）。

必须满足特定条件才可以实施征收、国有化措施并按一定条件进行赔偿或补偿。此外，大部分国家都规定了国民待遇，如菲律宾、马来西亚、柬埔寨等，外资企业与内资企业享有同等待遇。在投资管理方面，东盟十国投资法律主要有外汇管制、雇佣外籍劳工限制、投资项目准入条件限制以及企业保护环境义务。部分东盟国家存在外汇管制，如越南、缅甸、老挝等，都采取了一定的外汇管制政策。[25]

在争端解决方面，各国规定差异较大。菲律宾在其投资法中没有列明相关的投资争端机制。而柬埔寨在其投资法及其后续的修正案中就规定了多样化的投资争议解决方式，如设立发展理事会进行调解，按双方约定在柬埔寨境内或境外仲裁或者提交柬埔寨法院进行裁决。[26]老挝的投资法律中虽然同柬埔寨一样规定了多样的投资争议解决措施，但是争议解决方式表现为双方协商解决，或通过争端纠纷解决办公室或者老挝加入的任何国际组织争端解决或者通过老挝法院或者老挝加入的国际法院诉讼。[27]马来西亚早在1978年就建立了吉隆坡区域仲裁中心，仲裁已经成为解决投资争议的主要选择，调解和诉讼也是在马来西亚解决投资争端的一个选择。[28]缅甸的投资法律体系主要表现为通过协商方式寻求解决投资争议。[29]发生商业纠纷时也可依照合同约定或协商提交国际仲裁，2019年8月，缅甸首家仲裁机构缅甸仲裁中心成立，使得在缅甸境内进行商事仲裁成为可能。泰国投资委员会建立申诉机制及维权协助机制以更好保护投资者利益，预防投资争端发生。[30]

---

〔25〕 例如，《越南外国投资者境内直接投资外汇管理规定》明确，外国投资者必须开设一个直接投资资本账户，才可进行资金转移汇出，且外国贷款必须使用该账户支付。参见《越南外国投资者境内直接投资外汇管理规定》（Regulations on Foreign Exchange Management with Regard to FDI Activities），Circular 19/2014/TT-NHNN。

〔26〕 参见1994年《柬埔寨外国投资法》第20条。

〔27〕 参见2016年《老挝投资促进法》第93~97条。

〔28〕 参见商务部国际贸易经济合作研究院、中国驻马来西亚大使馆经济商务处、商务部对外投资和经济合作司：《对外投资合作国别（地区）指南——马来西亚（2020年版）》，第59~60页。

〔29〕 参见2016年《缅甸投资法》第82~84条。

〔30〕 参见1977年《泰国投资法》（2001年修正）第51条。

（二）投资协定的效用分析

如果说投资协议是投资者为自己提供的法律保障，东道国法律体系是东道国为投资者提供的法律保障，那么，投资协定则是投资母国为海外投资者争取的又一层面法律保障。

投资协定是投资母国与投资东道国谈判缔结的，为投资者提供了一套实体与程序的权利保障，且投资者可以直接援引相关条款保障其合法权益的条约。一般认为，投资协定通过完善投资保护标准从而提升投资者信心，能够起到吸引外资的作用，促进双边的投资流动。不少研究试图用数据来证明投资协定对吸引外资的正向作用，[31]但由于一国外资流入的增多是多种因素的综合影响，[32]投资协定的缔结只是其中一个可能的影响因素，因而难以充分地建立投资协定与吸引外资之间的直接因果关系。[33]甚至，还有研究数据显示投资协定未必会带来更多的投资。[34]更为细致的研究则关注在何种情况下投资协定对吸引外资起到正向作用，或是投资协定对哪些缔约国的吸引外资能起到正向作用。这些研究有的将受益对象分为发展中国家与发达国家，有的认为投资协定对吸引外资的作用与国内行政能力及法律执行能力有关。[35]有的认为投资协定只对原先营商环境就较为稳定的东道国有效。[36]另一方面，也有研究显示投资协定对吸引外资的正向效用发挥的条件是缔约国未被诉至国际投资

〔31〕 See Eric Neumayer, Laura Spess, "Do Bilateral Investment Treaties Increase Foreign Direct Investment to Developing Countries?", LSE Research Online, available at http://eprints. Ise. ac. uk/archive/00000627, Feb. 2006, last visited on Feb. 1, 2023.

〔32〕 例如潜在的金融风险、营商环境的稳定性、人力资源等。

〔33〕 Susan Franck, "Foreign Direct Investment, Investment Treaty Arbitration, and the Rule of Law", *Global Business & Development Law Journal*, Vol. 19, 2007, p. 339.

〔34〕 See Hallward-Driemeier, M. , "Do Bilateral Investment Treaties Attract FDI? Only a Bit ... and They Could Bite", *World Bank Policy Research Paper WPS 3121*, Washington D. C. , 2003.

〔35〕 See Rodolphe Desbordes and Vincent Vicard, "Foreign Direct Investment and Bilateral Investment Treaties, an International Political Perspective", *Journal of Comparative Economics*, Vol. 37, No. 3, 2009, pp. 372-386.

〔36〕 See Jennifer Tobin and Susan Rose-Ackerman, "Foreign Direct Investment and the Business Environment in Developing Countries: The Impact of Bilateral Investment Treaties", *International Law & Trade Journal*, William Davidson Institute Working Paper Series, No. 587, Jun. 2003, p. 10.

争端解决中心（International Center for the Settlement of Investment Disputes，ICSID），如果缔约国在 ICSID 仲裁中被认定为违反投资协定中的相关条款，则将对吸引外资起负作用。[37] 就东盟的情况而言，亦很难证成我国与东盟国家投资协定的缔结对双边投资流量增长之间的直接因果关系。不过，基于东盟各国本身存在法律上的不确定性，政治风险较为频发，因而，投资协定的缔结应当能在一定程度上提升投资者的信心。当然，在实践中还取决于协定的文本内容以及东道国履约情况。

通过缔结投资协定来吸引外资代表着双边谈判中投资东道国的需求，而从投资母国的角度来说，投资协定的效用更在于为其投资者提供投资保护，尤其是在投资协定中为投资者提供了通过国际仲裁解决争议的可能性。投资合同、东道国法律体系以及投资协定共同构成对外商投资者的法律保障。对投资者而言，如若投资协定中的条款都能转化入其与东道国签订的投资合同，那么，投资协定可以不用。当然，由于投资合同与投资协定谈判时的背景、谈判主体、谈判目标等都不相同，因而，实际上投资合同涵盖所有投资协定条款的可能性并不大。那么，即使投资者在选择投资目的地时并未考虑双边投资协定的存在与否，投资协定未实际产生吸引外资的作用，它仍然可以在事后，即投资者遇有与东道国之间的争端时，为投资者提供投资合同及东道国法律体系之外的法律保护。

在投资协定谈判双方互为投资母国及东道国的情况下，除了吸引外资和投资保护，投资协定的价值还在于相互促进投资，而这可以通过开放投资市场及增加投资便利化条款来实现。中国与东盟国家投资是双向流动型的，互为投资母国与东道国。在这种情况下，投资协定能够在双边政府层面加强合作，促进投资。当前国际投资协定范本中较为典型的是发达国家与发展中国家签署的，其中，发达国家主要作为投资母国而发展中国家主要作为投资东道国，

---

　　[37] See Todd Allee, Clint Peinhardt, "Contingent Credibility: The Impact of Investment Treaty Violations on Foreign Direct Investment", *International Organization*, Vol. 65, Issue 3, pp. 401–432.

在文本上体现为重投资保护轻投资促进。而我国与东盟国家双向投资的背景，使得投资协定应当能发挥投资促进的效用，当然，这取决于谈判各方能否创造性地缔结适用于发展中国家间的双边投资协定。

三、中国与东盟十国投资条约保障体系之考察

（一）中国与东盟国家双边投资协定文本分析

中国与东盟十国都签有双边投资协定，签于 1985 年至 2001 年间，大体内容相近，包括如下条款：定义、适用范围、投资鼓励、国民待遇、最惠国待遇、公平公正待遇、完全的保护与安全待遇、征收补偿、损失补偿、资本汇回、代位求偿、国家间争端解决机制、投资者与东道国争端解决机制、更优惠待遇及最后条款。相较于投资协议和东道国法律体系，投资协定基于政府间谈判，为投资者提供了不同性质、不同范畴的待遇，在投资促进、投资保护、投资争端解决方面均有明显的体现。而这些在投资协定中特有的条款，恰恰是应对上文所述赴东盟投资较为典型的投资风险所需的。

1. 投资促进

中国与东盟签订的双边投资条约中一般都含有"鼓励和促进"投资的条款表述，但并没有像新一代投资协定[38]那样具体规定东道国在投资准入阶段应当履行的义务。[39]不过，与菲律宾、越南、老挝、柬埔寨的投资协定中特别提到为从事与投资有关活动的缔约另

---

〔38〕 此处"新一代投资协定"主要是指 2010 年前后开始的一些反映新趋势的投资协定，一般具有如下特征：协定中不仅有投资保护的内容，也涉及投资准入的内容，如准入前国民待遇；寻求投资保护与政府规制权的平衡，如对公平公正待遇、间接征收等作细化的规定，以保护东道国合理的规制权；争端解决程序融入国际投资争端解决的最新发展，如强化调解机制以及融入投资法庭机制等。

〔39〕 例如，《欧盟与加拿大全面经济贸易协定》第 8.4 条"市场准入"要求缔约方不得采取或保留有关于投资者设立投资市场准入方面的限制措施，例如，可能以数字配额、垄断、独家供应或经济需求测试要求的形式开展特定经济活动的企业数量；以数字配额形式或经济需求测试要求的交易或资产的总价值；外国持股的最高百分比限制或个人或外国投资的总价值方面的参与等。

一方国民获得签证和工作许可提供帮助和便利。[40] 与文莱的协定对此提出了"善意考虑"的要求。[41]

2. 投资保护

在投资待遇方面，这十份双边投资协定都有最惠国待遇、公平公正待遇、充分的保护与安全待遇条款，但大多没有国民待遇条款。[42] 而条款规定都较为笼统，这为条款的解释带来了较大的不确定性。尽管如此，就东盟十国比较集中的投资风险而言，公平公正待遇和充分的保护与安全待遇为投资者应对政局、法律频繁变化以及民众抗议等情况提供了法律上的保障。

对于赴东盟投资过程中面临的征收或者国有化风险，在东道国相关法律规定之外，投资协定又提供了一层法律保护。中泰投资协定中规定了征收情况下的"最惠国待遇"，[43] 中国与新加坡、马来西亚等投资协定附加了"及时""有效""公平合理"等要求。[44]

较为特殊的是，中国与东盟十国的投资协定中基本都载有"损失补偿"条款，即在"发生战争或其他武装冲突、全国紧急状态、叛乱或骚乱"等情形下对投资者补偿的相关规定。与泰国、新加坡、

---

〔40〕《中菲投资协定》第2条第2款规定"缔约一方应根据其现存法律为在其领土内从事与投资有关活动的缔约另一方国民获得签证和工作许可提供帮助和便利"；《中越投资协定》第2条第2款规定"缔约国一方应为在其领土内从事与投资有关活动的缔约国另一方国民获得签证和工作许可提供帮助和便利"；《中老投资协定》第2条第2款规定"缔约国一方应为在其领土内从事与投资有关活动的缔约国另一方国民获得签证和工作许可提供帮助和便利"；《中柬投资协定》第2条第2款规定"缔约一方应根据其法律法规为在其领土内从事与投资有关活动的缔约另一方国民获得签证和工作许可提供帮助和便利"。

〔41〕《中莱投资协定》第2条第2款规定：缔约一方的人员为了在缔约另一方领土内从事与投资有关的活动提出的入境、停留的申请，缔约另一方应根据其国内法律给予善意的考虑。对于工作许可的申请也应给予善意考虑。

〔42〕《中缅投资协定》除外，其第3条第2款规定：在不损害其法律法规的前提下，缔约一方应给予缔约另一方投资者在其境内的投资及与投资有关活动不低于其给予本国投资者的投资及与投资有关活动的待遇。

〔43〕《中泰投资协定》第5条第1款第3项规定：在任何情况下，为确定本条所述的被征收投资财产的适当价值，缔约任何一方国民或公司的投资受到的待遇，应不低于缔约另一方给予任何第三国国民或公司的类似投资的待遇。

〔44〕《中新投资协定》第6条第1款规定"根据其法律并伴有补偿，该补偿应能有效的实现，并不得无故的迟延"；《中马投资协定》第5条第1款规定"该措施伴有公平合理的补偿规定"。

马来西亚、菲律宾、越南的协定中规定投资者在此等情形下所受补偿具有"最惠国待遇"。

在投资担保方面，中国出口信用保险公司（以下简称"中信保"）可以为投资者及金融机构因投资东道国发生的征收、汇兑限制、战争及政治暴乱、违约等政治风险造成的经济损失提供风险保障。[45]中信保可以在投资者遭遇政治风险时先给予赔偿，然后通过中国与东盟签订的 BIT 中的代位求偿条款向东道国进行追偿。中国企业还可以与多边投资担保机构（Multilateral Investment Guarantee Agency，MIGA）签订投资担保合同。东盟十国中除了文莱，其他九国都是 MIGA 的缔约国。MIGA 避免了投资者无法从东道国获得救济进而提升到国与国的层面进行解决，亦将投资者与东道国不平等主体间的纠纷转化为国际组织（MIGA）与东道国之间的纠纷，为投资纠纷的法律化解决提供新途径。[46]目前，投资者赴东盟国家投资与MIGA 签订担保合同的有：缅甸 6 例，越南 9 例，菲律宾 4 例，老挝1 例，马来西亚 1 例，柬埔寨 1 例，印度尼西亚 11 例，泰国 1 例。[47]其中，由中国投资者申请担保的有：缅甸 3 例，越南 1 例。

3. 投资争端解决

在中国与东盟各国签订的 BIT 中，不仅规定了缔约双方对于因协定产生争端的解决方式，也规定了投资者与东道国之间的投资争议解决（Investor-State Dispute Settlement，ISDS）。[48]由于这些 BIT 签订的时间较早，在缔约时，或是中国，或是东盟某国尚不是 ICSID 的成员[49]，因而，大多没有将 ICSID 纳入 ISDS 条款中。这些 BIT 中的 ISDS 条款一般首先要求友好协商解决争端，如若无法达成一

---

〔45〕 参见中国出口信用保险公司官网，载 https://www.sinosure.com.cn/ywjs/xmxcp/hwtzbx/hwtzbxjj/index.shtml，最后访问日期：2023 年 3 月 5 日。

〔46〕 参见王军杰：《论"一带一路"沿线投资政治风险的法律应对》，载《现代法学》2018 年第 3 期。

〔47〕 经由 MIGA 官方信息检索，载 https://www.miga.org/projects，最后访问日期：2023年 3 月 5 日。

〔48〕《中泰投资协定》中未包含投资者—国家间争端解决条款。

〔49〕 ICSID 公约于 1993 年对中国生效，2002 年对文莱生效，1968 年对印度尼西亚生效，1978 年对菲律宾生效，1966 年对马来西亚生效，1968 年对新加坡生效，2005 年对柬埔寨生效。

致,则可以将争议提交东道国法院,对于涉及征收补偿款的争议或是其他双方同意的争议可以通过仲裁解决。部分协定要求在提交国际仲裁前用尽当地救济,如《中缅投资协定》。

(二)《中国—东盟全面经济合作框架协议投资协议》:自贸区法律框架下的投资协议

如上所述,中国与东盟成员国的 BIT 签订于 1985—2001 年间,一方面,这些协定无法反映投资协定的最新发展趋势,如条款未能涉及市场准入、国民待遇等条款;另一方面,这些协定的有效期为10 年或者 5 年,在生效期满时,自动延续到下一个生效期,除非缔约一方书面通知另一方终止条约,这意味着条约处于随时可被任何一方终止的状态。

中国与东盟签订的《中国—东盟全面经济合作框架协议投资协议》(以下简称《投资协议》)〔50〕可以说是整体对中国与东盟成员国的双边投资协定进行了一次升级,然而,并不是取代。例如,在最新的中国投资者针对柬埔寨向 ICSID 提起的仲裁案(Qiong Ye and Jianping Yang v. Kingdom of Cambodia)中,中国投资者依据《投资协议》提起仲裁。Emaxx 通讯是一家柬埔寨的提供 4G/LTE 服务的公司。2014 年,中国投资者对其进行投资,并获得其 65% 的股权。2020 年 10 月,柬埔寨政府以未缴纳所得税、不活跃或报告错误收入数字为由,撤销了包括 Emaxx 通讯在内的 17 家运营商执照。2021 年3 月,柬埔寨政府向 49 家互联网服务提供商发放新的许可证,但Emaxx 通讯不在新的许可名单中。〔51〕在本案中,中国与柬埔寨之间所存在的双边或多边投资协定包括《中柬投资协定》《投资协议》和 RCEP。由于《中柬投资协定》并未将 ICSID 列入投资争端解决途

---

〔50〕 "Agreement on Investment of the Framework Agreement on Comprehensive Economic Co-operation between the People's Republic of China and the Association of Southeast Asian Nations", a-vailable at http://fta. mofcom. gov. cn/dongmeng/annex/touzixieyi_en. pdf. , last visited on Mar. 5, 2023.

〔51〕 See Lisa Bohmer, "Cambodia is Facing Its First Known Treaty-Based Arbitration, as Chinese Telecom Investors Lodge ICSID Claim", IA Reporter, available at https://www. iareporter. com/articles/cambodia-is-facing-its-first-known-treaty-based-arbitration-as-chinese-telecom-investors-lodge-icsid-claim/, last visited on Mar. 5, 2023.

径[52]，RCEP 在本案发生时尚未生效，而《投资协议》将 ICSID 列入了投资争端解决途径[53]。基于此，投资者以《投资协议》为依据提起仲裁。

相较于中国与东盟成员国签署的双边投资协定，于 2009 年 8 月 15 日签订的《投资协议》不仅反映了 21 世纪初国际投资协定的发展趋势，而且也体现了该协议作为中国—东盟自贸区法律框架中的"一分子"的特色，具体体现在如下几个方面：

首先，《投资协议》第 5 条提到，为了促进投资并建立一个自由、便利、透明并具有竞争力的投资体制，各缔约方同意：（a）谈判以逐步实现投资机制的自由化；（b）加强投资领域的合作，便利投资并提高投资规章和法规的透明度；以及（c）提供投资保护。据此，该《投资协议》有别于传统重投资保护的 BIT，在内容上纳入了"透明度""投资促进""投资便利化"条款，要求缔约方采取相应措施促进投资。

其次，在投资保护方面，该协议纳入了在中国与东盟国家双边投资协定中基本没有的国民待遇条款，虽然仅限于准入后。该协议还在 ISDS 条款中引入了 ICSID、ICSID 附加便利措施、《联合国国际贸易法委员会的规则》等，使投资争端的解决"国际化"。需要注意的是，该 ISDS 条款仅适用于缔约国违反"本协议"国民待遇、最惠国待遇、投资待遇、征收、损失补偿、转移和利润汇回的投资争端，而非很多投资协定中所采用的"任何投资争端"[54]。

最后，该协议为东道国保留了一定程度的规制权，主要通过"例外条款"的形式，包括第 3 条第 4 款规定的本协议不适用于税收措施、政府采购、补贴等；第 6 条"不符措施"，即国民待遇与最惠国待遇的例外；第 11 条"国际收支平衡保障措施"；第 16 条"一般

[52] 《中柬投资协定》第 9 条。
[53] 《投资协议》第 14 条第 4 款第 2 项规定：如果争端所涉缔约方和非争端所涉缔约方均为国际投资争端解决中心公约的成员，则可根据《国际投资争端解决中心公约》及《国际投资争端解决中心仲裁程序规则》提交仲裁。
[54] 此处"任何投资争端"指基于投资合同、东道国投资法律或投资协定产生的投资者与国家间争端。

例外";第 17 条"安全例外"。

值得一提的是,与单独一份投资协定不同的是,《投资协议》作为中国与东盟构建自贸区法律体系的一部分,不仅其本身通过投资便利化、投资保护等条款促进投资,其"姊妹"协议——《货物贸易协议》《服务贸易协议》也为投资者创造了良好的市场条件。在相关的投资风险应对方面,其中的反腐败条款、知识产权保护条款等更是《投资协议》的有益补充。

(三) RCEP 的完善与补充

于 2022 年 1 月 1 日生效的 RCEP[55]由东盟十国加上中国、日本、韩国、澳大利亚、新西兰制定,主要内容有货物贸易、原产地规则、海关程序、卫生和植物卫生措施、贸易救济措施、服务贸易、投资、知识产权、电子商务、竞争、中小企业规定和政府采购等。[56]

1. RCEP 投资章节条款

RCEP 的投资章节比较全面地规定了投资定义、国民待遇、最惠国待遇、投资待遇、代位求偿、安全例外、投资促进和便利化措施。RCEP 将合同权利、股权债权、知识产权、特许权利以及请求权等财产权利都纳入投资范围,并明确排除了包括司法、行政行为或仲裁程序中的命令或裁决,增强了规定的明确性,并扩大了保护范围,有利于投资者维护自身权益。在投资准入方面,RCEP 采取准入前国民待遇加负面清单机制扩大了投资开放领域,提高了投资透明度,有利于促进投资。

在业绩要求方面,RCEP 禁止成员国对投资者的行为施加例如出口一定比例的货物或服务、当地成分达到一定比例、向本国转让技术、仅可向本国或部分地区生产货物或提供服务等方面的要求。[57]

---

〔55〕 See IISD, "RCEP Ratification Will See World's Biggest Trade Deal Become Reality in January", available at https://www.iisd.org/articles/rcep-ratification-trade-deal, last visited on Mar. 5, 2023.

〔56〕 参见 RCEP 序言及正文,载 http://fta.mofcom.gov.cn/rcep/rcep_new.shtml,最后访问日期:2023 年 3 月 5 日。

〔57〕 RCEP 第 10 章第 6 条。

而高管董事条款则禁止成员国强制要求外资企业任命特定国籍的自然人担任高管。RCEP 允许成员国要求外资企业的董事会成员的国籍比例，但此类要求不得损害该投资者控制其投资的能力。[58]对于赴东盟投资者而言，考虑到部分东盟国家本国人促进计划等政策，RCEP 的业绩要求和高管董事条款能够有效减少对投资者在业绩要求方面的限制。

在投资便利化方面，RCEP 规定了创设投资环境、简化投资审批程序、促进投资信息传播、设立或维持投资中心或联络站为投资者提供帮助咨询等，并规定缔约方应当尽量通过友好方式解决投资者对政府产生的投诉或不满，且缔约方之间应交流信息以便利投资。[59]RCEP 要求缔约方设置机构以帮助投资者，便利投资者的投诉，促进争议解决，避免争端矛盾激化。[60]在投资促进上，RCEP 鼓励缔约方间投资，鼓励组织缔约方间的联合投资促进活动，促进商业配对活动，组织和支持举办投资相关的各种介绍会和研讨会，并就相关信息进行交流。[61]

考虑到不同成员国之间的发展水平和利益，RCEP 在最惠国待遇方面给予了不同国家特殊和差别待遇。RCEP 规定，最惠国待遇不适用于柬埔寨、老挝、越南和缅甸四个国家。[62]而在公平公正待遇上，RCEP 将公平公正待遇明确限定在东道国不得拒绝司法和采取合理的必要措施确保涵盖投资的有形保护与安全两方面。[63]这样的规定使得近些年经投资仲裁对公平公正待遇的扩张解释[64]在未来适用RCEP 解决投资争议时具有不确定性。[65]此外，投资者与东道国的

---

[58] RCEP 第 10 章第 7 条。

[59] RCEP 第 10 章第 17 条。

[60] 参见张晓君、曹云松：《RCEP 区域投资机遇下的风险与应对》，载《国际商务研究》2021 年第 5 期。

[61] RCEP 第 10 章第 16 条。

[62] RCEP 第 10 章第 4 条注释 18。

[63] RCEP 第 10 章第 5 条第 2 款。

[64] 近些年在一些投资仲裁中，仲裁庭将东道国违反透明度要求、不符合投资者合理期待、滥用权力等情形也认定为违反公平公正待遇。

[65] 参见王彦志：《RCEP 投资章节：亚洲特色与全球意蕴》，载《当代法学》2021 年第 2 期。

争端解决机制相关条款尚未完成谈判。这导致中国投资者赴东盟投资遭遇争端时，尚无法援引 RCEP 的争端解决机制解决争端。而投资协定重要的效用之一——投资保护——很大程度上是通过投资者诉国家争端解决机制来实现的，缺乏该争端解决机制的投资协定对投资者的意义显著降低，协定的效用完全依赖于缔约方的主动积极履约。

2. RCEP 中与投资有关的其他章节

RCEP 知识产权章节较为全面完整。在知识产权范围上，RCEP 要求各缔约方必须加入《保护工业产权巴黎公约》等七个有关知识产权保护的国际公约。在知识产权的保护对象上，RCEP 将声音列入了商标客体，并加强对地理标志和驰名商标的保护；且将植物新品种、网络传输、技术措施等都纳入知识产权保护的范围。而在救济措施上，RCEP 不仅规定了民事救济，同时要求将盗版、侵权等行为列入刑事规制范畴。但是，由于 RCEP 的平衡性和包容性，其为柬埔寨、老挝、缅甸、马来西亚、菲律宾、泰国和越南七个东盟国家提供了过渡期。[66]

在电子商务章节，RCEP 的规定主要是为了促进电子商务和经济发展，因此推出了一系列有利于贸易的规定。例如，RCEP 推动无纸化贸易，并承认电子签名和电子认证的效力；强调线上消费者保护和电子商务个人信息的保护，并加强针对非应邀商业电子信息等的监管；强调应当维持不对电子传输征收关税的现状，虽然并没有明确的永久性规定，但也有利于电子传输和投资的发展。[67]

3. RCEP 与中国—东盟其他投资协定的比较

与中国和东盟及其成员国之间的其他投资协定相比，RCEP 作为一个新近的全面的经贸协定，内容更加完整全面，对投资者的保护也更为细致。例如，在投资准入方面，RCEP 首次规定了投资领域的完全的准入前国民待遇和负面清单机制，且扩大了投资的内容和范

---

〔66〕 RCEP 第 11 章附件一：特定缔约国过渡期。

〔67〕 参见于鹏等：《RCEP 和 CPTPP 的比较研究与政策建议》，载《国际贸易》2021 年第 8 期。

围。其投资促进和投资便利化条款，更是前述协定极少提及规制的，且符合中国与东盟国家投资关系的现实需求。与《投资协议》类似，RCEP 作为包含投资章节的经贸协定，除投资章节外的其他章节实际上也为投资者提供了更优的投资环境和更全面的保护。

尽管 RCEP 中投资章节的条款内容看似不如同一时期的其他含有投资章节的国际经贸协定［如《欧盟与加拿大全面经济贸易协定》（CETA）、《美墨加协定》（USMCA），或后文即将讨论的CPTPP］一般细致，在某种程度上保护标准也略低，尤其体现在最惠国待遇、公平公正待遇、保留与不符措施等条款中。但是，应当说，RCEP 的投资章节较好地考虑到缔约方的特殊性：一方面，结合缔约方不同的经济发展程度及外资流量情况，在提供一般投资待遇的情况下，作出了一些例外或过渡期的规定，使得条约对所有缔约方而言都是可接受的。另一方面，在投资便利化和投资促进条款上作出了有别于传统投资协定、更符合实际需求的规定。其内容不再只是给予投资者投资保护，同时也为缔约方之间在投资领域的进一步合作提供了充分的法律基础和平台。

（四）CPTPP 的完善与补充

2021 年 9 月 16 日，中国正式提出申请加入 CPTPP。[68] CPTPP 现有 11 个成员国，包括东盟的文莱、马来西亚、新加坡和越南。

1. CPTPP 投资章节条款

在投资准入方面，CPTPP 规定了国民待遇和最惠国待遇，并对于市场准入全部采用了负面清单模式，要求各缔约方在禁止投资或限制投资的领域之外，应当采取自由化措施进行全面开放。[69] CPTPP 的业绩要求条款和高管董事条款与 RCEP 的规定基本类似，都禁止成员国对投资者行为施加比例要求，并禁止成员国要求外资企业任命特定国籍的自然人担任高管。

CPTPP 的最低待遇标准条款基于美国投资协定范本，包括公平

---

〔68〕　参见 CPTPP 序言及正文，载 http://www.mofcom.gov.cn/article/zwgk/bnjg/202101/20210103030014.shtml，最后访问日期：2023 年 3 月 5 日。

〔69〕　CPTPP 第 9 章第 9.12 条。

公正待遇和充分的保护与安全待遇，并进一步作了解释。同时，CPTPP 规定了仅因缔约国采取或未采取某项措施不符合投资者的期待，以及仅因为补贴没有发放、维持，或修改、减少，不能被认定为违反最低保护待遇。与仅规定公平公正待遇，而没有作出进一步的解释和限制的条款相比，这种方式增强了条款的可适用性，有利于投资者在争端发生时更好适用条约以保障自己的合法权益，也兼顾了东道国合理的政府规制权。

在投资争端解决机制方面，CPTPP 允许将争端诉诸国际仲裁，并且赋予了投资者更大的权利，允许其绕过东道国的法律将争端直接诉诸国际仲裁。[70]同时，为防止投资仲裁的滥用，CPTPP 对东道国的监管权进行了详细规定，使用明确的语言规定了东道国在监管公共利益上的固有权利，并排除了特定的索赔类型。[71]

2. CPTPP 与投资有关的其他章节

知识产权方面，是美国退出 TPP 之后，其余缔约方对 TPP 文本作出最大调整也就是被冻结条款最多的部分。尽管如此，CPTPP 在知识产权保护方面，仍然保持着较高的标准。CPTPP 将气味和声音纳入商标范畴。[72]同时，加强了对农业化学产品和药品的专利保护力度，细化专利申请、审查程序，扩大宽限期至 12 个月；加强农业化学产品的保护，对于新产品未披露的实验和其他数据给予 10 年保护期。[73]而在著作权的保护上，CPTPP 扩大了传统复制权的保护范围，短暂临时的复制行为也成为复制权的保护内容；扩大了权利主体的范围，将作者、表演者等的继承人纳入著作财产权的主体范围。[74]在法律救济方面，CPTPP 规定了民事侵权救济标准和救济措施，包括救济方式、赔偿数额、法定赔偿等；规定刑事惩罚，将侵

---

[70] CPTPP 第 9 章第 9.19 条。

[71] See Zamir Noam, Paul Barker, "The Trans-Pacific Partnership Agreement and States' Right to Regulate under International Investment Law", *Denver Journal of International Law and Policy*, Vol. 45, No. 2, 2017, pp. 215-216.

[72] CPTPP 第 18 章第 18.18 条。

[73] CPTPP 第 18 章第 18.47、18.49 条。

[74] CPTPP 第 18 章第 18.58 条。

犯商业秘密行为纳入刑事惩罚范畴，提高了商业秘密的保护层级。[75]

对于东盟投资常见的政府腐败问题，CPTPP 第 26 章对透明度和反腐败进行了专门规定。CPTPP 要求成员国必须采取必要措施打击国际贸易和投资中的腐败行为，并将几种腐败行为列为刑事犯罪。[76]CPTPP 还要求成员国应当对公职人员采取必要的培训，制定相应的行为准则以避免腐败发生。[77]

3. CPTPP 与中国—东盟其他投资协定的比较

CPTPP 较 RCEP 市场开放程度更大。在知识产权保护方面，CPTPP 加大了对知识产权的司法和执法力度。此外，劳工章节、环境保护章节、透明度和反腐败章节、国有企业章节都是 CPTPP 的特有章节，无论是《投资协议》还是 RCEP，均无专门章节予以规制。作为 CPTPP 一部分的投资章节的适用与解释，以及投资者赴 CPTPP 缔约国投资的整体营商环境均会受到这些相关章节的影响。

由于美国是在 CPTPP 主要文本谈判完成后才退出的，因而，CPTPP 投资章节反映了美国投资协定范本[78]中的很多条款内容。而中国是在 CPTPP 文本生效后才宣布加入的，且缔约方并不仅限于东盟国家，因而，文本内容不像《投资协议》那样充分反映中国与东盟之间的投资关系。CPTPP 在投资保护标准上略高，但投资促进和投资便利化的相关规定却基本没有。如若中国正式加入 CPTPP，从条约保障体系角度而言，也将使得中国与不同东盟国家之间存在条约适用的差异。

四、以"风险—保障"为视角评估中国—东盟投资条约体系

（一）中国—东盟投资条约体系的实际效用

投资协定的主要目的是通过投资保护促进投资。如前所述，对

---

〔75〕 CPTPP 第 18 章第 18.74、18.77 条。

〔76〕 CPTPP 第 26 章第 26.7 条。

〔77〕 CPTPP 第 26 章第 26.8 条。

〔78〕 "U. S. Model Bilateral Investment Treaty（BIT）", available at https://ustr. gov/archive/Trade_Sectors/Investment/Model_BIT/Section_Index. html, last visited on Mar. 5, 2023.

于投资母国而言，签订投资协定有利于保护海外利益，保障投资者程序和实体权利；投资东道国则希望通过签订投资协定吸引外资，以增加基础设施项目、引进技术、促进就业等；而互为投资母国与投资东道国的缔约方还可以通过投资便利化等条款促进投资。虽然，现有研究均未能证明投资协定对促进投资的正向作用，[79]但不可否认的是，原先只能依赖于投资东道国法律体系保障的投资者实体和程序权利，确实通过投资协定的签订得到了质的改变。也就是说，外资所处的投资法律框架多了一层国际法的保障。

就中国与东盟之间的投资条约保障而言，从结构上来看是充分且完整的。中国不仅与东盟十国都签有双边投资协定，且与东盟有整体的《投资协议》，有包括中国、日本、韩国、澳大利亚、新西兰和东盟十国的 RCEP，还有中国已正式申请加入的包括东盟的文莱、马来西亚、新加坡和越南在内缔结的 CPTPP。此外，中国与东盟十国签署的是专门的投资协定，后三份协定是含有投资章节的全面的经贸协定，因而，不仅有专门投资保护的条款，还有对改善东道国整体营商环境有益的综合性经贸协定中相关条款的保障。

从内容上看，上文中提到的赴东盟投资主要的法律风险在条约中大多都能找到相应的保障，比如，几乎所有的投资协定中都有征收补偿的条款，有关于资本汇兑的条款，有充分的保护与安全待遇，有在战争与内乱等情况下给予损失补偿的条款；经贸协定中有知识产权保护的条款，也有反腐败、透明度相关条款。这些条款对投资合同及东道国投资法律体系所能提供的法律保障作出了实质性的补充。

但是，从实际效益来看，投资协定（包括含有投资章节的经贸协定）的利用率却非常低。尚不论这些投资协定是否有效促进了投资，仅从投资协定最基本的功能——投资保护来看，开篇所提及的中国投资者赴东盟遭遇的投资风险基本都没有"获得"投资协定的保护。在 ICSID 的案件中，东盟十国被诉的 19 个案例中，仅有两例

是中国投资者提出的。[80]究其原因，一方面，投资者对投资协定知之甚少。由于投资协定本身不是投资者签订的，因而，实践中投资者选择投资目的地时很少将是否与我国缔结有投资协定作为考量因素，而发生投资争议时，也罕有考虑依据投资协定解决。即使知晓投资协定的存在，适用和解释投资协定本身对投资者而言亦非易事，且通常代价高昂。[81]对于一些虽然有投资争议，但投资项目仍然继续进行的情况，国际投资仲裁未必是最为有效的争议解决方式。另一方面，投资协定诞生于投资输出国多为发达国家且投资输入国多为发展中国家和最不发达国家的年代。发达国家通过投资协定整体提高对其海外投资者的保护标准，同时给投资者提供自行解决与东道国之间争议的路径（即投资者与国家间争议解决机制）。当前中国与东盟国家之间的投资关系则有其特殊性。国际投资仲裁既不是中国及其投资者也不是东盟国家及其投资者偏好使用的争议解决方式。此外，中国投资者目前在东盟国家进行的投资项目有大量"一带一路"倡议背景下的大型基建项目。这一类项目涉及的不仅仅是投资者与东道国之间的关系，还需要双方政府的共同推动与政策支持。基于此，中国与东盟国家间投资协定需在传统的投资协定基础上加入一些新的元素以"激活"投资协定的效益。

（二）中国—东盟投资条约体系的应然价值及相应文本设计

考虑到东盟国家主要的投资风险，为实现投资协定吸引外资、投资保护及投资促进的基本价值，中国与东盟投资条约的文本设计应考虑如下因素：

---

〔80〕 一是叶琼与杨建萍诉柬埔寨案（Qiong Ye and Jianping Yang v. Kingdom of Cambodia），基于《投资协议》提起仲裁；二是世能投资有限公司诉老挝案（Sanum Investment Limited v. Lao People's Democratic Republic），基于《中华人民共和国政府和老挝人民民主共和国政府关于鼓励和相互保护投资协定》提起仲裁。

〔81〕 根据经合组织（OECD）的报告，平均一个仲裁案件申诉方需承担的费用在800万美元左右，其中，82%用于聘请专家和顾问，16%用于仲裁员的薪酬，2%用于支付仲裁机构的行政支持费用。See OECD, *Investor-State Dispute Settlement: A Scoping Paper for the Investment Policy Community*, p. 19, available at https://www.oecd-ilibrary.org/finance-and-investment/investor-state-dispute-settlement_5k46b1r85j6f-en, last visited on Mar. 5, 2023.

1. 强化条约履约机制，提升东道国营商法律环境

当前中国与东盟投资条约体系从结构和内容上是多层次、综合性的，从法律制定角度而言，基本是"有法可依"。然而，投资协定吸引外资的效益实际是通过增强投资者对东道国营商法律环境的信心来实现的，而投资协定是否能有效提升东道国营商环境一方面取决于投资协定对东道国外商投资法律体系的影响，也就是投资协定是否转化成国内外商投资法律体系的一部分；另一方面看投资者利用投资协定保护其权利的情况。对于前者，需要切实关注条约的履约情况，例如在条约文本中增加外资立法能力建设合作、双边定期投资事项对话机制、专设监督条约实施的委员会等，或者在其他相关工作机制中加入定期评估条约实施情况的工作内容。对于后者，投资者利用投资协定未必一定反映在 ICSID 案件中，也可能体现在投资者与东道国签订投资合同时以及在争议解决的谈判或调解过程中。对于中国赴东盟投资的投资者而言，重要的是，当投资者因为东盟国家可能发生的政治风险且投资合同及东道国法律体系难以给投资者足够信心之时，投资协定的存在如若能够整体提升东道国的营商法律环境，则能起到吸引外资的效用。

2. 细化投资保护条款，兼顾东道国实际发展情况

当前中国与东盟投资条约体系中的条约文本在投资保护条款上大多仍然是依据早先美式及欧式投资协定范本中的相关条款，一般都会纳入国民待遇、最惠国待遇、最低保护待遇等实体待遇标准以及增加国际争端解决机制的程序性权利保障。这样的条约文本一方面无法有效针对东盟国家投资风险，另一方面也未充分考虑中国与东盟国家双边投资关系的特殊性。

首先，就东盟国家较为集中的投资风险而言，除新加坡、马来西亚外，其他几个东盟国家政治风险较大，其中，政权更迭以及法律环境不稳定等风险是公平公正待遇条款可以予以保障的，民众抗议等涉及安全问题的风险可以依赖充分的保护与安全条款，征收风险有征收条款，而知识产权、腐败问题、环保及劳工问题等都在综合性经贸协定中有所规制。因而，即使有投资合同及东道国法律体

系的保障，投资条约或者含有投资章节的综合性经贸协定对赴东盟投资的海外利益保护而言，依然是不可或缺的。且就投资保护而言，综合性经贸协定比专门的投资协定效果更佳。从前文的分析可以发现，中国与东盟国家双边投资协定中的相关待遇条款规定得都较为笼统，给适用带来极大的不确定性；RCEP 缺乏投资者诉国家争端解决机制且在最惠国待遇和公平公正待遇的适用上存在较大限制；而 CPTPP 只涵盖四个东盟国家。要使这些条款真正能够针对赴东盟投资的实际风险，在文本设计上，应当细化公平公正待遇条款、充分的保护与安全条款、间接征收条款，使得这些条款能切实为投资者应对政治风险提供法律依据。

其次，考虑到东盟国家经济发展程度各异，可以在条约中纳入过渡期条款、“鼓励性”或“倡议性”条款等软条款。这既可以增强东盟国家缔结条约的积极性，也有利于建立我国所倡导的“互利共赢的投资制度和国际法体系”[82]。虽然软性条款在法律约束力上看似欠缺，但却更易在实践中得到遵守与落实，促进中国与东盟国家间投资关系的良性发展。上述提到的强化条约履约机制也可以为软性条款的落实提供保障。现有条约体系中的《投资协议》为东道国保留了一定程度的规制权，RCEP 更是作出了一些特殊和差别规定。基于东盟国家中新加坡、马来西亚、文莱与其他国家在投资风险上具有较大的差别，从提供投资保护的条约效益而言，需在《投资协议》、RCEP 及 CPTPP 实施的经验基础上，通过更新中国与东盟国家间的双边投资协定，更精准地服务于我国与特定东盟国家间的投资关系，使得整体条约保障体系更加丰富、细致、有效。

此外，考虑到中国与东盟国家在争议解决方面的法律文化，在投资者与东道国争端解决方面，应当一方面加大调解的作用，另一方面通过敦促缔约方在国内层面建立外商投诉机制或争议协调机制等进行争端预防与解决。应当说，相较于实体保护待遇，当前中国与东盟投资条约体系中亟须补充完善的是投资者与国家的争端解决

---

[82] 参见柯静嘉：《中国—东盟投资法律体系下投资者与东道国的利益平衡》，载《东南亚研究》2018 年第 3 期。

机制。从实践来看，因为赴东盟国家投资的政治风险相对较大，产生投资者与东道国之间争议的可能性也随之而来。然而，投资者与国家间的争端解决机制近年来取得非常大的发展，且正在改革中，[83]而中国与东盟国家双边投资协定签订较早，实际无法反映投资者与东道国争端解决机制的最新发展；《投资协议》纳入 ICSID 机制，但实践中并非我国投资者解决与东盟国家争议时的优选；[84]RCEP 的投资者与国家争端解决机制尚未谈妥；CPTPP 倒是反映了一些该机制的最新发展，但由于缔约方的特殊性，未能真正反映赴东盟投资所需。如前所述，基于对运用 ICSID 等国际投资仲裁机制的不熟悉以及担心破坏与东道国之间关系等原因，我国赴东盟投资的投资者并不偏好将争议提交国际投资仲裁机构，而东道国法律体系也无法很好地提供争议解决的平台时，投资者实际面临的是"投诉无门"。应对这种情况的做法是东道国能够在国内层面建立较为有效的外商投诉机制或者在双边投资协定的框架下提供调解机制，一则给投资者提供较为便捷、经济的解决争议的途径，二则避免将争议提交国际投资仲裁而给投资者和东道国双方带来的双重负担。

3. 增加政府间合作条款，服务于双向投资促进

考虑到中国与东盟国家间的投资关系尚需要政府间的合作加以推动和保障，相应地，投资协定不仅应关注投资者与国家间的关系，也应当增加国家与国家间关系的条款，如对话机制、能力建设合作、分歧解决机制等。也就是说，投资协定可以作为双方进一步促进投资关系的法律基础。在这一方面，现有投资条约已经有了一些创新性的举措。在中国与东盟双边投资协定中就已有零星的"鼓励和促进"投资的条款；《投资协议》中提到了"加强投资领域的合作，便利投资并提高投资规章和法规的透明度"，要求"在各个东道国建立一站式投资中心，为商界提供包括便利营业执照和许可发放的支

---

〔83〕　相关改革进展可参见联合国国际贸易法委员会第三工作组"投资者与东道国争端解决机制改革"工作进展，载 https://uncitral. un. org/en/working_groups/3/investor-state，最后访问日期：2023 年 3 月 4 日。

〔84〕　参见本文四/（一）中"实际效益"部分。

持与咨询服务"；RCEP 在投资便利化方面提出了一些具体举措，如促进投资信息传播、设立或维持投资中心或联络站为投资者提供帮助咨询等。在此基础上，推进相关条款的落实，并在双边协定中进一步创新政府间合作条款，一方面符合中国与东盟国家间促进双向投资所需；另一方面也为发展中国家之间、双向投资国家之间的投资协定的文本在投资促进方面提供新的范本，构建发展中国家在国际投资规则制定中的话语权。

五、结语

国家在缔结投资协定时，也意味着承担投资者基于投资协定诉东道国政府的风险，而在投资仲裁中，投资者与东道国的胜诉率不相上下。[85] 既如此，在投资协定无法产生预期效用的情况下将自身置于风险中显然非缔约国本意。

考察当前中国—东盟投资法律体系可以发现，中国与东盟国家间的双边投资协定都是较为传统的投资协定，为投资保护提供了重要的法律基础，但是由于签订时间都较早，难以为当前中国与东盟间投资关系的发展提供充分的条约保障，亟待更新。《投资协议》一方面作为整个中国—东盟自贸区法律体系的一部分，在提供投资保护之外，还整体改善了中国投资者在东盟的营商环境；另一方面，该协议已经开始包含投资促进、投资便利化条款，在政府层面为双向投资流动提供支持。而 RCEP 更进一步，为政府间在投资事项上的沟通与合作提供了平台，并倡议尽量通过友好方式解决投资者对政府产生的投诉或不满。CPTPP 中由于只涉及部分东盟国家，且我国在 CPTPP 生效之后才申请加入，所以不如《投资协议》及 RCEP 那样充分考虑中国与东盟国家间的投资关系。但是，其中的很多条款反映了国际投资规则的最新发展趋势，也包含着较高标准的投资保护。然而，投资协定本身并不存在优劣之分，并非所有投资协定都要走向"最高"标准的投资保护。即使有高标准的投资保护协定，

---

〔85〕 See ICSID, The ICSID Caseload-Statistics, Issue 2023-1, p. 13.

在实践中不被适用，那也只是"一纸空文"。

中国与东盟国家之间具有如此多层次的投资协定，但仍然在实践中"远离"投资者，中国投资者赴东盟投资的条约保障之效用未能充分体现。从投资协定应当具有的吸引外资、投资保护及投资促进三个角度探究，在文本设计上尚需强化条约履约机制、细化投资保护条款及增加政府间合作条款。投资协定产生于发达国家为其海外投资者在应对发展中国家政治风险时提供国际法层面的保护。而这也正是我国投资者赴东盟投资的条约保障所需。在此基础上，兼顾东盟国家国内发展情况，充分考虑我国与东盟国家双边投资发展实际，以此创新发展中国家间投资协定文本，不仅能够真正"激活"我国与东盟国家间投资协定效用，还能促发投资协定在维护与发展双边关系以及共同构建国际话语权等方面的附加价值。

（本文责编：宋俊荣）

An Assessment on the Treaty Safeguard for Chinese Investment in ASEAN: With Comments on the Investment Chapters of RCEP and CPTPP

Zhang Jiao, Dong Jingyi

Abstract: Over the past decade, the stock and flow of Chinese investors' direct investment in ASEAN have generally risen, while the types and quantity of investment risks encountered by Chinese investors have also increased correspondingly. Based on the classification and analysis of the main investment risks in ASEAN, it can be said that the investment treaty may provide important international legal safeguard for dealing with political risks. The existing investment treaty safeguard system for investing in ASEAN countries is relatively comprehensive in its structure, and there is corresponding treaty safeguard for most investment risks, while investors rarely rely on these treaties to protect their interests in practice. Considering the three basic values of investment treaty – attracting foreign investment, investment protection and investment promotion, it is suggested that the treaty implementation mechanism should be strengthened to improve the business legal environment of the host State, investment protection provisions should be refined taking into account the actual development of the host State, provisions for inter–governmental cooperation should be added to serve two–way investment promotion.

Keywords：Investment Risk; Treaty Safeguard; RCEP; CPTPP; Soft Mechanism

跨国投资国家安全审查中的举证责任问题研究

姜立文* 李安琪**

摘 要：审查标准不明确、自由裁量权过大等一直是国家安全审查机制中存在的普遍性问题，证明标准和各方的举证责任更是模糊不清。鉴于国家安全审查的特殊性和跨国性，其证明标准和证明责任与国内行政诉讼、行政调查的证明标准和证明责任有明显区别。东道国的证明标准是运用合理依据证明外国投资行为会产生危害国家安全的可能性，即证明存在合理怀疑。对外国投资者应实行举证责任倒置，举证范围仅限于对国家安全的直接威胁性因素而不包括间接威胁性因素，消除东道国的合理怀疑。

关键词：跨国投资；国家安全审查；证明标准；举证责任倒置

国家安全审查一直是跨国投资活动中的敏感问题。近年来世界经贸领域单边主义抬头，某些大国以泛国家安全化为名的保护主义沉渣泛起，使得国家安全审查更加扑朔迷离，对发展中国家对外投资产生消极影响。欧盟和美国等国家及地区亦纷纷修订了对外国投资国家安全审查的法律，但是审查程序不透明、审查标准不清晰、自由裁量权过大等一直广被诟病，其中的焦点问题即国家安全审查的证明标准以及各方的举证责任。在国家安全审查中有些东道国政府既当裁判员又当运动员，难免对外国投资者产生"欲加之罪何患无辞"的感觉，这与现代法治理念明显相悖。现代法治理念要求国

---

* 上海师范大学哲学与法政学院副教授。研究方向：国际经济法学。
** 上海师范大学哲学与法政学院 2022 级硕士研究生。研究方向：国际经济法学。

家治理的法治化，包括国家安全领域的法治化，尤其是国家经济安全审查程序的规范化以及审查标准的相对确定性。鉴于跨国投资国家安全审查本身的特殊性，其与国内一般的行政审查存在较大区别，需要做进一步的深入探讨。

一、跨国投资中国家安全审查的特殊性

国家安全是任何国家至高无上的利益，含有较强的政治性因素，而且跨国投资国家安全审查是东道国政府对外国投资者的审查，具有明显的跨国性。

（一）国家安全的概念富有弹性

在各国的相关立法中，国家安全的内容通常是高度概括且抽象的，表现为原则性规范。国家安全涉及国家的根本利益，涵盖的领域众多，经济安全只是其中之一，即使相对具体的经济安全领域也仅仅提出一些主要参考因素，规则较为模糊、笼统。同时，国家安全还随时代变化而与时俱进，很多国家都及时修订安全领域的相关立法。[1] 从传统国家安全领域发展到如今的非传统安全领域，尤其在信息化时代国家安全面临诸多新挑战。在《关税与贸易总协定》（GATT）中规定的国家安全例外标准即使被 WTO 所继承，但仍难以适应现在的国家经济安全需要。并且，国家安全是公开领域与隐蔽领域的高度统一，很多审查实践中详细的判定标准和证据不能公开，有些只能意会而不可言传。因此，如同国际私法上的公共秩序保留，没有任何国家对国家安全概念作出非常明确具体的界定，否则无异于作茧自缚，中国也不例外。《中华人民共和国国家安全法》（以下简称《国安法》）第 2 条对国家安全的定义，即"国家安全是指国家政权、主权、统一和领土完整、人民福祉、经济社会可持续发展和国家其他重大利益相对处于没有危险和不受内外威胁的状态，以及保障持续安全状态的能力"。事实上，该定义包含国家安全、主权、重大利益和可持续发展四个要素，仍然是一个弹性空间巨大的概念。

---

[1] 参见李军：《外资国家安全审查制度历史考察及我国制度选择》，载《云南大学学报（法学版）》2014 年第 6 期。

1. 美国法中"国家安全"概念定义模糊

2007 年《外国投资与国家安全法》（FINSA）将"涵盖交易"（covered transaction）限定为"1988 年 8 月 23 日以后由任何外国人士提出或与任何外国人士达成的可能导致外国控制任何在美国从事州际贸易的任何合并、收购或接管"[2]，同时规定美国总统及外资安全委员会在考虑外资并购是否威胁美国国家安全时，应考虑 11 个方面的因素。FINSA 及 2008 年 11 月 14 日美国财政部发布《外国人合并、收购、接管条例：最终规定》（以下简称"2008 年《条例》"）没有明确"国家安全"的具体含义，而且其所要求应当考虑的 11 种因素使得"国家安全"的范围既广泛又具有一定的可操作性。这种对"国家安全"的开放式界定，导致外资在美国并购面临更加严格的国家安全审查。2008 年颁布的《关于外国投资委员会实施的国家安全审查的指南》列举了一系列在美国外国投资委员会（CFIUS）审查过并且存在国家安全担忧的并购交易，供并购交易当事方参考。[3]FINSA 及 2008 年《条例》集中体现了美国针对外资的国家安全审查立法的基本精神。与中国不同，美国外资并购立法旨在限制外资并购，对外国投资者并购美国企业并不持欢迎或者鼓励态度。[4]FINSA 明确指出其立法的目的是"保证国家安全及维持和增进就业"，即在"保证国家安全"的前提下"引进外资"。

在立法目的上，2018 年《外国投资风险审查现代化法案》（FIRRMA）同样承袭上述法律文件的理念，确认美国针对外国投资的基本政策为"在符合国家安全的考虑的前提下，热情地欢迎和支持外国投资"。虽然 FIRRMA 仍然未明确定义什么是"国家安全"，但却对于 CFIUS 管辖的"交易"范围进行了较大的调整。[5]FIRRMA

---

[2] Authenticated U. S. Government Information, *Foreign Investment and National Security Act of 2007*, Section 2 (a) (3).

[3] 参见韩龙、沈革新：《美国外资并购国家安全审查制度的新发展》，载《时代法学》2010 年第 5 期。

[4] 参见陈业宏、夏芸芸：《中美外资并购立法宗旨之比较》，载《法学评论》2012 年第 3 期。

[5] 参见董静然：《美国外资并购安全审查制度的新发展及其启示——以〈外国投资风险审查现代化法案〉为中心》，载《国际经贸探索》2019 年第 3 期。

将国家安全审查的范围划分为传统的"可能导致外国控制任何美国企业的任何合并、收购、接管或合资行为"以及"涉及特别关注国家的敏感交易"两大部分。第一部分在承袭并细微修改 FINSA 中"1988年8月23日以后由任何外国人或与任何外国人提出……"的内容后，在第2~4款中详细列举了7项9种与美国房地产、企业权属变化以及刻意规避审查有关的包含在审查范围内的情形。第二部分则从何为"敏感交易"与如何定义"特别关注国家"两方面进行阐述。值得注意的是，虽然在定义特别关注国家的法条中未有明确指向性的文字，但在 FIRRMA 中的"国会意愿"部分却明确提出"特别是来自中国和俄罗斯等国家的风险，需要对外国投资委员会在美国的程序和当局进行适当的现代化"。综观 FIRRMA 中关于安全审查范围的规定，不难发现其中包含许多兜底性规定，使得近乎所有外国投资行为均可依照 CFIUS 的解释被囊括进国家安全审查的范围。

2. 欧盟最新立法保持了灵活性

欧洲国家因被欧盟法律限制了进行外资审查的灵活性，[6]因此在2019年《建立欧盟外商投资审查框架的条例》（以下简称《欧盟条例》）发布前，欧洲各国并不存在一个统一的与美国、加拿大等国家类似的外国直接投资筛选机制，对于国家安全的范围自然也没有统一的结论。例如，爱尔兰没有正式的审查机制，但外国（和国内）投资于武器部门，可以进行审查。丹麦则有正式的审查程序，将外国直接投资排除在其天然气和电力基础设施之外。[7]《欧盟条例》确认其所建立的框架是为"安全和公共秩序"提供确定的法律。同时先是在第4条第1款中列举了五种可以被纳入考量的因素，紧接着在第2款中强调了应被特别关注的三种情形。在程序方面，《欧盟条例》建立了成员国外资安全审查信息披露、协调、监管、年度报告和反规避等制度，明确了欧委会的审查框架，使外资监管和

---

〔6〕 参见石岩：《欧盟外资监管改革：动因、阻力及困局》，载《欧洲研究》2018年第1期。

〔7〕 EPRS, *Briefing*, *Foreign Direct Investment Screening: A Debate in Light of China-EU FDI Flows*, May, 2017, p. 7.

安全审查信息能在成员国之间、成员国和欧委会之间共享。如前所述，在《欧盟条例》出台前，近一半的欧盟国家已经建立了本国的外资投资安全审查制度，这些成员国的国内安全审查制度差异很大，使得欧盟内部的安全审查制度呈现"碎片化""去中心化"的趋势。[8]而《欧盟条例》也并没有为欧洲各国建立一个欧盟层面统一的审查制度，仅列出了欧盟安全审查的基本范围、考虑因素和联盟利益负面清单，建立了相应程序性机制，既具有实际立法引导效果，又有沟通和落实的机制，留给成员国灵活的操作空间。

尽管《欧盟条例》并未如美国 FIRRMA 一样特别提到中国外资所带来的安全风险，但欧洲议会 2017 年《外商直接投资审查——针对中欧外商直接投资流动的争论》明显表现其意图建立的专门针对中国投资的审查机制。同时，该研究报告中不仅指出 CIFUS 由于其运作的不透明性屡遭诟病，也认为中国的外商投资审查制度具有模糊性，赋予了决策者高度的自由裁量权，导致投资者处于不确定性中，并明确表态"要建立与中美审查机制不同的，基于不歧视、透明、正义、基础法律概念明确的审查机制"。[9]

简言之，《欧盟条例》留给成员国灵活操作空间的做法虽然尊重了各成员国国情，但对投资者来说，欧盟和成员国各方意见的汇入意味着审查程序复杂化，增加了更多的不确定性，也可能导致审查周期延长，投资者则需要提供更多的信息、投入更多时间和资金去评估交易对东道国及欧盟其他成员国安全和公共秩序的影响。[10]由此看来，欧盟审查框架似乎并未能做到如其最初设想般的"不歧视、透明、正义"。

（二）对外国投资者的行政调查受外国主权的限制

依据国家主权原则，虽然东道国有权对外国投资者进行行政调

---

[8] Gisela Grieger, "EU Framework for FDI Screening", available at http://www.europarl.europa.eu/thinktank/en/document.html? reference = EPRS_BRI（2018）614667, last visited on Jan. 6, 2023.

[9] EPRS, Briefing, Foreign Direct Investment Screening: A Debate in Light of China-EU FDI Flows, May, 2017, p.7.

[10] 参见石岩：《欧盟外资监管改革：动因、阻力及困局》，载《欧洲研究》2018 年第1 期。

查，但在东道国境外的调查会受到外国主权的限制。除非外国主权者（包括投资者母国）同意，东道国在外国（包括投资者母国）境内无权开展行政或司法等性质的任何调查取证，更无权采取相关强制措施。东道国境外的对外资的调查取证被大打折扣，只能依赖投资者和外国政府的主动配合。

实践中，投资者和外国政府往往以涉及商业机密、国家机密、违反其国内法律等拒绝配合调查，其结果对判定国家安全问题显然具有实质性消极影响，因此外国投资者需要承担对东道国依法必需的但受到上述主权限制使得东道国无法依据其职权取得的文件资料的举证责任。否则，东道国可以视为外国投资者举证不能，应当自行承担举证不能的后果。

2010 年，华为技术有限公司（以下简称"华为"）计划以 200 万美元收购美国三叶系统公司的计划迫于美国政府方面的压力而流产。华为在宣布放弃收购的同时，发表了一封致美国政府的公开信，信中强调华为与中国军方间并无美国政府所声称的紧密联系，并主动要求美国对华为进行审查以证清白。[11] 作为对此封公开信的回应，美国众议院情报委员会于 2011 年对华为和中兴通讯股份有限公司（以下简称"中兴"）展开正式调查，并于 2012 年 10 月发表了《对中国电信公司华为和中兴引发的美国国家安全问题的调查报告》（以下简称《华为中兴报告》）。在国家主权限制下，美国无法在中国对该案进行强制取证，很大程度上需要依赖被调查企业的配合。而在此案中，华为、中兴两家公司就因配合度不高而被美国用"蓄意阻碍"一词形容。《华为中兴报告》提及华为拒绝提供详细的证据来反映"这些政府机构对其实施监管和保持往来关系的具体机制和流程"。而中兴声称，根据《中华人民共和国保守国家秘密法》，回答委员会关于其内部公司活动的要求将使公司承担刑事责任，因此它无法证明其与政府机构往来关系的性质。但这种因受到外国主权限制而导致的取证困难反而为东道国政府提供了否定外国投资的

---

〔11〕 参见陈婵婷：《从华为案看美国会对外资国家安全审查的政治监督》，载《时代金融》2012 年第 36 期。

理由。例如在《华为中兴报告》中，美方明确提到，虽然这些公司未能提供足够证据的行为"并不能证明是不当行为，但它确实影响了委员会的结论"。[12]

（三）对危害国家安全可能性的审查

实践中容易对国家安全审查产生一种误解，即认为东道国应当举证证明东道国的国家安全确实受到了实质性危害，否则不能以国家安全审查为由否决外国投资。恰恰相反，国家安全审查不能等到国家安全已经受到了实质损害的时候才开始，这种审查的价值在于防患于未然。国家安全涉及国家的根本利益，若外国公司的确对国家安全有不利影响的话，外国投资到位后这种影响就确定性地发生了，其危害后果将极为严重，甚至造成难以挽回、难以弥补的损失，任何国家都不会放任这种危害结果的发生。因此，"御敌于国门之外"乃上上策，在外国公司申请投资的时候就应当开始进行审查。

这种审查在性质上类似于国内法中的行政许可审查。国家安全审查只能是一种对外国投资危害国家安全的可能性的审查，而不是对外国投资危害国家安全的确定性的审查。只要东道国认为，有证据支持其担心的危害国家安全的可能性，则东道国有权依据其法律排除这种可能性。这种可能性必须依据东道国法律和具体情况判断，而不是依据外国法律（包括投资者母国法律）来判断。

对于危害国家安全可能性的审查这一特点对在国家安全审查中双方的证明标准和举证责任产生重大影响，容易加剧国家的证明标准的主观性和随意性，加重外国投资者的举证责任。

（四）实行司法审查豁免

除了程序事项外，国家安全审查常常免于司法审查。在国家安全实体性的合法性方面，各国目前在相关立法上没有关于司法救济的经验，在实践中也没有先例。[13]美国司法机构也认为对国家安全

---

[12] U. S. House of Representatives, 112th Congress, Oct. 8, 2012, p. 6, available at https://stacks. stanford. edu/file/druid: rm226yb7473/Huawei-ZTE%20Investigative%20Report%20%28FINAL%29. pdf, last visited on Jan. 6, 2022.

[13] 参见漆彤：《外资国家安全审查立法中的若干重要问题》，载《中国法律评论》2015年第1期。

审查的程序事项而非实体事项应实行司法审查。例如，2014 年 7 月 15 日，美国哥伦比亚特区联邦上诉法院判定奥巴马总统于 2012 年 9 月 28 日签署的禁止罗尔斯公司收购美国风电项目的总统令，违反《美国联邦宪法》第十四修正案程序正义，剥夺了罗尔斯公司在该项目中的受宪法保护的财产权。法庭判决美国政府需要向罗尔斯公司提供相应的程序正义，该案件双方于 2015 年 11 月 4 日和解结案。[14]

这里，由法院对国家安全审查事项的实体合法性进行最终裁决并不可取，主要理由是：其一，法院没有相关专业优势，而且审判期限漫长。法官的优势在于法律专业而不是经济专业和安全专业。国家安全审查的专业性很强，现实情况千变万化，而且通常需要作出相对快速的反应。其二，由于保密等原因，法院难以获取足够的证据。其三，与通过司法审查要求审查机构承担法律责任相比，由审查机构负责人承担政治责任可能是更好的选择。[15]

（五）相关国际法规定不明确

对外国投资的国家安全审查适用相关的国际法和东道国国家的法律。但是目前涉及国家安全的国际法相对笼统，尤其是涉及国家经济安全审查的国际法更少。即使有相关国际条约，通常是原则性规定，可操作性较差。严格来讲，目前并没有以国际投资安全审查为主要内容的国际法。2007—2009 年，经合组织（OECD）对国际投资安全审查相关问题发布系列工作报告，提出了国际投资安全审查的指导原则，该内容被认为具有国际软法性质。[16]

外资准入国家安全审查领域的国际法可能包括国际投资条约、WTO 协定等。例如，在我国外资并购涉及服务业时的国家安全审查制度，要遵守 WTO《服务贸易协定》（GATS），即 GATS 第 16 条关

---

〔14〕 参见王小磊：《三一集团诉奥巴马案达成全面和解》，载 http://www.chinacourt.org/article/detail/2015/11/id/1741166.shtml，最后访问日期：2022 年 4 月 5 日。

〔15〕 参见彭岳：《外资并购国家安全审查中的权限配置问题：中美之间的差异及启示》，载《国际商务研究》2012 年第 4 期。

〔16〕 参见冷帅：《欧盟外资监管和安全审查立法的评估与应对——基于〈建立外国直接投资监管框架条例〉的分析》，载《现代法学》2019 年第 6 期。

于市场准入的具体承诺内容。另外，GATT 中第 20 条 "一般例外" 与第 21 条 "安全例外" 条款，也在涉及国家安全的情况下为成员方在 WTO 项下的关税义务提供了一定的豁免可能。早在起草《国际贸易组织宪章》时，"应该对安全予以一定的考虑以应对商业目的" 但 "宗旨应该确保该条款不被滥用" 的想法就已经被提出。由此可以推论，设计 GATT 第 21 条 "安全例外" 条款的主要目的就是为了平衡贸易自由与国家主权。[17] 通读第 21 条法律条文，并结合上下文的理解来看，本条款主要目的在于应对战争防御或应对国际关系中的紧急情况，并不适应以 "经济战" "信息战" "科技战" 主导的国际博弈现状。与各国的国家安全审查制度类似，可以看出，"安全例外" 条款中有三个重要的基本概念定义模糊，即对于 "其认为" "基本安全利益" "所必须" 三处的理解。[18] 但这种模糊却与国内法的模糊在立法用意上背道而驰，无论是从谈判文件还是中国稀土案、韩国牛肉案、泰国香烟案等上诉机构的相关表述中都可以发现，对于安全例外条款的适用目前普遍持有一种谨慎的态度，严格限制其范围以维持国际秩序的稳定。

中美两国之间的投资协定等双边条约不涉及具体的国家安全审查标准问题。有观点认为，作为 WTO 的成员，美国国家安全审查应当适用 WTO 体制下《与贸易有关的投资措施协定》（TRIMS）及其 GATT 1994 第 21 条 "安全例外" 相关的 "国家安全" 标准，因此美国国会的《华为中兴报告》违反了国际法。[19] 这种对 TRIMS 的解读值得商榷。TRIMS 的适用有严格的限制条件，即对违反 GATT 1994 第 3 条国民待遇的规定和第 11 条取消数量限制的规定等与贸易有关的投资措施适用，并且 TRIMS 列举了应当适用的情况，而且对其适用和解释应当从严把握。[20] 外国投资的国家安全问题不属于 TRIMS

---

〔17〕 WTO, *The General Agreement on Tariffs and Trade*, July, 1986, p. 3.

〔18〕 参见彭德雷等：《国际贸易中的 "国家安全" 审视——基于美国 "232 调查" 的考察》，载《国际经贸探索》2018 年第 5 期。

〔19〕 参见刘敬东：《美国国会有关华为中兴报告缺乏国际法依据》，载 http://www.jcrb.com/opinion/zywy/201210/t20121012_963085.html，最后访问日期：2023 年 9 月 3 日。

〔20〕 参见余劲松主编：《国际投资法》，法律出版社 2007 年版，第 260~262 页。

的管辖范围，当然更不适用 GATT 1994 的"安全例外"及其国家安全标准。但在中国对美国的投资中，相关国际法并无国家安全审查的规定，只能适用美国法律。

二、跨国投资中国家安全审查的证明标准

在对外资企业进行国家安全审查的过程中，双方对于是否存在威胁可能的证明无疑是其主体部分，也是决定性部分。国家安全审查的结论对于东道国以及投资企业都具有重大影响，一方是至高无上的国家安全，一方是企业重大投资决策，因此，一个足够严格但是可以达到的证明标准是必需的。

（一）跨国投资的国家安全审查属于行政审查性质

外资安全审查实际属于外资准入过程中的行政许可性质，相关立法属于公法性质，政府必须依据职权介入外资并购过程，对外资并购进行必要的管制。

欧盟构建了一个欧盟层级的国家安全审查框架。2019 年《欧盟条例》只是为各国的对外资的安全审查制度提供宏观的法律依据，具体制度细节还应落实到欧洲各国的国内立法。美国是由 CFIUS 负责外资并购的国家安全审查。在 FINSA 生效之前，CFIUS 是依据行政命令而建立的由行政部门组成的审查机构。FINSA 对 CFIUS 作出了规定，明确了 CFIUS 的成员组成、任务、工作程序和职责等，确定了 CFIUS 各有关行政部门的具体职责。FINSA 将 CFIUS 的行政审查职能及其组成法定化。[21] 符合法定条件下，提起外资并购国家安全审查是 CFIUS 必须履行的义务。

这里需要注意的是，华为中兴案由美国国会情报委员会调查并发表报告而不是由 CFIUS 负责，主要是因为该调查不是针对某一项具体的对美投资项目。对华为、中兴两家企业的全面调查，起因是华为在美国的并购项目接连被美国以国家安全为由否决，华为为自证清白，向美国政府发表公开信要求对其实行全面调查。这表明国

---

〔21〕 参见韩龙、沈革新：《美国外资并购国家安全审查制度的新发展》，载《时代法学》2010 年第 5 期。

会作为立法机关对该案所涉通讯高科技关键基础设施领域的国家安全审查问题的重视，具有行使立法机关监督的意味，并提出了相关立法建议。

我国对外国投资的国家安全审查的行政审查制度作了基础性规定。《国安法》、《中华人民共和国外商投资法实施条例》（以下简称《投资实施条例》）及《中华人民共和国外商投资安全审查办法》（以下简称《外资审查办法》）等对国家安全审查作了规定。《国安法》第 60、61 条明确了由中央国家机关各部门总领国家安全审查工作，各省、自治区、直辖市对本行政区域负责的"总分"制度，并且于第 79 条强调了企业事业组织有配合有关部门采取相关安全措施的义务。《投资实施条例》第 40 条也重申了国家安全审查制度的必要，"国家建立外商投资安全审查制度，对影响或者可能影响国家安全的外商投资进行安全审查"。《外资审查办法》则更多的是对上述法条的细化落实。《外资审查办法》第 4 条列举了两种外资"应当"主动申报的情形，对于其中"投资军工、军工配套等"领域的情形，还为工作机制办公室设定了可以"要求当事人申报"的权利。但并无明确的举证责任规定，仅规定了安全审查期间工作机构办公室可以要求当事人补充提供材料，以及对于附条件通过安全审查的外资，可以要求提供证明材料或进行现场检查以核实附加条件的实施情况，均未明确证明责任和证明标准。

虽然国家安全审查属于行政审查性质，但对于能否提起行政复议和行政诉讼，目前仍存在争议。《中华人民共和国外国投资法（草案）》第 73 条特别规定了国家安全审查决定的行政复议和行政诉讼豁免。有观点认为在我国法律制度项下，可以提起行政复议，若对复议的结果不服，可由国务院进行最终裁决，这样可防范审查机构滥用权力。[22] 但《中华人民共和国外商投资法》中未延续草案中对于国家安全审查决定的单独规定，而是在第 26 条对所有外商投资过程中的行为进行统一规定，外商投资企业可以通过国家建立的外商

---

〔22〕 参见孟国碧：《论身份混同背景下我国外资并购中国家安全审查程序的完善》，载《时代法学》2014 年第 3 期。

投资企业投诉工作机制申请协调解决，还可以依法申请行政复议、提起行政诉讼。《投资实施条例》则是将相关规定进一步细化，第30条明确行政机关对于外商投资企业的投诉行为应予以配合，申请协调解决路径与行政复议或行政诉讼不相抵触；第31条还提到外商投资企业可以通过其他合法途径向政府及其有关部门反映问题。

（二）行政法领域证明问题的实践参照

行政法学中的证据概念是指"行政机关在行政程序中收集或由当事人向行政机关提供的行政机关据以作出行政行为的事实和材料"。[23]本文探讨的证明责任以及证明标准就是行政证据制度中的重要一环。行政诉讼的证明标准和行政审查的证明标准事实上是不同的。但在实践中，行政机关为求保险，常常会在各类行政执法行为过程中按照诉讼法的标准要求自己，行政审查行为自然也是其中之一。也就是说，我国行政执法过程中多是遵循《中华人民共和国行政诉讼法》第5章以及司法解释《最高人民法院关于行政诉讼证据若干问题的规定》（以下简称《诉讼证据规定》）的规定。《诉讼证据规定》第1~9条详细构建了以行政机关承担举证责任为主，但在涉及行政机关不作为、行政赔偿、国家利益及公共利益等情况下由行政相对人承担部分举证责任的制度。但这种做法，不仅会因司法解释效力延伸到行政程序而缺乏法理依据，而且不符合执法的客观要求，会影响到行政行为的合法性和行政效率。[24]那么，在不存在统一行政证据制度的情况下，要怎样从已有的行政证据相关法律中推断国家安全审查制度中的证明责任和证明标准呢？这里，可以参照《中华人民共和国行政许可法》（以下简称《行政许可法》）以及2007年《价格监督检查证据规定》（以下简称《价格规定》）中的相关规定。

选择这两部法律作为参照的主要理由是，国家安全审查决定性质上既类似于一项依申请而进行的行政许可行为，又因其调查过程

---

〔23〕 应松年主编：《行政诉讼法学》，中国政法大学出版社1994年版，第128页。

〔24〕 参见姬亚平：《论行政证据与行政诉讼证据关系之重构》，载《行政法学研究》2008年第4期。

的特殊性而异于一般的行政许可行为。行政机关需要在证据的基础上作出是否许可的决定，因此《行政许可法》中对于举证责任与标准的规定存在一定的参考价值。但通读《行政许可法》条文，未出现"证据"字样，而是用"申请材料"一词指代，[25]第29~37条对申请材料内容和审查进行了具体规定，《行政许可法》中的"举证责任"在申请人一方。行政机关应当公布有关行政许可的规定，以供申请人提供内容齐全、符合法定程序的申请材料，同时由申请人对申请材料的真实性负责，而只要满足上述标准，行政机关就应当当场作出书面的行政许可决定。

但实际上，国家安全审查方面无法"照搬"适用上述规定，原因如下：首先，"国家安全"概念的模糊性，导致申请人可能无法针对性地准备出"齐全"的申请材料。"国家安全"的重要性也使得行政机关必须对申请材料的真实性负责以真正达成国家安全审查制度的目的，而对真实性的审查自然影响证明责任。其次，东道国的调查权受到外国主权的限制。虽然东道国有权对外国投资者进行行政调查，但在东道国境外的调查会受到外国主权的限制。

对此，《价格规定》可以作为参照。[26]虽然该规定在法条内容上并未逐步更新，但其是我国行政执法中唯一的专门规范证据的部门规章，其中对于其适用范围内的证据进行了非常全面的、系统性的规定，包括证据的收集、审查与认定。其中还提到了当事人拒绝提供证据时主管部门可采取的方式以及主管部门违反规定提取证据应当承担的法律责任等，这种完整的证据规则架构有重大的借鉴意义。

（三）国家安全审查证明标准的特殊性

1. 证明标准要考虑国家安全的价值优先

在国家安全审查中，若企业不能消除东道国的疑虑，则不能在东道国投资，这对企业而言并没有实质性的负面效应，只是阻碍了

---

〔25〕 参见韩思阳：《行政调查中行政相对人的举证责任》，载《法学杂志》2018年第5期。

〔26〕 《价格规定》已于2013年失效。

其可能的经济利益的实现，个别企业的经济利益与大众的人权价值不可同日而语；国家安全的重要性显然也大大超过个别企业的潜在经济利益。通过上述两种行为价值比较，说明国家安全价值优于企业的潜在的经济利益。在面对国家安全这一重大问题时，既然东道国政府存在国家安全的合理怀疑，应该由外国投资者消除这种合理怀疑。任何一个国家面临国家安全威胁时都会采取这种方式，对所有国家也都是公平的。

2. 国家证明标准的界定

因为国家安全审查是对可能危害东道国国家安全的因素的防范性审查，其目的是排除其对国家安全可能带来的威胁，而东道国的举证标准也只限于证明其怀疑的合理性。因此，东道国仅是对危害国家安全的可能性的证明，即只要证明这种可能性是合理的怀疑并有依据，而不是毫无根据的臆测。

3. 外国企业的证明标准的界定

外国投资者要证明东道国所担心的可能性不存在，证明自己不会对东道国的国家安全造成不利影响，即排除东道国的合理怀疑。对于外国投资者而言，面对东道国国家安全审查的任务是要努力消除东道国对自己的不信任，证明自己对东道国的国家安全不会造成不利影响。这种证明标准其实已经达到对证据要求极高的刑事诉讼中对国家公诉机关证明嫌疑人构成犯罪的证明标准的严格要求。国家安全审查事关重大，理应对投资者的举证采取较高的证明标准。从证明程度来看，排除合理怀疑的证明标准符合保护国家安全的要求。也就是说，国家安全审查中外国投资者承担的证明标准类似于刑事诉讼中国家公诉机关的证明标准。

当然，在刑事诉讼中对嫌疑人的举证不完全依靠自证清白，虽然嫌疑人有权提出对自己有利的证据。毕竟，想要证明自己做过一些事很容易，但想要证明自己没做过是非常困难的。在刑事诉讼中如果完全依靠嫌疑人自证清白，国家公诉机关的证明责任将大大减轻，嫌疑人若不能证明自己的清白，则会受到刑事处罚。这种证明责任显然是不公平的，会侵害嫌疑人的合法权益。但是在国家安全审查中外国投资者需要承担"自证清白"的举证责任，否则无法排除东道国对危害国家安全的合理怀疑。这主要是受到国家安全审查程序和刑事诉讼程序的价值目的不同以及两种不同程序中国家调查权不同的影响。从刑事诉讼的证明标准可以看出，排除合理怀疑的证明标准实质上是对被告人有利的证明标准，将这一标准运用到国家安全审查中意味着，即使东道国对外国投资不能达到确信保证国家安全的程度，只要外国投资者排除了对影响国家安全的合理怀疑即可。这种看起来非常严格的标准对所有国家的国家安全都是同等有利的，最终也有利于促进和保护跨国投资活动。

例如，在双汇收购史密斯菲尔德（Smithfield）一案中，除了美方常见的对中方企业的"政府控制企业"的控诉外，听证会上美方还提到包括增值生产转移、并不会真正扩大美国猪肉市场、会导致中国向美国进行猪肉的再出口以及中国将获得史密斯菲尔德的技术和知识产权四个方向的担忧。而双汇为了消除这些合理怀疑，进行了一系列努力。双汇方为表明自身"非政府控制企业"的身份，详细地说明了自己的股东背景并强调这次收购是为了提升技术和运营技能。[27] 在有关经济安全的问题上，美方的担忧大多因中美 50 亿贸易逆差的现实情况而产生，认为此项收购最终仍会与先前的贸易一样，走向中方向美方再出口的最终路径而加剧贸易逆差。对此，双汇准确地抓住了美方疑虑的核心部分，作出了"不会向美国出售双汇产品"的承诺。[28] 通过史密斯菲尔德成功退市成为双汇的全资子公司的最终结果可以看出，"排除合理怀疑"的标准确实在保护国家安全的同时，有利于促进和保护跨国投资的合理流动，应作为外国投资者通过国家安全审查的重要证明标准。

三、跨国投资中国家安全审查的举证责任分配

（一）"谁主张，谁举证"的国际实践

相关国际法国内法对国家安全审查中的举证责任分配并不明确，

---

〔27〕 United States Senate, *Testimony of Daniel M. SLANE*, Jul. 10, 2013, p. 2.

〔28〕 参见余鹏翼、李善民：《海外并购与美国国家安全审查制度分析——基于双汇收购 Smithfield》，载《战略决策研究》2014 年第 4 期。

但可以借鉴国内民事诉讼以及国际组织争端解决中的相关理论与实践进行分析。

1. 国际经济争端解决中的举证责任分配

在国际经济争端解决程序中，"谁主张，谁举证"也是举证责任规则的基本要求，其标准是初步证明标准，这种标准实质上是一种推定技巧，而非终局的证明标准。[29]在 WTO 争端解决的早期案件——美国羊毛衫案中第一次明确涉及举证责任问题。审理该案的上诉机构指出："不同的国际审理机构，包括国际法院，普遍并一直接受和适用这样的原则：提出事实的一方，无论是申诉方还是被诉方，负责对此提供证据进行证明。同时，举证责任在于提出肯定性具体诉求或抗辩的一方（无论是申诉方还是被诉方），这一原则事实上在绝大多数司法制度中被普遍接受。如果一方提供充分的证据得出其诉求真实的推定，则举证责任即转移到另一方，如果该另一方没有提出足够的证据反驳该推论，即败诉。"[30]上诉机构有关举证责任的论述可以归结为"谁主张，谁举证"。

2. 欧盟的司法实践

在欧盟法院的山达基教派诉巴黎案（Association Eglise de scientologie de Paris and Scientology International Reserves Trust v. The Prime Minister）中，山达基教派就曾对法国的外资审查制度未对"公共政策"以及"公共安全"作出任何解释的立法行为提出过质疑。[31]对此，欧洲法院回应，法国的制度确实限制了资本流动自由，判决中以"个人无法获悉其来源于《欧共体条约》第56条的权利和义务，因此该制度与法律的确定性原则相冲突"的语句申明了法律确定性规则的重要性。[32]同样地，在欧盟委员会诉西班牙案（Com-

---

〔29〕 参见韩立余：《WTO 争端解决程序中的举证责任》，载《现代法学》2007 年第 3 期。

〔30〕 US—Wool Shirts，WT/DS33/AB/R，p. 14.

〔31〕 Association Eglise de scientologie de Paris and Scientology International Reserves Trust v. The Prime Minister，EU，C–54/99，2000.

〔32〕 潘德勇：《欧盟外资并购国家安全审查制度对中国的启示》，载《湖北经济学院学报》2013 年第 3 期。

mission of the European Communities v Kingdom of Spain)〔33〕中，欧盟法院也强调了审查结果应具有可预见性。该案中西班牙法律赋予法院股权发生变动后两个月的期限内有权撤销或修改新股权持有者的任何投票权的权利。欧洲法院审理认为，西班牙对资本自由流动的限制不具有正当性，而且并不局限在那些和能源安全等与国家安全有明确关联的领域。可见东道国政府的主张要有具体法律依据，内容要明确，对审查结果要有可预见性，能够避免对外资的国家安全审查制度被滥用。

另外，《欧盟条例》比起其他国家安全审查体制多了国家之间相互监督的权利，因此就产生了被欧盟内其他国家质疑时提供信息的举证义务。若被投资国家未建立外资筛选机制或是对于其他欧盟国家认为有风险的投资不加筛选和审查，其他成员国可以要求被投资国提供该项投资的相关信息并进行说明。因此，欧盟框架下的国家安全证明义务，不仅包括意欲投资的外国企业对被投资国家的证明责任，还包括欧盟中被投资的成员国对另一可能受到影响的成员国的证明责任。〔34〕

3.《华为中兴报告》的举证责任分析

2012 年 10 月《华为中兴报告》公布后，大多数观点是针对调查委员会就报告背后的目的进行揣测的阴谋论，或者是对该问题的泛政治化批判。但就报告本身内容来看，其表面证据证明华为与中兴未尽举证责任，甚至消极应对造成了不利后果。更何况，是华为主动要求美国对其开展调查。《华为中兴报告》中美方提到，为了评估危险情况，调查涉及两个不同但相关的部分：①对两家公司的历史、运营、财务信息以及与中国政府的潜在关系的开源信息进行审查；②审查机密信息，包括对美国情报部门（IC）的项目和工作进行审查，以确定 IC 是否进行了正确的优先级评定和供应链风

---

〔33〕 Commission of the European Communities v. Kingdom of Spain, EU, C-274/06, 2008.

〔34〕 EPRS, *Briefing*, *Foreign Direct Investment Screening：A Debate in Light of China-EU FDI Flows*, May, 2017, p. 7.

险评估。[35]可以看出，第二部分的证明责任显然在美国政府，而第一部分的证明责任才落在本文所讨论的范围内。

首先，在《华为中兴报告》中，美方确实为其每个疑虑都提供了一定的依据。其中包括大量的情报部门结论、政府报告、学者论文，以及对个人信息受保护的华为现员工以及前员工的采访。但应当注意的是，由于美国的安全审查报告分为非保密部分与保密部分，投资企业仅能取得非保密部分的质证权利，可能无法精准地对于上述语焉不详的证人证言以及情报部门结论作出回应，其中包括中国多次对美国进行网络攻击、华为违反移民法、涉及歧视侵权等指控。此时，无法获悉指控所依据的证据并进行质证，或由被调查方证明自己"无罪"，显然有失偏颇。

美方提到在调查中，华为主要回答五个关键问题：①公司的历史、管理机构以及最初与中国政府的关系；②中国政府如何影响和控制公司运营和战略；③华为和中兴是否被以国企的身份对待并给予优待；④公司在美国的运营信息，深圳母公司对美国子公司的影响；⑤是否遵守法律，特别是关于知识产权和伊朗制裁问题。[36]

实际上，美方对于华为的调查结果总体分为 12 个论点进行阐述，并不与上文的问题一一对应，不由得使人怀疑美方提出大量未预期的问题刻意为难投资企业。但对比同一报告中的中兴部分的 5 个小点，以及对于这 12 个论点的内部逻辑进行分析可以发现，促成华为需要对 12 个疑问点进行回答的正是其未能对美方最先提出的关键问题尽到基本的举证责任，或者说未能达到国家安全审查下的证明标准，美方为取得进一步的信息而提出新的疑问。例如，为调查华为与中国政府的关系，在第一个论点中华为"未能提供公司结构和决策过程的明确完整的信息"，而这一点华为完全有能力举证说

---

〔35〕 U. S. House of Representatives, 112th Congress, Oct. 8, 2012, p. 6, available at https://stacks. stanford. edu/file/druid：rm226yb7473/Huawei－ZTE% 20Investigative% 20Report% 20% 28FINAL %29. pdf, last visited on Jan. 6, 2023.

〔36〕 U. S. House of Representatives, 112th Congress, Oct. 8, 2012, p. 6, available at https://stacks. stanford. edu/file/druid：rm226yb7473/Huawei－ZTE% 20Investigative% 20Report% 20% 28FINAL %29. pdf, last visited on Jan. 6, 2023.

明，这导致美国在此部分得出了"华为很可能仍依赖于中国政府支持"的结论，为了进一步对此结论进行验证，于是出现了后续第四点关于企业历史、第五点税务欺诈调查的讨论。同样地，第二点的中心论点在于"华为未能解释清楚与中国政府的关系，声明无政府支持不可信"，在此部分的调查中，华为否认了与中国国防部、国家安全部以及中央军事委员会有联系，仅承认与工信部和商务部有正常的商业交流互动。[37]但当美国进一步要求提供更详细的资料以达到可以"排除怀疑"的程度时，华为却拒绝提供进一步的证据，以至于后续在第七点、第十一点反复提及相关质疑。

其次，通读整个《华为中兴报告》可以发现，华为在此次美国国家安全审查中表现得并不十分积极。美方援引各类资料提出对国家安全的担忧时，华为虽提出证据回应，但所提出的证据均未达到国家安全审查制度中可以"打消东道国疑问"的证明标准，甚至有时仅仅表明了一个否定美方说法的态度，而未提供任何证据。当美国试图依照华为的说法，寻求进一步证据以消除疑虑时，华为几乎拒绝提供任何公开信息以外的企业内部信息，对于美方几乎所有关键问题的回答不够清晰有力，难以消除美方的相关疑虑。

最后，中兴在回应调查问题上举证不利。中兴没有在具体的书面质询上回答委员会询问为什么其试图限制其在伊朗的业务活动的问题；中兴是否跟伊朗方面有联系。中兴没有回答是否将履行目前的合同，或者这些合同是否包括培训或监控设备的维护。此外，中兴拒绝回答其在伊朗转售什么产品，也拒绝提供其在伊朗活动的任何文件。显然，外国企业如果不充分理解自己在面对东道国国家安全审查中所应承担的证明责任，或者虽然明白但有难言之隐而闪烁其词不能充分举证，要承担不利的后果。

2017年3月7日，中兴与美国政府就美国政府出口管制调查案件达成和解，中兴将支付约8.9亿美元的刑事和民事罚金。此外，

---

〔37〕 U. S. House of Representatives, 112th Congress, October 8, 2012, p. 6, available at https：// stacks. stanford. edu/file/druid：rm226yb7473/Huawei-ZTE%20Investigative%20Report%20%28FINAL%29. pdf, last visited on Jan. 6, 2023.

给美国商务部工业与安全局的 3 亿美元罚金被暂缓，是否支付，取决于未来 7 年公司对协议的遵守并继续接受独立的合规监管和审计。中兴董事长赵先明第一时间作出了明确表示："中兴通讯承认违反美国出口管制相关法律法规，愿意承担相应的责任。"[38] 此和解是针对 2016 年 3 月美国以中兴违反美国出口管制法规（主要涉嫌违反美国对伊朗出口管制政策）为由对中兴采取的限制出口措施，这实际上涉及美国国家安全问题。此案表面上属于国际贸易法律问题，但中兴的出口贸易行为与在美国的大量投资相联系，实际与国际投资法律问题密不可分。

（二）举证责任倒置的必要性

国家安全审查本质上属于行使国家权力的调查，调查委员会承担着查明案件事实的责任，其调查职能不能通过"举证责任"的分配由涉案的外国企业取代。但是由于东道国与外国企业属于两个国家，东道国的行政调查权受到投资者母国主权的限制，无法对外国投资者在其母国的活动进行全面的行政调查，而且国家安全作为一个主权国家应当放在首位的因素，在价值上远远高于外国投资者所追求的商业利益。因此，外国投资者应当承担较重的举证责任，即举证责任倒置。原因在于，外国投资者更加具有相应的举证条件以及举证能力。例如，在《华为中兴报告》中，美方对华为和中兴的审查主要集中在这两家企业受到政府的干预程度，以及公司内部之间的关系。对于这些问题的调查内容和调查行为主要在中国境内，美方的调查会受到我国国家主权限制而无法行使强制调查权，主要依靠中兴和华为这两家公司主动提交的材料进行审查。如果两家公司不积极配合调查，那么调查效果可想而知。在这种情况下，要求由美方承担全部举证责任并不合理。

（三）举证责任倒置的具体适用

对外国投资者在国家安全审查中实行举证责任倒置，但是这种倒置应是有限度的，不是任何问题都应该由受调查的企业举证证明

---

〔38〕 参见程发：《被美国"封杀"一年后，中兴通讯终于与美国政府达成和解》，载 http://www.leiphone.com/news/201703/c5nH2vbUdnx8X1En.html，最后访问日期：2022 年 4 月 2 日。

自己的清白，否则对企业而言举证责任过重。

1. 举证责任倒置的范围应当局限于对国家安全的直接威胁性因素

可能影响国家安全的因素是非常多的，但不是每一个存在的可能最终都会被认定为对国家安全有影响。否则，按照这个逻辑，就如同蝴蝶效应一般，外国的任何风吹草动都会对东道国国家安全造成影响。这种无限前推的可能性证明，对于结论而言意义不大，对于企业而言也显然是不公平的。具体来说，直接威胁性因素是允许举证责任倒置的，如外国政府对外国企业的控制和影响。在这种情况下，东道国可以提供外国政府对外国企业控制的初步证据证明东道国对危害国家安全的合理怀疑，而外国企业需自证清白。

根据美国与欧盟等法律，外国企业触发东道国国家安全审查机制的原因可以总结为东道国政府产生了以下四个方面的怀疑：①"国家控制企业"身份；②搜集利用东道国公民信息；③外国人（非政府）控制东道国企业；④投资涉及基础设施可能会威胁公共秩序。其中"国家控制企业"身份与涉及基础设施的投资属于上文提到的直接威胁性因素，应由投资企业"自证清白"。对于"国家控制企业"身份，企业可以通过提供公司详尽的历史资料，展示股权结构，在要求东道国保密的情况下披露股东信息等排除怀疑。而若投资涉及东道国的基础设施，投资企业可在证明自己主观上无威胁意图，客观上无威胁条件等方面进行主动表态，若基础性的谈判和投资计划无法令东道国信服，还可以作出承诺或者引入第三方、东道国监督机制以说服东道国。至于搜集公民信息以及外国人（非政府）控制东道国企业则应属于下文提到的间接威胁因素，应由东道国承担举证责任。

2. 间接威胁因素不应倒置举证责任

间接威胁国家安全的因素之所以被判定为"间接"，正是因为它们距离"国家安全"更远，其中需要一两个甚至是更多的因果关系才能将其与国家安全联系起来，这也削弱了其因国家安全而附带的特殊性。因此，对于此类因素，选择普通程序中的"谁主张，谁举证"的证明责任分配方式更为合理。如果外国企业被怀疑搜集东道国公民信息并进行不当使用，就由东道国首先进行举证证明该外国企业搜集东道国公民信息的行为违法，抑或有不当使用的证据。毕竟，数字时代包括公民个人信息在内的各类信息几乎是科技信息公司所必要的，各国立法也会为搜集信息的行为设置合理的边界，企业的信息搜集机制均建立在立法体制内，强制要求外国企业在没有辩解对象的情况下证明一个"合法"的体制"不违法"意义不大。东道国表面上承担的是为其怀疑提供足够证明力的证明责任，实际上是在要求东道国率先完成间接威胁因素与国家安全之间的因果关系链条，将该间接因素与国家安全联系起来。并且，在间接威胁因素上由东道国承担举证责任，不仅可以在一定程度上降低外国投资企业的风险，也可以为外国投资企业明确东道国的注意重点而指引一个正确的"自白"方向。例如母子公司之间的关系，不应由公司举证证明，而应由东道国证明其主张。仅母子公司之间存在控制关系，并不意味着对国家安全有实质性威胁。

《华为中兴报告》中美国让华为在母子公司控制问题上自证清白是不合理的。这个问题本身至多是对美国国家安全的一个间接威胁因素。子公司人格是否独立对于美国国家安全而言并不构成直接威胁，只有当母公司有威胁时，这个间接因素才可能对美国国家安全造成影响。报告中称，调查委员会采访了华为美国公司的前员工，这些员工称美国公司的运营需得到中国母公司的同意，甚至美国公司的高管签署合同都需母公司同意，这些员工还提供了一些书面材料来证明他们的观点。调查委员会要求华为对母子公司之间的关系作出解释，却无其他措施调查华为在美公司的实际情况。调查委员会的这些证据只能证明，华为中国母公司对美国子公司有所控制，但是控制的程度是否已经达到公司人格混同的地步，调查委员会并没有进一步的证据证明。

对于一个跨国公司来说，母公司对子公司有所控制是比较正常的，这是跨国公司的基本特征之一，[39]只要这种控制达不到母子公司人格混同的程度就不违法。证明母子公司人格混同的证据标准在

---

〔39〕 参见余劲松：《国际投资法》，法律出版社 2018 年版，第 21 页。

司法诉讼中是非常严格的，实行"谁主张，谁举证"。公司人格否认制度起源于英美法系，调查委员会应该对该问题有着深刻的理解。在英美法系中，公司人格否认制度在具备下列两个条件时是适用的：母公司与子公司之间的财产和利益互相混合以致难以区分；子公司的地位降至母公司的"化身"，并且此时承认母、子公司各为不同法律主体只会使欺诈合法化或者导致不公正结果。[40]调查委员会并没有在这两个问题上进行证明，也没有证明华为的行为属于美国判例中的公司人格否认。[41]华为子公司在美国地域范围内，美国当然享有属地管辖权，可以对此充分行使强制调查权。但是，在该问题上，调查委员会既没有证明母子公司人格混同，也不能证明威胁美国国家安全的可能性，没有完成其举证责任。而对于此类间接威胁国家安全因素如果由外国投资者承担举证责任显然缺乏合理性。

结　语

当前国际社会上单边主义抬头，逆全球化思潮蔓延，但跨国投资的不断增长仍是大势所趋。通过对欧盟、美国的国家安全审查法律以及实践进行分析可以发现，应当正视国家安全审查中被认为具有威胁可能的各个因素，同时理解这些因素的普遍性与特殊性。对于那些更多体现为"特殊性"的因素，也就是直接威胁性因素，因其特殊性而需适用举证责任倒置的方法降低危险。而对于那些更具"普遍性"的间接因素，则需要适用"谁主张，谁举证"的方式增加国家安全审查制度的可预见性和确定性。

在跨国投资国家安全审查中，难免会遇到东道国对外国企业存在偏见或打压或存在文化隔阂的情况。外国企业应当充分理解跨国投资中国家安全审查的特殊性，认真研究东道国国家的法律，充分

---

〔40〕　参见江海波：《英美公司人格否认制度》，载《法学杂志》1998年第4期。

〔41〕　一般在下列情形下，隐含着招致公司人格被否认的危险：①在公司成立前或者在公司发行的股份还未收到对价的时候即以公司名义开展业务经营；②没有按规定召开股东会或者董事会，或者会议的决议没有经过签字；③股东的行为表明他是以合伙人的身份对公司的事务作出决定；④股东没有对公司财产与个人财产作明确区分；⑤公司资金用于个人开支或者个人资金用于公司开支而没有入账；⑥公司没有保留完整的财务记录等。

理解自己的举证责任从而积极应对，而不是一味强调东道国的阴谋或歧视；要以东道国法律和思维去衡量或理解其国家安全审查，而不是以投资者母国的法律和思维为标准去评判或对抗东道国的国家安全审查制度。

（本文责编：张继红）

Research on the Onus Probandi about the Review of National Security in the Cross-Board Investment

Jiang Liwen, Li Anqi

Abstract: The national security review mechanism, whose common problems have always been unclear review standards and excessive discretion, has obscure standards of proof and ambiguous Onus Probandi of both parties. Because of the specificity and transnationality of national security review, its standard of proof and Onus Probandi are obviously different from that in domestic administrative litigation and administrative investigation. In terms of rational evidence, the proof standard of the host country is to prove that foreign investment is likely to jeopardizing national security. In other words, reasonable doubt exists. And foreign investors should eliminate their reasonable doubt. Reverse onus should be applied to foreign investors, exclusively in direct threats to national security rather than indirect ones.

Keywords: Cross - Border Investment; National Security Review; Standard of Proof; Reverse Onus

前沿探索

亚洲基础设施投资银行的公司治理[*]

顾　宾[**]

摘　要：董事会与管理层之间的关系一直是布雷顿森林机构公司治理的关键议题，亚洲基础设施投资银行（以下简称"亚投行"）也不例外。亚投行是源于布雷顿森林体系的新型多边开发银行。就成员数量而言，亚投行是目前仅次于世界银行的第二大多边开发银行。与大多数主要的多边开发银行不同的是，亚投行实行非常驻董事会制度，其设计初衷是为了避免传统多边开发银行长期以来面临的两大困境：董事会成员的双重身份问题，以及董事会与管理层之间的共同管理问题。非常驻董事会制度要求将项目审批权从董事会下放给行长，与此同时，需要设立一个强有力的监督机制，以便对获得授权的行长和管理层进行约束。建立监督机制的工作在《问责机制框架》中初步展开，并在《监督机制》中完成。监督机制致力于实现董事会和管理层之间"适当分权以确保适当的制衡"，但不得阻碍管理层采取务实举措，以满足亚投行成员与时俱进的动态需求。

关键词：亚投行；多边开发银行；公司治理；董事会；世界银行

一、引言

亚投行的公司治理，与传统多边开发银行相比，具有继承和创

---

　*　基金项目：2019 年国家社科基金项目"全球经济治理变革背景下的亚投行法律和治理问题研究"（项目编号：19BFX210）。本文感谢北京外国语大学法学院王梦珂同学给予的科研协助。

　**　北京外国语大学法学院副教授。研究方向：国际法。

新的双重特征。具体来说，它继承了传统多边开发银行的三层治理结构，即理事会、董事会和由行长领导的管理层。与此同时，亚投行董事会是非常驻性质，与同类机构的执行董事会形成了鲜明对比。在过去几年里，这种新颖的设计使得董事会和管理层之间的关系微妙而复杂。

特别是在过去四年里，亚投行董事会先后发布《问责机制框架》（Accountability Framework）和《监督机制》（Oversight Mechanism），力图厘清董事会与管理层的关系。根据这些重要的内部法律文件，项目审批权原则上下放给行长，但在许多例外情况下仍保留在董事会手中。与其他多边开发银行相比，权力下放安排为问责行长和管理层提供了正当性。为此，亚投行设立了投诉解决、评估与廉政部门（Complaints-Resolution, Evaluation and Integrity Unit, CEIU），还成立了董事论坛（Directors' Forum），以监督行长及其团队的行为。

在多边开发银行家族及其历史的背景下探索亚投行公司治理改革成效意义重大。这项改革与七十多年前布雷顿森林机构成立时的谈判工作遥相呼应，代表着多边开发银行的发展趋势。亚投行在治理和问责方面取得的成就，对于世界银行等寻求类似方向改革的机构来说，是一种激励，甚或是一座灯塔。

二、多边开发银行传统治理结构及其存在的问题

布雷顿森林机构的创始人借鉴国际货币基金组织（IMF）的设计，为国际复兴开发银行（IBRD）即后来的世界银行设计了三层组织结构。[1]这种结构显然是效仿了私营企业的做法：理事会与私营

---

[1] 在1944年布雷顿森林会议上，各国首先讨论国际货币基金组织章程，并为此耗费了大量时间；遂当发现没有时间讨论国际复兴开发银行章程时，决定直接借用国际货币基金组织章程的协商结果，包括照搬其治理结构。Ibrahim Shihata, *World Bank Legal Papers*, Boston: Martinus Nijhoff Publishers, 2000, p. 641. 一位美国代表后来回忆说："我们在世界银行（国际复兴开发银行）委员会的组织问题上花了很少的时间。因此，没有认真尝试以一种可能更适合其目的的不同方式来构建该组织。" World Bank, *Repowering the World Bank for the 21st Century (Report of the High-Level Commission on Modernization of World Bank Group Governance, known as the Zedillo Commission Report)*, 2009, p. 18, quoting Edward S. Mason and Robert E. Asher.

企业的股东大会类似，股东大会一般每年召开一次，而董事会和管理层甚至使用与私营企业相同的名称。在随后的几十年里，作为后来者的其他主要多边开发银行，基本上复制了世界银行的治理结构。

这些多边开发银行治理结构的组成和权力大致如下：理事会由每个成员的代表组成，成员大多数是主权国家，但一些多边开发银行也包括非主权地区。[2]每个成员在理事会中都有一个席位，并根据它们各自认购的股本，拥有不同的投票权。[3]尽管理事会被赋予了银行几乎所有的权力，[4]但其中大多数权力下放给了董事会或管理层。[5]由于权力下放，理事会的决策不可避免地呈现仪式性，随着成员数量增加，这一特征更加明显。

董事会是一个更小更紧凑的决策机构。例如，在世界银行中，25名董事代表189个成员，而亚投行的12名董事代表106个成员。[6]每名董事代表一个选区。成员之间话语权有差别，体现在有的董事代表一个成员，有的则代表了20多个成员，显然后一种情况下成员的权力被稀释了。理事会授予董事会的权力是巨大的，且它们在各银行之间存在着微妙的差别。这些权力通常涉及政策和战略制定、项目审批和管理层监督。

行长领导的管理层是多边开发银行组织结构的第三层。多边开发银行作为一个国际组织，具有独立的法律人格，区别于银行的任

---

〔2〕 例如，世界银行的成员只能是主权国家，而亚洲开发银行更具包容性，包括中国的台湾地区和香港地区。亚投行的成员资格面向世界银行和亚洲开发银行成员。AIIB Articles of Agreement（AOA），Article 3. 1.

〔3〕 成员在多边开发银行的投票权，主要取决于各成员认缴的股本份额。但是，有少量的投票权（世界银行是 5.5%，亚投行是 12%，亚开行是 20%），是在成员之间平均分配的。

〔4〕 但是，世界银行章程的修改，需要额外得到成员国立法机关的批准，这反映了美国长期对国际组织不信任，以及谋求控制国际组织的意图。IBRD Articles of Agreement（AOA），Article VIII（a）.

〔5〕 保留给理事会的少数权力被认为是最重要的权力，其中包括修改银行章程、批准新成员、核定资本规模和董事会规模。

〔6〕 需要指出，106 个成员中有 14 个意向成员。严格意义上讲，这些意向成员在成为正式成员前，在董事会没有代表资格。这 14 个意向成员的名单参见官网名单。See AIIB，"Members and Prospective Members of the Bank"，available at https://www.aiib.org/en/about-aiib/governance/members-of-bank/index.html，last visited on Jan. 31，2023.

何单个成员。这一层代表着多边开发银行的法律人格。换句话说，银行管理层及其工作人员服务于银行或全体成员的利益，而不仅仅是某一特定成员的利益。行长领导这个国际职员团队，在董事会的总体指导和监督下，负责银行的日常业务。

传统的多边开发银行在公司治理中有两个困境：董事会成员的双重身份问题，以及董事会与管理层之间的共同管理问题。这两个困境都源于传统多边开发银行董事会的执行性质，而亚投行作为新世纪的新型银行，突破了传统困境，"在世界银行和亚洲开发银行治理安排基础上，向前迈进了一大步"[7]。

（一）董事的双重身份

在传统的多边开发银行中，常驻董事本质上具有执行性质，密切参与银行的日常业务。他一方面代表委任（或选举）他的成员（即所谓的"政治制衡"），另一方面又兼任多边开发银行的职员。这种双重身份造成了潜在的利益冲突，因为某个成员与银行（即全体成员）之间的利益要求往往不可避免地存在差异。一项对国际货币基金组织（其治理结构与世界银行类似）的现任和前任执行董事进行的调查显示，68%的受访者认为他们的双重身份"偶尔"（54%）或"经常"（14%）发生冲突。[8]实际上，执行董事极有可能在董事会面前捍卫或谋求母国的利益，因为他的政治生涯是由其母国决定的。因此，尽管执行董事通常从银行领取工资，但他们往往不会优先考虑银行的利益。更糟糕的是，当董事或董事会未能履行对银行的信义义务时，并不会因此受到惩罚。

（二）董事会和管理层之间的共同管理问题

多边开发银行的使命是项目融资。由于执行董事和管理层的分工并不明确，实践中这两层机制都对银行的业务负责。《世界银行章程》将董事会的作用描述为负责世界银行的"一般业务"（general

---

〔7〕 See Mike Callaghan and Paul Hubbard, "The Asian Infrastructure Investment Bank: Multilateralism on the Silk Road", *China Economic Journal*, Vol. 9, No. 2, 2016, p. 132.

〔8〕 World Bank, *Repowering the World Bank for the 21st Century*, 2009, p. 32, 引自国际货币基金组织独立评估办公室（IMF Independent Evaluation Office）的调查。

operations），〔9〕行长负责"日常业务"（ordinary/current business），但并没有对这两个术语进行定义，也没有作区分。在传统多边开发银行的实践中，由行长和他的团队负责准备一个项目，并将其提交给董事会，由董事会决定是否批准。这导致了以下几个问题：

第一，董事会难以追究管理层的责任。虽然管理层实际上有权决定是否为一个项目提供资金，但形式上的决定权在董事会。涉及重大项目的情况，董事会将组织讨论并提出具体意见，而管理层必须遵循这些意见。这就导致如果项目出现任何问题，银行很难追究管理层的责任，而董事会也没有动力去追究责任。〔10〕人人负责，等于无人负责。

第二，执行董事干预项目准备和实施过程。虽然项目准备和实施过程主要与行长相关，但执行董事天然地倾向于维护其母国的商业利益，因此有干预项目的动机。例如，执行董事可能会尽自己最大的努力帮助本国的公司在招投标中胜出，由此导致其他公司在竞争中处于劣势。〔11〕

第三，董事会忙于日常业务，没有时间进行战略决策和管理层监督。根据塞迪略委员会（Zedillo Commission）的报告，运营业务占用了董事会大量时间，以至于董事会会议总时间中只有6%用于监督和评估。〔12〕与上述发现一致的是，另一个外部审查委员会建议，"执行董事不应参与管理日常业务，而应专注于制定战略方向并监督

---

〔9〕 值得注意的是，世界银行和亚投行的章程在相关部分的规定有所区别，前者规定董事会"负责银行的一般业务"［IBRD AOA Article V, Section 4 (a)］，而后者规定董事会"负责银行的一般业务的方向"（AIIB AOA Article 26）。措辞上的差异表明，亚投行董事会应避免干预日常运作，这与亚投行董事会的非常驻性质相一致。

〔10〕 World Bank, *Repowering the World Bank for the 21st Century*, 2009, p. 31.

〔11〕 以美国执行董事在多边开发银行的角色为例，他们对本国企业的帮助体现在两个方面：其一，在商业信息方面，美国执行董事能够为本国企业提供准确及时的采购信息，此即美国企业欢迎的"预警"。其二，在采购合同方面，美国执行董事负责保障美国企业在多边开发银行采购过程中受到公平对待；否则，他们可能要求撤销采购合同，或取消银行贷款。See United States Congress, *Multilateral Development Bank Procurement (Classic Reprint Series)*, Forgotten Books, 2015, pp. 16, 40–41, 51, 71.

〔12〕 World Bank, *Repowering the World Bank for the 21st Century*, 2009, p. 34.

管理层"〔13〕。

三、亚投行非常驻董事会制度和项目审批权

亚投行实行非常驻董事会制度，巧妙地避免了传统多边开发银行执行董事带来的问题，即上文提到的董事双重身份以及董事会和管理层共同管理的问题。所谓非常驻董事会制度，指亚投行的 12 位董事不在北京总部常驻，没有传统多边开发银行董事会的执行性质。这成为亚投行的标志性特征。在亚投行 2016 年开业后的几年里，为了适应非常驻董事会制度，亚投行治理有了进一步的制度创新。一项标志性的创新是将项目审批权从董事会下放给管理层，因为项目审批需要投入大量的时间、人员和技能，是非常驻董事会无法负担的。

（一）非常驻董事会制度

多边开发银行的非常驻董事会制度并不是一个新想法。这一制度至少可以追溯至 1944 年，凯恩斯勋爵（Lord Keynes）以英国代表团团长身份出席布雷顿森林会议。凯恩斯主张在布雷顿森林机构中设立非常驻董事会，但遭到美国代表哈里·怀特（Harry White）的坚决抵制。最终怀特提出的执行董事会方案获得通过。〔14〕这一选择为美国在国际货币基金组织和国际复兴开发银行内施加政治影响提供了便利，削弱了这两个组织的独立性。此后，各国在谈判非洲开发银行章程（1963 年）、亚洲开发银行章程（1965 年）和欧洲复兴开发银行章程（1990 年）时，董事会常驻问题再次引起了讨论。例如，在欧洲复兴开发银行章程谈判过程中，美国认为董事会应"在日常业务中拥有强有力的话语权，以确保谈判达成的模糊性妥协得到实施"〔15〕。美国的观点在与欧洲国家的谈判中占据

---

〔13〕 World Bank, *Repowering the World Bank for the 21st Century*, 2009, pp. 33-34, quoting the External Review Committee on Bank-Fund Collaboration（"Malan Report"）.

〔14〕 See Benn Steil, *The Battle of Bretton Woods*, Princeton University Press, 2013, pp. 301-302; Ibrahim Shihata, *World Bank Legal Papers*, Martinus Nijhoff Publishers, 2000, p. 641.

〔15〕 Natalie Lichtenstein, *A Comparative Guide to the Asian Infrastructure Investment Bank*, Oxford University Press, 2018, p. 137.

了上风。

与此同时，作为执行董事会的必然结果，董事的双重身份和共同管理问题日益突出，并在随后的几十年引起公众的持续关注。世界银行于 2009 年支持出台了一份备受关注的外部审查报告，即《塞迪略委员会报告》。报告建议，世界银行应正式撤销常驻董事会，代之以非常驻董事会，并提出了配套改革建议。但是很遗憾，这项建议没有被采纳。

但是，有些开发银行采用了非常驻董事会制度。例如，欧洲投资银行实行非常驻董事会，每年至少召开 6 次董事会会议。[16]作为一个非典型的多边开发银行，[17]欧洲投资银行对亚投行章程的起草做出了重要贡献，其非常驻董事会制度直接启发了亚投行。除了欧洲投资银行之外，还有一些规模较小、影响力较小的区域开发银行设置了非常驻董事会，包括安第斯开发公司（Andean Development Corporation）、加勒比开发银行（Caribbean Development Bank）、北欧投资银行（Nordic Investment Bank）、国际农业发展基金（IFAD）和新开发银行（NDB）。非常驻董事会也是私营公司的惯常制度安排。[18]

非常驻董事会有助于多边开发银行作为一个独立的国际组织运营，避免董事会成员干预日常业务。它给银行带来以下好处：其一，为银行节省大量的财务和人力成本，[19]使得董事会有余力投入政策和战略的制定以及管理层监督工作。其二，最大限度地消除由董事的双重身份引发的负面影响和利益冲突。董事由其母国支付薪酬，

〔16〕 Rules of Procedure of the European Investment Bank, Article 11. 1.

〔17〕 欧洲投资银行是欧盟的政策银行，根据《建立欧洲经济共同体条约》（《罗马条约》）于 1958 年成立。它是世界上最大的国际公共信贷机构，2020 年的认缴资本为 2490 亿欧元。虽然在严格意义上，欧洲投资银行不是多边开发银行，但它通常被认为是多边开发银行家族的一员。EIB, "EIB Group: Key Statutory Figures", available at https://www.eib.org/en/about/key-figures/data.htm, last visited on Jan. 13, 2023.

〔18〕 Natalie Lichtenstein, *A Comparative Guide to the Asian Infrastructure Investment Bank*, Oxford University Press, 2018, pp. 136-137.

〔19〕 例如，世界银行执董会每年预算为 7000 万美元，有数百名工作人员专职为他们服务。Natalie Lichtenstein, *A Comparative Guide to the Asian Infrastructure Investment Bank*, Oxford University Press, 2018, pp. 136-137.

并在董事会适当发挥成员代表作用。其三，明确董事会和管理层之间的分工，如下文所述，通过将项目审批权下放行长，有效解决共同管理问题。

（二）项目审批权

设立非常驻董事会的一个逻辑延伸，就是将项目审批权下放给管理层，从而适当划分董事会和管理层的职责。[20]在21世纪的新型开发银行中，执董会造成的管理混乱不应该发生。因此，亚投行董事会有一个明确计划，即在2016年底（银行开业第一年），考虑将项目审批权力下放给行长。[21]这一计划最终在董事会批准的《问责机制框架》中得以贯彻落实，并于2019年1月生效。

《问责机制框架》为项目审批权制定了规则，同时阐明了董事会制定政策和监督管理层的双重作用。[22]考虑《问责机制框架》宗旨，笔者认为该文件的适当名称应为"项目批准权限框架"；现有名称中的"问责机制"，将在随后颁布的另一项重要政策（即《监督机制》）中得以贯彻落实，这将在下一部分予以讨论。

关于项目审批权，《问责机制框架》规定，行长行使审批权是原则，董事会保留审批权是例外。但是，《问责机制框架》规定的例外情形数量众多，涵盖三大类：[23]第一类为"先例情形"，指首次与某一个成员（主权国家或非主权地区）合作，或首次为某一个领域的项目提供融资，或使用一种新的金融工具，或首次与某一合作伙伴按照对方标准共同提供项目融资。第二类为"重大战略和政策问

---

〔20〕《亚投行协定》（AIIB Articles of Agreement）规定，董事会应"对银行业务作出决定"，并"以不低于成员总投票权3/4的多数，就向行长下放相关权力作出决定"。AIIB AOA Article 26（ⅲ）.

〔21〕亚投行《融资业务政策》规定："预计董事会将于2016年底，考虑授权行长批准某些融资项目，以及其他相应变动的权力。"See AIIB Operational Policy on Financing（Jan. 2016），para. 3. 5. 1，footnote 17.

〔22〕《问责机制框架》的体例安排如下：①董事会的角色——政策和战略；②项目审批权下放的原则，以及项目审批流程；③确保行长对项目负责。

〔23〕AIIB Paper on the Accountability Framework（effective Jan. 1, 2019），para. 19.

题"，指投资域外项目〔24〕或没有部门战略指导的项目〔25〕或偏离亚投行融资标准的项目〔26〕或位于有领土争议或具有跨境特征的项目。第三类为"风险承受类"，是指超过一定资金额度门槛的项目。〔27〕正如《问责机制框架》所述，这些例外情形的设定，预示着项目审批权下放的过程，将是一个循序渐进的过程。〔28〕在此过程中，甚至可能出现曲折、复杂和内部冲突的情况。〔29〕2019 年是《问责机制框架》运行的第一年，这一年行长批准了三个项目；2020 年又批准了三个项目。〔30〕

  鉴于《问责机制框架》旨在厘清董事会和管理层的职责，因此很难理解为什么董事会保留如此多的项目审批权。例如，在第三类例外情形下，似乎存在一种假设，即认为董事会比行长更有能力分析和判断项目建议书的价值，从而决定是否提供融资。〔31〕在实行常驻董事会的多边开发银行中，即使常驻董事会参与银行业务并得到大量专业人员协助，以上假设也很难成立，更不用说亚投行的非常驻董事会了。

---

〔24〕 根据亚投行《首席谈判代表的解释性说明》（Explanatory Notes of Chief Negotiators，《亚投行协定》的解释性文件），域外项目被定义为亚洲和大洋洲以外地区的项目，位于俄罗斯的项目被视为域内项目。

〔25〕 亚投行在能源、交通、水利、城市发展、数字基础设施等主要领域制定了战略。

〔26〕 这可能指以下两种情况：使用借款国制度，或使用联合融资伙伴的标准。AIIB, Procurement Policy（Jan. 2016），para. 5. 4. AIIB, Environmental and Social Framework（May 2021），pp. 13, 30.

〔27〕 例如，亚投行融资项目中使用的经济资本（ECap）的门槛金额为 2500 万美元。这对于基础设施项目来说，可能是一个很低的门槛，将导致行长的项目审批权虚无化。

〔28〕 AIIB, Paper on the Accountability Framework（effective Jan. 1, 2019），para. 21.

〔29〕 例如，在联合融资情况下，这些例外情形之间可能发生冲突：在第一类"先例情形"下，项目批准权在第一次联合融资之后，将下放给行长；但在第二类例外情形下，这项权力仍可能保留在董事会。

〔30〕 2019 年亚投行行长批准的三个项目：①India：Rajasthan 250 MW Solar Project—Hero Future Energies，②Pakistan：Karachi Bus Rapid Transit Red Line Project, and③Bangladesh：Power System Upgrade and Expansion. 2020 年亚投行行长批准的另外三个项目：① Bangladesh：Dhaka and West Zone Transmission Grid Expansion Project，②Bangladesh：Rural Water, Sanitation and Hygiene for Human Capital Development Project, and③India：Ayana Anantapumaru NTPC Solar Project. See AIIB, Annual Report and Financials 2019, pp. 15–16；AIIB, Annual Report and Financials 2020, p. 20.

〔31〕 AIIB, Paper on the Accountability Framework（effective Jan. 1, 2019），para. 20.

由于大量的项目审批权仍保留在亚投行董事会手中，这就使得非常驻董事会制度设立的价值大幅减损。董事会和管理层之间的分工和责任仍然不明确，共同管理问题仍然存在，由此背离了《问责机制框架》的宗旨。董事会为项目审批花费大量时间，这正是实行执董会的多边开发银行一直以来谋求改变的现状。历史上，国际复兴开发银行在这方面进行了一些有益探索，并在一定程度上逐步限缩了执董会的项目审批权，包括"精简安排"（streamlined arrangement）。[32]所谓"精简安排"，指一系列具有相似特征的项目无需由董事会逐一批准；只有这一系列项目中的第一个项目，以及资金和影响较大的其他主要项目，才需交由董事会讨论和审批。

因此，项目审批应属于行长及其管理团队的职责范围，他们依赖自身的专业技术能力作出业务决策。同时，非常驻董事作为成员代表，具有鲜明的政治属性，原则上应避免干预银行的日常业务。不可否认，一些业务具有高度敏感性，例如涉及领土争议的项目，[33]董事会应当介入，但这种项目往往从一开始就被排除在管理层的考虑之外。而且，《问责机制框架》中的大多数项目审批权的例外，都不具有这种敏感性。

很遗憾，董事会不愿意放弃项目审批权。除了上文讨论的保留给董事会的权力外，行长还必须每季度向董事会作报告，并提交所有核准项目的摘要。[34]如果某位董事对某一项目产生担忧，此项目也需要提交董事会审议。[35]人们不禁发问，如果董事会对管理层的监督是健全的，为什么它还要把项目紧紧掌握在自己手中？现在，

---

〔32〕 See Ibrahim Shihata, *World Bank Legal Papers*, Martinus Nijhoff Publishers, 2000, pp. 643-646.

〔33〕 当世界银行项目获批后，在几个国家之间产生争议时，世界银行不得不考虑是否继续资助这个项目，例如印度的纳尔默达（Narmada）项目和阿根廷的亚西雷塔（Yacyreta）大坝项目。此时，董事会的参与几乎是不可避免的，而管理层应当尊重董事会的明确授意。Ibrahim Shihata, *World Bank Legal Papers*, Martinus Nijhoff Publishers, 2000, p. 722.

〔34〕《问责机制框架》（2019年1月1日生效）第31条规定："（行长）向董事会定期提供亚投行项目的最新情况，包括总投资额（名义和经济资本），以及按地区、国家、部门和投资级别的重要细分项。"

〔35〕《问责机制框架》第23条规定："从项目首次列入后备项目库起，至管理层向董事会提交最终《项目总结文件》后的第14个自然日，董事可以随时要求董事会提级审议该项目。"

我们来看看亚投行的监督机制是如何运作的。

四、行长问责制

适应非常驻董事会的制度安排，项目审批权需要下放给行长。诚如亚投行所言："如此安排符合现代最佳治理实践，符合亚投行这样实行非常驻董事会的新型多边发展银行要求。"[36]但是，伴随权力下放，还需建立一个强有力的监督机制，以使行长和管理层在违反董事会批准的政策、规则和程序时，能够受到问责。这一监督机制在2018年《问责机制框架》中初步制定，并于2019年在《监督机制》中最终完成。

建立监督机制是亚投行的一项明确法律任务。《亚投行协定》（AIIB Articles of Agreement）第26.3条规定了业务权力的下放。紧随其后的第26.4条授权建立一个监督机制，以在权力下放的情况下对运营管理进行监督。[37]为章程提供权威性解释的《首席谈判代表的解释性说明》（Explanatory Notes of Chief Negotiators）进一步阐述道："拟建的监督机制，应秉承透明、公开、独立和问责的原则进行设计，其内容应包括审计、评估、欺诈和腐败、项目投诉和员工申诉等领域……"亚投行《环境与社会框架》（Environmental and Social Framework）是一部基于章程的主要法律文件，它确立了受项目影响群体诉诸监督机制的救济权。[38]《问责机制框架》首次正式勾勒出监督机制的轮廓，划定了三道内部防线，[39]以及CEIU作为第四道独立防线。所有上述安排，都旨在确保行长和管理层在获得项目审

---

[36] AIIB Annual Report and Financials 2019, p. 16.

[37] 《亚投行协定》第26.4条规定董事会应当"常态化监督银行管理与业务运营活动，并根据透明、公开、独立和问责的原则，建立以此为目的的监督机制"。

[38] 在亚投行《环境与社会框架》2016年2月第1版中，最先设想建立监督机制，为受项目影响群体提供救济渠道；在2021年5月最新修订版中，重申了这一已经建立的机制。AIIB, Environmental and Social Framework（May 2021），para. 72.

[39] 第一道防线（line of defense）是指世界银行的业务管理，项目审查要经过筛选委员会、执行委员会和投资委员会；第二道防线是合规和风险管理；第三道防线是指银行的内部审计职能。负责三道防线的银行管理人员都向行长报告，因此受到管理层的控制。但在第二道和第三道防线上，首席风险官（CRO）和首席内部审计官都是董事会的审计和风险委员会（Audit and Risk Committee）成员，体现独立于行长的特点。

批权后承担相应责任。

《监督机制》是亚投行的最新立法举措。它在《问责机制框架》基础上向前推进一步，并从外部独立性的角度对《问责机制框架》进行了完善。根据该法律文件，监督机制由三个主要机制组成：CEIU、行政法庭[40]和外部审计[41]。此外还设立了董事论坛，这是董事会成员开会的新形式，旨在便利董事会的监督工作。董事论坛的主席是董事会成员（称为"召集人"），而不是行长；行长是法定的董事会主席。由于该论坛具有监督行长的职能，因而不允许行长参加。依据《监督机制》设立的董事论坛，以及于2016年设立的CEIU机制，是亚投行有别于其他多边开发银行的做法，值得深入研究和分析。

（一）CEIU

CEIU早在2016年起即开始运行，但是《CEIU职能范围》（Terms of Reference）作为CEIU运行的规则文件，直到2019年才以《监督机制》附件的形式对外发布。CEIU承担三类不同的功能：字母"C"指"投诉解决"（Complaints-Resolution，原英文为Compliance，即"合规"），处理与项目相关的投诉；字母"E"指"评估"（Evaluation，原英文为Effectiveness，即"有效性"），执行项目评估职能；字母"I"代表"廉政"（Integrity），处理与项目招投标和实施相关的欺诈和腐败行为。其他多边开发银行也有类似的功能，但由不同的部门负责。亚投行将这三项功能整合在一个框架下，是多边开发银行治理实践的重要创新。CEIU的总裁（Managing Director）直接向董事会负责，以确保其独立于行长（如图1）。

---

[40] 行政法庭是多边开发银行中独立的员工申诉机制，是银行员工对内部行政决定感到不满的最后救济手段。《员工条例》第13.4条要求亚投行设立行政法庭。《员工规则》进而这样描述行政法庭，"行长在总法律顾问提供的名单中，依案件指派一名独立监察员"，该监察员不仅不是常设的，而且他的建议（recommendation）不具有终局性，行长享有最终决定权。AIIB, Staff Rules (Jan. 2022), Rule 8.01/6 and 8.01/10, available at https://www.aiib.org/en/about-aiib/basic-documents/_download/staff-regulations/AIIB-Staff-Rules_ January-2022. pdf, last visited on Jan. 18, 2023.

[41] 外部审计机构"对第一、第二和/或第三道防线（LOD）部分进行独立评估"，向董事会确保亚投行对财务报告的有效内控。AIIB, Paper on the Oversight Mechanism (Jul. 10, 2019), para. 25. 亚投行的外部审计机构是普华永道。

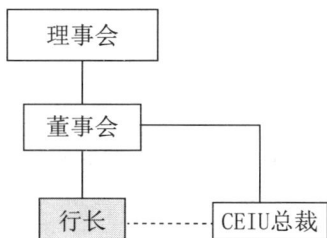

图1 亚投行治理结构

CEIU 的第一个职能是处理与项目有关的投诉。这一职能体现在《受项目影响群体机制》(Project-Affected People's Mechanism，PPM)，而 PPM 建立的依据是《亚投行协定》《首席谈判代表的解释性说明》以及《环境与社会框架》。[42] PPM 服务于那些认为自己已经或可能因亚投行未遵循《环境与社会框架》而受到不利影响的群体，为他们提供独立的申诉和救济渠道。[43] PPM 所具有的传统"合规审查"(compliance-review) 功能，在多边开发银行中很常见。它还有其他两项任务："项目处理问询"(project processing queries)，寻求对简单事项的迅速解决；以及"争端解决"(dispute resolution)，实质是促进亚投行、投诉人和/或借款人之间的争端解决。相比之下，"合规审查"职能似乎比其他两项职能更正式、更法律化，也更符合节约和效率的目的。事实上，CEIU 名称中的"C"取消最初代表的"合规"含义，也是出于上述职权扩张的考虑。与此不同，世界银行下设监察组 (Inspection Panel)，其职能只侧重于合规审查。就合规审查而言，CEIU 依项目设置总裁领衔的工作组，工作组成员为外部专家或亚投行职员。[44] 对比之下，世界银行监察组是一个常设机构，由3名独立成员组成，每名成员任期5年，不可连任。[45]

---

〔42〕 亚投行《环境与社会政策》规定："如果有人认为自己的权益已经或可能因银行未遵守《环境与社会政策》而受到不利影响，也可以根据监督机制的政策和程序提交投诉。该监督机制据以成立的政策和程序尚待制定。"AIIB, Environmental and Social Policy (Feb. 2016), p. 24.

〔43〕 AIIB, Paper on the Project-Affected People's Mechanism (Dec. 7, 2018), section 2. 1.

〔44〕 AIIB, Rules of Procedure of the Project-Affected People's Mechanism (Dec. 21, 2018), pp. 19-27.

〔45〕 World Bank, Inspection Panel Resolution (Sep. 8, 2020), paras. 3-4.

由此可见，亚投行的合规审查职能更加灵活，其另外两项授权也是如此。

CEIU 的第二个职能是项目评估。该职能规定于 2021 年 5 月 19 日董事会批准的《学习和评估政策》（Learning and Evaluation Policy）中，旨在评估亚投行的投资项目是否落实了亚投行的政策和战略，是否产生了预期效果。[46] 政策文件认为，"学习和评估"符合亚投行不懈进取的文化，属于整个银行的责任，体现在董事会、CEIU 和管理层之间彼此合作又独立的角色之中。[47] 因此，理想的评估关系是这样的："在 CEIU 与管理层之间构筑相互独立的关系，同时该关系是建设性双向互动与合作的。"[48] 原则上，评估应遵循国际最佳实践，特别是经合组织（OECD）的发展援助委员会所确立的做法。[49] 实践中，评估应以平衡和基于证据的思路进行，无论项目结果是有意或无意的、积极或消极的，均需要厘清背后的原因，以及对未来项目可借鉴的因素。[50]《学习和评估政策》适用的范围广泛，涵盖董事会和行长审批的项目，[51] 包括项目实施中和完工后的阶段。[52] 由于目前亚投行投资的项目大多处于早期阶段，"开展项目的完工评估甚至中期评估，都尚需要几年时间"[53]，因此 CEIU 当前履行此项职能的重点，是学习和积累经验。

CEIU 的第三个职能是反欺诈和腐败。根据《亚投行协定》第 13.9

---

〔46〕 AIIB, Terms of Reference for the Complaints-Resolution, Evaluation and Integrity Unit (Jul. 10, 2019), section C.

〔47〕 AIIB, Learning and Evaluation Policy (approved May 19, 2021), p. 2.

〔48〕 AIIB, Learning and Evaluation Policy (approved May 19, 2021), p. 5.

〔49〕 AIIB, Learning and Evaluation Policy (approved May 19, 2021), p. 5.

〔50〕 AIIB, Learning and Evaluation Policy (approved May 19, 2021), pp. 5-7.

〔51〕 特别注意的是，需要评估行长审批的项目，并依据评估结果，由董事会决定是否收回项目审批权。AIIB, Paper on the Accountability Framework (effective Jan. 1, 2019), para. 27. Also AIIB, Paper on the Oversight Mechanism (Jul. 10, 2019), para. 31.

〔52〕 AIIB, Learning and Evaluation Policy (approved May 19, 2021), pp. 7-8.

〔53〕 AIIB, Annual Report and Financials 2017, p. 42. 类似表述见于《监督机制》相关规定："在未来五年内，只有数量有限的项目能够完成，并可进行有意义的评价。"AIIB, Paper on the Oversight Mechanism (July 10, 2019), para. 35.

条要求，[54]亚投行制定了《禁止行为政策》（PPP），用于处理在与亚投行投资项目相关的采购和实施活动中，一些企业或个人实施的商业欺诈和腐败行为。如果企业或个人被认定实施了PPP所禁止的行为，[55]将在一定期限内或永远不得参加亚投行项目的招投标活动。他们还可能被其他多边开发银行进一步交叉制裁，由此产生寒蝉效应（Chilling Effect），督促参与国际工程采购市场的企业增强合规。作为全球反欺诈和腐败事业的新的积极参与者，亚投行承诺遵守多边开发银行之间的《共同执行制裁决定协议》（AMEDD），把该协议下五家多边开发银行制裁的1000多家公司或个人，[56]单方面宣布纳入自己的制裁名单。PPP规定了一个两级终审的准司法机制，[57]在制裁决定宣布后，被告企业或个人有权为自己辩护，提起上诉。值得一提的是，世界银行根据反欺诈和腐败机制，已经裁决了数百起案件，推动了国际法一个新兴领域的发展。

总之，CEIU的成功取决于与行长关系的处理，为此应在独立和互动之间求取恰当平衡。[58]一个基本原则是，CEIU事先向行长及其团队发出预警，要强于事后惩罚他们。换句话说，在"对抗式制衡"（adversary checks）与"协商式监督"（advisory engagement）的频谱两端，CEIU总裁应该倾向于协商式监督一端，而不是走向另一端的

〔54〕《亚投行协定》第13.9条规定："银行应采取必要措施保证其提供、担保或参与的融资资金仅用于融资所规定的目标，并应兼顾节约和效率。"该条款被称为"信义"（fiduciary duty）条款，成为亚投行在项目层面进行反腐败的法律基础。

〔55〕《禁止行为政策》规定了七种禁止行为：腐败行为、欺诈行为、胁迫行为、串通行为、阻碍行为、滥用资源和盗窃行为。其他多边开发银行的制裁制度规定了类似类型的禁止行为。See Gu Bin, *The Law and Governance of the Asian Infrastructure Investment Bank*, Wolters Kluwer, 2019, pp. 147-148.

〔56〕这五家多边开发银行是：亚洲开发银行、非洲开发银行、欧洲复兴开发银行、泛美开发银行和世界银行集团。此外，亚投行于2020年公布了主动制裁（而非交叉制裁）的第一批企业和个人名单，他们都是中国籍。See AIIB, "Debarment List", available at https://www.aiib.org/en/about-aiib/who-we-are/debarment-list/index.html, last visited on Dec. 12, 2022.

〔57〕亚投行的上诉机制称为"制裁小组"（Sanctions Panel），在三位成员于2020年被任命后，上诉机制正式开始运行。See AIIB, "Three Members Appointed to AIIB's Inaugural Sanctions Panel", available at https://www.aiib.org/en/news-events/news/2020/Three-Members-Appointed-to-AIIBs-Inaugural-Sanctions-Panel.html, last visited on Dec. 12, 2022.

〔58〕AIIB, Corporate Strategy: Financing Infrastructure for Tomorrow (Sep. 2020), p. 9.

对抗式制衡（如图2）。相较而言，这一思路更有助于实现《亚投行协定》的宗旨，即基础设施建设和其他生产性发展。

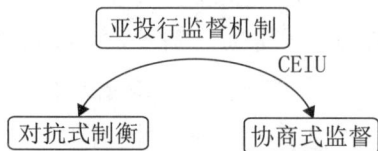

图2 亚投行监督机制

与此同时，CEIU总裁在列席高管会议时，[59]应注意自己的独立地位。他应避免由于评估者和被评估者之间关系处理不当，而被管理层"俘获"。[60]为此，CEIU总裁不应被列为高管人员，但其职级可提升至副行长级别。[61]

（二）董事论坛

作为监督机制的一部分，董事论坛可在多种情况下发挥作用：首先，它满足了CEIU总裁的需要，即在行长不在场的情况下与董事会成员会面。这样做有效规避了类似行长干预董事会的可能性；在后者情况下，行长主持董事会会议，并拥有制定议程的巨大权力。其次，董事论坛也为董事会成员之间会面或者他们"和参与审核行长绩效的顾问"会面提供平台。[62]作为分享信息和交流观点的场所，董事论坛既不是董事会的正式会议，也不是决策机构。

作为董事论坛的召集人（Dean），必须是与行长分属不同国籍，且在任期限最长的董事。[63]召集人在以下两种情况下，还可主持董

---

〔59〕 在亚投行实践中，行长邀请CEIU总裁参加管理层会议和执行委员会会议，便利CEIU总裁充分了解重要决策，并向管理层便捷、及时地提出关切，建设性解决问题。AIIB Paper on the Accountability Framework（effective Jan. 1, 2019），para. 37.

〔60〕 引自《塞迪略委员会报告》第113段。该段指出了世界银行的独立评估小组（Independent Evaluation Group）在发挥监督作用过程中存在的问题。

〔61〕 观察CEIU负责人的头衔变化，即可发现他的管理职级在不断提升：在2016年《禁止行为政策》第9.2条中，该头衔的最初表述是"司长"（Director General），现更名为"总裁"（Managing Director）。AIIB, Policy on Prohibited Practices（Dec. 8, 2016），section 9.2.

〔62〕 AIIB, Paper on the Oversight Mechanism（Jul. 10, 2019），paras. 39.1–3.

〔63〕 AIIB, Paper on the Oversight Mechanism（Jul. 10, 2019），para. 41.

事会会议：一是审核行长绩效，二是审议行长的被控违规行为。[64]前者包括行长对项目审批权的行使，[65]后者则指行长"明知或任性"地违反亚投行规章制度的行为。[66]在这两种情况下，因为行长都不得在场，董事会会议与董事论坛似乎没有区别。但应注意，此时董事会是决策机构，区别于董事论坛的性质。

1. 董事论坛的比较视角

与亚投行一样，其他多边开发银行的董事会成员也举行类似的非正式会议，他们可以在会上讨论其关心的问题，但这种会议不被认定为董事会会议。例如，在世界银行历史上，曾有过以各种名义举行的董事非正式会议，[67]其中最著名的就是"全体委员会"（Committee of the Whole）。作为董事会的众多委员会之一，全体委员会的职责是向董事会提出建议，或仅就董事会关心的事项交换意见。全体委员会曾为世界银行集团旗下的两个组织——国际投资争端解决中心（ICSID）和多边投资担保机构（MIGA）——起草章程草案，并因此而出名。[68]相比之下，全体委员会和亚投行的董事论坛有两点不同：其一，亚投行董事论坛的任务是便利监督行长，而全体委

---

[64] "董事会主席由行长担任，当行长缺席董事会时，由其指定的副行长担任。如果他们均缺席会议或会议的部分议程时，由召集人担任主席。如果行长、副行长或董事与会议相关议程存在利益冲突，则不得担任董事会主席。" AIIB, Rules of Procedure of the Board of Directors（amended Jul. 10, 2019），section 3（a）.

[65] 根据亚投行《问责机制框架》第5.3条，针对行长进行的年度绩效审核，包括行长行使项目审批权的情况。然而，由于《董事会对行长业绩年度审核的职权范围》尚未公开，相关审核的具体要求尚不明确。关于《董事会对行长业绩年度审核的职权范围》，在董事会于2018年4月11日批准的《关于问责机制框架的决定》中曾提及了这一文件的存在。

[66] 包括行长在内的亚投行人员的不当行为，定义为明知或不顾后果地违反亚投行政策、规则、指示或相关行为守则，以及在一国司法体系下被判定犯有严重罪行。AIIB, Code of Conduct for Bank Personnel（adopted Jan. 16, 2016），paras. 36-37.

[67] 这些董事非正式会议包括全体委员会、董事研讨会和务虚会（Retreat）。

[68] 除此之外，全体委员会还做了以下工作：①1968年皮尔森（Pearson）委员会的建议，该委员会结合世界银行经验，全面审查了过去20年外部援助对较贫穷国家发展的影响；②审议政策框架文件（Policy Framework Papers），以便提交国际货币基金组织执董会；③讨论发展委员会（Development Committee）议程草案；④讨论行长向发展委员会提交的报告草案；⑤初步讨论世界银行年度预算，以便提交董事会讨论和批准；⑥讨论世界银行-基金的一份合作备忘录，该备忘录于1989年最终获批；等等。关于全体委员会的历史和职能的阐述，参见 Ibrahim Shihata, *World Bank Legal Papers*, Martinus Nijhoff Publishers, 2000, pp. 672-674, 696, 718.

员会（以及世界银行的其他非正式董事会议）与此无关。其二，亚投行行长被禁止参加董事论坛，而世界银行行长则经常参加全体委员会，甚至担任主席。

世界银行的董事会除了平时开会，还可举行"执行会议"（Executive Session）。据世界银行前总法律顾问希哈塔（Ibrahim Shihata）的说法，在这种会议上，执董会通常获得并讨论特别敏感的信息，且"出席会议的职员有限，也不提供会议摘要"。[69]但是此类敏感信息既不包括对行长业绩的审查，也不包括行长被指控的不当行为。这与亚投行有所区别。[70]历史上，世界银行执董会长期没能建立审查行长业绩的制度，并因此广受外界批评。[71]因此，亚投行设计董事论坛机制，为 CEIU 机制有效运作起到保障作用，并对行长进行适当制衡，这在非常驻董事会制度的背景下，非常必要。与此同时，需要谨记董事论坛不是决策机构，避免其越位滥权，滑向事实上的董事会角色。

2. 召集人的比较视角

与亚投行类似，其他多边开发银行在召开董事会时，也有董事担任召集人的情况。例如，世界银行董事会在讨论"任命行长，或行长的聘任合同条款，或与之相关的任何事项"时，会由一名董事担任主席或召集人。[72]在这种情况下，行长与所讨论的问题存在利益冲突，所以不适合担任董事会主席。世界银行选出的召集人是任职期限最长的董事，与亚投行的规定相类似。但是，亚投行的召集人制度在两个方面有所创新：其一，召集人有明确的任职期限，任期两年，可连任一次，[73]且不能与行长来自同一成员。相比之下，世界银行的召集人似乎是临时选来主持某个董事会会议，未见对他

---

[69] 希哈塔举例说明"特别敏感信息"，指世界银行职员对借款国市场情况的评估。Ibrahim Shihata, *World Bank Legal Papers*, Martinus Nijhoff Publishers, 2000, p. 673.

[70] "涉及行长被指控的不当行为的所有事宜，由召集人主持的董事会执行会议予以审议。" AIIB, Rules of Procedure of the Board of Directors (amended Jul. 10, 2019), section 3 (h).

[71] World Bank, *Repowering the World Bank for the 21st Century*, 2009, p. 34.

[72] World Bank, Rules of Procedure for Meetings of the Executive Directors (amended Jul. 22, 2019), section 2 (f).

[73] AIIB, Paper on the Oversight Mechanism (Jul. 10, 2019), para. 41.

的国籍有任何要求。其二，亚投行召集人的职责似乎比世界银行的更聚焦，即在"监督机制"下对行长进行制衡。[74]因此，无论是通过董事论坛还是董事会正式会议，亚投行赋予召集人制衡行长的权力很可能更大。

综上所述，在亚投行的监督机制下，董事论坛和召集人是保证行长问责制的最有力制度安排。它们便利了 CEIU 总裁在行长不在场的情况下向董事会成员汇报工作，便利了董事会成员对行长实施纪律处分。这些机制的成功取决于适当、平衡和健全的实施，一方面激励行长发挥领导力作用，并强化职员向行长负责；另一方面避免不适当地抑制或阻碍行长及其团队的士气和行动。与此同时，董事论坛不得充当事实上（de facto）的决策者，甚至成为另一个（alter ego）董事会。鉴于董事论坛的参加者不是别人，正是董事，可以预见董事论坛的讨论必然影响后续董事会的决策。因此，董事论坛必须确保微妙的平衡，在避免正式决策的同时，发挥便利董事会工作之应有作用。否则，不仅会使董事论坛与其目的背道而驰，还有僭越董事会专有的监督管理层之权力的危险。

五、结论

作为 21 世纪新型多边开发银行，亚投行借鉴传统多边开发银行的经验教训，在公司治理方面致力于"继承与创新"。非常驻董事会制度有利于明晰董事会和管理层之间的分工与责任。为此目的，下放项目审批权给管理层是关键。与权力下放相配套，需要监督机制发挥制衡作用，即董事会在项目运营中监督管理层。为此，设立 CEIU 发挥内部监督作用，设立董事论坛便利董事会成员与 CEIU 总

---

〔74〕 相比之下，世界银行董事会召集人的职责更加多元，包括：①与联合召集人（Co-Dean）一道，共同商定行长的聘任合同条款和条件；②银行秘书长（Corporate Secretary）与召集人进行非正式协商，选定董事会的道德和常务委员会（Ethics and Standing Committees）成员；③主持指导委员会会议，由执董与高管共同商定董事会的工作计划；④组织执董之间、执董与管理层、联合或其他高水平专家之间的非正式交流会议；以及⑤与 IMF 执董会的召集人就共同关心的事项进行协调，包括两个机构的年会、行长及总裁的薪酬以及公司治理等。See The World Bank, "About", available at https://www.worldbank. org/en/about/leadership/directors/eds19, last visited on Jan. 27, 2023.

裁之间的沟通。董事论坛的召集人作为常设而非临时职位，有利于确保监督机制发挥应有作用。

监督机制设计是亚投行公司治理中最具挑战性的任务。该机制应体现"适当的分权，以确保适当的制衡"。[75]关键的问题是确定"适当性"的边界。如果监督机制软弱无力或形同虚设，亚投行就有可能重蹈 2007 年世界银行行长丑闻的覆辙。[76]一位不受约束、一意孤行，或被某一大国意志所左右的行长，不仅会损害自己的声誉，也可能给这个国际组织的声誉带来灾难。反之，如果监督权力转向对抗或被滥用，阻碍行长及其团队在业务活动中采取大胆但必要的行动，可能导致银行错失推进其目标与宗旨的良机。

为了厘清"适当性"边界，正确的思路是：监督机制的设计和实施，应当对标《亚投行协定》规定的双重目标，即"基础设施互联互通和机构协作"。[77]例如，亚投行积极参与"一带一路"，并为多边开发融资合作中心（MCDF）提供秘书处服务。[78]这些决策符合亚投行的宗旨，不应受到监督机制阻碍。[79]再如，亚投行对域外投资的严苛限制应当放松。[80]特别是，亚投行与同类机构为域外成

---

〔75〕 AIIB, Paper on the Oversight Mechanism (Jul. 10, 2019), para. 14.

〔76〕 保罗·沃尔福威茨（Paul Wolfowitz）在担任世界银行行长两年后被迫辞职，原因是他深陷与女友相关的丑闻，并因为对借款国实施武断且有争议的政策而广受批评。Sarah Babb, *Behind the Development Banks*, The University of Chicago Press, 2009, pp. 225-226. 塞迪略委员会认为，沃尔福威茨丑闻是问责机制缺陷的一个典型案例。The Zedillo Commission Report, "Executive Summary", p. xiv.

〔77〕 《亚投行协定》第 1.1 条规定："银行宗旨在于：①通过在基础设施及其他生产性领域的投资，促进亚洲经济可持续发展、创造财富并改善基础设施互联互通；②与其他多边和双边开发机构紧密合作，推进区域合作和伙伴关系，应对发展挑战。"

〔78〕 关于亚投行、"一带一路"与 MCDF 的关系，参见 Gu Bin, "MCDF: A New Beacon of Multilateralism in Development Finance", *Journal of International Economic Law*, Vol. 23, No. 3, 2020, pp. 668-672. 简单地说，几乎所有亚投行资助的项目都可以被认定为"一带一路"项目，因为它们大多位于"一带一路"共建国家。

〔79〕 关于亚投行、"一带一路"和 MCDF 之间合作的反对意见，参见 Korinna Horta and Wawa Wang, "The Beijing-Led Asian Infrastructure Investment Bank: Global Leader in Infrastructure Finance, at What Cost?", pp. 3, 8, 14-15, available at https://justfinanceinternational.org/wp-content/uploads/2021/10/beijing-led-asian-infrastructure-investment.pdf, last visited on Dec. 29, 2022.

〔80〕 关于亚投行域外投资政策的批评意见，参见 Gu Bin, "AIIB Should Broaden Horizons to Gain Global Impact", *Global Times*, Dec. 16, 2018.

员提供联合融资，相关决策权应由董事会下放给行长，这样有利于实现亚投行"机构协作和基础设施互联互通"的宗旨。而且，行长行使相关权力，不受监督机制的不当制衡。

最后，讨论亚投行公司治理，需要回应一个哲学问题，即制衡文化是否适合亚投行。在世界银行的历史上，目的解释一直占据着主导地位，并助益了该组织的成功。这是因为，世界银行在不断变动的环境中，需要依靠一支强大的行政力量，通过灵活解释其章程，以适应新情况，甚至有所创新。世界银行前总法律顾问希哈塔曾说："对《世界银行章程》作出目的解释和广义解释，以使世界银行能够满足其成员不断变化的需求，我认为在法律上是可行的。自1983年加入世界银行担任总法律顾问以来，我一直支持这种做法，只要不违反《世界银行章程》的禁止性规定，也不与《世界银行章程》的宗旨相冲突。"[81]另一位世界银行前总法律顾问布罗切斯（Broches）也说："世界银行的权力不受限于明示授权。一项业务或交易没有得到《世界银行章程》具体条款的明示授权或预见，并不意味着世界银行就无权从事该项业务或交易。世界银行是否具有相关权力，必须依据世界银行宗旨来判断，且世界银行所有的决定必须接受其宗旨的指导。认定世界银行拥有某一权力，不以该权力必然甚或合理隐含于《世界银行章程》明确赋予的任何权力之中为必要或前提。唯一的要求，是行使该权力可以服务世界银行宗旨，且不为《世界银行章程》所禁止，也不与《世界银行章程》相抵触。"[82]他们两位都是世界银行法律史上的塔尖人物，他们对于《世界银行章程》的解释，一贯而有力地遵循了"目的解释"的思路。以上引言，反映了两人共同的法律哲学。

鉴于此，如果亚投行的监督机制热衷于对抗式分权制衡，将有可能阻碍亚投行管理层的务实工作。正如阿尔瓦雷斯（Alvarez）在

---

[81] Ibrahim Shihata, *World Bank Legal Papers*, Martinus Nijhoff Publishers, 2000, p. 217. 希哈塔于1983—1998年任世界银行总法律顾问。

[82] Aron Broches, *Selected Essays*, *World Bank*, *ICSID*, *and Other Subjects of Public and Private International Law*, Martinus Nijhoff Publishers, 1995, p. 28. 布罗切斯于1959—1979年任世界银行总法律顾问。

讨论联合国机制时所说，"分权"在国际组织中是事实存在，但"制衡"似乎更体现美国特色，因此要警惕把这一概念引入国际组织。[83]即使在美国历史上，詹姆斯·麦迪逊（James Madison）精心设计的"分权制衡"，也曾遭到乔治·华盛顿（George Washington）和亚历山大·汉密尔顿（Alexander Hamilton）的坚决抵制。[84]因此，建议在亚投行监督机制的频谱上，向着闪耀东方智慧的"协商式监督"一端靠拢，避免走向西方文化"对抗式制衡"的极端，以此体现亚投行的亚洲基因、维护其目标宗旨。

（本文责编：冯硕）

A Study of Corporate Governance of the AIIB

Gu Bin

Abstract：The dynamics of the relationship between the shareholder board and management have been a key topic of debate for the new AIIB, as well as for the traditional Bretton Woods institutions. The AIIB, building upon the Bretton Woods institutions and now the second largest multilateral development bank by membership, has a novel non-resident Board of Directors nevertheless, which aimed in the first place to cure the two problems inherent with an executive Board of Directors: dual positions of the Board members, and the co-managerial issue. The institution of the non-resident Board of Directors for the AIIB requires the delegation of project-approval authorities from the Board to management, with a robust oversight

---

〔83〕 正如国际组织的捍卫者所说："在国际组织推进其目标宗旨的过程中，出现了许多令人沮丧的拖延事件。这反映了一些国家谋求控制国际组织，把太多的制衡机制嵌入了这些国际组织的流程。" Jose E. Alvarez, *International Organizations as Law-Makers*, Oxford University Press, 2005, pp. 66, 70, 73-74, 634.

〔84〕 在美国早期的重大政治斗争中，詹姆斯·麦迪逊是国会中心主义的狂热支持者，乔治·华盛顿和亚历山大·汉密尔顿却支持建立更为强大的行政体制。Ron Chernow, *Washington: A Life*, The Penguin Press, 2010, pp. 533-539, 575, 591, 648-649, 771.

mechanism established alongside to hold the empowered management accountable. Such oversight mechanism is established through the enacting of the Accountability Framework and the Oversight Mechanism in sequence, two internal laws of the AIIB. With the principled relationship of "appropriate checks and balances" between the Board and management, the oversight mechanism should not prevent the bank from meeting its members' evolving financing needs.

Keywords: AIIB; Multilateral Development Bank; Corporate Governance; Board of Directors; World Bank

爱沙尼亚国际私法的现代化进程
——写在爱沙尼亚《国际私法法令》施行二十周年之际*

邹国勇** 王 鑫***

摘 要： 爱沙尼亚自 1991 年恢复独立后，分三个阶段完成了私法体系改革，仿效奥地利模式制定了单行的《国际私法法令》，并根据社会发展进行了四次修订，逐渐形成了"以国际条约和欧盟条例为主、《国际私法法令》为辅"的立法格局，其国际私法渊源呈现出多元化和层次复杂化的特点。爱沙尼亚《国际私法法令》条文设计重视体系性和全面性；在法律选择方法上兼顾明确性和灵活性，当事人意思自治原则贯彻始终，最密切联系原则作为兜底，创造性地在涉外侵权领域制定"例外条款"，重新恢复以"住所"作为属人法的主要连结点。鉴于同爱沙尼亚相似的法律传统和国际私法分散立法的背景，爱沙尼亚国际私法的现代化进程为我们熟识爱沙尼亚涉外法律制度、推进中爱两国"一带一路"建设向高质量发展、完善我国国际私法立法提供了良好借鉴。

关键词： 爱沙尼亚《国际私法法令》；立法模式单行化；法律渊源多元化；法律选择方法

爱沙尼亚位于北欧波罗的海东岸，芬兰湾南岸，西南濒临里加湾。历史上，爱沙尼亚命运多舛，长期受制于大国。20 世纪 90 年代，东欧剧变苏联解体，爱沙尼亚等波罗的海三国先后宣布恢复独立。为使重获独立的国家顺畅运转，建立行之有效的法律体系，这

　* 基金项目：国家社科基金一般项目"《民法典》时代我国国际私法典编纂国际民事程序研究"（项目编号：21BFX157）的阶段性成果。
　** 武汉大学国际法研究所副教授，法学博士。研究方向：国际私法。
　*** 武汉大学国际法研究所 2019 级国际法学硕士研究生。研究方向：国际私法。

些国家掀起了一股私法改革的浪潮。[1]在此过程中，爱沙尼亚 2002 年颁布了单行的《国际私法法令》（*Rahvusvahelise eraõiguse seadus*），并对其进行不断修订，实现了本国国际私法的现代化。

一、爱沙尼亚恢复独立后的私法体系变革

爱沙尼亚在 1991 年 8 月 20 日宣布恢复独立后，原有的苏联法律体系虽然仍在施行，但已不再适合新的形势发展。因而，制定必需的新法律成为当务之急，首要任务便是创制新的私法体系。[2]为此，爱沙尼亚分三个阶段完成私法体系的改革：

恢复独立前的 1988—1991 年，属于爱沙尼亚创制本国法律体系的准备阶段，先后通过了《农场法》（The Farm Act，1988），《企业法》（Enterprise Act，1989），《所有制改革法原则》（Principles of Ownership Reform Act，1991）和《土地改革法》（The Land Reform Act，1991），等等，为契约自由和私人自治奠定法律基础。

1992—1993 年为私法体系和立法模式的选择和决定阶段，旨在创设一个民主的、以市场经济为导向的国家私法体系。1993 年 6 月 9 日通过并于当年 12 月 1 日施行的《财产法法令》（Law of Property Act）具有里程碑意义。

1994—2000 年为早期选择和决定的实施阶段，爱沙尼亚私法领域的大部分立法，诸如 1994 年《民法典总则法令》（*Tsiviilseadusiku iildosa seadus*）和《家庭法法令》（Family Law Act）、1995 年《商法典》（The Commercial Code）、1996 年《继承法法令》（Law of Succession Act）以及《债法法令》（*Võlaõigusseadus*）等，都是在这个时期起草和通过的。[3]为更广泛、更详细地调整国际私法领域的各类

〔1〕 Lado Chanturia, "Codification of Private Law in Post-Soviet States of the CIS and Georgia", in Wen-Yeu Wang ed. , *Codification in International Perspective*, Springer, 2014, p. 93.

〔2〕 Paul Varul, "Creation of New Private Law in Estonia", in W. Krawietz & R. Narits, eds. , *Gesetzgebung und Rechtspolitik. Internationales Symposium der Estnischen Juristischen Fakultät in Tartu*, Duncker & Humblot, Rechtstheorie, 31 (3/4), 2000, p. 349.

〔3〕 Paul Varul, "Legal Policy Decisions and Choices in the Creation of New Private Law in Estonia", *Juridica International*, Vol. 5, No. 1, 2000, pp. 104-105.

民事关系，爱沙尼亚议会在起草、通过《民法典总则法令》的同时，也在这一时期完成了单行的《国际私法法令》的起草工作。

二、爱沙尼亚国际私法立法：从分散立法向单行立法发展

爱沙尼亚第一部包含有国际私法条款的法典可以追溯到 1865 年《波罗的海私法典》（*Balti eraseadus*）。该法典采用潘德克顿模式进行编纂，包括总则、财产法、家庭法、继承法、债法五部分，是 19 世纪后半叶爱沙尼亚为实现法律现代化而进行的第一次立法改革的成果，1940 年 8 月因爱沙尼亚被并入苏联而终止适用。在 1940—1991 年期间，适用《爱沙尼亚苏维埃社会主义共和国民法典》中的冲突法条款。爱沙尼亚 1991 年 8 月恢复独立以后，尚未形成一套体系完整的国际私法规则，1994 年《民法典总则法令》只是零散地规定了一些冲突规范。[4]当爱沙尼亚司法部委托的立法专家组在 1997 年准备起草新的《财产法法令》《民法典总则法令》《债法法令》时，发现 1994 年《民法典总则法令》分散规定法律选择条款的国际私法立法模式已经过时，必须进行现代化改革，以适应 20 世纪 70 年代以来的国际私法立法趋势。

（一）世界各国国际私法立法的四种模式

在国际私法的发展史上，国内立法是国际私法最为古老的渊源之一。[5]20 世纪以来，国际私法立法在世界范围内遍地开花。即使在普通法系国家或者地区，国际私法的成文化趋势也日益凸显。尤其是 20 世纪 70 年代以来，世界各国掀起了一股国际私法立法的浪潮，先后有七十多个国家、地区，或制定成体系的国际私法规范，或对原有的国际私法条款进行大刀阔斧的改革。综观当今世界各国的国际私法立法模式，大体可以划分为四类：①分散立法式，即零星地将国际私法条款规定在《民法典》或者其他单行法规的有关章节中，以法国、菲律宾等国为代表；②专编专章式，即在《民法典》

---

〔4〕 General Part of the Civil Code Act, Jun. 28, 1994. RT I 1994, 53, 889.

〔5〕 参见韩德培主编：《国际私法》（第 3 版），高等教育出版社、北京大学出版社 2014 年版，第 20 页。

《民法典施行法》中以专编、专章的形式较为系统地规定各类民事关系的法律适用条款，以德国、俄罗斯、荷兰、罗马尼亚等国为代表；③单行法规式，即以单行法规的形式专门规定各类涉外民事关系的法律适用条款，以中国、奥地利、波兰、日本等国为代表；④法典式，即以法典的形式全面系统地制定包括管辖权、法律适用、外国法院判决的承认与执行等内容的国际私法条款，以瑞士、意大利、比利时、克罗地亚、北马其顿等国为代表。[6]

（二）沿袭日耳曼支系传统，仿效奥地利采用单行立法模式

在确定立法模式时，爱沙尼亚经过充分考虑后决定：为了避免折中主义，必须选择一种法律体系作为其整个民法体系的立法蓝本。[7]根据茨威格特（K. Zweigert）和科茨（H. Kötz）的划分，世界上大体有八个主要法律体系：①罗马支系；②日耳曼支系；③北欧支系；④普通法支系；⑤社会主义支系；⑥远东支系；⑦伊斯兰支系；⑧印度教法支系。[8]在法律传统上，爱沙尼亚属于日耳曼支系的大陆法系国家。在并入苏联之前，爱沙尼亚是波罗的海—日耳曼法律分支的一部分，因此它在恢复独立并起草新民事法律时，继续沿袭具有日耳曼支系特性的法律原则。1992年，爱沙尼亚最终选择以日耳曼支系作为该国法律体系的基础。[9]

德国、奥地利和瑞士的国际私法立法模式是当时日耳曼支系国际私法立法的主流。其中，德国是世界上最早、最全面系统地规定国际私法条款的国家。其《民法典施行法》采用专编专章立法模式，第二章按照本国民法体系对法律适用问题作出规定。奥地利1978年6月5日通过的《关于国际私法的联邦法》以单行法的方式规定了各类涉外民事关系的法律选择条款。德国和奥地利的国际私法立法

---

[6] 参见《外国国际私法立法选译》，邹国勇译注，武汉大学出版社2017年版，"前言"第1~3页。

[7] Martin Käerdi, "Estonia and the New Civil Law", in Hector Mac Queen et al. eds., *Regional Private Laws & Codification in Europe*, Cambridge University Press, 2003, p. 250.

[8] K. Zweigert & H. Kötz, *Introduction to Comparative Law*, Clarendo Press, 1992, p. 75.

[9] Paul Varul, "Creation of New Private Law in Estonia", in W. Krawietz & R. Narits eds., *Gesetzgebung und Rechtspolitik. Internationales Symposium der Estnischen Juristischen Fakultät in Tartu*, Duncker & Humblot, Rechtstheorie, 31 (3/4), 2000, p. 355.

较为保守，它们认为国际私法就是冲突法而不包含国际民事诉讼程序等内容。瑞士 1987 年 12 月 18 日通过的《关于国际私法的联邦法》采用法典的形式，以 13 章 200 多个条文的篇幅，全面系统地规定了国际私法条款，针对具体领域逐章规定管辖权、法律适用以及外国判决的承认与执行三个方面的内容，[10]是迄今为止世界上最为详尽、完备的国际私法立法之一。除了德国、奥地利和瑞士的立法之外，现代国际法律文件和欧盟法，也是爱沙尼亚制定包括国际私法在内的新私法体系的蓝本。[11]

在国际私法立法模式的选择上，爱沙尼亚最初曾考虑借鉴瑞士模式，即在一部法律中同时规定法律选择规范、国际民事管辖权规则和外国判决的承认与执行等内容。但由于过于冗长和繁杂，1997年最终决定仿效相对传统的奥地利模式，并在爱沙尼亚司法部委托下成立了一个工作组，重新起草一部单行的国际私法法令，作为其私法体系的一部分。[12]在对立法草案进行几年的讨论修改后，爱沙尼亚于 2002 年 3 月 27 日通过了《国际私法法令》，公布于 2002 年第 35 号《爱沙尼亚共和国官方公报》第一部分第 217 页，[13]自 2002 年 7 月 1 日起施行。这结束了该国国际私法分散立法的局面，为重获独立的爱沙尼亚恢复和发展经济、社会秩序提供了法律支撑。

（三）对《国际私法法令》的四次修订

爱沙尼亚《国际私法法令》一共 8 编 67 条，分别为：第一编"总则"（第 1~9 条）、第二编"自然人"（第 10~13 条）、第三编"法人"（第 14~17 条）、第四编"物权"（第 18~22 条）、第五编

---

〔10〕 瑞士 1987 年 12 月 18 日《关于国际私法的联邦法》中译本，参见《外国国际私法立法选译》，邹国勇译注，武汉大学出版社 2017 年版，第 376~421 页。

〔11〕 Paul Varul, "Legal Policy Decisions and Choices in the Creation of New Private Law in Estonia", *Juridica International*, Vol. 5, No. 1, 2000, pp. 104~109.

〔12〕 Karin Sein & Maarja Torga, "Estonia", in Bea Verschraegen ed., *International Encyclopedia of Laws: Private International Law*, Netherlands: Kluwer Law International, 2014, p. 16.

〔13〕 Private International Law Act (*Rahvusvahelise eraõiguse seadus*), passed on Mar. 27, 2002, *Riigi Teataja* I 2002, 35, 217. 该法中译本，参见邹国勇、王鑫译：《爱沙尼亚共和国〈国际私法法令〉》，载黄进等主编：《中国国际私法与比较法年刊》（第 26 卷），法律出版社 2021 年版，第 364~379 页。

"继承法"（第 24~29 条）、第六编"债法"（第 30~54 条）、第七编"家庭法"（第 55~66 条）和第八编"本法的施行"（第 67 条）。爱沙尼亚议会在保留该法令体例的基础上，于 2004 年 4 月 22 日、2009 年 11 月 18 日、2016 年 2 月 16 日、2017 年 6 月 7 日先后对其进行了四次修订[14]：第一次修订主要涉及第 6 条（"反致与转致"），增补了有关记名证券的第 23（1）条；第二次修订则增补了有关不当得利的第 48（1）条，用以规定三种不当得利之债的法律适用问题；2016 年进行的第三次修订涉及面较广，不仅调整了该法的适用范围，而且修正了第 2 条（"外国法的适用"）、第 5 条（"行政机关及公证机构适用外国法的权利"）和第 53 条（"更密切联系"）规定，并废止了原第 48 条有关非合同之债准据法适用范围的规定；第四次修订则涉及第 15 条有关法人属人法适用范围和第 23（1）条有关记名证券准据法适用范围的规定。

从这四次修订来看，对爱沙尼亚《国际私法法令》影响最大的应属 2016 年 2 月 16 日第三次修订对该法适用范围的调整。根据该法第 1 条新增的第 2 款规定，爱沙尼亚《国际私法法令》仅适用于国际协定或者欧盟下列条例未作规定的情形：①欧盟议会及理事会《关于非合同之债法律适用的第 864/2007 号条例》（《罗马条例Ⅱ》）[15]；②欧盟议会和理事会《关于合同之债法律适用的第 593/2008 号条例》（《罗马条例Ⅰ》）[16]；③欧盟理事会《关于扶养义务事项的管辖权、法律适用、判决的承认与执行及合作的第 4/2009 号条例》（《欧盟扶养条例》）[17]；④欧盟议会和理事会《关于继承事项的管辖权、法律适用、判决的承认与执行以及公证书的接受与

〔14〕 "Private International Law Act", Riigi Teataja, available at https://www. riigiteataja. ee/en/eli/ee/526062017004/consolide#, last visited on Nov. 15, 2022.

〔15〕 Regulation（EC）No. 864/2007 of the European Parliament and of the Council on the law applicable to non-contractual obligations（Rome Ⅱ）, OJ L 199, 31. 7. 2007, pp. 40-49.

〔16〕 Regulation（EC）No. 593/2008 of the European Parliament and of the Council on the law applicable to contractual obligations（Rome Ⅰ）, OJ L 177, 4. 7. 2008, pp. 40-49.

〔17〕 Council Regulation（EC）No. 4/2009 on jurisdiction, applicable law, recognition and enforcement of decisions and cooperation in matters relating to maintenance obligations, OJ L 007, 10. 1. 2009, pp. 1-79.

执行并创设欧洲继承证书的第 650/2012 号条例》（《欧盟继承条例》）[18]；⑤欧盟理事会《关于在离婚和司法别居法律适用领域实施业已加强的合作的第 1259/2010 号条例》（《罗马条例 III》）[19]。换言之，爱沙尼亚法院审理涉外民事案件时，应首先适用国际协定以及有关合同之债、非合同之债、扶养、继承以及离婚和司法别居等事项的欧盟国际私法条例的规定；对于其未作规定之事项，方依照《国际私法法令》确定应适用的法律。

综而观之，爱沙尼亚《国际私法法令》自 2002 年 7 月 1 日施行以来，共历经四次规模不等的修订，并且对具体条文的废止、修正和增补均在原体系基础上进行。这种渐进式的法律修订模式，一方面使该法令与时俱进，有利于克服法律规定的滞后性；另一方面又保障了法令的稳定性，避免朝令夕改，不会造成司法机关或者当事人在新旧法律适用上的混乱。

三、国际私法法律渊源的多元化、层次复杂化

爱沙尼亚作为一个传统的成文法国家，国内立法是其国际私法的主要渊源。爱沙尼亚恢复独立后，相继成为海牙国际私法会议和欧盟的成员国，其国际私法的法律渊源也随之呈现出多元化、层次复杂化的发展态势。

（一）国际私法渊源的多元化

根据 1992 年《爱沙尼亚共和国宪法》的规定，其法律渊源主要包括经爱沙尼亚议会正式批准的国际条约、议会立法、总统令、中央政府和地方当局制定的法规。法律渊源的这种分配格局适用于包括国际私法在内的所有法律部门。[20]

---

〔18〕 Regulation (EU) No. 650/2012 of the European Parliament and of the Council on jurisdiction, applicable law, recognition and enforcement of decisions and acceptance and enforcement of authentic instruments in matters of succession and on the creation of a European Certificate of Succession, OJ L 201, 27. 7. 2012, pp. 107–134.

〔19〕 Council Regulation (EU) No. 1259/2010 implementing enhanced cooperation in the area of the law applicable to divorce and legal separation, OJ L 343, 29. 12. 2010, pp. 10–16.

〔20〕 Liis Halling, "Estonia", in Jürgen Basedow, Giesela Rühl et al. eds., *Encyclopedia of Private International Law*, Edward Elgar Publishing, Inc., 2017, p. 2061.

1. 国内立法

爱沙尼亚有关国际私法的国内立法，主要是前文提到的 1994 年《民法典总则法令》、2002 年《国际私法法令》以及 2005 年《民事诉讼法典》（*Tsiviilkohtumenetluse seadustik*）。2002 年 7 月 1 日施行的《国际私法法令》是爱沙尼亚对民事法律进行全面改革的结果。在此之前，国内立法中的所有法律选择条款均规定在 1994 年《民法典总则法令》中，随着单行《国际私法法令》在 2002 年施行，同年一并制定和施行的新《民法典总则法令》不再规定任何法律选择条款。[21]《民事诉讼法典》作为爱沙尼亚国际私法的重要法律渊源，并没有设立专章规定国际私法条款，而是在不同章节中分散地规定了国际民事管辖权（第 11 章）、外国法院判决（第 62 章）和仲裁裁决（第 754 条）的承认与执行、文书送达、取证和法律援助等内容。有关民事诉讼程序，无论是国内案件还是涉外案件，均需要遵循《民事诉讼法典》的规定。此外，一些行政法规定在解决一些国际私法问题时也可供援用，如爱沙尼亚行政机关在解决外国人的姓名问题时也会考虑其《姓名法》的有关规定。[22]

2. 国际条约

爱沙尼亚先后批准、加入了一系列含有国际私法条款的国际条约。作为爱沙尼亚国际私法渊源的国际条约，包括三种类型，即双边国际私法条约、海牙国际私法会议制定的系列公约和其他含有国际私法条款的国际条约。[23]

爱沙尼亚自 1991 年以来，相继与拉脱维亚、立陶宛、俄罗斯、乌克兰和波兰等邻国缔结了一系列涉及管辖权、法律适用、法院判决的相互承认与执行以及司法合作等内容的双边国际私法条约，例如 1993 年《爱沙尼亚共和国与俄罗斯联邦关于司法协助以及民事、

---

〔21〕 Karin Sein & Maarja Torga, "Estonia", in Bea Verschraegen ed., *International Encyclopedia of Laws*: *Private International Law*, Kluwer Law International, 2014, p. 31.

〔22〕 Karin Sein & Maarja Torga, "Estonia", in Bea Verschraegen ed., *International Encyclopedia of Laws*: *Private International Law*, Kluwer Law International, 2014, p. 24.

〔23〕 Karin Sein & Maarja Torga, "Estonia", in Bea Verschraegen ed., *International Encyclopedia of Laws*: *Private International Law*, Kluwer Law International, 2014, p. 33.

家事、刑事方面法律关系的协定》、1993 年《爱沙尼亚共和国、拉脱维亚与立陶宛关于司法协助与法律关系的协定》、1995 年《爱沙尼亚共和国与乌克兰关于司法协助以及民事、刑事方面法律关系的协定》、1999 年《爱沙尼亚共和国与波兰关于司法协助以及民事、劳工、刑事方面法律关系的协定》等。[24]

　　爱沙尼亚于 1998 年 5 月 13 日成为海牙国际私法会议的成员国之后，迄今已经加入了 16 项海牙公约，分别是①1961 年 10 月 5 日《关于遗嘱处分方式的法律冲突公约》；②1961 年 10 月 5 日《关于取消外国公文书认证要求的公约》；③1965 年 11 月 15 日《关于向国外送达民事或商事司法文书和司法外文书公约》；④1970 年 6 月 1 日《承认离婚和分居公约》；⑤1970 年 3 月 18 日《关于从国外调取民事或商事证据的公约》；⑥1973 年 10 月 2 日《扶养义务判决的承认与执行公约》；⑦1973 年 10 月 2 日《扶养义务法律适用公约》；⑧1980 年 10 月 25 日《国际诱拐儿童民事方面的公约》；⑨1980 年 10 月 25 日《国际司法救助公约》；⑩1993 年 5 月 29 日《跨国收养方面保护儿童及合作公约》；⑪1996 年 10 月 19 日《关于父母责任和保护儿童措施的管辖权、法律适用、承认、执行和合作公约》；⑫2000 年 1 月 13 日《成年人国际保护公约》；⑬2005 年 6 月 30 日《选择法院协议公约》；⑭2007 年 11 月 23 日《关于儿童抚养费和其他形式家庭扶养费的国际追索公约》；⑮2007 年 11 月 23 日《扶养义务法律适用议定书》；⑯2019 年 7 月 2 日《承认与执行外国民商事

---

[24] See Treaty between the Republic of Estonia and the Russian Federation on the legal aid and legal relations in civil-, family- and criminal matters (*Eesti Vabariigi ja Vene Föderatsiooni leping õigusabi ja õigussuhete kohta tsiviil-, perekonna- ja kriminaalasjades*); Treaty between the Republic of Estonia, the Republic of Lithuania and the Republic of Latvia on legal aid and legal relations (*Eesti Vabariigi, Leedu Vabariigi ja Läti Vabariigi õigusabi ja õigus suhete leping*); Treaty between the Republic of Estonia and Ukraine on legal aid and legal relations in civil and criminal matters (*Eesti Vabariigi ja Ukraina leping õigusabi ja õigussuhete kohta tsiviil- ning kriminaalasjades*); Treaty between the Republic of Estonia and the Republic of Poland on legal aid and legal relations in civil-, employment- and criminal matters (*Eesti Vabariigi ja Poola Vabariigi vaheline leping õigusabi osutamise ja õigussuhete kohta tsiviil-, töö- ning kriminaalasjades*). Available at https://vm.ee/en, last visited on Nov. 10, 2022.

判决公约》。[25]

除了海牙公约以外，爱沙尼亚还加入了数个有关国际私法的其他国际公约，比如《承认及执行外国仲裁裁决公约》《联合国国际货物销售合同公约》等。此外，爱沙尼亚还受《国际公路货物运输合同公约》以及 2010 年修订的《卢加诺公约》约束。根据爱沙尼亚最高法院第 3-2-1-09-03 号判决，尚未被爱沙尼亚议会正式批准的以及尚未生效的国际公约，爱沙尼亚法院仍然可以作为"习惯国际法"予以适用。[26]

3. 欧盟法

自爱沙尼亚 2004 年 5 月 1 日成为欧盟成员国以来，其国际私法也深受欧盟国际私法统一化的影响。欧盟为统一和协调各成员国有关民事案件的管辖权、法律适用、外国判决的承认与执行而制定的一系列国际私法条例，诸如《布鲁塞尔条例Ⅰ（重订本）》《布鲁塞尔条例Ⅱa》《罗马条例Ⅰ》《罗马条例Ⅱ》《罗马条例Ⅲ》，以及《欧盟扶养条例》《执行令条例》《支付令程序条例》《破产程序条例》《继承条例》《取证条例》《送达条例》等，成为爱沙尼亚国际私法体系的重要组成部分。在这些条例的适用范围内，当国内立法与其规定不一致时，爱沙尼亚法院应优先适用欧盟国际私法条例。

4. 司法判例和理论学说

爱沙尼亚是一个传统的大陆法系国家，司法判例对案外当事人不具有法律约束力，并非爱沙尼亚国际私法的正式渊源。但这并不意味着判例法不重要，爱沙尼亚最高法院乃至地方法院作出的判决，也时常在后续的案件中为法官所援引或者作为当事人抗辩的理由。因此，判例法在爱沙尼亚仍然具有重要的指导意义。

另外，自爱沙尼亚恢复独立以来，有关国际私法的理论学说和著作显著增加，国际私法课程亦成了爱沙尼亚大学法科教育的重要课程。但是，理论学说不具有法律效力，同样不是爱沙尼亚国际私

---

〔25〕 HCCH, available at https://www.hcch.net/en/states/hcch-members/details1/? sid = 34, last visited on Nov. 10, 2022.

〔26〕 The Decision of the Estonia Supreme Court of Feb. 11, 2003 No. 3-2-1-09-03.

法的正式法律渊源。当法律没有明文规定时，理论学说可以作为法官审判案件的理论依据。因此，司法判例和理论学说也是爱沙尼亚国际私法不可或缺的非正式法律渊源。

（二）国际私法渊源效力的层次复杂性

法律渊源多元化是爱沙尼亚国际私法最为突出的特点之一。因此，爱沙尼亚法院在运用国际私法规则处理国际民商事案件时，尤其需要处理好国际条约、欧盟法、国内立法这三者之间的复杂层次关系。

《爱沙尼亚共和国宪法》第 123 条第 2 款规定，当爱沙尼亚法律或者其他立法与缔结的国际条约相冲突时，适用国际条约的规定。[27]即经爱沙尼亚议会正式批准的国际条约在效力上优先于国内立法，由此确立了国际条约优先的基本原则。

事实上，"欧盟法效力优先"也成了欧盟成员国内的一项基本原则。自爱沙尼亚 2004 年 5 月 1 日正式加入欧盟后，爱沙尼亚法院在法律适用上始终遵循"国际条约>欧盟法>国内立法"的原则。根据爱沙尼亚《国际私法法令》第 1 条第 2 款规定，该法令仅适用于以下情形：①国际条约或者欧盟国际私法条例尚未作出规定；②争议事项涉及非欧盟国家。但较之于爱沙尼亚与欧盟其他成员国缔结的双边或者多边国际私法条约，例如前文提到的 1993 年《爱沙尼亚共和国、拉脱维亚与立陶宛关于司法协助与法律关系的协定》、1999年《爱沙尼亚共和国与波兰关于司法协助以及民事、劳工、刑事方面法律关系的协定》，欧盟法具有优先适用的效力。反之，当爱沙尼亚和非欧盟国家缔结的国际条约与欧盟国际私法条例有不同规定时，爱沙尼亚法院仍须适用该国际条约。[28]

四、条文设计重视体系化和全面性

作为欧盟成员国，爱沙尼亚国际私法制度需要与欧盟的国际私法体系相衔接。在后续《国际私法法令》的修订中，尤其需要满足

[27] The Constitution of the Republic of Estonia § 123, RT 1992, 26, 349.
[28] Liis Halling, "Estonia", in Jürgen Basedow, Giesela Rühl et al. eds., *Encyclopedia of Private International Law*, Edward Elgar Publishing, Inc., 2017, p. 2063.

体系化、系统化的要求。2016 年立法者在对该法令进行第三次修订时，对法令的适用范围作出了明文限定，由此确立了《国际私法法令》适用的辅助地位。另外，爱沙尼亚《国际私法法令》作为一部单行的法律适用法，全文共计 8 编 67 条，内容较为全面详实，法律适用领域涵盖范围较广。笔者结合司法实践针对《国际私法法令》总则部分的重要制度和分则部分具体领域的法律适用作具体阐释。

（一）一般规定

1. 识别

识别问题作为国际私法上的一项基本问题，在爱沙尼亚过去的立法实践中未有任何有关识别的成文法规定。学理上关于识别冲突的解决主要有两种观点，即法院地法说和准据法说。爱沙尼亚的国际私法学者较为赞成法院地法的观点，司法实践中通常推定《国际私法法令》中使用的法律术语和国内实体法大体一致。[29]但也有学者提出法院地法并不总能解决所有的识别冲突问题，主张识别原则上适用法院地法，但应有例外规定。[30]当法院地国关于识别对象没有相应的法律术语或者法律制度时，需要考虑其他的识别方法。目前，越来越多的国家放弃将法院地法作为单一的识别标准，开始兼采法院地法和规定该法律制度的外国法相结合的复合标准，譬如俄罗斯、保加利亚、匈牙利等国。[31]爱沙尼亚立法者应从有利于民商事交往、维护当事人的合法权益以及便利案件审理的目的出发来设立识别标准，避免一刀切地将法院地法作为唯一的识别标准。从识别制度设计来看，爱沙尼亚可借鉴晚近以来的俄罗斯、匈牙利等国采用的复合标准来解决识别冲突。

---

〔29〕　Karin Sein & Maarja Torga, "Estonia", in Bea Verschraegen ed. , *International Encyclopedia of Laws：Private International Law*, Netherlands：Kluwer Law International, 2014, p. 49.

〔30〕　M. Torga, "Characterisation in Estonian Private International Law—A Proper Tool for Achieving Justice between the Parties？", *Juridica Intl.*, Vol. 18, No. 1, 2011, pp. 85-89.

〔31〕　《俄罗斯联邦民法典》（第 3 卷）第 1187 条、2005 年保加利亚《关于国际私法的法典》第 39 条、匈牙利《关于国际私法的第 28 号法律》第 4 条。

2. 反致

理论上的反致制度，主要有狭义的反致、转致和间接转致三种。《国际私法法令》第 6 条仅对前两种反致制度作出了规定。[32]根据该条第 1 款规定，某一国际私法案件经过爱沙尼亚的冲突规范指引适用的外国法律，包含该国的冲突法；如果外国的冲突规范指引适用爱沙尼亚的法律，则适用爱沙尼亚的实体法。这反映了爱沙尼亚立法者对狭义的反致持开放接纳的立场，有利于扩张本国法在国际私法案件的适用。但从该条第 2 款的规定来看，爱沙尼亚不接受转致。换言之，在反致问题上爱沙尼亚仅接受狭义的反致。此外，该条第 3 款还对记名证券和国际合同领域适用外国法律作出了特殊规定：如果指定适用外国法律，则只包括该国的实体法规则。可见，爱沙尼亚对反致制度持相对保守的立场，仅允许在记名证券和国际合同领域以外适用反致制度且仅接受狭义的反致。虽然该条文并未对"间接反致"作出具体规定，但其不接受转致的立场，举轻以明重足以看出立法者对间接反致的反对态度。

3. 公共秩序

《国际私法法令》第 7 条规定了公共秩序条款，爱沙尼亚立法者主要采用了"结果说"的观点。[33]当且仅当适用外国法的结果明显危及法院地国的公共秩序时，方能援引第 7 条公共秩序保留条款排

---

〔32〕 爱沙尼亚《国际私法法令》第 6 条规定："①如果本法指定适用外国法律（指引），则该国的国际私法规则应予适用。如果这些规则指定适用爱沙尼亚法律（反致），则适用爱沙尼亚的实体法规则。②如果外国法指定适用第三国的法律，则这种指定不予考虑。③如果本法第 23（1）条或者第六编第一章第一节指定适用外国法，则适用该国的实体法规则。"参见邹国勇、王鑫译：《爱沙尼亚共和国〈国际私法法令〉》，载黄进等主编：《中国国际私法与比较法年刊》（第 26 卷），法律出版社 2021 年版，第 365～366 页。

〔33〕 学理上关于公共秩序保留制度有"主观说"和"客观说"两派主张。主观说认为，法院根据本国的冲突规范指引本应适用某一外国法律，但该外国法本身的规定与法院国的公共秩序相抵触，即可排除该外国法的适用，而不考虑具体案件适用外国法的结果为何。该主张强调外国法本身的有害性，而不重视法院地国的公共秩序是否因适用该外国法而受到损害。相反，客观说不重视外国法本身是否不妥，而重视其适用是否会违反法院地国的公共秩序。结果说，作为客观说的其中一种理论，认为在援引公共秩序保留制度时，应当区分违反法院地国公共秩序的究竟是外国法的内容还是外国法的适用结果。参见赵晋枚：《国际私法上外国法适用限制之世纪标准》，载马汉宝主编：《国际私法论文选辑》（上），五南图书出版公司1984 年版，第 332～334 页。

除外国法律的适用。爱沙尼亚不少学者认为此条规定过于刚性。譬如，爱沙尼亚家庭法不承认一夫多妻或者同性伴侣制度，如果某一外国法允许一夫多妻或者同性婚姻，该外国法将会因明显与爱沙尼亚的公共秩序相抵触而排除适用。显然，这是外国法的条文本身而非其适用结果明显与爱沙尼亚的公共秩序相抵触。而法令采用了结果说的立场，认为只有适用外国法的结果明显违反爱沙尼亚的公共秩序方能援引公共秩序保留条款予以排除适用。因此，有学者认为对公共秩序保留条款的限制应由未来的判例法来确定，且对是否采纳如此严格的标准持怀疑态度。[34]

司法实践中，公共秩序问题被广泛运用于外国判决的承认与执行中。根据爱沙尼亚《民事诉讼法典》第 620 条第 1 款第 1 项之规定，如果承认外国法院的裁决将明显违反爱沙尼亚的基本原则，尤其是人的基本权利与自由，爱沙尼亚法庭可以拒绝承认该外国裁决。[35]如果适用外国法将严重违反人权势必与爱沙尼亚的基本原则相抵触，可以援引公共秩序保留条款排除外国法的适用。

4. 外国法的查明

由于各国对外国法的性质在理解上存在分歧，如何确定外国法的内容主要存在三种路径：①由当事人举证证明；②由法官依职权查明，无须当事人举证；③法官依职权查明，当事人也负有协助义务。[36]

---

〔34〕 Karin Sein & Maarja Torga, "Estonia", in Bea Verschraegen ed., *International Encyclopedia of Laws: Private International Law*, Netherlands: Kluwer Law International, 2014, pp. 52~53.

〔35〕 爱沙尼亚《民事诉讼法典》第 620 条第 1 款第 1 项规定："外国法院在民事领域作出的裁决应在爱沙尼亚共和国得到承认，但以下情形除外：①承认这一裁决将明显违反爱沙尼亚法律的基本原则（公共秩序），尤其是人的基本权利和自由……"

〔36〕 各国关于外国法的性质在认识上存在分歧，主要有三类主张：事实说、法律说和折中说。事实说，多为英、美等普通法系国家所采纳，主要是为了解决证明外国法的内容的举证责任分配问题。他们认为根据本国冲突规范指引而适用的外国法，相对于内国法而言，只是一个单纯的法律事实问题，而非法律。法律说，多为意大利、法国等国所主张，认为内、外国法律完全平等，且内国法院适用外国法是根据法律关系的性质而适用的，因此本国法官在适用内、外国法律方面没有任何区别。为了调和上述两种主张的矛盾，出现了折中说。该说认为外国法既非单纯的事实，也非绝对的法律，而是根据本国冲突规范的指引应适用的外国法律。因此，在确定外国法的内容上，须采取既有别于确定事实又不同于法律的程序。这种查明方法多为德国、日本和东欧国家所采用。参见韩德培主编：《国际私法》（第 3 版），高等教育出版社、北京大学出版社 2014 年版，第 151~153 页。

各国立法实践中，例如德国[37]、瑞士[38]以及不少东欧国家采纳了折中说的观点，认为对外国法内容的查明，既有别于确定事实的程序，也不同于确定内国法律的程序。故主张原则上由法官依职权查明，但当事人也负有协助义务。外国法的查明，爱沙尼亚也采用了折中说的立场。根据《国际私法法令》第4条第1款规定，法院负有查明外国法的义务，且有权要求当事人予以协助。从查明路径来看，法院可以请求当事人、司法部、外交部予以协助或者聘用外国法专家。

综上，较为遗憾的是爱沙尼亚未就识别问题作出具体的规定，且实践中适用法院地法的僵化做法并不能解决所有的识别冲突。俄罗斯、匈牙利等国在识别问题上采用的复合标准较能体现当前国际私法的发展趋势，对于爱沙尼亚国际私法来说是一个良好的借鉴。在反致问题上，爱沙尼亚采取了相对保守的立场，即仅在记名证券和国际合同以外的领域接受一级反致。关于公共秩序保留制度，爱沙尼亚立法采用结果说的观点，这在司法实践中也招致了否定和质疑。外国法的查明制度，爱沙尼亚主要采纳折中说的观点，外国法的内容原则上由法官依职权查明，但当事人也负有协助义务。

另外，不少国家的国际私法立法还在总则中规定了"例外""强制性规定（或者直接适用的法）""法律规避""准据法的变更""互惠""报复"等条款。然而，这些制度并没有出现在这部法令之中，立法者需要对这些制度背后所蕴藏的价值与目标并结合司法实践中的具体问题进行综合考量。

（二）具体领域的法律适用

1. 民事主体

爱沙尼亚《国际私法法令》第二编和第三编分别规定了自然人

---

[37] 德国《民事诉讼法典》第25条规定："当事人对于法官不知之法律，虽有举证之责，但法院对不知之法律，依其职权，亦得从事调查。"

[38] 1987年瑞士《关于国际私法的联邦法》第16条规定："外国法的内容由法院依职权查明。为此可以要求当事人予以合作。有关财产的事项，可令当事人负举证责任。"

和法人的法律适用。该法令第二编"自然人"规定了"自然人的住所（第10条）""自然人的国籍（第11条）""自然人的权利能力和行为能力（第12条）""宣告死亡（第13条）"四个条文。其中，第10条是该法中唯一一处就"识别"作出具体规定的条款，一定程度上反映了爱沙尼亚在识别问题上适用法院地法的立场。《国际私法法令》第三编"法人"分别规定了"调整法人的法律（第14条）""准据法的适用范围（第15条）""对代表权的限制（第16条）""其他的个人或财团协会（第17条）"四个条文。《国际私法法令》第15条采用了肯定式列举的方式规定准据法的适用范围，有助于减轻法官的识别负担，提高法律适用的准确性。

需要指出的是，不少国家的立法还在自然人部分规定了"姓名""姓名的更改""性别的更改""宣告失踪"以及"监护和保佐"等具体制度。相较而言，爱沙尼亚自然人编的条文内容不甚全面，有可能导致司法实践无法可依。立法者需要结合本国实际适当地扩充相关制度。

2. 物权

《国际私法法令》第四编"物权"分别规定了"调整物权的法律（第18条）""法定继承事件中物之所在地国法律的适用（第19条）""运输中的货物（第20条）""随货单据（第21条）""运输工具（第22条）""知识产权（第23条）""记名证券［第23（1）条］"等物权领域的法律适用。在起草国际财产法时，爱沙尼亚主要以德国模式作为最主要的范本。关于物权领域的法律适用，德国《民法典施行法》第38~46条提供了重要的参考。

在涉外物权法律适用问题上，爱沙尼亚主要奉持传统的物之所在地法原则。这一原则，在《国际私法法令》第18条有具体的体现。另外，根据《国际私法法令》第19条规定，法定继承情形下，如果物之所在地国法律规定概括继承也适用物之所在地国法，适用物之所在地国法律而非适用调整继承的法律，体现了对物之所在地国利益的保护。目前，很多国家在动产物权领域引入意思自治原则，尤其是动产物权变动方面。[39]但爱沙尼亚在动产物权问题上仍然奉行较为严格的物之所在地国法原则，仅在第 20 条和第 22 条针对"运输中的货物"和"运输工具"两类特殊动产作了例外规定，开始采用"物之所在地国"以外的连结点。譬如，第 20 条采用"运输目的地国""发送地国"等新的连结点，并允许当事人协议选择适用货物发送地国或者合同适用的法律。此外，《国际私法法令》物权编部分，还规定了"知识产权"和"记名证券"两类无形财产权的法律适用。

3. 债法

爱沙尼亚《国际私法法令》第六编"债法"设立两章分别规定了合同之债和非合同之债的法律适用。根据国际法和欧盟法优先原则，"合同之债"和"非合同之债"应优先适用《罗马条例Ⅰ》和《罗马条例Ⅱ》的规定。对于未作规定部分，适用《国际私法法令》的规定。

（1）合同之债。《国际私法法令》债法编第一章"合同之债"规定了第一节"一般规定与合同"和第二节"保险合同"两节内容。相较于其他国家的立法，爱沙尼亚的创新之处在于其在合同部分设立专节对保险合同作了较为细致具体的规定。有关合同之债的法律适用，爱沙尼亚立法者主要以 1980 年《罗马公约》为蓝本进行起草。根据《国际私法法令》第 32 条第 1、2 款规定，允许当事人协议选择合同适用的法律。当事人既可以选择整个合同适用的法律，也可以选择部分合同适用的法律。意思自治原则，在合同之债领域得到了最充分的体现。但该条第 3 款同时也规定："当事人选择合同由外国法律调整的事实，无论是否附带选择外国法院管辖，如果在选择法律时与合同相关的所有要素仅与一国有关联，则不应影响该国法律中那些不得通过合同减损的规则（强行规则）的适用。"[40]该款规定主要参考了《罗马条例Ⅰ》序言部分第（15）条的规定，但又

---

〔39〕 参见周后春：《论当代物权冲突法之趋同化走势》，载《时代法学》2013 年第 1 期。

〔40〕 邹国勇、王鑫译：《爱沙尼亚共和国〈国际私法法令〉》，载黄进等主编：《中国国际私法与比较法年刊》（第 26 卷），法律出版社 2021 年版，第 371 页。

有不同。[41]爱沙尼亚立法者将"不得通过协议加以减损的条款"等同于"强行规则",与《罗马条例Ⅰ》序言部分第(37)条的规定,即"'强制性条款'的概念应区别于'不得通过协议加以减损的条款'这种表述,并应作更严格的解释"有所出入。相较而言,针对强制性条款的适用,《罗马条例Ⅰ》采取了更严格的做法,即出于对公共利益的考量,成员国法院可以在特殊情况下适用公共政策和强制性条款。

(2)非合同之债。《国际私法法令》中关于非合同之债的冲突规范很大程度上是根据德国《民法典施行法》中第五章"债法"之第38~42条起草的。[42]该章主要规定了"不当得利〔第48(1)条〕""无因管理(第49条)""不法损害(第50条)""直接向保险人请求赔偿的权利(第51条)""对外国法适用的限制(第52条)""更密切联系(第53条)""准据法的选择(第54条)"等条款。值得关注的是,爱沙尼亚在有关非合同之债的法律适用领域引入了"例外条款"。《国际私法法令》第53条第1款规定:"如果非合同之债与依照本章规定本应适用的法律所属国以外的另一国法律具有更密切联系,则适用该另一国的法律。"该条第2款,对如何判定更密切联系还作了较为详细的定义,比如规定"更密切联系"可产生于"当事人之间的法律关系或事实关系"等。

4. 亲属法

(1)家庭法。

《国际私法法令》家庭法编分为第一章"婚姻"和第二章"父母子女关系"两章内容。其中,"婚姻"章分别规定了"调整结婚程序的法律(第55条)""调整结婚先决条件的法律(第56条)""婚姻的一般法律后果(第57条)""调整夫妻财产制的法律(第58条)""对第三人的保护(第59条)""调整离婚和婚姻无效的

---

〔41〕 欧洲议会和(欧盟)理事会2008年6月17日《关于合同之债法律适用的第593/2008号条例》(《罗马条例Ⅰ》)序言部分第(15)条。该法中译本,参见《外国国际私法立法选译》,邹国勇译注,武汉大学出版社2017年版,第452页。

〔42〕 参见1896年德国《民法典施行法》第五章"债法"第38~42条。

法律（第 60 条）""调整扶养义务的法律（第 61 条）"等方面的法律适用。关于结婚的程序，《国际私法法令》第 55 条区分了"在爱沙尼亚缔结的婚姻"和"在国外缔结的婚姻"两类缔结婚姻程序的法律适用。前者适用爱沙尼亚法律，后者只有在既符合婚姻缔结地国法律所规定的结婚程序又满足夫妻双方住所地国法律关于结婚的实质要件的情形下，才在爱沙尼亚视为有效。针对根据该法第 57 条规定不允许离婚或者只允许在极其苛刻的情形下离婚这种情形，《国际私法法令》第 60 条第 2 款作了特别规定，即只要夫妻双方与爱沙尼亚存在一定的联系，比如夫妻一方居住于爱沙尼亚，或者有爱沙尼亚国籍，或者在结婚时曾居住于爱沙尼亚或具有爱沙尼亚国籍，便可以适用爱沙尼亚法律。该款规定体现了爱沙尼亚提倡婚姻自由、尊重人权的价值取向。

该编第二章"父母子女关系"主要规定了"出身（第 62 条）""收养（第 63 条）""外国收养（第 64 条）""父母与子女之间的关系（第 65 条）""监护与照管（第 66 条）"等事项。有关父母子女关系和收养的事项，需要优先适用 1996 年 10 月 19 日《关于父母责任和保护儿童措施的管辖权、法律适用、承认、执行和合作公约》和 1993 年 5 月 29 日《跨国收养方面保护儿童及合作公约》。对于公约未作规定的事项，爱沙尼亚法院可以适用《国际私法法令》的规定。譬如，《关于父母责任和保护儿童措施的管辖权、法律适用、承认、执行和合作公约》第 4 条规定："本公约不适用于：①亲子关系的确认和争议；②收养决定、收养前预备措施或收养的无效或撤销；③儿童的姓名；④亲权的解除；⑤抚养的义务；⑥信托或继承；⑦社会保障；⑧教育或健康领域一般性的公共措施；⑨对儿童刑事犯罪所采取的措施；⑩有关庇护和移民方面的决定。"有关亲子关系的确认与争议，便可适用《国际私法法令》第 62 条的规定。

（2）继承权。

关于涉外继承的法律适用问题，立法实践中往往有"同一制"和"区别制"两种做法，以是否将遗产区分为动产和不动产作为其划分根据。爱沙尼亚立法者在起草继承的法律适用时，抛弃了以往的将遗产区分为动产和不动产的做法，在涉外继承问题上采用同一制的做法。《国际私法法令》第 24 条规定，继承适用被继承人最后住所地国的法律。另外，有关遗嘱的形式和继承合同的形式，《国际私法法令》第 27 条规定适用 1961 年 10 月 5 日《关于遗嘱处分方式的法律冲突公约》。[43]

如上分析，分则部分有关自然人、法人、家庭法、继承、物权、债法等领域的法律适用规定得较为全面细致；通过采用肯定列举的立法技术明确法律适用的范围，提升了法律适用的明确性，值得学习和借鉴。应予注意的是，爱沙尼亚《国际私法法令》在编章顺序安排上存在一定的不合理之处。《国际私法法令》第五、六、七编分别规定了"继承法""债法""家庭法"三个具体领域的法律适用，其不合理性主要表现在两个方面：一是将家庭法编顺序置于继承法编之后，有违民法逻辑；二是将债法编置于继承法编和家庭法编之后，存在结构上的不严密性。从民法逻辑来看，将继承法编置于家庭法编之后更为科学严谨。目前德国、瑞士、奥地利、格鲁吉亚、波兰、捷克等国均采用了这种做法。

五、在法律选择方法上兼顾明确性和灵活性

在国际私法立法的价值取向上，历来有两种相互对立的倾向：一种倾向在于追求法律规范的明确性、统一性和结果的一致性；另一种倾向则强调法律的灵活性和适应性。[44]在国际私法趋同化背景下，上述两种价值取向逐渐走向调和，国际私法立法正在向兼顾法律适用的明确性和灵活性方向发展，这在爱沙尼亚《国际私法法令》中也得到体现。

（一）当事人意思自治原则贯彻始终

自法国学者杜摩兰（Charles Dumoulin，1500—1566）倡导当事

---

[43]《关于遗嘱处分方式的法律冲突公约》第 1 条规定："凡遗嘱处分在方式上符合下列各国内法的，应为有效：①立遗嘱人立遗嘱时所在地；或②遗嘱人作出处分或死亡时国籍所属国；或③遗嘱人作出处分或死亡时的住所地；或④立遗嘱人作出处分或死亡时的惯常居所地；或⑤在涉及不动产时，财产所在地。"

[44] 杜涛：《国际私法的现代化进程：中外国际私法改革比较研究》，上海人民出版社2007年版，第189页。

人意思自治原则以来，该原则已成为普遍接受的确定合同准据法的首要原则，并有逐渐向侵权、婚姻财产制、动产物权等其他领域拓展的态势。当事人意思自治原则在爱沙尼亚《国际私法法令》中也被广泛采用。[45]该法令不仅在总则部分第 2 条第 2 款总括性地规定了当事人意思自治原则，[46]而且在运输中货物的物权（第 20 条第 2 款）、遗产继承（第 25 条）、合同之债（第 32、42 条）、非合同之债（第 54 条）、婚姻财产制（第 58 条）等具体领域赋予当事人选择应适用的法律的权利。

从相关法律条文来看，当事人意思自治在合同之债领域得到了最充分体现，《国际私法法令》第 32 条前两款明确规定合同由双方当事人协议选择的国家的法律调整，并允许当事人协议选择适用于整个合同或者部分合同的法律。

在涉及运输中的货物的物权、遗产继承、保险合同的准据法选择、非合同之债、夫妻财产制等事项上，《国际私法法令》仅允许有限的意思自治而非完全的意思自治，当事人选择法律的权利受到选法范围、公共秩序、强制性规定以及不得影响第三人权利等方面的限制。

对于因交易而处于运输途中的货物的物权，其设立和消灭由运输的目的地国法调整。同时，根据《国际私法法令》第 20 条第 2、3 款规定，当事人双方也可以约定适用货物的发送地国法律或者调整该项交易的准据法；然而，这种法律选择只对当事人有效，并且这种选择法律的协议不得影响第三人对货物所享有的权利。

在确定继承准据法时，也允许有限的当事人意思自治。《国际私法法令》第 25 条第 1 句规定："任何人可以通过遗嘱或者继承合同决定其遗产继承适用其国籍国法律。"该规定对遗嘱继承所允许选择的法律范围限于被继承人的国籍国法。

---

〔45〕 Karin Sein & Maarja Torga, "Estonia", in Bea Verschraegen ed., *International Encyclopedia of Laws: Private International Law*, Kluwer Law International, 2014, p. 46.

〔46〕 爱沙尼亚《国际私法法令》第 2 条第 2 款规定："如果根据某一法律、国际协定以及本法第 1 条第 2 款所指欧盟条例的规定或者交易（当事人的约定），当事人可以选择应适用的法律的……该人均可行使此项权利。"

《国际私法法令》第 54 条规定，在引起非合同之债的事件发生或行为实施以后，双方当事人只能协商适用爱沙尼亚法律，而且对法律的选择不得影响第三人权利。

此外，在婚姻财产制领域，夫妻双方被《国际私法法令》第 58 条赋予在相当有限的法律中进行选择的权利，他们可以选择其中一方的住所地国或者国籍国法律作为调整其财产关系的准据法；而且，在选择适用于婚姻财产制的法律时，还必须经过公证。

（二）将最密切联系原则作为法律选择的指导原则

最密切联系原则被美国《冲突法重述（第二次）》确立为法律选择的基本原则以来，已经被世界上大多数国家的国际私法立法所采用。爱沙尼亚仿照奥地利国际私法，也将最密切联系原则作为一项指导法律选择的基本原则，并运用于解决多法域国家法律冲突、自然人的多重国籍以及当事人未选择准据法时合同准据法的确定、婚姻的一般法律效力等问题。

当爱沙尼亚法院根据本国冲突规范的指引，应适用多法域国家的法律为准据法时，如果该国没有解决区际法律冲突的相应规定，根据《国际私法法令》总则部分第 3 条 "适用与该法律关系的情势有最密切联系的法律体系"。

为了解决自然人的多重国籍，《国际私法法令》第 11 条第 2 款规定："一个自然人具有数个国家国籍的，除非本法另有规定，否则以与该人有最密切联系的国家的国籍为准。"在确定婚姻的一般法律效力时，该法令第 57 条第 4 款明确将最密切联系作为法律选择的兜底条款，它规定 "如果根据本条第 1~3 款无法确定调整婚姻的一般法律后果的法律，则适用与夫妻双方有最密切联系的法律"。

在合同之债领域，在当事人未选择应适用的法律时，《国际私法法令》第 33 条和第 45 条将最密切联系原则作为确定一般合同和保险合同法律适用的基本原则，并采用特征性履行方法作为判定最密切联系的依据。

（三）采用 "例外条款"，增进法律选择的灵活性

"例外条款" 在 20 世纪 50 年代起源于欧洲，这种条款的采用已

经成为当今国际私法实现法律选择的确定性和灵活性最有效的手段之一。[47]最早规定一般性"例外条款"的是1987年瑞士《关于国际私法的联邦法》，该法第15条第1款将"例外条款"作为一般性条款进行规定："如果从全部情况来看，案件显然与本法所指定的法律仅有松散的联系，而与另一法律却有更密切的联系，本法所指定的法律则例外地不予适用。"

爱沙尼亚立法者在制定《国际私法法令》时，并没有仿效瑞士《关于国际私法的联邦法》将"例外条款"作为一般性条款，而只在一般合同、雇佣合同以及非合同之债等部分领域采用了"例外条款"，以实现法律选择的确定性和灵活性。对于一般合同之债，《国际私法法令》第33条第6款规定："如果从整体情况来看，合同显然与另一国有更密切联系，则不适用本条第2~5款规定"；对于雇佣合同，第35条第3款作了类似规定："如果从整体情况来看，雇佣合同显然与另一国有更密切联系，则不适用本条第2款规定。此时，适用该另一国法律。"对于不当得利、无因管理和侵权行为等非合同之债，《国际私法法令》第53条也设立了"例外条款"，并具体规定了据以产生"更密切联系"的各种情势：①当事人之间的法律或者事实关系；②非因履行义务产生的不当得利、无因管理以及不法损害，可基于在具有法律效力的事件发生时或者行为实施时当事人在同一国家有住所的事实。

（四）确定属人法的连结点：从"国籍"回归"住所"

在属人法方面，爱沙尼亚过去一直奉行住所地主义的原则，这在1865年《波罗的海私法典》和1940年的民法典草案中均有体现。但在1940—1991年作为苏联加盟共和国的五十余年间，爱沙尼亚苏维埃政府出于巩固政权的需要，抛弃了爱沙尼亚以住所地作为属人法连结点的传统，开始采用"国籍"作为属人法连结点。[48]爱沙尼

---

〔47〕 杜涛：《国际私法的现代化进程：中外国际私法改革比较研究》，上海人民出版社2007年版，第194~195页。

〔48〕 Karin Sein, "Law Applicable to Persons Pursuant to Draft Private International Law Act", *Juridical International*, Vol. 6, No. 1, 2001, pp. 133–136.

亚恢复独立后，1994 年《民法典总则法令》第 130 条和第 131 条又恢复以住所作为属人法连结点的传统。[49]

《国际私法法令》更是将住所作为自然人属人法的主要连结点，而国籍只是在法律允许当事人意思自治时的一个补充连结点。在整部法令中，"住所地国"作为连结点出现 23 次，"国籍国"仅出现 6 次。根据该法令第 11 条第 3 款及第 12、13、24、28、29、56、57、62~64 条的规定，对于无国籍人、国籍不明者或/和难民、自然人的权利能力与行为能力、宣告死亡、遗产继承、订立遗嘱的能力、继承合同与相互遗嘱、结婚的条件、婚姻的一般法律后果、出身、收养、亲子关系等属人法事项，均适用当事人的住所地国法律。相对而言，《国际私法法令》只在相当有限的情形下使用"国籍"这个连结点作为补充。例如，对于遗产继承，第 25 条允许被继承人通过遗嘱或者继承合同指定适用其国籍国法律；对于婚姻财产制，第 58 条允许夫妻双方选择其中一方的住所地国或者国籍国法律作为准据法。另外，为了保护爱沙尼亚国民的离婚权利，如果根据所援引的外国法律不允许离婚或者只允许在极其苛刻的条件下离婚时，如果夫妻一方居住于爱沙尼亚或者有爱沙尼亚国籍，或者在结婚时居住于爱沙尼亚或者具有爱沙尼亚国籍，第 60 条规定允许依照爱沙尼亚法律解除婚姻。

六、爱沙尼亚国际私法现代化对中国的启示

（一）熟悉爱沙尼亚涉外法律制度，善用法律武器解决涉外纠纷

自爱沙尼亚 1991 年恢复独立以后，爱沙尼亚便与我国正式建立了外交关系。两国政府建交三十多年来，在政治、经济、文化、教育等多个领域进行了深度的交流与合作。在经济领域，两国政府先后于 1992 年 5 月与 1993 年 9 月签订了《经济贸易协定》和《投资保护协定》，这为两国双边经贸合作与发展奠定了法律基础。2017 年 11 月，在中东欧国家领导人会晤期间，中爱两国政府签署了《中

---

〔49〕 譬如，根据 1994 年爱沙尼亚《民法典总则法令》第 130 条和第 131 条的规定，便开始恢复采用住所地作为属人法的连结点。

华人民共和国政府和爱沙尼亚共和国政府关于共同推进丝绸之路经济带与 21 世纪海上丝绸之路建设的合作谅解备忘录》《中华人民共和国国家发展和改革委员会与爱沙尼亚共和国经济事务和通信部关于加强"网上丝绸之路"建设合作促进信息互联互通的谅解备忘录》《中华人民共和国商务部和爱沙尼亚共和国经济事务和通信部关于电子商务合作的谅解备忘录》。[50]

2016 年爱沙尼亚《国际私法法令》第三次修订调整了该法的适用范围，自此爱沙尼亚确立了"以国际条约和欧盟条例为主、《国际私法法令》为辅"的国际私法立法格局。对于在爱沙尼亚生活、工作和投资的中国公民和中国法人来说，爱沙尼亚作为欧盟成员国，除了需要了解爱沙尼亚的私法制度，还需要了解整个欧盟体系的法律运转，如此在争议处理时方能灵活运用法律武器维护和保障自身的合法权益。

从司法救济途径来说，争议解决办法主要有两种：一是外商投资者与东道国之间的纠纷主要诉诸国际投资争端解决中心寻求国际仲裁；二是涉外平等主体之间的纠纷一般向当地法院或者仲裁机构申请仲裁。目前中资企业与爱沙尼亚企业之间发生的商务纠纷多以私下调解为主，尚没有诉诸法院或者仲裁机构裁决的先例。在爱沙尼亚发生商事纠纷，一般选择适用爱沙尼亚当地法律解决。[51]

近十年来，爱沙尼亚的经济政策和外资法律法规总体较为稳定，且该国法律体系较为健全，司法严明。随着"一带一路"合作的展开，爱沙尼亚政府和工商界欢迎中国企业赴爱投资，并给予外资以国民待遇，尤其是对企业利润用于再投资的部分不再进行双重征税，为外资进入提供了一个非常好的营商环境，有利于助推中爱两国"一带一路"建设向高质量发展。

（二）为完善我国国际私法立法提供了良好借鉴

改革开放四十多年以来，我国国际私法立法经历了从分散立法

---

〔50〕《中国同爱沙尼亚的关系》，载 http://new. fmprc. gov. cn/web/gjhdq_676201/gj_676203/oz_678770/1206_678820/sbgx_678824/，最后访问日期：2022 年 11 月 14 日。

〔51〕《2018 年对外投资合作国别（地区）指南——爱沙尼亚》，载 https://www. yidaiyilu. gov. cn/zchj/zcfg/41541. htm，最后访问日期：2022 年 11 月 14 日。

到专章立法，再由专章立法到独立立法的转变。[52]2020 年 5 月 28
日，第十三届全国人大第三次会议正式表决通过《中华人民共和国
民法典》，而涉外民事关系法律适用部分的法律规范并未入编，这意
味着我国国际私法立法于《民法典》之外独自成典的趋势已定。继
续推动我国国际私法法典化，是未来我国新时代法治建设和国际私
法自身发展的内在需要。但从现实角度来说，中国国际私法的法典
化是一项浩大的系统性工程，不可能一蹴而就，需要循序渐进、分
阶段实施。现阶段的首要任务仍然是对现有的《涉外民事关系法律
适用法》进行改进和完善。

1. 制定科学的立法规划，稳步推进立法修订工作

从法律传统来说，爱沙尼亚沿袭了过去的日耳曼法系，属于典
型的大陆法系国家；而我国的民法制度较大程度上也是从德国民法
和日本民法移植而来，我国和爱沙尼亚在法律传统上有一定的相似
性。此外，在出台单行的法律适用法以前，两国的国际私法立法也
都同样处于分散立法且多层次的状态之中。因此，在我国尚未启动
国际私法法典化改革的情况下，爱沙尼亚国际私法的现代化进程对
于完善我国的国际私法立法具有较大的参考价值。

如前所述，爱沙尼亚 2002 年首次颁布的《国际私法法令》共计
8 编，除了第一编"总则"和第八编"本法的施行"以外，其余六
编分别规定了"自然人""法人""物权""继承法""债法""家庭
法"六个具体领域的法律适用。该法主要以奥地利国际私法为蓝本，
体系搭建较为健全，各编就具体事项的法律适用条款的规定亦具体
明确，可操作性强。此后，爱沙尼亚立法者针对该法的四次修订工
作主要采取了渐进式的修订路径，即在保持基本框架和条文顺序不
变的基础上对法令条文内容进行小范围的增补、修改、废止和释义。
这种修订方式既保证了立法的与时俱进，也保障了法律的稳定性，
值得我国立法者学习和借鉴。

---

〔52〕 参见刘晓红：《中国国际私法立法四十年：制度、理念与方向》，载《法学》2018
年第 10 期。

2. 整合现有立法，优化立法结构

随着我国《民法典》的正式施行，《民法通则》《合同法》《继承法》等相关法律同时废止，其中有关法律适用的条文也随之失效；而《票据法》《海商法》《民用航空法》中涉外商事关系的法律适用规定继续适用。当前我国冲突法立法仍旧处于"以《涉外民事关系法律适用法》为主、其他分散立法持续有效并存"的格局之下。有学者认为，当前我国国际私法立法的完善，不仅要着眼于增量变化，也要考虑到存量优化。[53]

首先，需要整合现有立法，结束分散立法的局面。由于过去我国法律体系并不健全，分散立法方式是特定时期我国国际私法立法的最佳选择。但如今，分散立法模式已经不再符合当前我国国际私法立法系统化、科学化、现代化需求的实际。为此，需要立法部门对现有的法律适用规范及相关的司法解释进行整合，并将散落在《票据法》《海商法》《民用航空法》中的法律适用规范整合到《涉外民事关系法律适用法》中，结束当前我国冲突规范分散立法的局面。[54]

其次，优化我国 2010 年《涉外民事关系法律适用法》体例结构。该法共计 8 章 52 条，分别规定了"一般规定""民事主体""婚姻家庭""继承""物权""债权""知识产权""附则"。暂且不论条文内容，其立法结构的不合理性为国内绝大多数学者所诟病。譬如，有关第七章"知识产权"的立法安排，我国立法者不仅针对知识产权的法律适用单独设章，且将其顺序位于第六章"债权"之后，打乱了章节安排上的和谐性和结构上的严密性。[55]

有关知识产权领域的法律适用的结构安排，各国的立法实践各有不同，这取决于该国国内的财产法制度。知识产权与物权联系紧

---

〔53〕 参见丁伟：《论民法典编纂对我国国际私法立法的影响》，载《暨南学报（哲学社会科学版）》2015 年第 9 期。

〔54〕 参见马志强、马思捷：《民法典编纂背景下国际私法立法体例论纲》，载《河南社会科学》2018 年第 9 期。

〔55〕 参见丁伟：《〈民法典〉编纂催生 2.0 版〈涉外民事关系法律适用法〉》，载《东方法学》2019 年第 1 期。

密，属于一种无形财产权。国际上主要有以下几种做法：①设立专章规定知识产权，顺序位于物权之后，比如瑞士、波兰；②将物权和知识产权并列，共同设立"物权和知识产权"，比如黑山共和国；③将知识产权纳入物权编，比如爱沙尼亚。鉴于相似的法律传统，爱沙尼亚的做法对我国有一定的参考意义。国内也有学者建议构建财产权冲突法体系取代原有的物权冲突法体系。[56] 如此一来，将知识产权纳入"财产权"，便能突破"物必有体"的限制。

3. 扩大立法所涉领域，充实立法条文

从篇章安排上来说，尽管我国《涉外民事关系法律适用法》涵盖了"民事主体""婚姻家庭""继承""物权""债权""知识产权"六个具体领域，但整部法律条文总计才52条，条文内容规定比较笼统模糊、简单粗放，缺乏系统性和可操作性。以合同领域的法律适用为例，我国《涉外民事关系法律适用法》第41~43条分别规定了一般合同的法律适用，以及消费者合同和劳动合同两类特殊合同的法律适用。譬如第41条，一方面赋予合同当事人完全的选法自由；但当事人未作出法律选择时，适用履行义务最能体现该合同特征的一方当事人经常居所地法律或者其他与该合同有最密切联系的法律。将"一方当事人经常居所地法律"与"最密切联系地法律"并列，又会造成法官选法上的困难。条文设计过于原则，缺乏可操作性。

在合同领域的法律适用，爱沙尼亚《国际私法法令》的规定就更为系统全面、明确具体。该法令第六编为债法编，设立两章分别规定了合同之债和非合同之债的法律适用。其中合同部分还细分为两部分：第一节为"一般规定与合同"，第二节为"保险合同"。第一节内容涉及"准据法的选择""未选择法律时应适用的法律""合同的实质效力""合同的形式效力""债权让与""法定代位权"以及特殊合同"消费者合同""雇佣合同"。第二节较大篇幅地规定了"保险合同"的法律适用。对比可以发现，我国《涉外民事关系法

---

〔56〕 参见周后春：《中国物权冲突法体系之重构》，载《河南财经政法大学学报》2013年第4期。

律适用法》众多条文内容设计简单粗陋，亟须改进立法技术，扩大立法所涉领域，提升法律适用的明确性、可操作性。

（本文责编：冯硕）

The Modernization Process of Estonian Private International Law
— For the 20th Anniversary of the Implementation
of the Act thereof

Zou Guoyong, Wang Xin

Abstract：Since the restoration of independence in 1991, Estonia has completed the reform of private law system in three stages. Following the Austrian model, Estonia has formulated a separate Private International Law Act, which has been revised for four times according to social development. It has gradually formed a legislative pattern of "focusing on international treaties and EU regulations, supplemented by the Private International Law Act", while its private international law sources being characterized by diversification and complexity. The article design of Estonia's Private International Law Act attaches importance to systematization and comprehensiveness; in terms of the approaches of choice of law, both clarity and flexibility have been taken into account, while the principle of party autonomy and that of the closest relationship being implemented. Besides, "Exception clauses" has been creatively formulated in the field of foreign-related infringement, and "domicile" restored as the main connecting factor of *lex personalis*. In view of the legal tradition similar to Estonia and the decentralized legislative background of private international law, the modernization process of Estonia's private international law provides a good reference for us to get familiar with Estonia's foreign-related legal system, promote the high-quality development of the "Belt and Road" construction between China and Estonia, and improve China's private international law codification.

Keywords：Private International Law Act of Estonia；Freestanding Model of Codification；Diversity of Legal Sources；Approaches of Choice of Law

俄罗斯矿产资源制度建构与价值诉求[*]

李　瑶[**]　贾少学[***]

摘　要：俄罗斯矿产资源受到特定法律规制，在法律渊源、物权归属等方面具有丰富的理论内容。俄罗斯矿产资源立法具有较为浓厚的公法色彩，可从合理利用资源、生态权利保护、多级共同管理三重维度进行分析。俄罗斯矿产资源制度建构存在着超越普通法律规范的利益目的，带有强烈的国家资源安全导向，强化了俄罗斯联邦资源利益的维护，对相关制度规范的探讨有利于推动中俄资源合作持续深化。

关键词：资源安全；矿产资源；立法规制

中俄两国近年来积极对接各自发展战略，在能源、贸易、投资、基础设施建设等领域发展迅速。[1]习近平主席在不同场合多次强调中俄两国能源合作的重大意义，资源开发利用是中俄一系列合作领域中的重要组成部分。"强化能源战略伙伴关系，稳步推进油气合作大项目，加强能源领域重大技术联合创新攻关，拓展新能源合作，支持彼此保障能源安全，推进完善全球能源治理体系"是中俄两国元首达成的重要共识，[2]两国元首在 2023 年 3 月 21 日发布的《中俄联合声明》中再次指出中俄全面战略协作伙伴关系处于历史最好

---

　* 基金项目：2022 年国家社科基金一般项目"上合组织数据安全法律治理机制研究"（项目编号：22BFX160）。
　** 中国政法大学比较法学研究院 2020 级博士研究生。研究方向：比较法律文化。
　*** 上海政法学院副教授。研究方向：俄罗斯中亚法律政策。
　〔1〕 参见习近平：《论坚持推动构建人类命运共同体》，中央文献出版社 2018 年版，第 452~453 页。
　〔2〕《习近平同俄罗斯总统普京会谈》，载 https://politics.gmw.cn/2022-02/04/content_35494684.htm，最后访问日期：2023 年 4 月 1 日。

水平并持续向前发展，"一带一路"经济合作是重要内容。[3]在
"一带一路"倡议背景下，中国企业需要走出去，在沿线各国投资，
建立经济合作关系，而投资的合法性以及安全性的前提条件则是了
解当地国家的法律。[4]近年来，国际关系学界有关中俄资源开发合
作战略关系的研究日益丰富，起到了积极的促进作用；但是面对俄
罗斯矿产资源领域不断进行的制度调整以及投资风险扩大的现实困
境，国内法学界的讨论却相对匮乏，大多局限于"一带一路"法律
投资的宏观分析，而关于此领域的细分研究却成果寥寥，鲜有学者
进行系统讨论，并未真正形成对俄罗斯相关法学理论、法律制度的
长期追踪。可以说，"我国学界对俄罗斯问题领域的了解，包括对于
这个国家和民族的若干研究，还是远远不足的"[5]。亦正如江平教
授指出的："苏联解体了，但俄罗斯的法律并没有解体，它仍然强有
力地支撑着俄罗斯的国家、社会、经济的运作……我们需要从一个
大国如何用法律维系它的制度生存学习到有益的东西。"[6]对此，
学界需要积极对俄罗斯不断变化的矿产资源法律规范进行梳理，探
索其存在的价值诉求。

进入 21 世纪，俄罗斯矿产资源立法行为已经明显呈现了两种并
行的制度发展轨迹：一方面是建立适应市场经济转型发展要求的矿
产资源权属管理制度，不断解决资源利用问题，在具体制度设计上
对矿产资源所有权与使用权的属性进行区分，涉及申请、出让、抵
押、担保、勘探与开采许可、资质注销、变更等各个环节，这种有
针对性的梳理和细化，为俄罗斯国民经济的发展奠定了坚实的法律
基础；另一方面是从立法上加强管理、严格约束行业活动秩序、持
续加大资源开采与环境执法力度，通过多级分权共管，加强政府职

〔3〕 参见《中华人民共和国和俄罗斯联邦关于深化新时代全面战略协作伙伴关系的联
合声明》，载 https://politics.gmw.cn/2023 – 03/22/content_36445344.htm，最后访问日期：
2023 年 4 月 1 日。
〔4〕 参见王志华：《"一带一路"法律图谱分析》，载《扬州大学学报（人文社会科学
版）》2018 年第 2 期。
〔5〕 ［美］尼古拉·梁赞诺夫斯基、马克·斯坦伯格：《俄罗斯史》（第 8 版），杨烨等
主译，上海人民出版社 2013 年版，序言。
〔6〕《俄罗斯联邦民法典（全译本）》，黄道秀译，北京大学出版社 2007 年版，总序。

能转变，强化联邦国家权力机关与联邦主体权力机关职能的衔接，理顺俄罗斯联邦、俄罗斯联邦主体、地方自治政府的各级管理体制和职责，对矿产资源交易市场进行监督、服务和宏观调控。可以说，这种采用法律规制手段对矿产资源行业市场进行有效控制的根本目的便在于维护国家资源安全。关于俄罗斯矿产资源制度的研究无论是基于"一带一路"区域国别问题研究的视角，抑或是站在中国对外资源合作的法律立场，对于我国推动"一带一路"建设有着不可替代的理论与实践价值。因此，有必要运用多学科理论工具，对俄罗斯国内不断完善的矿产资源规范进行积极回应，深入探究其内在属性与价值诉求。

一、"矿产资源"的语义理解

从语义学角度分析，俄语"недра"通常具有"地球""深处""内部"等意义。从地质学上来看，学界通常认为"地球"包括"地壳""地核""地幔"三个部分，而在当今法律视野中，"地球"无法深达至"地核"，仅包含地下一定空间的可用资源以及其他矿产资源，如地热、地下水等。可以说，当俄语"недра"一词作为法律术语开始使用时，就意味着其意义已经发生了一定的引申变化，即在内容上对资源进行了空间意义上的标准界定，排除了地核与地幔的空间部分。根据《俄罗斯联邦矿产资源法》的规定，矿产资源（недра）指的是"土壤层以下的部分，或在没有土壤层情况下，在地表、水体和水流底部以下，延伸到可以进行地质勘探和开发所及深度的地壳部分"。[7]这个定义突出强调了物理空间上的界定视角。《俄罗斯联邦矿产资源法》亦明确规定，围绕"矿产资源"发生的调整关系，包括在地质研究，矿产资源的使用和保护，地质研究技术的发展，难以恢复的矿产资源勘探与开采，采矿和相关加工行业的废物利用，特定矿产资源（石灰岩和湖泊的盐水、泥炭、腐泥和其他物质），地下水（包括伴生水，与石油、天然气和天然气凝析油

---

〔7〕 Закон Российской Федерации от 21 февраля 1992 г. N 2395-I "О недрах" (ред. от 17. 02. 2023).

一起从地下提取的水），以及利用者为自己的生产和技术需要用水等领域所产生的关系。[8]

俄罗斯对"矿产资源"的法律规制主要依托《俄罗斯联邦矿产资源法》这一规范性法律文件，该法是用来对俄罗斯矿产资源进行管理、勘查、开发利用、保护等方面进行调整的一部特定法律。当然，除了《俄罗斯联邦矿产资源法》之外，在矿产资源税收、投资、产品分成等方面也存在其他部门法律的相关规定，共同组成了矿产资源法律制度体系。必须指出的是，我国对俄罗斯矿产资源立法问题的研究还很不充分，学界目前对于《俄罗斯联邦矿产资源法》的法律名称尚未达成统一，存在混同使用"矿产资源"与"地下资源"作为专门法律术语的现象，[9]导致在探讨俄罗斯相关法律条款与法律逻辑时产生理解差异，引发实践中的混乱。根据《中华人民共和国矿产资源法实施细则》第 2 条第 1 款规定："矿产资源是指由地质作用形成的，具有利用价值的，呈固态、液态、气态的自然资源"，这种概念的界定方式在特别强调价值需要的同时，未对利用资源的空间状态进行界定。俄罗斯"矿产资源"（недра）从语义本源出发，调整关系范围除一般意义上的矿产资源（полезные ископаемые）的开采利用之外，另涉及其他地下空间的物质利用及相关活动。依上文论述分析，虽然俄罗斯"矿产资源"作为专门法律术语使用时的内涵不完全等同于我国矿产资源法学理论中的"矿产资源"法律概念，但是从所涉范围、概念逻辑的视角来分析，二者依旧存在相当多的共同部分，"矿产资源"作为法律术语存在一定的通约性、对等性。需要指出的是，在《俄罗斯联邦矿产资源法》中，"矿产资源"系该法的专门法律术语，而在宏观论及与矿产资源有关的国家战略、制度环境等相关问题时，"矿产资源法律制度"一词具有相对

---

[8]　Закон Российской Федерации от 21 февраля 1992 г. N 2395-I "О недрах"（ред. от 17. 02. 2023）.

[9]　我国对俄罗斯矿产资源立法问题尚处于初步的探讨阶段，刘辉博士对此亦进行了相关论述并提出"地下腔体"的概念，我国学界目前对于俄罗斯矿产资源法的法律名称尚未达成统一，具体讨论可参见刘辉：《俄罗斯矿产资源使用关系的法律调整》，载《中国石油企业》2006 年第 12 期。

宽泛的含义，不仅包括《俄罗斯联邦矿产资源法》，也涵盖与矿产资源管理有关的其他法律部门的规定。

二、制度建构的多重维度

矿产资源的相关开发与利用关乎一国的经济命脉与国家利益，俄罗斯除了《俄罗斯联邦矿产资源法》之外，同时也制定与修订了一系列与矿产资源开发有关的其他法律制度，基本完成对矿产资源的制度体系建构，在规范建设、权利设置、战略导向等方面为矿产资源的合理开发与安全利用确定了方向。

（一）规范建设

考察苏联时期对于矿产资源开发利用领域的立法建设，不难发现，苏联对于矿产资源所进行的法律调整属于较为粗放、表层的职权主义模式，相关制度本身的位阶相对较低，所进行的有针对性调整的法律规范多以条例、细则为主，含有强烈的计划经济色彩，人为管控的因素较多。在这一时期主要适用的一些规范可见一斑，具有代表性的文件是 1975 年《苏联和各加盟共和国矿产资源法律纲要》。"独立后的俄罗斯联邦实行了从传统的社会主义制度向现代资本主义制度的全面转轨。在这种全面转轨或过渡的巨大背景之下，俄罗斯联邦的政治理论、经济理论、军事理论、法学理论等都发生了重大的变化或有了新的发展。"[10]从法律制度内部观察，俄罗斯不断建立并完善的制度体系建设，相较于苏联时期的立法而言具有巨大的进步，以宪法为统领的法律渊源表现为形式完整、有机统一的制度体系。俄罗斯法学界著名学者弗·弗·拉扎列夫（V. V. Lazarev）和弗·斯·阿法纳西耶夫（V. S. Afanasiev）等人均认为，对于法的渊源，人们可以从不同的角度进行理解。例如，人们可以从促进法的产生和讨论法的效力来源的角度来理解法的渊源，也可以从认识法的角度来理解法的渊源，这些被称为其他规范性法律文件。[11]从这个意义上来说，俄罗斯矿产资源制度体系中存在大量各级俄罗斯政

---

〔10〕 王树义：《20 世纪 90 年代俄罗斯联邦法学理论》，载《国外社会科学》2000 年第 5 期。

〔11〕 参见王树义：《俄罗斯生态法》，武汉大学出版社 2001 年版，第 54~55 页。

府部门法规、条例、命令、决定、决议、联邦主体法律等规范性文件，这些规范性法律文件被俄罗斯国内学界一致认为是法的基本渊源。总体来看，俄罗斯矿产资源立法体系可以分为以下三个层次：首先，《俄罗斯联邦宪法》作为根本性法律为矿产资源制度设定了根本方向与权利框架。宪法作为一国根本大法，规定了该国的国体与政体、国家机构组成形式、公民基本权利等基础性事项，是国家政治经济社会秩序的基石，为矿产资源的所有与利用提供了原则性规定，如共同管理原则等。其次，《俄罗斯联邦矿产资源法》作为主体性法律，在规范内容上涵盖了矿产资源方面的法律制度，主要包括矿产资源所有制度，矿产资源有偿使用、取得流转制度，以及矿产资源开发的行政管理、战略储备等。矿产资源法的建立以及一系列具体法律制度的设立为俄罗斯矿产资源的法律治理作了类别化与功能化的区分，为细分管理进行了制度规划，《俄罗斯联邦矿产资源法》生效至今已经进行多次重大的修改。截至目前，共计修订 65次，最近的修订时间为 2023 年 2 月 17 日，法律变动可谓十分频繁。最后，针对某些重要类别的矿产资源以及特别管理程序，辅以《俄罗斯联邦产品分成协议法》《俄罗斯联邦贵金属与宝石法》《俄罗斯联邦矿产资源使用证许可条例》《俄罗斯联邦关于外商对国防和国家安全具有战略意义的商业公司进行投资的程序》等专属性法律。[12]俄罗斯联邦政体的特性决定了俄罗斯不同的联邦主体与地方自治政府，故立法机关出台了大量的矿产资源行政法规、地方性法规、矿产资源部门规章、地方规章等不同层级与效力的规范性文件作为主体性法律及专属性法律的补充，如《哈巴罗夫斯克边疆区投资法》等。以上不同法律渊源形式的制度规范相互作用、互有渗透、互为支撑，在法律功能、规制对象、所涉领域等方面既有共同之处也有个性差异，核心是紧密围绕《俄罗斯联邦宪法》，以国家基本权力和

---

〔12〕 俄罗斯联邦矿产资源利用局公布了 180 部矿产资源领域常用规范性法律文件及百余部部门规章。具体参见俄罗斯联邦矿产资源利用局（Роснедра）官网，载 https://rosnedra. su/activity/documents/perechen-normativnykh-pravovykh-aktov-v-sfere-nedropolzovaniya/，最后访问日期：2023 年 5 月 14 日。

公民宪法权利为逻辑中心进行制度衍生，共同成为矿产资源制度体系的一部分。

上述法律渊源中，法律作为规范体系中最为稳定的制度形态，对于考察矿产资源规范的规制对象具有不可替代的作用。俄罗斯矿产资源立法一直较为活跃。通过总结分析历次修订内容我们可以发现，矿产资源法律变动主要聚焦在以下几个方面：一是对联邦三级管理部门的职能权限进行规制，强化国家对重要资源的控制，即划定国家储备矿区并对矿产地进行分类——将矿产地分为联邦级矿区、地方级矿区和一般矿区，特别规定国家储备矿区与联邦级矿区由联邦国家权力机关控制。二是划定产品分成模式并强调许可证的法律地位和规范操作流程，即提升纳入产品分成协议的矿区的法律地位，同时结合国家许可制度、招标及拍卖制度的补充完善，强化国家对资源使用权的管理。三是完善矿产资源领域的各种税费制度，并进行复杂的税费改革，集中体现在《俄罗斯联邦矿产资源法》第五章"矿产资源利用的收费"。可见，"法律需要不断针对外界形式变化作出自身改变，法律的不断更新变化意味着人们立法保障措施的不断更新。"[13]可以看出，俄罗斯的矿产资源投资环境经历了从政府垄断到市场开放，然后从无序混乱竞争转为中央政权垂直调控的不同阶段，表现出了一种国有化—法律化—多元化的管理轨迹。但从另一个角度来说："……燃料和能源综合体的每个领域均受其各自独立的法律法规约束。这种规制方法很可能导致在适用法律时的不统一，并由此导致无法实现或不能完全实现法律所规定的目的和宗旨。"[14]这些修改无疑给中国等外国投资者带来了负面印象，即俄罗斯资源管理制度较为不确定、难以预测、事后溯及以及法律工具化等。[15]

（二）权利设置

俄罗斯矿产资源法律本身是作为人们规制矿产资源领域生产、

---

〔13〕 卓泽渊：《法的价值论》，法律出版社 2006 年版，第 255~256 页。

〔14〕 Гензель В. В. Правовое обеспечение энергетики. ЭЖ-Юрист. 2014. No. 38.

〔15〕 参见贾少学：《"一带一路"倡议背景下的俄罗斯能源投资制度分析》，载《法学杂志》2016 年第 1 期。

生活关系的手段与方式，这从本质目的上决定了人需要对矿产资源行使占有与支配，借助法律进行进一步的确权、调控、分配等活动，从而发生围绕矿产资源法律关系产生的作用与意义。俄罗斯民法中关于物的所有权理论认为"矿产资源"不是民法上"土地"的构成部分，《俄罗斯联邦民法典》中的物权体系部分对此作了专门规定，土地所有权人有权按照自己的意志利用该土地地表上方及下面的一切物，但矿产资源法、大气空间利用法、其他法律有不同规定除外，且不侵犯他人的权利。[16]矿产资源不同于其他一般"物"而具有法律权利的处分独立性，土地所有权人并不当然成为矿产资源物权所有人。《俄罗斯联邦矿产资源法》第1.2条专门对矿产资源所有权进行了规定："在俄罗斯联邦领土范围内的矿产资源，包括地下空间以及地下矿产类、能源类、其他类资源，为国家所有。矿产资源的占有、使用和管理问题由俄罗斯联邦和俄罗斯联邦各主体共同管辖。矿产资源地段不得成为买卖、赠送、继承、出资、抵押的标的，不得以其他形式转让。在联邦法律允许的情况下，矿产资源使用权可以转让。"[17]这从规范上确立了俄罗斯联邦是矿产资源的唯一所有权主体，从法律上排除了各个联邦主体、法人以及其他团体、组织、自然人作为矿产资源所有权主体的可能，而只能成为使用权的权利主体，土地所有权人仅享有对未列入国家矿产资源平衡表中的普通级别矿产资源的开采权利。

俄罗斯为使矿产资源发挥其经济价值，当然需要对其进行有效开采并予以市场化运作，使矿产资源转化为开采产品，以取得经济效用为俄罗斯经济发展服务。这就要求在确立俄罗斯矿产资源的国家所有权制度下，将矿产资源所有权通过制度设计让渡给他人，以实现所有权人的利益。为此设立的许可证制度是俄罗斯矿产资源开采利用的重要内容。目前，根据俄罗斯联邦矿产资源利用局公布的

---

〔16〕 Часть первая Гражданского кодекса Российской Федерации（ред. от 14.04.2023）.

〔17〕 Закон Российской Федерации от 21 февраля 1992 г. N 2395-I "О недрах"（ред. от 17.02.2023）.

数据，现行有效的矿产资源利用许可数量为 23 361 个。[18] 在中俄长期以来的资源合作实践中，投资发生较大风险及损失的案例不在少数，很大一部分原因是中方企业对于俄罗斯的许可证制度规定存在认知差异所致。具体而言，许可证的颁布是典型的要式行政行为，在法律授权的范围内，作为公权力机关（行政行为主体）给予其持有者的一种权利行使的资格。被授权的权利者（行政行为相对方）应当按照指定的目的并在规定期限内、遵守事前约定的要求和条件、在一定的边界内使用某个矿产资源区块，从而享有许可行为中规定的权利。在这个权利义务架构的过程中，国家通过设置较为复杂的许可行政行为关系将矿产资源管理"类型化"与"模式化"。[19] 俄罗斯通过许可行政授权方式对地下未开采的自然资源与已采出的矿产资源两类法律客体作了所有权的衍生设计，建立了矿产资源产品的权利概念，俄罗斯联邦矿产资源使用许可证实际起到了确权登记的法律作用。[20] 除此之外，俄罗斯还建立了与外国投资者进行资源合作的产品分成模式，将国家和投资者之间原来的行政管理者与被管理者的监管关系转化为平等民事主体间的合同法律关系，充分利用中国、英国等外国投资者的开采技术与资金。当然，产品分成协议的签订必须在矿产资源使用许可的框架下，《俄罗斯联邦矿产资源法》第 11 条特别规定，根据产品分成协议提供的矿产资源地块应通过矿产资源使用许可正式确定。禁止矿产资源使用者将矿产资源使用许可证转让给第三方。2022 年 12 月 29 日，立法者对此条（第 11 条）进行了修订，指出在以下情况下，矿产资源的使用无需获得使用许可：其一，由管理国家矿产资源储备的联邦机关或其地方机关管辖的国家级（预算级或自治级）机构根据本法第 10.1 条第 1 款第 11 项规定的国家任务对矿产资源状况进行区域地质研究与国家监测；

---

〔18〕　数据来源于俄罗斯联邦矿产资源利用局（Роснедра）官网，载 https://www.rosne-dra. gov. ru/？ ysclid＝lhpizox21c327862606，最后访问日期：2023 年 5 月 13 日。

〔19〕　具体存在地质研究许可证、采矿许可证、非采矿地下设施建设和使用许可证、特殊保护对象设立许可证等多种许可类型，并进一步区分各自类别的许可法律责任。

〔20〕　Постановление ВС РФ от 15. 07. 1992 N 3314–1 "О порядке введения в действие Положения о порядке Лицензирования пользования недрами"（ред. от 05. 04. 2016）.

其二，仅对地下水源进行监测，而不进行地质勘查、勘探和生产。[21]需要注意的是，目前对外国投资者而言，俄罗斯的产品分成协议立法还不完善，补偿费的构成、提取比例、实施现状等也存在很多法律问题，对此，有学者指出："在以产品分成协议的形式缔结矿产资源使用权协议时，过度的立法干预建立了一些'超级行政化'合同条件，使得产品分成协议法在实践中毫无作用。"[22]保护国家利益应是所有与产品分成协议法密切相关问题的根本与核心，产品分成协议并不是吸引投资的唯一方法，采用其他法律法规也可以促进老矿区、低产矿区和小企业的开发，例如租赁合同法，促进难采储量有效开发的法规等。[23]

（三）战略导向

"研究一个国家的立法必须研究这个国家的社会存在，而以社会物质生活条件为内容的社会存在正是一国的基本国情。"[24]有关俄罗斯法治建设问题的讨论显然脱离不开俄罗斯国家转型的宏观历史与社会时代背景的目标设定。关于俄罗斯的权力法治现象，学界已经存在一定的认知。有学者提出，俄罗斯法治是类型化的，受东正教神学中的"权力观念"的影响，是一种"权力法治"模式。[25]也有学者认为，俄罗斯联邦已经形成了一个超级总统制，国家权力体制的支撑点集于总统一人，总统权力过大冲击民主法治实践。[26]这些观点揭示了法律议题的权力泛化具有重要的理论价值。普京执政以来，出于国家利益与地缘政治的考虑，希望在国际市场上获得相

---

[21] Закон Российской Федерации от 21 февраля 1992 г. N 2395-I "О недрах"（ред. от 17.02.2023）.

[22] See Skelton, James W., "Status of Russian Petroleum Legislation", *Houston Journal of International Law*, Vol.30, No.2, 2008, pp.315-326.

[23] 参见［俄］Е.А.科兹洛夫斯基：《俄罗斯矿产资源政策与民族安全》，鄢泰宁、王达译，地质出版社2007年版，第188~190页。

[24] 周旺生：《立法学》，北京大学出版社1988年版，第191页。

[25] 参见陈福胜、杨昌宇：《"有神"与"有魂"：从俄罗斯法治的精神文化面向到中国问题思考》，载《求是学刊》2017年第5期。

[26] 参见何勤华、王海军：《晚近俄罗斯法治的新发展（2006—2016）》，载《学术界》2018年第9期。

应的话语权与规则制定权，以便将外交工具的效益最大化。

近年来，随着经济全球化和政治多极化的发展，世界范围内的资源短缺和竞争形势加剧，能源合作领域国际秩序发生重大变化，能源发展政治化的趋势不断增强。2020 年 6 月 9 日，俄罗斯政府总理米舒斯京（Mishustin）批准了能源部提交的新版《俄罗斯 2035 年前能源战略》，该文件指出，能源工业的主要任务是促进俄罗斯社会经济发展，满足国内需求，扩大出口，巩固和保持俄罗斯在世界能源市场上的地位。到 2024 年，俄罗斯天然气化水平应从 68.6% 提高到 74.7%，到 2035 年再提高到 82.9%；到 2024 年能源生产比 2018 年增长 5~9 个百分点，出口增长 9~15 个百分点，吸引投资增加 1.35~1.4 倍。[27]俄罗斯联邦矿产资源利用局官网最新公布的数据显示，2021 年俄罗斯联邦的煤炭产量为 3.099 亿吨，石油产量为 5.2405 亿吨。[28]作为追求世界能源超级大国地位的俄罗斯处于"世界能源供应心脏地位"，围绕它的是欧洲、北美和亚太三个主要能源需求圈，世界政治经济领域的变化必然会对其能源战略和外交产生深刻的影响。[29]正如俄罗斯学者所说，俄罗斯资源问题已不单纯是经济问题，更蜕变为资源政治问题，涉及资源的问题首先必须服从国家在这方面的政策，要把国家利益和保障国家安全放在首位。[30]普京任内提出的"可控民主"与"强国思想"等治理理念成为俄罗斯法律生活的运转核心，并对国内矿产资源制度建设产生重大影响。俄罗斯出于资源安全考虑对矿产资源更为主动地采取了公法意义上的强制性保护。例如，为确保国防和国家安全，立法者专门划分联邦级矿产资源地块，其范围由管理国家矿产资源储备的联邦机关根

〔27〕 Распоряжение Правительства РФ от 09.06.2020 N 1523 – р " Об утверждении Энергетической стратегии Российской Федерации на период до 2035 года".

〔28〕 数据来源于俄罗斯矿产资源利用局（Роснедра）官网，载 https://www.rosnedra.gov.ru/? ysclid=lhpizox21c327862606，最后访问日期：2023 年 5 月 13 日。

〔29〕 参见陈小沁：《欧亚地缘政治变动与俄罗斯能源战略调整》，载中国人民大学—圣彼得堡国立大学俄罗斯研究中心：《俄罗斯经济与政治发展研究报告 2016》，中国社会科学出版社 2017 年版，第 113~131 页。

〔30〕 参见 ［俄］E.A. 科兹洛夫斯基：《俄罗斯矿产资源政策与民族安全》，鄢泰宁、王达译，地质出版社 2007 年版，第 134 页。

据俄罗斯联邦政府规定的程序在俄罗斯联邦的官方出版物上公布。2020 年 7 月 1 日，第 179 号联邦法再次对联邦级矿产资源地块的范围进行了修订，现联邦级矿产资源地块包括：自 2006 年 1 月 1 日起登记在国家矿产资源平衡表中的含铀、高纯度石英、稀土钇族金属、镍、钴、钽、铌、铍的矿床，原生钻石矿床、原生锂矿床或原生铂族金属矿床；自 2006 年 1 月 1 日起登记在国家矿产资源平衡表中的可开采的石油储量为 7000 万吨以上的、可开采的天然气储量为 500 亿立方米以上的、可开采的原生黄金储量为 50 吨以上的、铜储量为 50 万吨以上的位于俄罗斯联邦各主体领土上的矿床；俄罗斯联邦的内海水域、领海、大陆架；涉及国防和安全用地的地块。如果外国投资者在进行地质勘探的过程中，发现了联邦级矿产资源地块，尽管其被授予了综合许可证，俄罗斯联邦政府也可决定停止其相关活动。同时，为确保俄罗斯联邦将来对战略性及紧缺型矿产资源品种的需求，将尚未开采使用的战略性及紧缺型矿产划为备用矿区联邦储备，被列入备用矿区联邦储备的资源，在政府未通过决定将其从联邦储备名单中删除之前，不得开发利用等[31]，这些规定显然加强了联邦政府对矿产资源的管理控制权，直接影响到苏霍伊劳克金矿（Сухой Лог）、乌达干斯科铜矿（Удоканское медное месторождение）等项目的外资进入。

值得注意的是，2020 年俄罗斯联邦经过全民公投通过《俄罗斯联邦宪法》修正案，其中第 79 条增加了以下条款：国际机构根据俄罗斯联邦签署的国际条约中的条款所通过的决定，其解释与《俄罗斯联邦宪法》相抵触的，在俄罗斯联邦境内不予执行。[32] 据此，2020 年 12 月 8 日，《俄罗斯联邦矿产资源法》在第 52 条第 2 款中增加了几乎相同的条款。[33] 可见俄罗斯立法者不断升级强调的矿产资源利用对国家、社会具有的重大公共利益，延伸了俄罗斯联邦在涉

---

〔31〕 Закон Российской Федерации от 21 февраля 1992 г. N 2395-I "О недрах"（ред. от 17. 02. 2023）.

〔32〕 Конституция Российской Федерации（ред. от 06. 10. 2022）.

〔33〕 Закон Российской Федерации от 21 февраля 1992 г. N 2395-I "О недрах"（ред. от 17. 02. 2023）.

及本国矿产资源问题上保留主权的意愿。这种对资源主权进行保护的优势在随后的大国战略博弈过程中体现出来，使得俄罗斯在一定程度上享有主动权：面对美欧对俄实施的金融制裁，俄罗斯总统普京于 2022 年 3 月 31 日签署《关于外国买家履行对俄罗斯天然气供应商义务的特殊程序》总统令，规定"不友好"国家的公司需在俄银行开设卢布账号，使用卢布结算购买天然气。同年 8 月下旬，欧洲天然气价就已经比去年同期高出 10 倍。同年 9 月 5 日，欧洲天然气价格再度上涨 72.5 欧元，涨幅高达 35%。[34]

三、制度本身的价值诉求

根据富勒（Fuller）的列举，形式法治的要素有普遍性、公开性、不溯及既往、意义明确、不自相矛盾、期待可能性、稳定性、官方行为与公布的规则的一致性。[35] 从形式法治的视角进行分析，与矿产资源相关的制度本身需要具有若干形式要件，如条款严密、逻辑清晰、用语简练、表达明确等，以符合制定者对矿产资源规制的基本要求，表示矿产资源制度本身所具有的对权利主体需要的有益性。同时，矿产资源制度诉求的话题亦属具有表征关系的话语范畴，揭示的是人作为权利主体与资源客体间的法律关系构成，亦即人在矿产资源开采、利用、运输、交易等不同法律实践活动中的动机和目的，表现为对矿产资源立法的"需要"与"满足"。当然，俄罗斯矿产资源法律制度在保持法律形式独立性的同时，亦受到了其国内本身政治体制、经济转型等因素的影响，其制度内容蕴含了多个方面的价值诉求，明显地服从于本国国家能源安全的利益属性。

（一）合理利用资源

合理开发利用自然资源原则，通常是指在开发利用自然资源的过程中，必须全面规划、合理布局，把开发利用与保护相结合，从而达到自然资源的节约、可持续利用的目的。独立后的俄罗斯联邦

---

〔34〕 参见《气价一年疯涨 10 倍，欧元跌至 20 年来新低，更让欧洲挠头的事还在后面？》，载 https://m.thepaper.cn/baijiahao_19918480，最后访问日期：2023 年 5 月 13 日。
〔35〕 参见张文显：《二十世纪西方法哲学思潮研究》，法律出版社 2006 年版，第 53~55 页。

为维护自身权益迅速加快了国家法制建设的步伐，制定了一系列符合联邦与联邦主体合理利用自然资源与环境保护的法律，确立了俄罗斯联邦合理利用自然资源的法律原则。这一原则设立的目的在于加强环境保护领域的生态安全，满足当代人和未来人类的代际正义，通过该原则的确立将资源安全利益与法律制度进行制度衔接，使资源安全处于国家管控状态。[36]《俄罗斯联邦矿产资源法》第 35 条"国家调整矿产资源利用关系的任务"中提出的首要任务便是确保矿产资源的再生产、合理使用与保护，以造福俄罗斯联邦人民的今世与后代。[37]基于矿产资源所涉国家安全利益的考虑，俄罗斯矿产资源制度的转型主要依托于本土化法治发展战略，强调适合本国国情的资源管理路径，将生态安全保护提升到高于一般价值的位阶。在合理利用资源方面，借助许可证颁发、开采申请等多项环节的规制加以实现。例如，对于开采俄罗斯大陆架资源的合资企业，要求外方控股比例不得超过 50% 且开采经验不得少于 5 年，才具有矿产开采许可证的获取资格，同时对许可证持有人设定必须履行的若干义务，包括保证对在矿产资源使用中遭到破坏的土地和其他自然客体恢复到适合于未来可利用的状态，即我们通常所说的使用人恢复原状义务。[38]对于稀有的地质矿床、天然矿物质、含古生物和其他具有特殊科学或文化价值的矿产资源地块，可按照规定程序认定为地质保护区、禁猎区或自然文化遗址。禁止任何破坏这些保护区、禁猎区和遗址的活动。如果在矿产资源利用过程中发现罕见矿物、陨石、古生物、具有考古价值或其他科学文化价值的物体，矿产资源使用者有义务暂停相关活动，并将此情况通知许可颁发部门。[39]此类条款提高了俄罗斯资源开发利用的市场准入标准，同样为合理利

---

〔36〕 参见姜哲、宋魁主编：《俄罗斯联邦矿产资源政策研究》，地质出版社 2010 年版，第 290 页。

〔37〕 Закон Российской Федерации от 21 февраля 1992 г. N 2395-I "О недрах"（ред. от 17.02.2023）.

〔38〕 Постановление ВС РФ от 15.07.1992 N 3314-1 "О порядке введения в действие Положения о порядке Лицензирования пользования недрами"（ред. от 05.04.2016）.

〔39〕 Закон Российской Федерации от 21 февраля 1992 г. N 2395-I "О недрах"（ред. от 17.02.2023）.

用资源目的的实现起到了重要作用，避免发生外国资源利用者的大量进入所导致的滥采与过度开发的问题。

（二）生态权利保护

现今，生态权利保护的立法理念已成为世界各主要国家立法者的重要共识，其意义不言而喻。生态问题作为日益严峻的全球问题，不仅关乎国家本身的生存发展，更是在深层次上关乎人类代际正义的实现。俄罗斯在矿产资源管理过程中综合利用经济、政治、法律等多种手段与措施保护生态环境，并逐步确立了生态环境保护的基本理念。《俄罗斯联邦宪法》在苏联原有立法基础之上，从根本法的高度确定了生态权利保护的法律原则与地位。《俄罗斯联邦宪法》第42条规定："每个人都有享受良好的环境、被告知环境状况信息的权利，都有因破坏生态损害其健康或财产而要求赔偿的权利。"[40]根据俄罗斯生态法学家们的认识，生态权利属于公民基本权利范畴，它们不仅在俄罗斯联邦境内直接适用，而且还影响着俄罗斯联邦相关环境立法的目的、内容及其适用，支撑着俄罗斯联邦立法、行政及联邦主体、地方政府的法律活动。[41]并且为了保证公民生态权利的实现，国家将保护环境义务设定了刑事责任，规定了"生态犯罪"（《俄罗斯联邦刑法典》第26章）这一犯罪类型，并于2020年1月8日对第255条"违反保护与利用矿产资源规则的犯罪"进行了修订，规定如在进行设计、选址、建造、调试和运营露天开采或地下开采活动时违反保护和利用矿产资源的规则，从事与开采矿产资源无关的行为，以及未经授权擅自开采矿床的行为，且上述行为造成了巨大的损害，则处20万卢布以下或处相当于犯罪人18个月的工资或其他收入的罚款；或剥夺担任某些职务或从事某些活动的权利，期限最长为3年；或处480小时以下的强制劳动；或处2年以下的矫正劳动。如擅自开采琥珀、软玉或其他半宝石，且曾因《俄罗斯联邦行政违法法典》第7.5条规定的类似行为而受过行政处罚，则处100万卢布以下或相当于犯罪人3年以下的工资或其他收入的罚

---

〔40〕 Конституция Российской Федерации（ред. от 06. 10. 2022）.

〔41〕 参见王树义：《俄罗斯生态法》，武汉大学出版社2001年版，第63页。

款；或处 480 小时以下的强制劳动；或处 2 年以下的矫正劳动；或处 2 年以下的强制劳动，并处或不并处 10 万~20 万卢布或相当于犯罪人 1 年至 18 个月的工资或其他收入的罚款；或处 2 年以下有期徒刑，并处或不并处 10 万~20 万卢布或相当于犯罪人 1 年至 18 个月的工资或其他收入的罚款。如擅自开采琥珀、软玉或其他半宝石，且所涉金额较大（100 万卢布以上），则处 200 万卢布以下或相当于犯罪人 3 年以下的工资或其他收入的罚款；或处 4 年以下的强制劳动；或相同期限的有期徒刑，并处 50 万卢布以下或相当于犯罪人 3 年以下的工资或其他收入的罚款。[42]

人的权利和自由在俄罗斯联邦宪法层面是至高无上的，为了保障国家安全和保护自然环境，立法者提出可对个别矿区进行限制性使用或禁止开发，具体而言，在居民点、城郊、工业设施、交通和通讯设施所在区域，如矿产资源开发可能对人们的生命和健康造成威胁，对经济设施和周边环境造成损害，则矿产资源利用可以被部分或全部禁止。显然，国家为了环境保护的目的，可以不考虑开采矿产资源带来的经济效益，环境和生态权利保障无条件优先于矿产资源开发行为，明确了矿产资源状态的国家监控是国家生态监控（国家环境监控）的组成部分。这一原则还表现在矿业企业关闭或停工等程序方面的要求，例如停工应当保护自然环境的正当权利状态等，目前已经形成了一整套行之有效的环境管理体制。[43]除此之外，俄罗斯还不断修改本国的生态保护标准，对与生态评估客体有关的生产经营活动要进行评估并要求获得文件许可，确认其符合环境保护领域的技术规范，防止该活动对环境产生污染等方面的负面影响。[44]

（三）多级共同管理

在矿产资源管理利用方面，为了缓和中央和地方权力的突出矛盾，俄罗斯联邦与联邦主体、地方政府作为合法主体共同参与矿产

〔42〕 Уголовный кодекс Российской Федерации（ред. от 14. 04. 2023）.

〔43〕 参见中国—上海合作组织环境保护合作中心编著：《上海合作组织成员国环境保护研究》，社会科学文献出版社 2014 年版，第 203 页。

〔44〕 Федеральный закон от 23 ноября 1995 г. N 174-ФЗ "Об экологической экспертизе"（ред. от 14. 07. 2022）.

资源法律治理过程。在宪法层面，从国家、机构、公民权利配置角度明确提出了"共同管理"这一法律原则，并指出了俄罗斯联邦与各个联邦主体共同管理的对象范围，包括占有、使用和处分土地、矿藏、水流和其他自然资源，保护环境和确保生态安全，设立特别自然保护区等。[45]所涉及对象不仅关系到国家生产生活之基本物质基础，还关系到国家秩序稳定，具有现实的宪法性权利基础。这种宪法性权利设定的关键在于为宪法提出的多级共同管理模式进行衍生赋权，建立宪法基本原则的权威性与合法性。据此，《俄罗斯联邦矿产资源法》第2条详细规定了对国家矿产资源储备（государстве-нный фонд недр）的共同管理权限，指出俄罗斯联邦境内的国家矿产资源储备由俄罗斯联邦和俄罗斯联邦各主体共同进行占有、使用及处分。联邦执行权力机关和俄罗斯联邦各主体的执行权力机关应在其职权范围内，根据管理国家矿产资源储备的联邦机关的提议，批准涉及矿产资源的地质勘探、再生产及矿产资源合理利用的国家方案，并在代表权力机关的监管下，解决涉及矿产资源利用与保护、环境保护的问题。[46]这种国家矿产资源储备管理模式的特殊之处在于，就联邦层面而言，联邦级高位阶的联邦自然资源与生态部，联邦能源部，联邦生态、技术和原子能监督署，联邦国家储备署根据政府授权分别对国家矿产资源储备进行归口管理；就地方层面而言，各联邦主体成立矿产资源管理机关实施行政管理职能。由此国家矿产资源储备管理机关形成了由联邦部委直接管理、横跨俄罗斯联邦各地方主体的多级政府多重治理的联合体系，联邦政府执行机关和俄罗斯联邦各地方主体的执行机关以"自上而下"的主动建构方式，将资源领域管理权限逐步向联邦转移，联邦级部委主要起带动作用，各联邦主体的矿产资源管理机关在项目开发、矿产资源利用等方面享有一定的自由裁量权，可为开发主体提供一定的优惠政策。在多级共同管理这一原则指导下，俄罗斯联邦中央与各个联邦主体、地

---

〔45〕 Конституция Российской Федерации（ред. от 06. 10. 2022）.

〔46〕 Закон Российской Федерации от 21 февраля 1992 г. N 2395-I "О недрах"（ред. от 17. 02. 2023）.

方政府等多个权力主体共同参与的治理模式有效地保障了苏联解体后的俄罗斯国家政治稳定，维持了矿产资源的运转秩序，较大程度上避免了地方政府的分离主义的管理倾向。

反思俄罗斯联邦矿产资源制度建构之余，启示是较为直接与明确的：对于一个国家而言，一国法律制度的发展不单纯是法律制度的建立与完善，必然与国家的政治、经济和社会发展的目的协调统一。如果我们再次回顾《俄罗斯联邦矿产资源法》，其在序言中便开宗明义地指出："本法涵盖全面合理利用与保护矿产资源的法律基础和经济基础，保护俄罗斯联邦国家与公民的利益及矿产资源利用者的权利。"[47]其中国家、公民与矿产资源使用者的保护顺位显示了俄罗斯矿产资源制度建构之路带有明显的"自上而下"的安全主导特性，该领域的法律控制更为严格并带有强烈的国家战略性与阶段发展性，可见明确的、合理的国家长期发展战略对于法治建设的重大意义，对此更需要引起外国投资者的高度关注。

结　语

如果我们持有一种历史性与现实性的双重视角，会清晰勾勒出如下一幅制度活动场景：自《俄罗斯联邦矿产资源法》颁布以及诸多相关制度同步运作以来，俄罗斯已经迅速在矿产资源这一领域完成基石与主体的制度构造，俄罗斯联邦政府无疑是这一工程的主导者与实施者；现今，矿产资源尤其是石油、天然气、金属矿产被赋予了俄罗斯国家特殊意义的资源战略标签，严苛频繁的矿产资源制度修订，彰显与加强了制度本身的防御性与保守性。"一带一路"倡议推进过程中，包括中国在内的外国投资者在俄罗斯国内的诸多案例证明，矿产资源开采利用的法律实践过程囿于俄罗斯本国的制度安全诉求而存在着一定的法律挑战与权利障碍。当前，能源资源约束本身趋于紧张，调整结构、提高能效、减少碳排放、保障能源安全等矛盾交织，加之对俄投资面临俄乌冲突的短期政治风险，因此，

---

〔47〕 Закон Российской Федерации от 21 февраля 1992 г. N 2395-I "О недрах"（ред. от 17. 02. 2023）.

为实现"一带一路"倡议下中俄合作双赢、持久稳定发展的现实目的，对中俄现有的矿产资源合作项目开展风险排查，对重点项目进行全周期监控，加强中俄互动尤其是法律层面的互通、互信、交流、合作，共同塑造矿产资源领域的双边合作协调机制之路将是一项长期且重要的任务。

（本文责编：张继红）

The Institutional Construction and Value Appeal of Russia's Mineral Resources

Li Yao, Jia Shaoxue

Abstract：Russian mineral resources are regulated by specific laws and have a rich theoretical content in terms of legal origin and attribution of property rights. The Russian mineral resources legislation has a strong public law dimension, which can be analyzed from three dimensions: rational use of resources, ecological rights protection, and multi-level joint management. The Russian mineral resources system is constructed with the purpose of interests beyond the ordinary legal norms, with a strong orientation to national resource security, strengthening the protection of resource interests of the Russian Federation, and the exploration of the relevant institutional norms is conducive to the continuous deepening of Sino-Russian resource cooperation.

Keywords：Resource Security；Mineral Resources；Legislation and Regulation

域外法治

"一带一路"一站式争端解决机制
——中国特色的国际商事法庭*

［美］扎克·莫伦格登**著 朱德沛***译

摘 要: 2018 年 6 月 27 日,中国最高人民法院发布《关于设立国际商事法庭若干问题的规定》(以下简称《规定》)。《规定》的发布紧随 2018 年 1 月中央全面深化改革领导小组会议审议通过的《关于建立"一带一路"国际商事争端解决机制和机构的意见》。《规定》设立的三个国际商事法庭被媒体称为"'一带一路'法院"("Belt and Road" Court,BRC)。由于长期在中国国际商事争端解决政策的解释上存在分歧,对《规定》的解释也出现了两种声音。社会法学派的观点是,解释中国国际商事争端解决政策必须依据中国的历史和文化。中国政府对于非官方私人争端解决机制的偏爱可能与中国人民对诉讼的反感有关。因此,该学派认为"'一带一路'法院"体现的是中国国际商事争端解决政策的连贯性,其解释的基本路径是从国内层面到国际层面。政治经济学派的观点则相反,中国国际商事争端解决政策体现的是和其他国家一样的目标和需求。中国国际商事争端解决政策也是在对商业流动、安全因素以及发展因素进行考虑后基于自身利益做出,随着考量因素的变化,政策也

* 原载于 Zachary Mollengarden,"One-Stop Dispute Resolution on the Belt and Road: Toward an International Commercial Court with Chinese Characteristics",*UCLA Pacific Basin Law Journal*,Vol.36(1),2019.基金项目:2019 年上海市浦江人才项目"构建'一带一路'区域经贸规则"(项目编号:2019PJC059)。原文提到的中国法律条文有些是过时的,为了保证阅读的有效性和准确性,在翻译时译者做了必要的修正或更新。

** Zachary Mollengarden,美国联邦第十一巡回上诉法庭法官助理。2018 年于耶鲁大学取得法律博士学位,其间曾任《耶鲁法律杂志》编辑。在剑桥大学国际关系专业取得哲学硕士学位。

*** 华东政法大学 2021 级博士研究生。研究方向:国际私法。

随之变化。因此，该学派解释的基本路径是从国际层面到国内层面。两种观点之间亦存在中间派：通过一般与特别的关系解释中国国际商事争端解决政策，将"'一带一路'法院"视为中国国际商事争端解决政策连贯性和流动性的产物，同时考虑国内层面和国际层面因素的影响。本文将采用此种观点分析并指出建设中国特色的国际商事法庭可能面对的难题和挑战。

关键词："一带一路"；国际商事法庭；争端解决机制；中国特色

引　言

自 1975 年起，巴基斯坦水电发展署组织了一系列调研用于评估巴基斯坦东北部杰赫勒姆河修建水电站的潜力。[1]1983 年，巴基斯坦当局确定位于伊斯兰堡东部 55 公里处的卡洛特作为修建水电站选址。[2]1994 年调研时，卡洛特在水电站选址的评估中再次脱颖而出。[3]10 年后，巴基斯坦私人电力和基础设施委员会正式启动卡洛特水电站项目。2007 年，一家中国企业在国际竞标中拿下卡洛特水电站项目。[4]截至 2015 年，长江三峡技术经济发展有限公司和中国机械设备工程股份有限公司拿下价值 12.77 亿美元的、720 兆瓦级的

---

〔1〕 See "Determination of the Authority in the Matter of Generation Licence Application of Karot Power Company (Private)", *National Electric Power Regulatory Authority* (*Pakistan*), available at http://www. nepra. org. pk/Licences/Generation/IPP-2002/LAG-169%2OGENERATJON% 2OLJC%2OKAROT%2OPCPL%2026-11-2013 %2013100-02. PDF, published on Nov. 22, 2013.

〔2〕 See "Tariff Petition - Karot Hydropower Project", *Karot Power Company Limited*, available at http://www. nepra. org. pk/Tariff/Petitions/2011JPETTJON---KAROT%2OPOWER. P-DF, published on Sep. 23, 2011.

〔3〕 See "Determination of the Authority in the Matter of Generation Licence Application of Karot Power Company (Private)", *National Electric Power Regulatory Authority* (*Pakistan*), available at http://www. nepra. org. pk/Licences/Generation/IPP-2002/LAG-169%2OGENERATJON% 2OLJC%2OKAROT%2OPCPL%2026-11-2013 %2013100-02. PDF, published on Nov. 22, 2013.

〔4〕 See "Determination of the Authority in the Matter of Tariff Petition Filled by Karot Power Company Limited (KPCL) for Approval of Feasibility Stage Tariff in Respect of 720-MW Karot Hydropower Project", *National Electric Power Regulatory Authority* (*Pakistan*), available at http:// www. nepra. org. pk/Tariff/IPPs/karoot%2Ohydro%2Opower/TRF-194%2O KPCL%2ODetermination% 2029-05-2012%204825-27pdf, published on May 29, 2012.

水电站工程采购、建设合同。[5]

目前，价值 19.8 亿美元的卡洛特项目被卡洛特公司[6]——中国三峡南亚投资有限公司设立的特殊目的实体承包。[7]中国三峡南亚投资有限公司被世界上最大的水电开发和运营公司——中国国有企业三峡集团持有 70%的股份，其余 30%股份则分别由国有丝路基金（Silk Road Fund）和世界银行的附属机构国际金融公司（IFC）持有。[8]

在中国人民银行、丝路基金以及国际金融公司的投资支持下，中国三峡南亚投资有限公司为卡洛特项目提供了 93%的股权融资。[9]项目所需剩余资金的 80%通过债务融资获得，主要贷款机构为国家开发银行、中国进出口银行、丝路基金和国际金融公司。巴基斯坦政府向卡洛特项目的投资人保证，按照 30 年内每单位电力收税 7.57 美分，按照 101.6 巴基斯坦卢比对美元的汇率。[10]30 年后卡洛特水

---

〔5〕 See Michael Harris, "Chinese Consortium Wins EPC Contract for Pakistan's 720-MW Karot Hydroelectric Project", *Hydroworld*, available at https://www.hydroworld.com/articles/2015/05/chinese-consortium-wins-epc-contract-for-pakistans-720-mw-karot-hydroelectric-project.html, published on May 21, 2015.

〔6〕 See "Chinese Consortium Wins EPC Contract for ＄1.984bln Hydropower Project", *Board of Investment*, *Prime Minister's Office*, *Government of Pakistan*, available at http://boi.gov.pk/ViewNews.aspx? NID=469, published on May 20, 2015.

〔7〕 卡洛特公司的英文网站正在建设中，例如，其"项目财务状况"是空白页。但可以了解到该公司"坚持三峡精神，创造海外经典"的愿景，以及"建设海外精品工程，塑造中巴能源合作的美好形象"的使命。See "Vision & Mission", *Karot Power Co. (Private) Ltd.*, available at http://karotpower.com/vision, last visited on Nov. 19, 2018.

〔8〕 中国三峡南亚投资有限公司在 2016 年夏似乎加入了一些新的投资者，参见 Lyu Chang and Jing Shuiyu, "China Three Gorges Seeks Investors", *China Daily*, available at http://www.chinadaily.com.cn/business/2016-05/24/content_25436318.htm, published on May 24, 2016. 但该公司官网并未公布股权变动的任何细节，参见 "Our Partners", *China Three Gorges South Asia Inv. Ltd.*, available at http://ctgsail.com/partner, last visited on Nov. 19, 2018.

〔9〕 剩余 7%的股份被巴基斯坦的 Associated Technologies 公司持有。See Gregory B. Poindexter, "Pakistan Awards US＄1.4 Billion Contract for 720-MW Karot Hydroelectric Project on Jhelum River", *Hydroworld*, available at https://www.hydroworld.com/articles/2015/03/pakistan-awards-us-1-4-billion-contract-for-720-mw-karot-hydroelectric-project-on-jhelum-river.html, published on Mar. 4, 2015.

〔10〕 See Khaleeq Kiani, "Implementation Pact for ＄1.9bn Karot Power Project Signed", *Dawn*, available at https://www.dawn.com/news/1286749, published on Sept. 29, 2016.

电站的所有权会转交给阿扎德克什米尔地区的政府以及旁遮普省。[11]

目前，卡洛特项目已经获得数十年的行政许可、一系列的子公司和控股公司以及大量的资金注入（主要是中国投资）。建造该项目的目的是什么？目前国际上有两种主流答案：其一，为解决电力供应难题。卡洛特水电站生产的电力预计将满足700万个巴基斯坦家庭的需求，并有效缓解该国长期电力供应不足。正如中国三峡南亚投资有限公司总经理秦国斌在参访中提到的："巴基斯坦全国发电装机总量仅相当于上海这样的中国大城市，这是远远不够的。"[12]其二，为响应"一带一路"倡议（the "Belt and Road" Initiative）[13]。卡洛特项目是中巴经济走廊上的明珠，该倡议涉及新疆到瓜达尔港300公里路线的基础设施建设。[14]截至2018年，中国在中巴经济走廊资助和援建的基础设施投资约629亿美元[15]，构成了"一带一

---

〔11〕 See Khaleeq Kiani, "Govt Orders Transfer of Hydropower Projects to AJK, GB", *Dawn*, available at https://www. dawn. com/news/1268573, published on Jul. 2, 2016.

〔12〕 Kamran Haider, "China Quickens Work on Pakistan Utility in Area Claimed by India", *Bloomberg*, available at https://www. bloomberg. com/news/articles/2017-09-18/china-quickens-work-on-pakistan-utility-in-area-claimed-by-india, published on Sep. 18, 2017.

〔13〕 一些读者可能更熟悉 the "Belt and Road" Initiative 的旧称，即 One Belt One Road Initiative，是2016年之前英文资料的主流名称。2013年9月，习近平主席在哈萨克斯坦纳扎尔巴耶夫大学的演讲中介绍了该倡议，习近平主席将其称为 "Economic Belt along the Silk Road"（丝绸之路经济带）。2013年10月，习近平主席在印度尼西亚议会发言时，提出了 "21st-Century Maritime Silk Road"（21世纪海上丝绸之路）。二者结合便是 "One Belt, One Road"（"一带一路"）。参见 Weidong Zhu, "Some Considerations on the Civil, Commercial and Investment Dispute Settlement Mechanisms between China and the Other Belt and Road Countries", *Transnational Dispute Management*, Vol. 3, No. 2, 2017. 中国政府2015年发布的官方翻译指南删除"战略""计划""项目"或"议程"等术语，"倡议"一词目前被广泛使用，参见 Wade Shepard, "Beijing to the World: Don't Call the Belt and Road Initiative OBOR", *Forbess*, available at https://www. forbes. com/sites/wadeshepard/2017/08/01/beijing-to-the-world-please-stop-saying-obor/#4dcObc4d17d4, published on Aug. 1, 2017.

〔14〕 Kamran Haider, "China Quickens Work on Pakistan Utility in Area Claimed by India", *Bloomberg*, available at https://www. bloomberg. com/news/articles/2017-09-18/china-quickens-work-on-pakistan-utility-in-area-claimed-by-india, published on Sep. 18, 2017.

〔15〕 Arif Rafiq, "China's $62 Billion Bet on Pakistan", *Foreign Affairs*, available at https://www. foreignaffairs. com/articles/china/2017-10-24/chinas-62-billion-bet-pakistan, published on Oct. 24, 2017. 预计到2030年，这一数字将超过1000亿美元。See "Chinese Investment in CPEC Will Cross $100 Billion", *China-Pakistan Economic Corridor*, available at http://www. cpe-cinfo. com/news/chinese-investment-in-cpecwill-cross-$-100-billion/NDglMw, published on Feb. 10, 2018.

路"倡议的重要组成部分。"一带一路"倡议由中国主导，旨在通过"丝绸之路经济带"和"21世纪海上丝绸之路"连接中国与亚洲、中东和北非。[16]

中国的报道大多强调卡洛特项目为印度和巴基斯坦在克什米尔地区的稳定提供支持。[17]丝路基金的董事长在2017年采访中谈到"一带一路"的原则和理念在卡洛特项目的体现，也指出"期待在可控范围实现合理投资收益"。[18]

"这就是麻烦所在。"[19]根据2018年世界银行营商环境评估，巴基斯坦在190个国家中排名第147位。卡洛特水电站或许能提高巴基斯坦在获得电力（167名）上的排名。然而纳税（172名）、跨境贸易（171名）以及最令人担心的合同履行（156名）靠后的排名都可能致使中国投资者面临不可控风险。[20]2018年1月发生的卡洛特项目中国工程师被绑架事件，说明巴基斯坦政治和社会的不稳定程度甚至高于商业风险。事实上，在中巴经济走廊投资290亿美元后，中国宣布等待巴基斯坦局势稳定后再继续投资。[21]巴基斯坦水电发展署随即宣布暂停接受中国市场对迪阿莫–巴沙大坝的资助，

〔16〕 See "Vision and Actions on Jointly Building Silk Road Economic Belt", *National Development and Reform Commission, China*, available at http://en. ndrc. gov. cn/newsrelease/201503/t20 150330_ 669367html, published on Mar. 28, 2015.

〔17〕 See Hu Weijia, "Karot Hydropower Project Could Generate Wide Range of Benefits for China, India and Pakistan", *Global Times*, available at http://www. globaltimes. cn/content/106739 7shtml, published on Sept. 20, 2017.

〔18〕 Chris Wright, "Making Sense of Belt and Road—The Belt and Road Project Borrower: Karot Hydropower, Pakistan", *Euromoney*, available at https://www. euromoney. com/article/bl4 – tl3rsrlb4r9/making – sense – of – belt – and – road – the – belt – and – road – project – borrower – karot – hydropower–pakistan, published on Sept. 26, 2017.

〔19〕 William Shakespeare, *Hamlet*, Act. 3, Sc. 1.

〔20〕 See "Ease of Doing Business in Pakistan", *World Bank: Doing Bus.*, available at http://www. doingbusiness. org/data/exploreeconomies/pakistan, last visited on Nov. 19, 2018.

〔21〕 See James M. Dorsey, "Disappeared Chinese Engineer Holds Ties with Pakistan Hostage", *South China Morning Post*, available at https://www. scmp. com/week–asia/geopolitics/article/2130795/disappeared – chinese – engineer – holds – ties – pakistan – hostage, published on Jan. 27, 2018.

其主席声称："中国开出的条件……与我们的利益相悖。"〔22〕

国际投资协定乃至国际商事争端解决政策〔23〕的主要功能，便是建立法律框架以应对不可控制风险，提供行之有效的救济途径。中国政府自成立之初就开始重视国际商事贸易争端解决。1954 年 5 月6 日，中央人民政府政务院通过《关于在中国国际贸易促进委员会内设立对外贸易仲裁委员会的决定》，由中国国际贸易促进委员会组织设立对外贸易仲裁委员会。1956 年成立的中国国际经济贸易仲裁委员会和 1959 年成立的中国海事仲裁委员会都是在政府主导下组织设立的。〔24〕

中国政府构建制定国际投资法〔25〕基础框架的进程相对缓慢。直到 1982 年 3 月 29 日，中国才与瑞典签订了第一项双边投资协定。〔26〕

---

〔22〕 James M. Dorsey, "Disappeared Chinese Engineer Holds Ties with Pakistan Hostage", *South China Morning Post*, available at https://www. scmp. com/week-asia/geopolitics/article/2130795/disappeared-chinese-engineer-holds-ties-pakistan-hostage, published on Jan. 27, 2018.

〔23〕 本文关注的国际商事争端解决方式主要包括国际商事仲裁（由民间机构受理私人主体之间的纠纷）、国际商事诉讼（由政府机构受理私人主体之间的纠纷）以及投资者—东道国争端（由民间或政府机构受理私人主体与国家主体之间的纠纷）。尽管国际商事争端解决政策的外延还可以延伸，例如，国家主体之间的争议，但本文的讨论仅限于上述范围。

〔24〕 根据 1954 年 5 月 6 日中央人民政府政务院第 215 次会议通过的《关于在中国国际贸易促进委员会内设立对外贸易仲裁委员会的决定》，贸仲委于 1956 年 4 月由中国国际贸易促进委员会（简称"中国贸促会"）组织设立，当时名称为"对外贸易仲裁委员会"。中国实行对外开放政策以后，为了适应国际经济贸易关系不断发展的需要，根据《国务院关于将对外贸易仲裁委员会改称为对外经济贸易仲裁委员会的通知》，对外贸易仲裁委员会于 1980 年改名为"对外经济贸易仲裁委员会"，又于 1988 年根据《国务院关于将对外经济贸易仲裁委员会改名为中国国际贸易仲裁委员会和修订仲裁规则的批复》，改名为"中国国际经济贸易仲裁委员会"。2000 年，中国国际经济贸易仲裁委员会同时启用"中国国际商会仲裁院"的名称。See "Introduction", *China International Economic and Ttade Arbitration Commission*, available at http://www. cietac. org/index. php? m = Page&a = index&id = 34&l = en, last visited on Nov. 19, 2018; "China Maritime Arbitration Commission", *International Trade Centre*, available at http://www. intracen. org/China-Maritime-Arbitration-Commission. , last visited on Nov. 19, 2018.

〔25〕 本文所称"国际投资法"指的是投资协定中有关投资者和东道国争议解决的条款。

〔26〕 《中华人民共和国政府和瑞典王国政府关于相互保护投资的协定》（1982 年 3 月 29 日签订）。

但随后发展迅速，时至今日已经签订了 145 项双边投资协定〔27〕，数量仅在德国之后。

长期以来，对中国国际商事争端解决政策的研究不够成熟而且存在路径分歧。社会法学派的观点〔28〕是，解释中国国际商事争端解决政策必须依据中国的历史和文化。〔29〕其认为中国国际商事争端解决政策偏爱非正式私人争端解决方式可能与中国人民对诉讼的反感有关。〔30〕社会法学派认为中国现有的国际商事争端解决政策具有连贯性，其解释的基本路径是从国内层面到国际层面。

政治经济学派的观点则相反，其认为中国国际商事争端解决政

〔27〕 根据联合国贸易和发展会议（UNCTAD）的统计，这些双边投资条约中有 123 项已经生效，另有 32 项"附投资条款的条约"。其中，既有附投资章节的自由贸易协定，也有条约的条款提及投资合作事宜或规定缔约后就投资事项进行谈判。See China-Australia Free Trade Agreement, Ch. 9, A. T. S. 15, published on Dec. 20, 2015. 中国也是 UNCTAD 所称的 21 项"投资相关文书"的缔约方，例如《服务贸易总协定》《承认及执行外国仲裁裁决公约》《世界银行投资指南》等。根据 UNCTAD 的统计，截至 2018 年 5 月，中国共加入 189 项国际投资协定，低于德国的 262 项，比美国高出 41 项。See "Investment Policy Hub: China", *UNCTAD*, available at http://investmentpolicyhub. unctad. org/IIA/CountryBits/42#iiaInnerMenu, last visited on Nov. 19, 2018.

〔28〕 值得注意的是，社会法学派的分析不意味着总是要给诸如文化之类的神秘概念赋予某种力量。社会法学派的观点，也可以是出于理性的自我利益角度进行分析的。研究中国人对诉讼反感的学者会强调清朝康熙皇帝的政策，其认为，如果人民有信心在法庭找到真正的正义，如果人民不敬畏法庭，会导致案件数量激增。所以，热衷于诉诸法庭的人民不必得到善待，要让他们厌恶司法程序并对法官产生畏惧。良善的人民会友好地解决双方争议，或让村中德高望重的老人居中调停。至于那些麻烦的、顽固的、好斗的人民，要让他们在法庭吃到苦头。See Fan Kun, *Arbitration in China: A Legal and Cultural Analysis*, 2013, Sc. 6. 1. 3.

〔29〕 See Joshua Karton, "Beyond the 'Harmonious Confucian': International Commercial Arbitration and the Impact of Chinese Cultural Values", in Chang-fa Lo et al. eds. , *Legal Thoughts between the East and the West in the Multilevel Legal Order*, 2016, p. 520.

〔30〕 任何按照社会法学派方式分析的学者都会抓住这一点，通过反复论述和强调儒家的论语和中国的其他古谚语，参见 Carlos de Vera, "Arbitrating Harmony: Med-Arb and the Confluence of Culture and Rule of Law in the Resolution of International Commercial Disputes in China", *Columbia Journal of Asian Law*, Vol. 18, No. 1, 2004, p. 149; Gabriel Kaufmann Kohler and Fan Kun, "Integrating Mediation into Arbitration: Why It Works in China", *Journal of International Arbitration*, Vol. 25, No. 4, 2008, p. 479; Fan Kun, "Glocalization of Arbitration: Transnational Standards Struggling with Local Norms through the Lens of Arbitration Transplantation in China", *Harvard Negotiation Law Review*, Vol. 18, 2013, p. 175. 有学者反对上述观点，参见 Joshua Karton, "Beyond the 'Harmonious Confucian': International Commercial Arbitration and the Impact of Chinese Cultural Values", in Chang-fa Lo et al. eds. , *Legal Thoughts between the East and the West in the Multilevel Legal Order*, 2016, pp. 521-22.

策所考虑的目标和需求与其他国家一致。[31]这种分析方法基于传统
国际关系学的现实主义所考量的那些利益因素，[32]并认为中国国际
商事仲裁和国际投资法政策也是对商业流动、安全因素、发展因素
和重要政治因素进行考虑后基于自身利益作出。鉴于这些因素的不
断变化，中国国际商事争端解决政策也具有流动性。政治经济学派
解释的基本路径是从国际层面到国内层面。

　　对"中国特色社会主义法治"[33]的解读准确地体现了两种路径
的分歧。社会法学派认为，"社会主义"[34]与"法治"[35]是中国重
要的社会、经济和政治概念，前置的"中国特色"一词是国内因素
占据主导地位的有力证据。[36]政治经济学派则认为"中国特色"只
是对"社会主义""法治"等词的修饰，后者才具有主导地位。社
会法学派强调的是"中国特色"的法治；政治经济学派则是"法

---

　　[31]《米洛斯对话》可以说是现实主义国际关系理论对国际法持怀疑态度的重要文件。
正如希腊人对米洛斯人所说："我们有权维护我们帝国的利益，或者说现在进攻你们，是因为
你们使我们受到损害，发表这样的长篇大论是没有人相信的。"卸下了伪装，希腊人直白地
说："希望你们想实现的目标是切实可行的……因为我们都知道，公正的基础是双方实力均
衡。事实上，强者可以做他们有权做的任何事情，弱者只能接受他们必须接受的结果。"
Thucydides, *History of the Peloponnesian War*, Ch. V, ¶¶84–116. 两千多年后的 1891 年，一位中
国外交官表达了类似的观点："国际法就像清政府的成文法——合理但不可靠。如果有权利而
没有强权，权利就不会占上风。"参见 Tsui Kuo-ying, Ch'u-shih Mei-Hij-Pi-kuo Jij-chi,
"Diary of a Mission to the United States, Japan, and Peru, 1895", quoted in Jerome Alan Cohen
and Hungdah Chiu, *People's China and International Law: A Documentary Study*, 1974, p. 10.

　　[32]《斯坦福哲学百科全书》提供了系统的介绍，参见 W. Julian Korab-Karpowicz, "Po-
litical Realism in International Relations", *The Stanford Encyclopedia of Philosophy*, available at ht-
tps://plato. stanford. edu/entries/realism-intl-relations, published on Jul. 7, 2010.

　　[33] See Deanne Wilson, "China: 'Socialist Rule of Law with Chinese Characteristics'?",
International Law News, Vol. 45, 2016, p. 1.

　　[34] See Ian Wilson, "Socialism with Chinese Characteristics: China and the Theory of the Ini-
tial Stage of Socialism", *Politics*, Vol. 24, 1989, p. 77.

　　[35] See Jeffrey E. Thomas, "Rule of Law with Chinese Characteristics", *Asia Pacific Law Re-
view*, Vol. 22, No. 2, 2014, p. 115.

　　[36] See Yasheng Huang, *Capitalism with Chinese Characteristics: Entrepreneurship and the
State*, 2008; See David Kennedy and Joseph E. Stiglitz eds., *Law and Economics with Chinese Char-
acteristics*, 2013; See Aweis Osman, "China's Maritime Silk Road and the Future of African Arbitra-
tion", *Transnational Dispute Management*, Vol. 3, 2017, p. 9. （2014 年，中国法学会和安哥拉共
和国总检察长办公室联合主办了第五届中非合作论坛—法律论坛，代表们讨论了建立"具有
中国和非洲特色的争端解决机制"。）

治"的中国特色。

2018 年 1 月 23 日，中央全面深化改革领导小组会议审议通过的《关于建立"一带一路"国际商事争端解决机制和机构的意见》。[37]随后，最高人民法院于 2018 年 6 月 27 日发布《规定》。媒体所称的"'一带一路'法院"由三个国际商事法庭组成：第一个是设立在"丝绸之路经济带"上的西安的国际商事法庭，第二个是设立在"21 世纪海上丝绸之路"上的深圳的国际商事法庭，第三个则是总部，在北京的最高人民法院民事审判第四庭。

社会法学派认为中国会将协商一致解决争端的理念运用于"一带一路"相关争议的解决，调解和协商可能在"'一带一路'法院"中发挥主导作用。[38]政治经济学派则认为"'一带一路'法院"是中国对越来越多中国投资者将争议提交国际争端解决机构（国际争端解决中心和国际商事仲裁院）这一事实的制度性回应。[39]两派的路径分歧再次体现出来：前者从中国到国际层面，后者从国际层面到中国。[40]

两种观点之间亦存在中间派：通过一般与特别的关系解释中国国际商事争端解决政策，将"'一带一路'法院"视为中国国际商

〔37〕 See Guo Liqin, "China Will Set Up a New International Commercial Court in Beijing, Xi'an and Shenzhen", *YICAI*, http://www.yicai.com/news/5395142.html, published on Jan. 24, 2018. 2017 年 9 月，最高人民法院在敦煌召开的会议上，审判委员会专职委员刘贵祥在会上提到了建立一个专门处理"一带一路"项目产生的纠纷的法院的计划，参见 Susan Finder, "SPC Reveals New Belt & Road-Related Initiatives", *Supreme People's Court Monitor*, available at https://supremepeoplescourtmonitor.com/2017/10/07/spc-reveals-new-belt-road-related-initiatives, published on Oct. 7 2017.

〔38〕 See Ravi Prasad et al., "The Belt and Road Initiative Will Remain More Chinese than International", *Belt & Road Blog*, available at https://beltandroad.ventures/beltandroadblog/2018/03/18/the-belt-and-road-initiative-will-remain-more-chinese-than-international, published on Mar. 19, 2018.

〔39〕 See Jacob Mardell, "Dispute Settlement on China's Terms: Beijing's New Belt and Road Courts", *Mercator Inst. for China Studies*, available at https://www.merics.org/en/blog/dispute-settlement-chinas-terms-beijings-new-belt-and-road-courts, published on Feb. 14, 2018.

〔40〕 事实上，社会法学派同样关注国际因素对国内因素的影响。例如，国际先进规则和前沿实践在多大程度上影响中国的决策等。政治经济学派也会考虑国内政治和经济因素。例如，党中央高层的动态、中国经济的发展以及市民社会的演进等。二者区分在于对哪一方面更加侧重。本文的基本观点则是综合分析国内因素和国际因素，整体上而言，并不偏向某种分析方式。

事争端解决政策连贯性和流动性的产物，同时受到国内层面和国际层面因素的影响。这种方式认可并接受社会法学派和政治经济学派的部分观点，但并非说所有因素都很重要，或者每个因素同等重要。简言之，本文的核心观点是针对中国特色的国际商事法庭，分析其建设理念及可能的运作方式，需要结合从中国到国际层面以及国际层面到中国两个路径。

本文的第一部分和第二部分分析中国国际商事仲裁和国际投资法的政策。中国对纯粹国内仲裁和具有涉外因素的仲裁适用不同规则。可以预见的是"双轨制"必然带来问题，但这种情况目前很难改变，主要是因为中国只零星地修改过《中华人民共和国仲裁法》（以下简称《仲裁法》），除偶尔通过正式的修改决定外，大多数修改是授权私主体和法院进行制度性创新。第一部分结合《仲裁法》双轨制的发展和现状分析"'一带一路'法院"的争端解决服务。

中国国际投资法以及双边投资协议的政策，则更多体现出对国际实践的回应。在过去30年间，中国国际投资法政策上的变化是中国在国际投资中地位转变的反映——中国逐渐从投资接受国转变为投资输出国，其在海外直接投资的增多使得中国缔结的投资协定中有关自由化以及投资保护的内容逐渐增多。第二部分着重分析这些协定中的投资争端解决条款。除了借鉴部分社会法学派的观点，主要通过国际社会最近对投资者—国家争端解决机制的态度转变及中国受到的影响来分析"'一带一路'法院"的建设。

第三部分是本文的结论部分。由于中国在构建国际商事法庭时参考了新加坡和迪拜的模式，因此首先讨论这两个国际商事法庭的特点。[41]对于"'一带一路'法院"，着重分析其可能面临的主要难题以及建立具有中国特色的国际商事法庭的重要意义。

---

〔41〕参见何晶晶：《打造国际商事法庭 司法保障"一带一路"建设——专访最高人民法院民事审判第四庭副庭长高晓力》，载 https://mp. weixin. qq. com/s/wwM5Obhz069STbeJ73oMdA，最后访问日期：2018 年 11 月 19 日。

一、中国国际商事仲裁政策

本部分讨论中国国际商事仲裁政策的发展。首先回顾的是中国第一个也是最著名的仲裁机构——中国国际经济贸易仲裁委员会（CIETAC）以及《仲裁法》设立和发展的过程；其次讨论中国《仲裁法》的双轨制；最后则分析依据中国国际商事仲裁政策建设"'一带一路'法院"的可能存在难题。

（一）国际商事仲裁的建立和发展

改革开放后的 20 世纪 70 年代末期，新中国开始转变对国际商事仲裁的态度。政治经济学派认为这种转变主要受国际趋势的影响，但这种观点忽视了新中国成立几十年间建立的至今行之有效的国际商事仲裁制度架构。

社会法学派更注重国内因素，因此关注到改革开放 20 年前 CIETAC 的前身——1956 年成立的对外贸易仲裁委员会（FTAC）。[42] 新中国成立初期的司法机构体系与苏联十分相似。FTAC 也不例外，其名称取自苏联商业联合会下的对外贸易仲裁委员会。正如陈鲁明所说，鉴于中国当时主要对外贸易对象是苏联及其他社会主义阵营国家，所以并不迫切需要管理中国与外国当事人合同争议的机构。[43]

FTAC 最初成立的几十年间处理的案件并不多。但是，中国对外贸易政策只是案件稀少的一个原因。相比于西方仲裁机构，FTAC 缺乏对当事人意思自治的尊重，规则缺乏灵活性并且仲裁机构管理权限过大。[44] 直至今日，中国国际商事仲裁制度仍保留了 FTAC 的部分特征。

随着 20 世纪 70 年代末中国经济自由化浪潮，FTAC 也迎来规则

---

〔42〕 成立于 1959 年的中国海事仲裁委员会也经历了和 CIETAC 类似的改革。鉴于 CIETAC 的知名度以及信息公开度，笔者选择讲述 CIETAC 的历史。但这并不意味着中国海事仲裁委员会的历史对"'一带一路'法院"的建设不重要，尤其考虑到深圳"'一带一路'法院"主要针对"21 世纪海上丝绸之路"产生的争议。

〔43〕 See Luming Chen, "Some Reflections on International Commercial Arbitration in China", *Journal of International Arbitration*, Vo. 13, No. 2, 1996, p. 126.

〔44〕 See Graeme Johnston, "Party Autonomy in Mainland Chinese Commercial Arbitration", *Journal of International Arbitration*, Vol. 25, No. 5, 2008, pp. 537, 539.

修改以及更名。1980 年国务院宣布 FTAC 更名为"对外经济贸易仲裁委员会",〔45〕名称中加入"经济"一词反映其职权扩张,受理案件范围也包括"中国与外国各种经济合作引起的争议"。8 年后,即中国加入《承认及执行外国仲裁裁决公约》(以下简称《纽约公约》)一年后,国务院又将其更名为"中国国际经济贸易仲裁委员会"(CIETAC)并修改仲裁规则,"对外"一词被改为"国际"。〔46〕

1994 年,全国人民代表大会通过了第一部并沿用至今〔47〕的《仲裁法》。〔48〕除对核心仲裁程序进行规范外,《仲裁法》结束了 CIETAC 对涉外因素仲裁的长期垄断,〔49〕导致仲裁委员会数量激增。截至 2015 年,中国增加了 243 个常设仲裁机构,其中地方城市命名的仲裁委员会有 200 个以上。〔50〕

尽管全面修改的呼声不断,〔51〕《仲裁法》的直接修改始终十分

〔45〕 See "Arbitration", *China Council for The Promotion of International Trade*, available at http://en. ccpit. org/info/info_ 8a8080a94fd37680014fd3d050340009. html, published on Sep. 16, 2015.

〔46〕 参见《国务院关于将对外经济贸易仲裁委员会改名为中国国际贸易仲裁委员会和修订仲裁规则的批复》(国务院 1988 年 6 月 21 日发布)。CIETA 自 2000 年以来也被称为"中国国际商会仲裁院"。

〔47〕 1994 年《仲裁法》是中国调整仲裁的首要依据,但并非唯一依据。参见《中华人民共和国著作权法》(全国人大常委会 2020 年 11 月 11 日修订) 第 60 条规定:著作权纠纷可以调解,也可以根据当事人达成的书面仲裁协议或者著作权合同中的仲裁条款,向仲裁机构申请仲裁。当事人没有书面仲裁协议,也没有在著作权合同中订立仲裁条款的,可以直接向人民法院起诉。参见《中华人民共和国产品质量法》(全国人大常委会 2018 年 12 月 29 日修订) 第 47 条规定:因产品质量发生民事纠纷时,当事人可以通过协商或者调解解决。当事人不愿通过协商、调解解决或者协商、调解不成的,可以根据当事人各方的协议向仲裁机构申请仲裁;当事人各方没有达成仲裁协议或者仲裁协议无效的,可以直接向人民法院起诉。

〔48〕 参见《中华人民共和国仲裁法》(全国人大常委会 1994 年 8 月 31 日颁布)。根据 2009 年 8 月 27 日第十一届全国人民代表大会常务委员会第十次会议《关于修改部分法律的决定》第一次修正;根据 2017 年 9 月 1 日第十二届全国人民代表大会常务委员会第二十九次会议《关于修改〈中华人民共和国法官法〉等八部法律的决定》第二次修正。——译者注

〔49〕 1996 年国务院对仲裁法的解释允许国内仲裁委员会审理涉外仲裁案件。参见《国务院办公厅关于贯彻实施〈中华人民共和国仲裁法〉需要明确的几个问题的通知》(国务院办公厅 1996 年 6 月 8 日发布)。

〔50〕 截至 2022 年,中国仲裁机构有 277 个。——译者注

〔51〕 See João Ribeiro and Stephanie Teh, "The Time for a New Arbitration Law in China: Comparing the Arbitration Law in China with the UNCITRAL Model Law", *Journal of International Arbitration*, Vol. 34, No. 3, 2017, pp. 459, 460.

有限。通过"自上而下"和"自下而上"两种方式，中国进行了一系列对《仲裁法》的零星修改。这些措施同时佐证了社会法学派和政治经济学派的观点。

"自下而上"的修改是仲裁委员会竞争仲裁案件的产物，表现为在《仲裁法》框架内对仲裁程序规则进行有限调整。例如，北京仲裁委员会等仲裁机构要求仲裁庭成立后 6 个月内结案，以注重效率的方式提高竞争力。[52]政治经济学派和社会法学派都可以解释这一现象：前者认为外国当事人数量增加导致仲裁机构注重效率价值；后者认为快速解决争端是亚洲的文化传统之一。[53]"自上而下"的修改则通过最高人民法院的司法解释实现。[54]例如 2018 年 1 月生效的司法解释主要内容是关于国内仲裁和涉外仲裁司法审查的程序和范围。[55]

因此，中国对《仲裁法》的修改结合市场主导和政府主导两种方式进行，但始终对全面修改《仲裁法》持谨慎态度。CIETAC 对国际商事仲裁的政策与之类似，其在成立之初以政府主导为主（自上而下），但同时也积极回应国际市场的需要（自下而上）。

（二）《仲裁法》的"双轨制"

中国一直沿用区分国内仲裁和涉外仲裁的"双轨制"。《仲裁法》将仲裁分为三类：外国仲裁、国内仲裁和具有涉外因素的国内仲裁。涉外因素的认定主要根据最高人民法院的两个司法解释：

---

〔52〕 参见《北京仲裁委员会仲裁规则》（2022）第 68 条。金立宇（Liyu Denning Jin）对该条款在实践中得到遵守的程度表示怀疑，参见 Liyu Denning Jin, "Commercial Arbitration: China", *Global Arbitration Review*, 2017, available at https://globalarbitrationreview.com/jurisdiction/1000181/china, last visited on Nov. 21, 2018.

〔53〕 参见《北京仲裁委员会仲裁规则》（2022）第 54 条规定，简易程序的适用：①除非当事人另有约定，凡案件争议金额不超过 500 万元（指人民币，下同）的，适用简易程序……

〔54〕 关于中国的司法解释和"司法立法"（judicial lawmaking）的介绍，参见 Vai Lo Lo, "Towards the Rule of Law: Judicial Lawmaking in China," *Bond Law Review*, Vol. 28, No. 2, 2016, p. 149.

〔55〕 参见《最高人民法院关于审理仲裁司法审查案件若干问题的规定》（最高人民法院 2017 年 12 月 26 日颁布）。一些律所也发布了英文的简版，参见 Roy Chan, et al., "SPC Issued Two Interpretations Regarding the Judicial Review of Arbitration Cases", *DLA Piper*, available at https://www.dlapiper.com/en/china/insights/publications/2018/01/spc-issued-two-interpretations-regarding-the-judicial-review-of-arbitration-cases, last visited on Nov. 21, 2018.

1988 年《最高人民法院关于贯彻执行〈中华人民共和国民法通则〉若干问题的意见（试行）》规定，涉外因素是指：①凡民事关系的一方或者双方当事人是外国人、无国籍人、外国法人的；②民事关系的标的物在外国领域内的；③产生、变更或者消灭民事权利义务关系的法律事实发生在外国的。[56] 1992 年《最高人民法院关于适用〈中华人民共和国民事诉讼法〉若干问题的意见》规定，涉外民事案件是指：①当事人一方或双方是外国人、无国籍人、外国企业或组织；②当事人之间民事法律关系的设立、变更、终止的法律事实发生在外国；③诉讼标的物在外国。[57] 简而言之，认定涉外因素的标准主要依靠当事人的国籍、住所、标的物以及影响民事关系的法律事实来判断。

外国仲裁的判断标准则相对直接，其要求仲裁的纠纷具有涉外因素且仲裁地[58]在中国境外。[59] 国内仲裁则要求所有程序不具有任何涉外因素。

《仲裁法》双轨制带来诸多影响：[60] 其一，国内争议不得提交外国仲裁机构。如果当事人要求承认与执行的外国仲裁裁决被认定

---

〔56〕 参见《最高人民法院关于贯彻执行〈中华人民共和国民法通则〉若干问题的意见（试行）》（最高人民法院 1988 年 1 月 26 日颁布）第 178 条。（本条已作废。——译者注）

〔57〕 参见《最高人民法院关于适用〈中华人民共和国民事诉讼法〉若干问题的意见》（最高人民法院 1992 年 7 月 14 日颁布）第 304 条。[本条已作废。就中国法律关于涉外因素的规定，参见 2020 年《最高人民法院关于适用〈中华人民共和国涉外民事关系法律适用法〉若干问题的解释（一）》第 1 条。——译者注]

〔58〕 在仲裁法语境下，"仲裁地"指向的是仲裁与司法区域的联系。仲裁地的概念十分重要，其可以决定仲裁的准据法以及司法审查中具有管辖权的司法机关。值得注意的是，"仲裁地"与"仲裁审判场地"是否为同义词在很多司法区域存在争议。See Phillip Capper, "When Is the 'Venue' of an Arbitration Its 'Seat'?", *Kluwer Arbitration Blog*, available at http://arbitrationblog.kluwerarbitration.com/2009/11/25/when-is-the-venue-of-an-arbitration-its-seat; Fan Kun, *Arbitration in China: A Legal and Cultural Analysis*, 2013, Sc. 1.4.1.

〔59〕 参见"西门子国际贸易（上海）有限公司诉上海黄金置地有限公司案"，上海市第一中级人民法院（2013）沪一中民认（外仲）字第 2 号民事裁定书。中国法院对涉外因素的裁判享有一定的自由裁量权。尽管双方当事人都在中国注册，合同约定的设备位于中国，合同约定的交货地点也在中国，但考虑到双方当事人都事实上由在上海自由贸易区注册的外国企业全资拥有，上海市中级人民法院认定该合同纠纷具有涉外因素。

〔60〕 此处的分析可能并没有穷尽双轨制对中国仲裁法体系的影响。本文集中论述的部分在于可能与"'一带一路'法院"相关的地方。

缺乏涉外因素，中国法院依据《纽约公约》第 5 条第 1 款第（甲）项拒绝承认与执行。〔61〕当事人双方是否具有中国籍往往对仲裁承认与执行产生重要的影响。〔62〕其二，国内仲裁程序和涉外仲裁程序仲裁员资质要求不同。当事人意思自治原则在选择仲裁员程序中尤为重要。对于国内仲裁，当事人只能选择"公道正派"并且符合"三八两高"条件的仲裁员。〔63〕但在涉外仲裁中，当事人可以"从具有法律、经济贸易、科学技术等专门知识的外籍人士中聘任仲裁员"〔64〕，并没有其他额外要求。其三，国内仲裁当事人只能向证据所在地基层人民法院申请证据保全，然而涉外仲裁当事人可以向更值得信赖的中级人民法院申请。〔65〕其四，双轨制导致不同法院审查仲裁裁决的证据审查标准不同。在实体上，国内仲裁裁决可能因为证据的有效性等实质性问题而被撤销。在程序上，最高人民法院建立了涉外仲裁司法审查的报告制度，有效阻止了地方法院（假设存在保护主义倾向）对仲裁裁决承认与执行的影响，中级人民法院拒绝承认与执行涉外仲裁裁决必须得到最高人民法院的批准。即使最高人民法院同意地方法院的裁判，案件也必须移交最高人民法院审查。近来，最高人民法院通过司法解释扩大了报告制度的适用，同样适用于当事人来自不同省份的国内仲裁裁决或地方法院以"违反公共利益"为由拒

---

〔61〕 参见《纽约公约》U. N. Doc. E/CONE. 26/8/Rev. 1，1958 年 6 月 10 日签订，第 5 条第 1 款第（甲）项："①裁决唯有于受裁决援用之一造向声请承认及执行地之主管机关提具证据证明有下列情形之一时，始得依该造之请求，拒予承认及执行：（甲）第 2 条所称协定之当事人依对其适用之法律有某种无行为能力情形者，或该项协定依当事人作为协定准据之法律系属无效，或未指明以何法律为准时，依裁决地所在国法律系属无效者……"

〔62〕 参见"北京朝来新生体育休闲有限公司与北京所望之信投资咨询有限公司申请承认和执行外国仲裁裁决案"，北京市第二中级人民法院（2013）二中民特字第 10670 号民事裁定书。原被告分别为中国公司和在北京注册的外国人独资公司，法院认定原被告双方均为中国法人，拒绝承认与执行大韩商事仲裁委员会的仲裁裁决。参见"西门子国际贸易（上海）有限公司诉上海黄金置地有限公司案"，上海市第一中级人民法院（2013）沪一中民认（外仲）字第 2 号民事裁定书。

〔63〕 参见《中华人民共和国仲裁法》（全国人大常委会 2017 年 9 月 1 日修正）第 13 条。

〔64〕 参见《中华人民共和国仲裁法》（全国人大常委会 2017 年 9 月 1 日修正）第 67 条。

〔65〕 See Yuhua Wang, "Court Funding and Judicial Corruption in China", *The China Journal*, Vol. 69, 2013, pp. 44-47; Ling Li, "Corruption in China's Courts", in Randall Peerenboom ed., *Judicial Independence in China: Lessons for Global Rule of Law Promotion*, 2010.

绝承认与执行的情况。[66]这表示涉外仲裁裁决以及跨省仲裁裁决在判决承认与执行上享有的有利推定无法适用于其他国内仲裁。

社会法学派和政治经济学派也给出不同的分析。在社会法学派看来，主要原因仍然是中国文化倾向于通过私人调解等方式解决纠纷，[67]所以政府才要加强对中国当事人之间国内仲裁的审查力度。政治经济学派则关注国际层面，认为法国、美国、迪拜或新加坡等仲裁发达地区对中国的影响，使得中国法院在审查涉外仲裁时对当事人意思自治以及仲裁裁决可执行性等问题放宽了标准。

这两种解释并非孤立的。社会法学派的历史解释方法很难论证中国《仲裁法》双轨制的发展。注重中国文化等国内因素使其过于集中在中国利益的静态分析，尽管可能解释双轨制的起源（诸如传统文化的中国中心主义以及儒家文化等），但无法解释双轨制的发展，即外国当事人在涉外仲裁程序享有的优势待遇。

政治经济学派对这一问题的分析似乎更有说服力，其认为外部因素造成中国涉外仲裁规定的开放。但这种结论也是片面的，无法解释为何中国不愿意给国内仲裁同样的优势待遇。政治经济学派仅仅说明中国倾向于《仲裁法》继续开放。只有结合社会法学派和政治经济学派的观点才能全面了解双轨制的内涵以及采用双轨制的动机。理解双轨制有助于发现中国国际商事仲裁制度面临的难题，这对"'一带一路'法院"的建设尤其重要。

（三）国际商事仲裁制度面临的难题

我们结合卡洛特项目讨论一下中国国际商事仲裁政策可能面临的难题。假设丝路基金董事长担忧的不可控风险成为现实，中巴双方发生了纠纷。本文第二部分将详细讨论投资者和巴基斯坦东道国发生纠纷的情形。此处，我们假设的案情是两个私营商业实体以中国为仲裁地发生的合同纠纷。

---

〔66〕 See Douglas Thomas and Alison Ross, "China Reforms Reporting System", *Global Arbitration Review*, available at https://globalarbitrationreview.com/article/1153364/china-reforms-reporting-system, published on Feb. 9, 2018.

〔67〕 尤其是事后协议进行的纠纷解决，不包括事前协议的情形。

首先，在仲裁员指定环节。《仲裁法》第 67 条允许当事人挑选在某个领域具有专业知识的中外仲裁员。第 13 条进一步要求仲裁委员会设立仲裁员名册。十多年来，这一规定被理解为当事人只能在仲裁委员会名册内指定仲裁员。

2005 年版的 CIETAC 规则是《仲裁法》"自下而上"修改的典型例子，明确允许当事人合意选择仲裁委员会名册外的仲裁员。[68]现行的 CIETAC 规则原则上要求当事人"从仲裁委员会制定的仲裁员名册中选定仲裁员"，但以"当事人约定在仲裁委员会仲裁员名册之外选定仲裁员"的情形为例外。[69]在三人仲裁庭，如果当事人无法就首席仲裁员达成合意，则 CIETAC 委员会主任具有决定权。委员会主任首先根据当事人各自推荐的候选人名单选任首席仲裁员。如果当事人的推荐有一名以上的相同人选，则委员会主任根据"案件的具体情况"任命其中一人。如果没有相同人选，则这种情况下"由仲裁委员会主任指定首席仲裁员"。北京仲裁委员会仲裁规则规定在相同情况下，委员会主任也具有完全自由裁量的任命权。[70]

将两个仲裁委员会的规则与《国际商会仲裁规则》（以下简称"ICC 规则"）对比。ICC 规则第 13 条第 1 款称，"仲裁院在确认或任命仲裁员时，应考虑各位被提名的仲裁员的国籍、住所、与当事人或其他仲裁员国籍国的其他关系……"[71]与其说 CIETAC 以及北京仲裁委员会规则是限制当事人自治，不如说是在当事人无法确定仲裁员的情况下保留委员会主任的自由裁量权。委员会主任的独立性和企图心直接影响当事人对仲裁机构的质疑程度。值得注意的是，1995 年国务院的通知要求地方政府进一步管理辖区内仲裁委

---

〔68〕 参见 CIETAC 规则（2005）第 21 条第 2 款。
〔69〕 参见 CIETAC 规则（2015）第 26 条第 1、2 款。
〔70〕 参见《北京仲裁委员会仲裁规则》（2022）第 20 条第 3 款：案件有两个或者两个以上的申请人或者被申请人时，申请人方或者被申请人方应当共同协商选定或者共同委托主任指定一名仲裁员；未能自最后一名当事人收到仲裁通知之日起 15 日内就选定或者委托主任指定仲裁员达成一致意见的，由主任指定。
〔71〕 参见 ICC 规则（2021）第 13 条第 1 款。

员会的组建和运行工作。[72]直到 2007 年，北京仲裁委员会的调查报告显示，仍有 69.3%的地方仲裁委员会的工作人员与地方政府部门有一定关联。[73]尽管在中国地方也例外地存在一些通过自筹资金组建的仲裁委员会，但是这些委员会的财务状况仍然受到地方政府的监管。[74]

第二个难题则是临时仲裁的禁止。[75]根据《仲裁法》第 16 条的规定，有效仲裁协议必须包括当事人合意选择的"仲裁委员会"。最高人民法院时常以缺乏这一要件为由否认仲裁协议的效力。[76]这一问题的核心在于当事人对争端解决能具有的自治程度，对试图脱离仲裁委员会监管的当事人尤为重要。

最高人民法院近年来开始软化这一要件的效力。例如，2014 年一家中国石化企业和美国科技企业的纠纷中包含一个混合仲裁条款，其指定 CIETAC 作为仲裁机构并同时要求适用 UNCITRAL 规则。[77]中方当事人主张仲裁协议无效，理由是 UNCITRAL 规则只能适用于临时仲裁程序，而临时仲裁为中国强制性法律所禁止。浙江省宁波市中级人民法院否认这一观点，但由于司法审查报告制度的存在，其将本案的判决提交给浙江省高级人民法院审查。浙江省高级人民法院未对外国仲裁规则适用中国规则的有效性这一问题进行展开，

---

〔72〕 参见《国务院办公厅关于进一步做好重新组建仲裁机构工作的通知》（国办发〔1995〕38 号）。

〔73〕 See Anselmo Reyes & Weixia Gu eds. , *The Developing World of Arbitration*: *A Comparative Study of Arbitration Reform in the Asia Pacific*, 2018, p. 22.

〔74〕 See Fuyong Chen, "Striving for Independence, Competence, and Fairness: A Case Study of the Beijing Arbitration Commission", *The American Review of International Arbitration*, Vol. 18, No. 3, 2009, p. 326. 介绍了"收入支出区分"机制（"income and expenses separate" system）和北京仲裁委员会应将支出计划报市财政部门审批的要求。

〔75〕 在临时仲裁程序中，当事人意思自治管理仲裁程序的方方面面——仲裁员人数、仲裁准据法、仲裁程序等。一个彻底的临时仲裁是完全脱离机构管理的。临时仲裁与仲裁机构的联系程度随着约定而变化，这也是中国全面禁止临时仲裁的原因，因其不确定开放临时仲裁后可能发生的后果。

〔76〕 People's Insurance Company of China, Guangzhou v. Guanghope Power et al. (Sup. People's Ct. 2003).

〔77〕 具体而言，其约定为："仲裁地为中国北京，仲裁机构为 CIETAC，仲裁适用现行的 UNCITRAL 仲裁规则。"参见"浙江逸盛石化有限公司与卢森堡英威达技术有限公司申请确认仲裁条款效力案"，宁波市中级人民法院（2012）浙甬仲确字第 4 号民事裁定书。

宣布仲裁协议有效。[78] 2016年发布的《最高人民法院关于为自由贸易试验区建设提供司法保障的意见》同样支持在自贸区注册的当事人之间以临时仲裁解决争议，只要明确约定了特定地点（中国内地）、特定规则和特定仲裁员。[79] 然而，这一规则对解决"一带一路"当事人之间的纠纷并没有太大意义。[80]

第三个难题则是《仲裁法》关于"仲裁委员会"的规定被解释为拒绝承认和执行境外仲裁机构在中国境内作出的仲裁裁决。例如，一个仲裁条款约定"ICC Rules, Shanghai shall apply"[81]。该案中，最高人民法院的观点是仲裁协议无效。在当事人没有约定仲裁协议效力准据法的情况下，根据中国的国际私法规则，因仲裁地位于中国适用中国法。根据《仲裁法》第16条的规定，仲裁条款由于没有指定明确的仲裁机构而无效。

本案的结果并不重要，因为没有产生具有约束力的先例并且判决广受争议。[82] 然而，法律解释的细微不同影响了最为基础的管辖权问题，这正是"'一带一路'法院"建设所要面临的问题。当事人如何才能判断"'一带一路'法院"能否受理争议案件呢？无论《仲裁法》或是此后的修订与解释都没有完全明确。《规定》试图解决这一问题，但其内容仍不够全面。

最后，中国国际商事仲裁的一个显著特点便是"先调解后仲裁"

---

〔78〕 参见"浙江逸盛石化有限公司与卢森堡英威达技术有限公司申请确认仲裁条款效力案"，宁波市中级人民法院（2012）浙甬仲确字第4号民事裁定书。

〔79〕 参见《最高人民法院关于为自由贸易试验区建设提供司法保障的意见》（法发〔2016〕34号）。

〔80〕 事实上，"一带一路"相关争议难以适用中国自贸试验区的规定，其覆盖的区域范围远远大于自贸试验区。See Deborah Bräutigam and Tang Xiaoyang, "African Shenzhen: China's Special Economic Zones in Africa", *The Journal of Modern African Studies*, Vol. 49, No. 1, 2011, p. 27.

〔81〕 参见"德国旭普林国际有限责任公司与无锡沃可通用工程橡胶有限公司申请确认仲裁协议效力案"，无锡高新技术产业开发区人民法院（2004）新民二初字第154号民事裁定书。

〔82〕 参见"瑞士德高钢铁公司诉宁波市工艺品进出口有限公司案"，宁波市中级人民法院（2008）甬仲监字第4号民事裁定书。本案中，宁波法院支持了以上海为仲裁地，并将争议提交给国际商会仲裁院的仲裁条款的效力。法院认为国际商会仲裁院符合"指定仲裁机构"的要求，但没有直接回答设立在上海的外国机构仲裁的地位问题。

机制。[83]"先调解后仲裁"指的是同时适用调解和仲裁程序解决纠纷。中国主要仲裁机构都把其作为国际商事仲裁的替代性解决方式。[84]"先调解后仲裁"同时受到外界的赞许和质疑，社会法学派和政治经济学派对其的解读也不相同。

社会法学派通常是支持者，其认为这种机制充分体现了中国文化优先恢复当事人之间和谐关系的传统，尽管有可能损害当事人意思自治。[85]在这种理念下，仲裁员的职能服务于争端解决这一目的，任何有利于实现争端解决目的的做法都应当被认为是恰当的。批判者则认为"先调解后仲裁"极大地影响了仲裁员公正性，并引起证据和程序层面的担忧，尤其是这种机制会淡化调解和仲裁两种程序的区别，损害各自程序的独立价值。政治经济学派的观点认为仲裁员发挥的只是工具和程序功能，其目的不是促进争端的最终解决。在这种观点看来，卡洛特项目中，中国当事人和巴基斯坦承包商的仲裁协议不是为了恢复和谐关系，如果一个当事人与调解人有过私下沟通，而调解人随即成了仲裁员，反而会影响争端解决程序的公正。

二、中国国际投资法政策

分析中国国际投资法政策框架主要从"代际"投资协定的角度考虑其路径和发展。正如各个代际投资协定的区别及其内容存在着争议，[86]中国国际投资法政策可能被误解。本部分重点讨论投资者—

---

[83] See Gu Weixia, "The Delicate Art of Med-Arb and Its Future Institutionalisation in China", *UCLA Pacific Basin Law Journal*, Vol. 33, No. 2, 2014, p. 97.

[84] 参见《北京仲裁委员会仲裁规则》（2022）第43、44条。

[85] See Carlos de Vera, "Arbitrating Harmony: Med-Arb and the Confluence of Culture and Rule of Law in the Resolution of International Commercial Disputes in China", *Columbia Journal of Asian Law*, Vol. 18, No. 1, 2004, pp. 166-168.

[86] 学界将中国国际投资双边协定分为两代、三代、四代以及即将出现的第五代。采用两代分类法的，参见 Anna Chuwen Dai, "The International Investment Agreement Network under the 'One Belt One Road' Initiative", *Transnational Dispute Management*, Vol. 3, 2017, p. 17. 采用三代分类法的，参见 Matthew Hodgson and Adam Bryan, "Bumps in the Road: Identifying Gaps in China's Belt and Road Treaty Network", *Transnational Dispute Management*, Vol. 3, 2017, p. 2; Huaxia Lai and Gabriel M. Lentner, "Paving the Silk Road BIT by BIT An Analysis of Investment Protection for Chinese Infrastructure Projects under the Belt & Road Initiative", *Transnational Dispute*

东道国争端解决有关的争议，[87]尤其关注那些在"一带一路"倡议下与中国缔结投资协定的国家。《规定》并未设计"'一带一路'法院"作为投资者—国家争端解决机构。然而，只要"一带一路"继续由国家主导推进并主要由国有企业实施，清楚地了解中国过去和未来可能的国际投资法政策对构建具有中国特色的国际商事法庭不可或缺。[88]

（一）对外开放时期中国国际投资法政策

自 1982 年与瑞典签订第一项双边投资协定到 20 世纪 90 年代初期，中国签订的多为第一代双边投资协定，这类协定的争端解决条款通常只为投资者提供有限的国际争端解决途径。[89]这一时期西欧和南亚的资本输出国通常是中国的缔约方。[90]

Management，Vol. 3，2017，p. 8. 采用四代及以上分类法的，参见 Axel Berger，"Hesitant Embrace：China's Recent Approach to International Investment Rule-Making"，*The Journal of World Investment and Trade*，Vol. 16，2015，p. 845；Tyler Cohen and David Schneiderman，"The Political Economy of Chinese Bilateral Investment Treaty Policy"，*The Chinese Journal of Comparative Law*，Vol. 5，No. 1，2017，p. 114.

〔87〕 事实上，几乎所有投资协定都会提到国家—国家争端解决机制。但是这些条款鲜有被提及，并在适用时被仲裁庭严格解释。本文在此不作展开。参见 Anthea Roberts，"State-to-State Investment Treaty Arbitration：A Hybrid Theory of Interdependent Rights and Shared Interpretive Authority"，*Harvard International Law Journal*，Vol. 55，2015，pp. 1，3.

〔88〕 参加了"一带一路"倡议但没有和中国签订投资协定的国家包括东帝汶、不丹、马尔代夫、尼泊尔、阿富汗、黑山、伊拉克和巴勒斯坦。中国目前已经与七十多个"一带一路"倡议国家签订了谅解备忘录，其中在争端解决问题方面大多仅提及"友好协商"，因此并不能替代或补充其他协定的有关内容。参见"Palestine"，*Belt and Road Portal*，available at https://eng. yidaiyilu. gov. cn/gbjg/gbgk/10033. htm，published on Apr. 7，2017；Chris Devonshire Ellis，"Vassal States？Understanding China's Belt and Road MoU"，*Silk Road Briefing*，available at https://www. silkroadbriefing. com/news/2018/02/08/vassal - states - understanding - chinas - belt - road-mou，published on Feb. 13，2018.

〔89〕 文中提及的协定大多数仍然具有效力。

〔90〕 参见《中华人民共和国政府和瑞典王国政府关于相互保护投资的协定》（1982 年 3 月 29 日签订）；《中华人民共和国和德意志联邦共和国关于促进和相互保护投资的协定》（1983 年 10 月 7 日签订）；《中华人民共和国政府和新西兰政府关于促进和保护投资协定》（1988 年 11 月 22 日签订）。中国与发展中国家签约的例外情况包括与斯里兰卡、马来西亚和泰国的投资条约。中国没有与南美、北美或非洲国家缔结条约，也与这一趋势相吻合。

　　这些投资协定的投资者—东道国争端解决机制[91]，通常将国际投资仲裁庭的管辖权限制在征收补偿数额这一事项。[92]ICSID 等常设仲裁机构的管辖权也被排除。这些条款或明确双方争端适用临时仲裁[93]，或表述为"双方当事人共同组建的国际仲裁庭"[94]。尽管 ICSID 被排除在投资者—东道国争端解决机制之外，但其仍然对双边投资协定有一定的影响。有观点认为中国在双边投资协定中排除 ICSID 的原因是 ICSID 是"西方机构"。但这种说法以偏概全，中国与斯里兰

---

　　[91]　这些条款的附条件追索权在当时也是进步的体现。《中华人民共和国政府和泰国政府关于促进和保护投资的协定》（1985 年 3 月 20 日签订）第 9 条第 1、2 款规定，协商、谈判，或最终将"缔约双方间"的争端提交仲裁庭；《中华人民共和国政府和挪威王国政府关于相互保护投资的协定》（1984 年 11 月 21 日签订）第 8 条也有类似规定。

　　[92]　例如，《中华人民共和国和土耳其共和国关于相互促进和保护投资协定》（1990 年 11 月 13 日签订）第 7 条第 2 款规定，如涉及第 3 条所述的征收或国有化产生的补偿款额的争议在争议发生之日起的一年内未获得解决，争议当事人可将争议提交专设仲裁庭，根据联合国国际贸易法委员会仲裁规则解决争议。缔约一方国民或公司与缔约另一方的其他争议，可根据作为争议当事人的缔约一方的法律和法规提交上述国际仲裁庭。《中华人民共和国政府和新加坡共和国政府关于促进和保护投资协定》（1985 年 11 月 21 日签订）第 13 条第 3 款也有类似规定。ICSID 对投资争端条款限制条件的解读也区分为几种观点。例如，在也门与中国投资者的争议的案件中，也门认为反对中国投资者主张的可仲裁性争议不仅仅包括补偿款额还包括法律责任的主张。仲裁庭审理后得出结论，中国—也门 BIT 的文本并不是决定性的，其同时具有扩大解释和限缩解释的空间。也门的解释根本上损害条约的主要目的。参见 Beijing Urban Constr. Grp. Co. Ltd. v. Republic of Yemen, ICSID Case No. ARB/14/30, Decision on Jurisdiction, available at https://www. italaw. com/sites/default/files/case-documents/italaw8968, published on May 31, 2017. 在秘鲁与外国投资者争议的案件里，同样涉及仲裁庭是否有权限裁定争端解决条款所说的"征收"是否发生。中国积极地参与诉讼提出意见支持秘鲁的立场，但裁决事与愿违。参见 Tza Yap Shum v. Republic of Peru, ICSID Case No. ARB/07/6, Decision on Annulment, available at https://www. italaw. com/sites/default/files/case-documents/italaw4371. pdf, published on Feb. 12, 2015. 最近发生的中国投资者与蒙古的争议案件中，仲裁庭认为结合第一代投资仲裁协定的缔结意图，投资争端条款确实应当仅限制在赔偿数额这一项。参见 China Heilongjiang Int'l Econ. & Tech. Coop. Corp. v. Mongolia, Petition to Vacate Arbitral Award Declining to Exercise Arbitral Jurisdiction and Compel Arbitration, PCA Case No. 2010 - 20, available at http://res. cloudinary. com/lbresearch/image/upload/v1506936892/s_29117_1035. pdf, published on Sep. 28, 2017. ICSID 这种前后不一致的做法一直广受批评，这也可能是中国建立"'一带一路'法院"的一个重要原因。

　　[93]　参见《中华人民共和国政府和意大利共和国政府关于鼓励和相互保护投资协定》（1985 年 1 月 28 日签订）；《中华人民共和国政府和波兰人民共和国政府关于相互鼓励和保护投资协定》（1988 年 6 月 7 日签订）。

　　[94]　参见《中华人民共和国政府和新加坡共和国政府关于促进和保护投资协定》（1985 年 11 月 21 日签订）第 13 条第 3 款。

卡的 BIT 规定仲裁庭在确定仲裁程序时"应当参考"ICSID 公约[95]；中国与蒙古的 BIT 中也有类似规定，仲裁庭"在确定仲裁程序时可以 ICSID 仲裁规则为指导"[96]。

如果卡洛特项目的中国投资者面临与东道国或其实体的诉讼，双方适用的也是第一代双边投资协定。签订于 1989 年的中国—巴基斯坦 BIT 第 10 条规定投资者对"被征收的投资财产的补偿款额有异议，可向采取征收措施的缔约一方的主管当局提出申诉"[97]。只有向主管机关提交的申诉一年后仍有争议的情况下，投资者才能向"缔约一方有管辖权的法院"或"国际仲裁庭对补偿款额予以审查"[98]。

政治经济学派指出，中国签订的第一代双边投资协定普遍限制国际投资仲裁机构或中立司法机构管辖权是因为中国当时属于"投资接受国"。[99]由于在海外的投资较少，中国更倾向于维护政府权威而非保护海外投资者利益。这种保守的做法与中国改革派以及进一步自由化的呼吁产生了一些冲突，其结果便是积极条约实践和保守条约内容相结合。[100]

但是，政治经济学派无助于理解这一时期中国的国际投资法政策。由于忽略内部因素对条约缔结的影响，其理论没有针对性分析中国的条约缔结实践。换言之，由于政治经济学派分析的起点是大多数国家都在追求的利益，所以很难解释为何一个特定的主体在特定的时间采用某种特定的立场。"自身利益"和"国内政治"的概念既准确又模糊。社会法学派分析的视角转向"利益"的概念基础以及通过共

---

〔95〕 参见《中华人民共和国政府和斯里兰卡民主社会主义共和国政府关于相互促进和保护投资协定》（1986 年 3 月 13 日签订）第 13 条第 6 款。

〔96〕 参见《中华人民共和国政府和蒙古人民共和国政府关于鼓励和相互保护投资协定》（1991 年 8 月 26 日签订）第 8 条第 5 款。

〔97〕 参见《中华人民共和国政府和巴基斯坦伊斯兰共和国政府关于相互鼓励和保护投资协定》（1989 年 2 月 12 日签订）。

〔98〕 参见《中华人民共和国政府和巴基斯坦伊斯兰共和国政府关于相互鼓励和保护投资协定》（1989 年 2 月 12 日签订）。

〔99〕 See, e. g., Axel Berger, "China's New Bilateral Investment Treaty Programme: Substance, Rational and Implications for International Investment Law Making", *American Society of International Law Economic Law Interest Group 2008 Biennial Conference*, Vol. 8, 2008.

〔100〕 See Tyler Cohen and David Schneiderman, "The Political Economy of Chinese Bilateral Investment Treaty Policy", *The Chinese Journal of Comparative Law*, Vol. 5, No. 1, 2017, p. 115.

有关系范式和原理明确"自我"在"自身利益"中的实质性内容。

（二）"走出去"战略时期中国国际投资法政策

中国签订第二代双边投资协定的时期是 20 世纪 90 年代到 21 世纪初，背景正是"改革开放"后提出的"走出去"战略。[101]这一时期，中国缔结的投资协定的数量以及这些投资协定投资者—东道国争端解决机制的适用范围都得到相应扩张。

与第一代双边投资协定集中于资本输出国和邻国不同，中国第二代双边投资协定的签订对象主要包括非洲[102]、南美[103]以及加勒比海[104]的国家。第二代双边投资协定的争端解决条款提供了附条件准入 ICSID 仲裁的机会。[105]例如，中国—罗马尼亚 BIT 允许投资者就"任何争议"向缔约国司法机关或 ICSID 申请救济，争端事项不再限于"征收补偿的数额"。然而，该条款规定提交 ICSID 解决争端需"基于当事方同意"[106]，即东道国保留着否决权。

对比中国—以色列 BIT，第 8 条仅允许有关征收补偿款额的争议，可按"提交解决投资争端国际中心解决"[107]。或许是因为争端

〔101〕 1998 年中共中央提出"要认真研究和实施'走出去'战略，积极开拓国际市场和利用国际资源，从而增强中国经济的发展动力和潜力"，参见 Cai Congyan, "Outward Foreign Direct Investment Protection and the Effectiveness of Chinese BIT Practice", *The Journal of World Investment and Trade*, Vol. 7, No. 5, 2006, pp. 626-27.

〔102〕 参见《中华人民共和国政府和摩洛哥王国政府关于鼓励和相互保护投资协定》（1995 年 3 月 27 日签订）；《中华人民共和国政府和津巴布韦共和国政府关于鼓励和相互保护投资协定》（1996 年 5 月 21 日签订）；《中华人民共和国政府和加蓬共和国政府关于促进和相互保护投资协定》（1997 年 5 月 9 日签订）。

〔103〕 参见《中华人民共和国政府和乌拉圭东岸共和国政府关于鼓励和相互保护投资协定》（1993 年 12 月 2 日签订）；《中华人民共和国政府和秘鲁共和国政府关于鼓励和相互保护投资协定》（1994 年 6 月 9 日签订）；《中华人民共和国政府和智利共和国政府关于鼓励和相互保护投资协定》（1994 年 3 月 23 日签订）。

〔104〕 参见《中华人民共和国政府和牙买加政府关于鼓励和相互保护投资协定》（1994 年 10 月 26 日签订）；《中华人民共和国政府和巴巴多斯政府关于鼓励和相互保护投资协定》（1998 年 7 月 20 日签订）。

〔105〕 中国于 1990 年 2 月 9 日签署了《关于解决国家和他国国民之间投资争端公约》，公约于 1993 年 2 月对中国生效。

〔106〕 参见《中华人民共和国政府和罗马尼亚政府关于鼓励和相互保护投资协定》（1994 年 7 月 12 日签订）第 9 条第 2 款。

〔107〕 参见《中华人民共和国政府和以色列国政府关于促进和相互保护投资协定》（1995 年 4 月 10 日签订）第 8 条第 1 款第 1 项。

解决条款的事项受限，该条放弃"当事人同意"这一条件，允许"受影响的投资者"直接"诉诸调解或仲裁程序"。[108]

"走出去"战略使得中国投资者承担更大的风险，尤其当投资目的地的司法环境令人担忧的时候。鉴于这些新情况，政治经济学派认为第二代投资协定争端解决条款对投资者更加友好的态度是可以预测的。[109]这种观点很有说服力，但不够全面。尤其是，这无法解释中国同一些几乎没有经济来往的国家签订 BIT。政治经济学派就"政治"这一要素的分析没有考虑到这些 BIT 所要传达的价值因素。这一时期的东欧剧变使得中国迫切地与苏联成员国[110]以及非洲国家[111]重建良好关系。对中国"自身利益"这一概念的全面理解应当结合国内外的各种因素进行分析。

（三）全面接轨国际标准时期中国国际投资法政策

第三代投资协定则表现出中国国际投资法政策转向"与国际标准接轨"。[112]分析指出中国 BIT 接受"国际实践标准"体现的是

---

〔108〕 参见《中华人民共和国政府和以色列国政府关于促进和相互保护投资协定》（1995年4月10日签订）第8条第1款第2项。

〔109〕 See Manjiao Chi, "From Europeanization toward Americanization: The Shift of China's Dichotomic Investment Treaty-Making Strategy", *Canadian Foreign Policy Journal*, Vol. 23, 2017, p. 165. （认为中国国际投资协定的签订战略的转变取决于与缔约方经济地位的不同。）

〔110〕 参见《中华人民共和国政府和蒙古人民共和国政府关于鼓励和相互保护投资协定》（1991年8月26日签订）第8条第5款；《中华人民共和国政府与捷克和斯洛伐克联邦共和国政府关于促进和相互保护投资协定》（1991年12月4日签订）；《中华人民共和国和匈牙利共和国关于鼓励和相互保护投资协定》（1991年5月29日签订）。

〔111〕 例如《中华人民共和国政府和津巴布韦共和国政府关于鼓励和相互保护投资协定》（1996年5月21日签订）；《中华人民共和国政府和苏丹共和国政府关于鼓励和相互保护投资协定》（1997年5月30日签订）。

〔112〕 国际标准的具体内涵存在一些争议。但毫无疑问的是中国起草的这一代 BIT 的投资者争端解决条款内容更加详细，也更加彻底地实现了自由化，参见 Kate Hadley, "Do China's BITs Matter? Assessing the Effect of China's Investment Agreements on Foreign Direct Investment Flows, Investors' Rights, and the Rule of Law", *Georgetown Journal of International Law*, Vol. 45, 2013, p. 304;《中华人民共和国政府和墨西哥合众国政府关于促进和相互保护投资的协定》（2008年7月11日签订）（超过10个条款细致规定了投资者—东道国争端解决机制）；《中华人民共和国政府和瑞士联邦委员会关于促进和相互保护投资协定及其议定书》（2009年1月27日签订）第11条（明确排除国家豁免、限制外交途径解决争端，并规定仲裁庭裁决具有终局性效力）；《中华人民共和国政府和马耳他政府关于促进和保护投资的协定》（2009年2月22日签订）第9条第3款（除非"投资者已经按照中华人民共和国的法律完成行政复议程序，但争议仍然存在；并且该争议没有被提交中华人民共和国的法院解决"，否则投资者

"国家对外经济政策的根本转变"〔113〕，甚至也是中国进一步融入国际社会的体现。〔114〕

但就这一问题，中国学者大多转变此前更倾向的社会法学派立场，很多观点带有价值判断而不是实证陈述。尽管不直接反对使用西方主导的新一代投资协定模式，中国学者普遍认为中国对于承担更高层面的义务应持谨慎态度。〔115〕1993 年以来被遴选为 ICSID 指派国际仲裁员的陈安便认为，发展中国家应当警惕争端投资解决条款的过度自由化，"展望未来，当发现前方有人深陷泥潭（阿根廷），我们应当吸取经验并谨慎地避免这种结果。"〔116〕

当中国在解决投资者—东道国争端达到国际实践标准的前沿时，一种更加以东道国为中心的 BIT 模式被许多国家采纳。国际投资协定的"国家回归"〔117〕强调东道国主权不受投资者侵蚀，所以东道国

不能直接诉诸 ICSID 程序或依照 UNICITRAL 规则启动临时仲裁程序）。

〔113〕 See Tyler Cohen and David Schneiderman, "The Political Economy of Chinese Bilateral Investment Treaty Policy", *The Chinese Journal of Comparative Law*, Vol. 5, No. 1, 2017, p. 111.

〔114〕 See Wenhua Shan, Norah Gallagher, and Sheng Zhang, "National Treatment for Foreign Investment in China: A Changing Landscape", *ICSID Review - Foreign Investment Law Journal*, Vol. 27, No. 1, 2012, p. 141. 需要注意的是，中国投资协定开始向多边方式扩展。例如，2009 年《中华人民共和国政府与东南亚国家联盟成员国政府全面经济合作框架协议下的投资协议》便具有指导性意义，它包括了一些被认为是国际最佳实践但此前投资协定没有出现的内容，例如第 16 条"保护人类、动物或植物的生命或健康安全"。《中华人民共和国政府与东南亚国家联盟成员国政府全面经济合作框架协议下的投资协议》（2009 年 8 月 15 日签订）第 14 条第 4 款是投资者—东道国争端解决条款，允许投资者选择下列方式进行争端解决：可以提交有管辖权的争端缔约方法院或行政法庭，可以根据《国际投资争端解决中心公约》及《国际投资争端解决中心仲裁程序规则》提交仲裁（前提是母国和东道国同为 ICSID 成员国），可以根据《联合国国际贸易法委员会的规则》提交仲裁，或由争端所涉方同意的任何其他仲裁机构或根据任何其他仲裁规则进行仲裁。

〔115〕 See Wei Yanru, "On the Impropriety of China's Recent Complete Acceptance of ICSID Jurisdiction", *Journal of International Economic Law*, Vol. 13, No. 1, 2006, p. 8.

〔116〕 See An Chen, "Should the Four Great Safeguards in Sino-Foreign BITs Be Hastily Dismantled? Comments on Provisions Concerning Dispute Settlement in Model US. and Canadian BITs", *Journal of World Investment and Trade*, Vol. 7, No. 6, 2006, p. 929.

〔117〕 See José E. Alvarez, "The Return of the State", *Minnesota Journal of International Law*, Vol. 20, 2011, p. 223; Wolfgang Alschner, "The Return of the Home State and the Rise of 'Embedded' Investor-State Arbitration", in Shaheeza Lalani and Rodrigo Polanco eds., *The Role of The State in Investor-State Arbitration*, Nijhoff International Investment Law Series 3, BRILL, 2014, p. 293.

在管理健康、环境等其他符合公共利益方面的事项无需向外国投资者提供补偿[118]，这一模式遭到西欧、澳大利亚、加拿大等的质疑。

当前国际投资法制度下，通过常设国际投资法院[119]以及上诉机制解决投资者—东道国争端解决的合法性受到质疑。[120]尽管如此，2015年中国—澳大利亚FTA第9章第23条明确双方于协定生效之日起3年内应启动谈判，以期为投资仲裁建立上诉审查机制。[121]

"'一带一路'法院"目前仅试图解决私人争端，以营造稳定、制度化的国际争端解决。经过10年与国际标准的接轨和赶超后，"'一带一路'法院"将中国置身于国际争端解决的前沿位置。如果"'一带一路'法院"能最终在一个机构内同时解决投资者—东道国争端和私人争端，那么其必将在各国的国际商事法庭中独树一帜。

三、中国特色的国际商事法庭

最高人民法院的法官指出，"'一带一路'法院"的建设参考了新加坡和迪拜国际商事法庭的模式。[122]本部分首先讨论这两种模式

---

[118] See Uche Ewelukwa Ofodile, "Africa-China Bilateral Investment Treaties: A Critique", *Michigan Journal of International Law*, Vol. 35, No. 1, 2013, pp. 136-145. （认为"越来越多的国家对现有制度、实践体系表示反对"，其具体表现是退出ICSID公约以及在BIT中限制ICSID争端解决方式。）

[119] See Gabrielle Kaufmann-Kohler and Michele Potesta, "The Composition of a Multilateral Investment Court and of an Appeal Mechanism for Investment Awards", *CIDS Supplemental Report*, 2017; See N. Jansen Calamita, "The Challenge of Establishing a Multilateral Investment Tribunal at ICSID", *ICSID Review-Foreign Investment Law Journal*, Vol. 32, No. 3, 2017, p. 611.

[120] See Stephan W. Schill, "Reforming Investor-State Dispute Settlement: A (Comparative and International) Constitutional Law Framework", *Journal of International Economic Law*, Vol. 20, No. 3, 2017, p. 649; See Katia Yannaca-Small, "Improving the System of Investor-State Dispute Settlement", *OECD Working Papers on International Investment*, 2006/01, OCED Publishing, 2006.

[121] 参见《中华人民共和国政府和澳大利亚政府自由贸易协定》（2015年6月17日签订）第9章第23条。

[122] 参见《打造国际商事法庭 司法保障"一带一路"建设——专访最高人民法院民事审判第四庭副庭长高晓力》，载 https://mp.weixin.qq.com/s/wwM5Obhz069STbeJ73oMdA，最后访问日期：2018年6月14日；《构建"一带一路"国际争端解决机制丨第二届东湖国际法律论坛内容分享》，载 https://mp.weixin.qq.com/s/yZ9N2RwSPeK2SoQ1q5vBJQ，最后访问日期：2018年6月14日。

中国际商事法庭的核心特征，最后分析建设具有中国特色的国际商事法庭所面临的挑战。

（一）国际商事法庭的模式

最新一代国际商事法庭是针对国际商事仲裁、诉讼以及调解的不足之处建立的一种混合争端解决机制，其运作方式介于这些传统争端解决方式之间。当选择诉讼方式时，当事人通常受益于上诉机制、充分的程序保护以及专业的司法机构。但其代价则是高昂的成本、较小的灵活性以及较长的诉讼周期。选择国际商事仲裁的当事人则得到了相当程度的自主权，有时候还意味着节省时间和成本。但也有观点认为这种优势愈发缩小，国际商事仲裁越来越接近诉讼。最后，尽管调解也意味着减少业务往来和成本，但如果调解失败导致仲裁或诉讼或需要承认与执行的裁决时，调解的优势也不复存在。

2013年，新加坡首席大法官梅达顺（Sundaresh Menon）首次提出建立新加坡国际商事法庭（SICC）的构想。随后不久新加坡成立了一个考察委员会负责该事项，2014年底SICC的基本框架被建立起来，2015年1月5日SICC正式投入使用。[123]借鉴英国国际仲裁院的模式，黄锡义（Michael Hwang）精准地概括了新加坡此举的四个核心目标[124]：促进新加坡亚洲商事纠纷解决中心建设的目标；促进独立国际商事立法的发展以协调不同司法区域的法律传统；为倾向国际商事仲裁解决纠纷的当事人提供上诉机制；"充分利用新加坡的中立性、法律专业性、诚信和效率"。[125]与新加坡国际仲裁中心和新加坡国际调解中心一道，SICC将成为新加坡一站式国际商事纠纷

---

〔123〕 See "Establishment of the SICC", *Singapore International Commercial Court*, available at https://www. sicc. gov. sg/about-the-sicc/establishment-of-the-sicc, last visited on Jun. 14, 2018.

〔124〕 See Michael Hwang, "Commercial Courts and International Arbitration—Competitors or Partners?", 2014 Clayton Utz-Sydney University Lecture (Nov. 11, 2014), in *Arbitration International*, Vol. 31, No. 2, 2015, pp. 193, 196.

〔125〕 Michael Hwang, "Commercial Courts and International Arbitration—Competitors or Partners?", 2014 Clayton Utz-Sydney University Lecture (Nov. 11, 2014), in *Arbitration International*, Vol. 31, No. 2, 2015, pp. 193, 196.

解决平台的最后一环。[126]

观察 SICC 成立 3 年的运行状况，对实现其核心目标具有最重要功能的制度是：灵活的人事安排、对当事人意思自治的尊重、追加当事人以及合并诉讼、协议管辖以及高等法庭移送案件、上诉机制。

首先从人事安排说起。SICC 目前共有 36 名法官，除了高等法庭的首席大法官，还有 4 名上诉法庭法官[127]，16 名高等法庭法官以及 15 名"国际法官"。国际法官由新加坡总统任命，但条件是首席大法官必须认为候选人"具有必要的资质、经验和专业地位"。[128]在 2018 年又追加了 6 位国际法官，目前国际法官共 15 名，包括 6 名英国籍、4 名澳大利亚籍，以及来自美国、法国、加拿大、中国香港和日本各 1 名。[129]SICC 的国际法官都具有丰富的处理跨境商业案件的经验以及普通法（英联邦）司法区的从业背景。[130]此外，SICC 还放宽了外国律师的注册要求，允许外国律师注册后在 SICC 出庭和辩护。[131]

其次，当事人在 SICC 的意思自治权限几乎等同于在国际商事仲裁程序中的意思自治权限。当事人在 SICC 诉讼可以排除新加坡证据法，选择适用 IBA 取证规则。[132]也可以用 IBA 规则取代新加坡的证据开示程序，将开示证据的范围限定在与案件密切相关的文件，取

〔126〕 See Man Yip, "The Resolution of Disputes before the Singapore International Commercial Court", *International and Comparative Law Quarterly*, Vol. 65, 2016, pp. 439, 444.

〔127〕 新加坡高级法院包括上诉法庭和高等法庭。他们共同组成新加坡最高法院。

〔128〕 See Constitution of the Republic of Singapore, Art. 95（4）（c）.

〔129〕 See "Judges", *Singapore International Commercial Court*, available at https://www.sicc.gov.sg/about-the-sicc/judges, last visited on Jun. 14, 2018.

〔130〕 日本法官谷口知平（Yasuhei Taniguchi）曾任 WTO 上诉机构主席。法国法官多米尼克·T. 哈谢尔（Dominique T. Hascher）则同时具有法国最高法院担任总法律顾问与国际商会国际商事仲裁院副秘书长的经历。另一个英联邦法官的例外，是美国特拉华州最高法院的卡罗琳·伯格（Carolyn Berger），该法院是美国主要商事纠纷司法区域的上诉法院。

〔131〕 外国律师仅限于在与新加坡没有实质联系的案件中出庭，在与新加坡有实质联系的案件中，仅仅可以提交外国法有关的意见，参见 "Registration of Foreign Lawyers before the SICC", *Singapore International Commercial Court*, available at https://www.sicc.gov.sg/registration-of-foreign-lawyers. , last visited on Jun. 14, 2018; Legal Profession Act（Singapore）, Ordinance 57 of 1966, § 36P; the Legal Profession（Foreign Representation in Singapore International Commercial Court）Rules（2014）（Singapore）, G. N. No. S 851/2014, Rule 3.

〔132〕 See Supreme Court of Judicature Act（Singapore）, Order 110, Act 24 of 1969, Rule 23.

代开示范围更广也更加昂贵的国内程序。[133]

再次，SICC 有权追加当事人或合并诉讼。国际商事仲裁以仲裁条款为管辖基础，所以基本排除第三方当事人加入的可能。SICC 对许多国际商事仲裁的当事人具有相当的吸引力，尤其是那种涉及多方当事人的纠纷类型，例如卡洛特项目这种大型工程涉及承包商、分包商乃至次级分包商的复杂合同关系。

又次，SICC 的管辖权可以通过当事人协议或新加坡高等法庭移送案件获得。具体来说，SICC 可以审理下列案件：①各当事方纠纷具有国际和商事性质；②新加坡高等法庭对案件具有初始管辖权；③诉讼当事方以书面协议（如管辖权条款项下）形式提交 SICC 管辖；④诉讼当事方未以特权命令形式或有关特权命令（如强制令、禁止令、撤销令或拘留审查的命令）寻求任何救济。[134] 2018 年 1 月的立法明确 SICC 对"任何高等法庭享有管辖权的有关国际商事仲裁案件具有管辖权，只要符合《新加坡法庭规则》的规定"。[135] 追加当事人的要求与新加坡一般法律规定相同。[136]

最后，SICC 提供上诉机制。当事人有权将案件提交新加坡上诉法庭[137]；但当事人协议约定不得上诉的除外。与追加当事人机制类似，SICC 上诉机制为高额商业纠纷案件提供的保障具有相当的吸引力。

迪拜国际金融中心法院（DIFC）则提供了一个新路径。2004 年成立的 DIFC 旨在为跨国商业纠纷提供良好法律基础设施，尤其是为"资本和投资相关争议提供快速通道"。[138] DIFC 是迪拜国际金融中

---

〔133〕 See Supreme Court of Judicature Act（Singapore），Order 110，Act 24 of 1969，Rules 14-21.

〔134〕 See Singapore International Commercial Court，SICC Procedural Guide（2017）.

〔135〕 Supreme Court of Judicature（Amendment）Act 2018（Singapore），Act No. 1 of 2018，art. 2.

〔136〕 Singapore International Commercial Court，SICC Procedural Guide（2017），pp. 16-17.

〔137〕 如果首席大法官要求，上诉法庭的审判庭也可以加入国际法官。但《SICC 程序指南》原则上要求上诉法庭的审判庭只能选用上诉法庭法官，参见 Singapore International Commercial Court，SICC Procedural Guide（2017），p. 30.

〔138〕 See Zain Sharar and Mohammed Al Khulaifi，"The Courts in Qatar Financial Centre and Dubai International Financial Centre：A Comparative Analysis"，*Hong Kong Law Journal*，Vol. 46，2016，pp. 529，536.

心的附属机构，由一个国际商事法庭和迪拜—伦敦国际商事仲裁院组成。[139] DIFC 也是借鉴伦敦国际仲裁院的国际化司法机构[140]，允许外国律师出庭，尊重当事人在选择证据规则上的意思自治，并具有追加第三人的能力。相较于 SICC，DIFC 的不同之处在于其目的主要是为迪拜国际金融中心提供法律基础设施。

首先，DIFC 的管辖权来自默认管辖和协议管辖。迪拜金融中心注册的机构、公司之间的纠纷可以协议选择法院和准据法。但是如果合同没有明确约定上述事项，则案件默认由 DIFC 管辖并适用迪拜国际金融中心法律。[141] 除了迪拜—伦敦国际商事仲裁院，DIFC 法院还包括初审法庭和上诉法庭。这意味着当事人并不能如在 SICC 一样，向商事法庭以外的法院提起上诉，DIFC 的上诉机制在内部完成。

其次，正如其首席大法官所称，DIFC 是"大陆法环绕的普通法小岛"。[142] DIFC 在使用英语的诉讼程序中适用普通法，虽然法院的权力来源——阿拉伯国家法律体系——是大陆法和伊斯兰教法的混合体。DIFC 适用的迪拜国际金融中心仲裁法以 UNCITRAL 示范法为蓝本，但阿联酋甚至没有专门的仲裁法典。[143]

如果 SICC 的目标是建立一种新型国际商事混合争端解决机制，

---

〔139〕 英国法官安东尼·埃文斯爵士（Sir Anthony Evans）形容这是"DIFC 和伦敦国际仲裁院的合营机构"，参见 "The Future of Arbitration in Dubai"，*DIFC Courts*，available at https：//www. difccourts. ae/2008/12/31/the-future-for-arbitration-in-dubai，published on Dec. 31, 2008.

〔140〕 DIFC 官网所列法官数量不一。列出 10 名法官：参见 "Court Judges"，*DIFC Courts*，available at https：//www. difccourts. ae/court-structure/judges/court-judges，last visited on Oct. 4, 2018；列出 12 名法官：参见 "Judges"，*DIFC Courts*，available at https：//www. difccourts. ae/court-structure/judges，last visited on Oct. 4, 2018. 12 名法官名册中，有 5 名来自阿联酋，有 3 名来自英格兰或威尔士，有 2 名来自新加坡，还有 1 名来自澳大利亚，1 名来自马来西亚。

〔141〕 See Law No. 12 of 2004 in respect of The Judicial Authority at Dubai International Financial Centre（Dubai），art. 5（A）（2）.

〔142〕 DIFC 是"迪拜沙漠中具有吸引力的绿洲"，参见 Michael Hwang，"The Courts of the Dubai International Finance Centre—A Common Law Island in a Civil Law Ocean"，available at https：//www. difccourts. ae/2008/11/01/the-courts-of-the-dubai-international-finance-centre-a-common-law-island-in-a-civil-law-ocean，last visited on Oct. 4, 2018.

〔143〕 阿联酋是在其民事诉讼法中规定的仲裁，并没有采用 UNCITRAL 示范法模式，参见 Federal Law No. 11 of 1992 Concerning Issuance of the Civil Procedures Code（United Arab Emirates State）.

那么 DIFC 的首要目标则是为迪拜经济特区企业提供争端解决法律基础设施。因此，DIFC 与迪拜国际金融中心以外的阿联酋其他国内法院在很多情况下存在管辖权冲突。

2017 年，迪拜成立联合司法委员会专门审查 DIFC 和迪拜其他法院的管辖权冲突。支持此举的观点认为委员会中止 DIFC 管辖案件的权力，可以为跨管辖区争端案件的管辖权问题提供必要的明确性和可预测性。反对此举的观点则认为联合司法委员会限制了 DIFC 的管辖权，严重影响到其对跨国商业纠纷的吸引力。

DIFC 与迪拜其他法院管辖权冲突的情形经常发生在当事人申请 DIFC 对迪拜当事人（但并非迪拜金融中心企业）执行外国仲裁裁决的案件里。事实上，联合司法委员会只会加剧这种冲突，当事人经常利用联合司法委员会推迟仲裁裁决的执行。2017 年 5 月，在一起外国造船商申请执行伦敦国际仲裁院仲裁裁决的案件中，联合司法委员会否定 DIFC 管辖权，理由是该案已经在迪拜其他法院立案。[144]

尽管 DIFC 面临管辖权冲突等难题，SICC 这一新型国际商事争端解决机制也面临挑战，但是国际商事法庭还是"如雨后春笋般涌现"。[145]未来，阿布扎比[146]、荷兰[147]、德国[148]、法国[149]和比利

---

〔144〕 See Simeon Kerr, "Legal Wrangles Dent Dubai's Image as Region's Financial Centre", *Financial Times*, available at https://www.ft.com/content/8d4f047e-87df-11e7-8bb1-5ba57d47eff7, last visited on Oct. 19, 2018.

〔145〕 See Bob Wessels, "International Commercial Courts: The Netherlands Is Lagging Behind", *Leiden Law Blog*, available at https://leidenlawblog.nl/articles/international-commercial-courts-the-netherlands-is-lagging-behind, published on Feb. 5, 2018.

〔146〕 See "About Us", *Abu Dhbai Global Market Courts*, available at https://www.adgm.com/doing-business/adgm-courts/adgm-legal-framework/adgm-courts-legal-framework, last visited on Oct. 19, 2018.

〔147〕 See "A First Guide to Commercial Litigation in the Netherlands", *Dutch Litigation Attorneys*, available at https://netherlands-commercial-court.com, last visited on Oct. 19, 2018.

〔148〕 See Matthias Weller, "The Justice Initiative Frankfurt Am Main 2017", *Conflict of Law Net*, available at http://conflictoflaws.net/2017/the-justice-initiative-frankfurt-am-main-2017-law-made-in-frankfurt, published on Mar. 31, 2017.

〔149〕 See "HCJP Presentation", *Haut Comité Juridique De La Place Financière De Paris*, available at http://hcjp.fr/presentation-2, last visited on Oct. 19, 2018.

时〔150〕也将建立国际商事法庭。每个国际商事法庭都想成为当事人处理国际商事纠纷的理想法院，其实践共同促进 21 世纪新商人习惯法（*Lex Mercatoria*）的发展。〔151〕每个国际商事法庭也会受所在司法区的影响发展出不同程度的特殊性。2018 年 1 月，中国也宣布建设具有中国特色的国际商事法庭。

（二）"'一带一路'法院"的建设

本部分结合之前的论证以及社会法学派和政治经济学派的分析路径，讨论"'一带一路'法院"的建设情况及其可能面临的问题。这一问题带有预见性，着重关注的是"'一带一路'法院"可能面临什么难题，区别于问题的解决办法。根据最高人民法院对"'一带一路'法院"勾勒的几个特征，将需要分析的主要问题分类为"供给"和"需求"两种。由于萨伊定律（Say's Law）在经济运行以及制度设计中都存在不稳定性〔152〕，因此我首先分析"'一带一路'法院"提供服务的需求因素。

1. 制度框架

《规定》共包括 19 个条文，总计 1300 余字。相比之下，SICC 的规则基础——《新加坡法庭规则》第 110 号令仅 1200 余字。二者的区别在于后者被相关法律文件丰富了内容细节，如《新加坡国际商事法庭程序指南》《新加坡法庭规则》《新加坡国际商事法庭审判实务指引》《新加坡国际商事法庭用户指南》。相比之下，《规定》只是一个框架性文件，仍然需要填补大量空白。

"'一带一路'法院"在深圳、西安和北京各设一个法庭。人事安排方面，"'一带一路'法院"目前任命的 8 位法官都来自最高人民法院。《规定》第 4 条要求选任的法官必须在"具有丰富审判工作

---

〔150〕 See Maxime Colle and Carlo Persyn, "An International Business Court in Brussels: A Modern Step Forward", *Lexology*, available at https://www. lexology. com/library/detail. aspx? g = fl01059a-3678-4797-8ee0-54c7a0487fc2, published on Nov. 2, 2017.

〔151〕 新加坡首席大法官梅达顺认为这个法律是"整个国际社会国际法庭实践的产物"，参见 Sundaresh Menon, "The Somewhat Uncommon Law of Commerce", *Singapore Academy of Law Journal*, Vol. 26, 2014, pp. 23, 48.

〔152〕 1989 年美国电影《梦幻之地》的一句台词可以精准地概括萨伊定律，"你盖好了，他就会来。"

经验，熟悉国际条约、国际惯例以及国际贸易投资实务，能够同时熟练运用中文和英文作为工作语言的资深法官中选任"[153]。《中华人民共和国法官法》则对法官和审判人员施加了国籍限制。[154]《规定》并未就国籍问题作出特殊规定，因此"'一带一路'法院"的法官和审判人员也应当符合《中华人民共和国法官法》的一般性规定。此外，尽管"'一带一路'法院"允许接收英文证据材料[155]，但根据《中华人民共和国民事诉讼法》的一般性规定，人民法院审理涉外案件"应当使用中华人民共和国通用的语言、文字"[156]，这意味着"'一带一路'法院"的审判语言不会是英语。同样，当事人只能任命中国执业律师代理案件。

"'一带一路'法院"人事安排的创新之处在于组建国际商事专家委员会，这体现了"'一带一路'法院"建设理念——将其打造为中国法院和国际化的 SICC、DIFC 之间的一个过渡模式。国际商事专家委员可以支持"'一带一路'法院"的外国法查明工作[157]，也可以成为国际商事纠纷的调解员。[158]第一批国际商事专家委员会成员由来自世界各地的学者、实务工作者和法官构成，任期为 4 年。粗略统计[159]，委员会包括 20 名男性和 6 名女性成员；11 名普通法系和 21 名大陆法系成员；委员会成员主要来自亚洲（共 18 名，中国籍 12 名），4 名成员来自北美洲，8 名成员来自欧洲，以及中东地区和非洲各 1 名。[160]委员会专家里的加布里埃尔·考夫曼-科勒（Gabrielle

---

〔153〕 See "Judges", *China International Commercial Court*, available at http://cicc. court. g-ov. cn/html/1/219/193/196/index. html, last visited on Oct. 19, 2018.

〔154〕 参见《中华人民共和国法官法》（全国人大常委会 2019 年 4 月 23 日修订）第 12 条。

〔155〕 参见《规定》（法释〔2018〕11 号）第 9 条。

〔156〕 参见《中华人民共和国民事诉讼法》（全国人大常委会 2023 年 9 月 1 日修订）第 273 条。

〔157〕 参见《规定》（法释〔2018〕11 号）第 8 条第 1 款第 4 项。

〔158〕 参见《规定》（法释〔2018〕11 号）第 12 条。

〔159〕 之所以强调"粗略"，是因为专家简历不够明确，无法准确地判断其与何种法律文化或哪个国家的联系更为紧密。

〔160〕 See "Expert Directory", *China International Commercial Court*, available at http://cicc. court. gov. cn/html/1//219/235/237/index. html, last visited on Oct. 19, 2018.

Kaufmann-Kohler)、加里·博恩（Gary Born）和伊曼纽尔·盖拉德（Emmanuel Gaillard）在西方国际商事纠纷行业有较高的知名度。

管辖权上，"'一带一路'法院"根据《规定》第2条的规定能够受理下列案件：①当事人依照《中华人民共和国民事诉讼法》第34条（现为第31条——译者注）的规定协议选择最高人民法院管辖且标的额为人民币3亿元以上的第一审国际商事案件；②高级人民法院对其所管辖的第一审国际商事案件，认为需要由最高人民法院审理并获准许的；③在全国有重大影响的第一审国际商事案件；④依照《规定》第14条申请仲裁保全、申请撤销或者执行国际商事仲裁裁决的[161]；⑤最高人民法院认为应当由国际商事法庭审理的其他国际商事案件。[162]《规定》第3条则明确"国际商事案件"的含义。[163]"'一带一路'法院"的判决对双方当事人具有约束力，其上诉途径只有请求最高人民法院启动再审程序。同中国所有具有既判力的最终判决一样，申请再审的理由被限定在狭窄的范围，例如原判决、裁定适用法律有错误的或有新的证据足以推翻原判决、裁定的情形。[164]

《规定》第11条宣告了建设"一站式"国际商事争端解决机制的宏伟目标，"'一带一路'法院"要成为"调解、仲裁、诉讼有机衔接的纠纷解决平台"[165]。尽管《规定》列举了一些衔接措施，例如"'一带一路'法院"执行国际商事调解机构裁决，但并未就实体、程序乃至制度结构上阐释"一站式"纠纷解决机制的一般性内

---

[161] 尽管《规定》第14条的表述没有明确，但"'一带一路'法院"提供保全和执行的案件可能同时包括"符合条件的国际商事调解机构、国际商事仲裁机构"，因为其意图构建"调解、仲裁、诉讼有机衔接的纠纷解决平台"。参见《规定》（法释〔2018〕11号）第11条。

[162] 参见《规定》（法释〔2018〕11号）第2条。

[163] 参见《规定》（法释〔2018〕11号）第3条规定，具有下列情形之一的商事案件，可以认定为本规定所称的国际商事案件：①当事人一方或者双方是外国人、无国籍人、外国企业或者组织的；②当事人一方或者双方的经常居所地在中华人民共和国领域外的；③标的物在中华人民共和国领域外的；④产生、变更或者消灭商事关系的法律事实发生在中华人民共和国领域外的。参见《规定》（法释〔2018〕11号）第15、16条。

[164] 参见《规定》（法释〔2018〕11号）第15、16条。

[165] 参见《规定》（法释〔2018〕11号）第11条。

涵。可以明确的是，"'一带一路'法院"不会受理投资者—东道国争端解决，但在"供给"和"需求"两端的分析仍会结合中国国际投资法政策。亚洲普遍存在公私主体界限模糊的情况，而且在构建"一站式"国际商事纠纷解决平台的宏伟目标下，投资者—东道国争端解决是否应当被纳入这个机制是值得探讨的问题。

2. 需求端的分析

建设"'一带一路'法院"的目的受到了一些质疑，质疑方认为中国只是以争端解决机制便利中国海外投资以促进国家政策的实现。但这种说法没有坚实基础，证明这种观点必须说明"'一带一路'法院"相较于其他国际商事法庭明显有促进商事争端解决以外的其他特征，考虑到中国政府对"'一带一路'法院"投入的时间和精力，建设"'一带一路'法院"的目的不大可能是为了对"一带一路"共建国家施加某种压力。我们认为，需求端分析考虑的问题主要是中国投资者或中国公民以外的当事人为什么愿意选择"'一带一路'法院"。

再次以卡洛特项目为例，假设长江三峡技术经济发展有限公司和巴基斯坦的分包商产生合同争议。为讨论"'一带一路'法院"与国际投资法的关系，进一步假设丝路基金控诉巴基斯坦政府迫于国内压力，拒绝提供承诺的最低税率。

考虑到"一带一路"倡议同时包括政治和经济的内容，像长江三峡技术经济发展有限公司和丝路基金这种国有企业在争端解决中不仅仅要衡量商业因素，也要考虑政策目的因素。换言之，其必须衡量向巴基斯坦起诉所带来的经济收益是否能够与政策目的成本达到平衡。[166]假设国有企业的运营完全独立于政府干预，即便只是基于经济因素的考虑，中国企业也不一定提起诉讼。丝路基金经过分析可能会认为，作为长期与巴基斯坦政府合作的经营者，与当局保

---

〔166〕　此处说的"收益"一词要考虑其可能的广泛含义。除了赔偿以外，追究违约方的策略性违约也可能具有维护"法治"层面的价值。但这种价值短期内难以实现，也不太可能通过投资者实现。因此，这种收益应当说不包含公共产品在内，投资者向机会主义的地方政府索赔的动力低于其他更优先的动力。

持良好的关系可能比短期内的经济利益更为重要。因此，长江三峡技术经济发展有限公司和丝路基金或许会倾向于调解这一方式解决争端。通过需求侧分析的要点在于，投资者的投资期限和投资预期会影响争端解决方式的选择。提供多样性的争端解决方式会增强对"'一带一路'法院"提供服务的需求。然而，"一站式"争议解决的说法总被人们怀疑是要增强这些方式之间的"协同作用"，建设"'一带一路'法院"应当增强各种争端解决方式之间的独立性。[167]

对于外国当事人，需求端考虑的是"'一带一路'法院"能否为其提供某种优于其他替代方案的服务。我们假设"'一带一路'法院"的供给端不变（下文分析供给部分），巴基斯坦分包商可能会在担忧中国法院的中立性和提升案件可执行性这两个价值间衡量。

案件可执行性的提升受到主权豁免[168]以及可供执行财产所在地等因素的影响。如果中国当事人主要财产在项目公司（例如卡洛特公司，并且诉讼并不主张刺破公司面纱），此时在中国境外寻求国际商事仲裁是更优选择，因为《纽约公约》会保障外国仲裁裁决的可执行性。如果中国当事人主要财产位于中国境内，"'一带一路'法院"判决的可执行性便得到显著提升。此外，中国 2017 年签订的《选择法院协议公约》要求成员国之间保证协议管辖案件判决的承认与执行，并将拒绝承认与执行的例外情形限制在较小的范围。未来该公约生效后，"'一带一路'法院"判决在海外的可执行性也会得

---

〔167〕 回看卡洛特项目，其投资者并不仅仅是中国企业，世界银行的国际金融公司也是该项目的重要投资人。许多投资者，如亚洲基础设施投资银行，也有内部的争端解决机制。对于国有企业和私人企业，需求端和供给端考虑的因素不尽相同。本节的核心目的是列举出一般性的考量因素，而不是考虑每个具体实体的特定情况。所以说，如国际金融公司的内部工作和激励机制，已经大大超出了本文的范围。

〔168〕 在外国人索赔国有实体的案件中，中国对国家豁免的态度十分重要。到目前为止，中国没有如大多数国家一样采用限制性豁免的方式。在中国外交部致香港上诉法院的信函中表达了中国对该问题的一贯态度，"中国一贯坚持的立场和基本原则便是，国家及其财产在外国法院享有绝对的管辖豁免和执行豁免，并且从未适用任何'限制性豁免'的原则和理论。"See FG Hemisphere Associates v. Democratic Republic of the Congo (2 H. K. C. 487 C. A., 2010). 中国最近签署《联合国国家及其财产管辖豁免公约》表示立场有一定的转变。然而，该公约尚未生效，因此无法预测未来中国能否彻底改变立场。

到提高。[169]

3. 供给端的分析

总而言之，需求端因素终究是变化多端的。供给端因素的考量核心，是"'一带一路'法院"的制度设计与中国此前国际商事争端解决政策的衔接和发展。

首先，关于"'一带一路'法院"的人事安排。中国《仲裁法》明确允许外籍仲裁员参与涉外因素的仲裁，但这距离允许外国人行使本国司法权相差甚远。SICC 和 DIFC 正式聘任外籍法官是对外国当事人的主要吸引因素之一，尽管国际商事专家委员会能协助"'一带一路'法院"审理案件，但其并不能替代外籍法官的作用。建设"'一带一路'法院"应当考虑是否能通过修改法律允许加入外籍法官，以弥补中国司法系统普遍缺乏的语言能力以及国际商事审判经验。[170]

外籍律师准入也是一大难题。例如 CIETAC 规则第 22 条明确允许当事人委托中外律师代理仲裁相关事宜。[171]然而，这种规定似乎与《中华人民共和国律师法》（以下简称《律师法》）的强制性规定相冲突。《律师法》第 2 条定义律师为"依法取得律师执业证书，接受委托或者指定，为当事人提供法律服务的执业人员"。[172]第 28 条规定律师有能力提供的服务包含"接受委托，参加调解、仲裁活动"。[173]似乎按照文义解释 CIETAC 规则并无不妥。然而，从严格解释的角度看，所有律师都必须符合《律师法》第 5 条的资格要件，即通过国家统一法律职业资格考试取得法律职业资格[174]，前提则是

---

[169] 《选择法院协议公约》仅适用于当事人协议选择法院的情形，所以只有在这种情况下"'一带一路'法院"才会根据该公约承认和执行判决，并使得判决的可执行性提高。参见《选择法院协议公约》（2005 年 6 月 30 日签订）第 1 条。

[170] 2011 中国仲裁院陈安首次被纳入 ICSID 仲裁员名单。郑若骅（Teresa Chang）在次年被指定为一个投资者—东道国案件的仲裁员。中国的主流新闻都强调了培养国内法官这种经验的紧迫性。ICSID 在 2017 年公布的仲裁员名单中纳入 9 名中国仲裁员，参见 Guo Liqin, "China Will Set Up a New International Commercial Court in Beijing, Xi'an and Shenzhen", *YICAI*, available at http://www. yicai. com/news/5395142. html, published on Jan. 24, 2018.

[171] 参见 CIETAC 规则（2015），第 22 条。

[172] 参见《中华人民共和国律师法》（全国人大常委会 2017 年 9 月 1 日修订）第 2 条。

[173] 参见《中华人民共和国律师法》（全国人大常委会 2017 年 9 月 1 日修订）第 28 条。

[174] 参见《中华人民共和国律师法》（全国人大常委会 2017 年 9 月 1 日修订）第 5 条。

具有中国籍。所以说,在"'一带一路'法院"委托外籍律师缺乏中国法律体系的支持,改变这种情况或许可以通过司法实践(例如对 CIETAC 规则司法审查时的容忍)或是彻底的立法改革。[175]

中国在自由贸易区对外国律师和外国律师事务所准入的态度更为开放。[176]需要明确的问题是,中国建设"'一带一路'法院"时期待的适用范围是什么(不限于人事安排的问题),是类似 DIFC 法院模式那样着重满足自由贸易区的需求,还是让"'一带一路'法院"像 SICC 模式那样整体适用于全国司法体系中的特殊案件。进一步引申的问题便是中国对"'一带一路'法院"的定位是什么,是作为促进国内司法体系改革的带动机制(通过国际商事专家委员会的引入促进审判能力的提升,类似于曾经的中外合资企业经营模式),或是作为一种服务贸易开放的承诺(类似中国入世承诺),还是说仅仅是为"一带一路"倡议实施产生的纠纷提供一种特殊的争端解决方式。不同定位下"'一带一路'法院"的建设路径也不尽相同,尽管《规定》的表述似乎更偏向第一种定位,从总体上促进公正及时审理国际商事案件,但这一问题尚未明确。

其次则是"'一带一路'法院"的程序设置。"'一带一路'法院"也有权追加当事人以及合并诉讼,并允许当事人意思自治选择证据披露规则。中国国际商事法庭的模式比起调解、仲裁和诉讼等方式在国家权力和当事人意思自治之间取得了更好的平衡,这对"一带一路"大型工程项目产生的纠纷和其他复杂的国际商事纠纷无疑具有很强的吸引力。然而,DIFC 的实践已经证明,如果国际商事

---

[175] 事实上,外籍律师在中国只能参与有限的执业事项。根据《司法部关于执行〈外国律师事务所驻华代表机构管理条例〉的规定》第 32 条的规定,外籍律师在我国不得从事的"中国法律事务",是指:①以律师身份在中国境内参与诉讼活动;②就合同、协议、章程或其他书面文件中适用中国法律的具体问题提供意见或证明;③就适用中国法律的行为或事件提供意见和证明;④在仲裁活动中,以代理人身份对中国法律的适用发表代理意见;⑤代表委托人向中国政府机关或其他法律法规授权的具有行政管理职能的组织办理登记、变更、申请、备案手续以及其他手续。参见《司法部关于执行〈外国律师事务所驻华代表机构管理条例〉的规定》(中华人民共和国司法部令第 92 号)。

[176] See Zhou Wenting, "Policy to Help Firms Hire Foreign Lawyers", *China Daily*, available at http://www.chinadaily.com.cn/a/201803/29/WS5abc376aa3105cdcf6514f46.html, last visited on Oct. 19, 2018.

法庭同其他国内法院程序差异太大也可能产生不利后果。这会导致其他国内法院同国际商事法庭的关系总体上呈现为竞争而非互补，例如法院之间的管辖权争夺以及当事人之间的程序博弈。[177]中国法律体系的一般性规范与《规定》的区别过多。

中国国际商事仲裁和国际投资法政策目前更偏向开放。社会法学派和政治经济学派对中国国际商事争端解决政策的分析都缺乏说服力，无法提出中国能够接受的重大改革方案。但是，建设"'一带一路'法院"应当考虑这些问题。如果"'一带一路'法院"只是在模仿 SICC 或 DIFC 模式而非重塑一种新型国际商事法庭模式，则"'一带一路'法院"的目标可能难以实现。

从历史角度看，分析一个制度应该保留和舍弃哪些"中国特色"需要结合国内因素和国际因素综合分析。具体地说，应当在支持"先调解后仲裁"程序规则与当事人启动上诉程序所需要的终局性裁决之间进行衡量；在仲裁委员会主席任命仲裁员不需要考虑当事人国籍的做法与外国当事人对中国仲裁员中立性的担忧之间衡量。

最后，则是从整体层面考虑"'一带一路'法院"要提供的是何种性质的公共服务。目前的主流理解有两种：

第一种模式下，"'一带一路'法院"主要是向"一带一路"倡议的大型项目提供公共产品。因此其服务的对象虽不限于中国当事人，但其制度设计的主要目的仍然是为中国投资者提供服务。这种模式下的制度设计会关注程序默认的语言、"'一带一路'法院"的经费来自私人还是政府以及判决能否在其他人民法院上诉等问题。如果中国投资者的利益是制度设计的第一考量因素，那么中文就应当是诉讼程序的默认语言，国家应当对"'一带一路'法院"的运行施加一定程度的管理，并且允许"'一带一路'法院"的判决在特定情况下在其他人民法院上诉。"'一带一路'法院"在这个意义上是对中国当事人在现有国际商事纠纷解决体系时常处于不利地位

---

　　〔177〕　我们可以理解为国际私法一般原则与伊利原则（Erie Doctrine）。（伊利原则是关于美国联邦法院适用联邦法律或州法律的规则，其可能与国际私法的冲突法规则相冲突。作者以此类比两种法院体系之间可能存在的冲突。——译者注）

的制度性回应。中国投资者在现有国际商事调解、仲裁乃至诉讼里不得不接受西方的法律、语言和律师。有学者指出,"现有争端解决机制不能充分保护中国海外投资者的利益。"[178]中国国际商事仲裁和国际投资法政策不会作出根本性转变,"'一带一路'法院"只是为当事人提供一个替代性纠纷解决方式,其目的不是改革现有法律体系而是关注如何保护中国海外投资者的利益。

第二种模式下,"'一带一路'法院"想要提供的公共产品并不是针对"一带一路"倡议,而是从结构上改变现有国际商事纠纷解决体系。因此,"'一带一路'法院"寻求的并非国内改革而是以21世纪的需求与权力动态关系重建现有国际商事纠纷解决体系。这种解读与将亚洲基础设施投资银行解读为取代布雷顿森林体系如出一辙。在这种模式下,"'一带一路'法院"的制度设计应当包括多国语言,"'一带一路'法院"独立于国家管理,并且上诉机制应当在"'一带一路'法院"内部进行。

社会法学派和政治经济学派都可以解释这两种模式。在社会法学派看来,第一种模式下中国将自身定位为国际规则的接受者而非制定者,"'一带一路'法院"则是中国对国际规则的缓慢回应。其试图塑造一种更加适合中国的国际争端解决机制,但目的并非要取代现有国际商事争端解决体系。第二种模式在社会法学派看来,"'一带一路'法院"用以重塑中国在世界的地位。[179]

政治经济学派则认为第一种模式下建设"'一带一路'法院"受到 SICC 和 DIFC 等国际商事法庭的影响。对于寻求国际商事法庭的中国当事人,中国提供了一个本地化的选择。至于第二种模式,政治经济学派则认为中国意识到想建设一个具有引领地位的国际机

---

[178] See He Quanlin and Chen Xiaochen, "Belt and Road Requires New Global Dispute Regime", *Global Times*, available at http://www. globaltimes. cn/content/1087858. shtml, published on Feb. 1, 2018.

[179] See Paul Krugman, "Belts, Roads, and Strategic Trade Policy", *New York Times*, available at https://krugman. blogs. nytimes. com/2017/05/20/belts-roads-and-strategic-trade-policy, published on May20, 2017. (横跨中亚和南亚的高速公路会改变这种情况, 使得中国回归世界经济的中心。)

构仅从内部改革是远远不够的，必须通过与其他类似机构的竞争才得以实现。

建设"'一带一路'法院"的结果不一定为任一模式提供确定性结论，但其制度设计可以表示某种倾向。例如"'一带一路'法院"最终允许中文以外的其他语言进行诉讼，那么就可以认为其提供的公共服务更接近第二种模式，反之亦然。目前"'一带一路'法院"仅允许提交英语证据恰恰说明"'一带一路'法院"还未确定发展方向，处在过渡阶段。鉴于社会法学派和政治经济学派分析方式的不稳定性，我们意识到想要全面理解建设"'一带一路'法院"决策的内涵和动机，应当结合国内层面到国际层面以及国际层面到国内层面两种分析方式。

结　论

2015年3月，国家发展改革委、外交部、商务部联合发布了《推动共建丝绸之路经济带和21世纪海上丝绸之路的愿景与行动》。[180] 回望过去，其总结道：千百年来，"和平合作、开放包容、互学互鉴、互利共赢"的丝绸之路精神薪火相传，推进了人类文明进步，是促进"一带一路"合作伙伴繁荣发展的重要纽带，是东西方交流合作的象征，是世界各国共有的历史文化遗产。展望未来，"一带一路"倡议彰显人类社会共同理想和美好追求，是国际合作以及全球治理新模式的积极探索，将为世界和平发展增添新的正能量。

并非所有国际商事法庭都会体现"一带一路"倡议的崇高理想和促进国际社会和平、合作的目标。因此，"'一带一路'法院"会成为具有中国特色的国际商事法庭，而分析"'一带一路'法院"应当同时结合社会法学派和政治经济学派分别侧重的国内因素和国际因素。

通过分析中国国际商事争端解决政策发展，以及"'一带一路'法院"国际商事法庭模式，建设"'一带一路'法院"存在一些必

---

[180]　See "Vision and Actions on Jointly Building Silk Road Economic Belt", *National Development and Reform Commission*, *China*, available at http://en.ndrc.gov.cn/newsrelease/201503/t20150330_669367html, published on Mar. 28, 2015.

须关注的难题。本文无意支持某种理念或提出最佳的解决方案，着重点在于通过何种方式分析更加有助于理解建设"'一带一路'法院"决策的内涵以及动机。

展望未来，关于中国问题的研究可能会在"中国崛起"这一主题下被讨论。正如李兆杰所说，不存在"中国国际法"这一概念，正如没有"中国数学"一样，世界上不存在只有中国理论和实践参与的国际法、数学以及国际商事争端解决体系。[181] 所以说，"中国特色"的表达更为准确，对于"'一带一路'法院"的研究也应当关注具有"中国特色"的部分。

（本文责编：殷敏）

One-Stop Dispute Resolution on the Belt and Road: Toward an International Commercial Court with Chinese Characteristics

Zachary Mollengarden

（Trans. by Zhu Depei）

Abstract: On July 1, 2018, China's Supreme People's Court published the "Provisions on Several Issues regarding the Establishment of International Commercial Courts." The Provisions followed on the heels of a January announcement from the Central Leading Group for Comprehensively Deepening Reforms alluding to plans to establish a dispute settlement mechanism dedicated to China's "Belt and Road" Initiative. The Provisions confirmed that what the press had swiftly branded the "Belt and Road" Court (BRC) will comprise three international commercial courts. Regardless of analysts' discipline or affiliation, the response to the initial proposal,

---

[181] See Li Zhaojie, "Legacy of Modern Chinese History: Its Relevance to the Chinese Perspective of the Contemporary International Legal Order", *Singapore Journal of International & Comparative Law*, Vol. 5, No. 2, 2001, p. 326.

and now to the framework laid out in the Provisions, has been predictably binary, reflecting a longstanding division in interpretations of China's commercial dispute resolution policies. One branch, call it the sociological school, explains China's policies with reference to the country's history and culture. It contends that a direct line may be drawn from the Chinese people's traditional aversion to litigation to their government's preference for informal and private mechanisms for dispute resolution. With reference to the BRC, the causal narrative this school presents is one of continuity, contending that to understand the BRC, the basic explanatory trajectory must proceed from China outward to the international arena. An alternative branch, call it the political-economy school, argues that China's policies toward international commercial dispute resolution respond to the same goals and imperatives as any other state. China's policies are viewed as a self-interested response to factors such as commercial flows, security considerations, and development goals. Insofar as such matters are subject to constant flux, China's dispute resolution policies are understood to be commensurately fluid. Here, the basic explanatory trajectory proceeds from the international arena inward into China. As with all binaries, there is a middle way—an approach that interprets China's commercial dispute resolution policies generally, and the newly established BRC in particular, as a product of continuity as well as change, influenced as much by internal dynamics as external imperatives. This Article adopts this middle way in order to identify and assess the principal tensions that have confronted, and will continue to challenge, the designers of what will amount to an international commercial court with Chinese characteristics.

Keywords: the "Belt and Road", Dispute Resolution, International Commercial Court, Chinese Characteristics

探析白俄罗斯投资法细节
——抓实中国对外投资的机遇*

［白俄罗斯］叶·瓦·巴布金娜**著 王 范***译

摘 要：白俄罗斯是"一带一路"共建国家重要的桥梁与明珠，对白方投资法相关问题的剖析能有效减少中国投资者的风险，为中白深入经贸合作保驾护航。本文从双边投资协定（Bilateral Investment Treaty，BIT）与白俄罗斯投资法领域中投资和投资者的理论概念切入，厘清外资在白俄罗斯建立商业组织的流程，探究与白俄罗斯缔结投资协议的特征、与白俄罗斯签署的特许权协议的特征，揭示外资在中白工业园享有的特殊优惠条款，并基于强制征收、支付转移、国际争端解决机制的视角探赜白俄罗斯对外资的司法保障。进而深挖白俄罗斯投资法及相关政策变迁与调整的细节，让中国熟悉白方现行投资法全貌，为中国进入白方市场提供有效法律参考及契机，开辟"一带一路"倡议下中白经济高质量合作的广阔前景。

关键词："一带一路"；BIT；中白工业园；白俄罗斯

一、引言

当下，世界经济体系内资本在悄然重新分配，国家经济的稳定发展与其引入投资的能力径直挂钩。外资兼备增强基础设施、产业

---

* 基金项目：2021年白俄罗斯国家科学基金项目"根据当下挑战修订和编纂白俄罗斯共和国国际私法：一体化和数字化"（项目编号：20212118）。

** Babkina Elena Vasilievna，白俄罗斯国立大学国际关系学院副教授，BelCCI国际仲裁法院仲裁员、国际投资争端解决中心（美国）仲裁员。研究方向：国际私法、国际商事仲裁、欧亚经济联盟法。

*** 上海政法学院经济管理学院讲师。研究方向：中国与东欧的经贸合作。

现代化、创造就业、促进国民经济繁荣等战略性和引领性作用。自2008年后，白俄罗斯经济从高速增长阶段堕入低谷，且俄乌局势胶着、欧美联合多轮经济制裁、国际能源危机、世界性通胀等国际多端变局更是让其经济雪上加霜。因而，基于投资法的调整以大举引进外资对白俄罗斯经济意义非凡。

在法的视野下，国家一般从两个层面改善投资的营商环境：在国际法律层面，加入相关国际组织、区域一体化经济体以及缔结国际条约；在国家法律层面，放宽国家对投资活动的法律监管。[1] 对外资的国际法律监管旨在为多边、双边投资协议的全部成员国创设有益条件，彰显资本出口国和进口国在利益层面的合理妥协。国际条约，涵盖了投资者权利的最低保障和相关机制。缔结相关国际条约后，各国承担与履行这些保障及保护外资的国际法律义务，且这类义务不允许单方面更改，因而与该领域的单个国家立法相比更趋稳定。

目前白俄罗斯是已超48项关于促进和相互保护投资协定（BIT）的缔约国，亦是《关于解决国家和他国国民之间投资争端公约》（以下简称《1965年华盛顿公约》）[2]和《多边投资担保机构公约》（以下简称《1985年汉城公约》）[3]两项世界性公约的缔约国。另外白俄罗斯正在申请加入世贸组织，该组织的协议亦涉及诸多外资法律条款。

根据白俄罗斯外交部的统计，2021年底中白两国的对外贸易额达到了创纪录的59亿美元。[4]早在1993年1月11日，中白双方已

---

〔1〕 Алгоритм. Как вступить в ПВТ // ИБ, "Консультант Плюс: Комментарии Законодательства Белорусский Выпуск", 〔Электронный ресурс〕. -Минск, 2022.

〔2〕 International Centre for Settlement of Investment Disputes, "Convention on the Settlement of Investment Disputes between States and Nationals of Other States", available at http://icsid. worldbank. org/ICSID/ICSID/RulesMain. jsp, last visited on Oct. 1, 2022.

〔3〕 The Multilateral Investment Guarantee Agency, "Convention Establishing the Multilateral Investment Guarantee Agency", available at http://www. miga. org/quickref/index_ sv. cfm? stid = 1583, last visited on Oct. 2, 2022.

〔4〕 Посольство Республики Беларусь в Китайской Народной Республике, "Торгово-экономическое сотрудничество Объем торговли товарами и услугами Республики Беларусь с КНР (включая Гонконг, Макао и Тайвань) в 2017 - 2021 гг", Торгово - экономическое сотрудничество-Посольство Республики Беларусь в Китайской Народной Республике (mfa. gov. by), 2022.

经签署了 BIT。[5] 2021 年，中白之间关于服务贸易和投资协议的谈判正式启动。在 2021 年 4 月举行的第一轮谈判中，双方商榷了协议的战略性质，审批了协议谈判的职权范围（涵盖一般原则和目标、协议的领域、互动的组织机制），探讨了未来协议某些章节的准备事宜，尤其是服务贸易、投资和知识产权保护等方面。[6]

近年来，国内外法学界皆热衷研究有关外资的法律监管问题。白俄罗斯因·扎·法尔胡季诺夫（I. Z. Farkhutdinov）和德·康·拉宾（D. K. Labin）主要研究了关于外资的国际法律保护举措，俄罗斯律师伊·维·明加佐娃（I. V. Mingazova）揭示了保护投资者所有权的特质，瓦·利·莉西察（V. N. Lisitsa）致力于钻研国际投资争端解决中心审议案件的实践，叶·瓦·巴布金娜（E. V. Babkina）深挖独联体国家投资监管的特殊性。至于非俄语学界，多·卡罗（D. Carro）和皮·茱莉亚（P. Juyar）辨析了外资的本质、投资和外商的地位。克里斯汀·施雷耶（C. Schreyer）详细论述了撤销和审查国际投资争端解决中心的裁决事由。

总而言之，目前法学界尚无国际条约能规范外资的所有内容，且各国法律之间差异巨大，部分领域存在法律空白与真空地域。本文侧重分析当前白俄罗斯投资法律监管的走势，中国在白投资过程所涉及的规则制度，涵盖企业从注册到终止等在白境内的大部分商业活动，及有关投资者法律的保护机制。为中国投资入驻白俄罗斯市场提供契机，共筑中白工业园的稳定与发展，描绘好"一带一路"下中白经贸合作的美好愿景。

---

〔5〕 Торгово-экономическое сотрудничество Объем торговли товарами и услугами Республики Беларусь с КНР（включая Гонконг，Макао и Тайвань）в 2017-2021 гг. // , available at https://china. mfa. gov. by/ru/bilateral/trade/.

〔6〕 Белорусско-китайские отношения：стартовали переговоры по Соглашению о торговле услугами и осуществлении инвестиций〔Электронный ресурс〕-Режим доступа：available at https://economy. gov. by/ru/news-ru/view/belorussko-kitajskie-otnoshenija-startovali-peregovory-po-soglasheniju-o-torgovle-uslugami-i-45590-2021. -Дата доступа：2. 10. 2022.

二、国际 BIT 与白俄罗斯投资法中投资、投资者概念的解读

（一）关于投资概念解读

俄罗斯法学学者列·格·克鲁泡托夫（L. G. Kropotov）曾言："若不研究投资的概念，对投资立法的分析是万不可展开的，唯有当外资被大众领会，如此广泛的经济关系才将被赋予适当的保护制度。"[7]发达国家纷纷主张采纳更广泛的方式，试图给予投资以最抽象的内容，对其作出定义。与其相悖，作为投资接受国的多数发展中国家则试图缩小这一概念，以避免将其保护范围扩大到外资所有形式的经济活动。

俄罗斯科学院专家格·米·维利亚米诺夫（G. M. Velyaminov）强调，迄今为止国际学界还没有公认的关于投资概念界限以及常规理论。[8]多·卡罗（D. Carro）和皮·茱莉亚（P. Juyar）指出，国际上投资概念的定义取决于采纳该概念的有关条约、协定等文件的宗旨。[9]鉴于目标和任务出发点迥异，"投资"概念时常在不同情形的法律模式下被使用。[10]

在投资法领域，对"投资"概念的定义主要有三种方法：第一种认为，投资被定义为某些资产的集合。譬如，坚持上述立场的乔·施瓦岑贝格（G. Schwarzenberg）认为，"投资"与"财产"一词相同，所有者即投资者的整个利益和权利的综合体。[11]亚·格·博加季约夫（A. G. Bogatyrev）秉持相似的主张，将投资定义为外资抑或任何类型和形式的财产，从一国家输出并投资于另一国家领土上的

〔7〕 Вельяминов, Г. М. Международное экономическое право и процесс: акад. курс: ачебник / Г. М. Вельяминов. – М. : Волтерс Клувер, 2004. –c. 84–97.

〔8〕 Вельяминов, Г. М. Международное экономическое право и процесс: акад. курс: ачебник / Г. М. Вельяминов. – М. : Волтерс Клувер, 2004. –c. 356.

〔9〕 Карро Д. , Жюйар П. Международное экономическое право: учебник / Пер. с франц. В. П. Серебренникова, В. М. Шумилова. – М. : Международные отношения, 2001. – c. 399.

〔10〕 Межнунароdное коммерческое право: учебное пособие / под общ. ред. В. Ф. Поп-ондуполо. –М. : Omera–Л, 2004. –c. 265.

〔11〕 G. Schwarzenberger, *Foreign Investments and International Law*, Praeger, 1969, p. 17.

企业或业务。[12]据因·扎·法尔胡季诺夫（I. Z. Farkhu-dintov）的见解，按照国际惯例，外资被诠释为一国的个人与法律实体拥有的价值，但位于另一国家。[13]由此，外资涵盖任何财产，比如一个人直接或间接拥有的境外的任何权利及利益、中长期贷款、进口设备和服务的信贷，即一切形式的资本，从一国家的国界出口并投资于另一国家的业务。[14]

第二种认为，外商投资这些资产并获取利润的直接活动而非将投资粗略视为一套资产。这种表述方法侧面暗含了"投资"这一概念的原始经济含义，投资是在私人部门内投资资本的一系列不同方式的组合。[15]学者维·弗·古希钦（V. V. Gushchin）认同这种概念理论，指出"投资不是一组资产，而是与它们的投资相关的关系"。这种方法似乎更符合逻辑地反映了投资概念的本质。此外理当注意到，截至目前，这种对"投资"概念的定义只停留在学术理论探讨层面，尚未在自贸协定中启用。[16]

一些西方学者倾向于借助支出来阐明投资的概念，诠释投资是致力于获得来日利益而在当下消费资金，构成了第三种定义法。[17]譬如，威·福·夏普（W. F. Sharp）、德·根·亚历山德罗夫（G. D. Alexander）、乔·威·贝利（J. W. Bailey）一致认为，广义上，"投资"一词意味着"今天舍弃金钱，以便在未来获得更大的金额"。[18]

---

〔12〕 М. И. Кулагин/М. И. Кулагин. Правовая природа инвестиционных соглашений, заключенных развивающимися странами // Политические и правовые системы стран Азии, Африки, Латинской Америки. М., 1975. −c. 9.

〔13〕 Фархутдинов, И. З. Международное инвестиционное право: теория и практика применения / И. З. Фархутдинов. −Москва: Волтерс Клувер, 2005. −c. 204.

〔14〕 Фархутдинов, И. З. Международное инвестиционное право: теория и практика применения / И. З. Фархутдинов. −Москва: Волтерс Клувер, 2005. −c. 17.

〔15〕 Доронина, Н. Г. Правовое регулирование иностранных инвестиций в России и за рубежом. / Н. Г. Доронина−М.: АО "Финстатинформ", 1993. −c. 137.

〔16〕 Доронина, Н. Г. Правовое регулирование иностранных инвестиций в России и за рубежом. / Н. Г. Доронина−М.: АО "Финстатинформ", 1993. −c. 72.

〔17〕 Макконнелл, К. Р., Брю, С. Л. Экономикс. М., 1992. −c. 388.

〔18〕 Шарп, У. Ф., Александр Г. Д., Бейли Дж. В. Инвестиции. М., 1999. −c. 1.

概言之，对界定"投资"一词的相关双边投资保护协定的剖析表明，其内容与第一种方法中的投资概念的内容相一致，即投资作为一组资产。投资是指通过列举缔约一方的投资者依法在缔约另一方境内投资的各种财产价值。国际上，各国皆按照前两种定义方法的任一种或者两种定义法相结合的方式制定投资保护协定条款，通常被称为欧洲模式与北美模式，前者于 1962 年被经合组织（OECD）批准，后者在 20 世纪 80 年代初起源于美国。欧洲模式和北美模式本质上是基于对投资概念的不同定义方法而诞生。

北美模式将投资定义为在一方境内由另一方的国民或公司、直接或间接、拥有或控制的任何投资，涵盖参与公司财产、贷款义务、服务合同、有形和无形财产、物权（抵押权、留置权、质押权）、具有经济价值并与投资有关的资金或履行义务的权利、知识产权、法律或合同授予的任何权利，以及法律授予的任何许可证和执照（《美国州际与美国的协定》第 1 条）。[19]值得关注的是，基于北美模式的协定将其投资制度扩展和囊括到投资本身、与投资有关的活动。就此类协议而言，"与投资有关的活动"涉及获得注册、执照、许可证与其他审批；准入金融机构和信贷市场；进口和安装经营所需的设备；发布商业信息；市场调研；商品和服务的营销；获得公用事业服务、租赁商业门店，以及任命商业代表及参加贸易展览会和其他有关商品销售的活动。[20]

欧洲模式则将投资定义为某些类型的财产及其权利，纵然投资类型清单中也涉及对智力层面成果的权利。独联体成员国之间推崇选取欧洲模式的方法制定与缔结投资保护协定，譬如 1999 年 5 月 28

〔19〕 Соглашение между Правительством Республики Беларусь и Правительством Соединенных Штатов Америки о взаимной защите и поощрении инвестиций от 15 января 1994 г.（не вступило в силу）// Эталон – Беларусь〔Электронный ресурс〕/ Нац. центр правовой информ. Респ. Беларусь. –Минск, 2009.

〔20〕 Соглашение по инвестиционным мерам, связанным с торговлей.〔Электронный ресурс〕/ Россия и всемирная торговая организация. – 2009. – Режим доступа: http://www.wto.ru/documents.asp? f=sogl&t=13. –Дата доступа: 9.10.2022.

日《白俄罗斯—摩尔多瓦 BIT》第 1 条[21]、1999 年 3 月 30 日《白俄罗斯—吉尔吉斯斯坦 BIT》第 1 条[22]及 1995 年 12 月 14 日《白俄罗斯—乌克兰 BIT》第 1 条等。

因此，1993 年 12 月 11 日《白俄罗斯—中国 BIT》第 1 条规定了一个典型的投资定义，它包括根据接受投资的缔约方的立法，在其境内投资的所有类型的财产，包括但不限于动产和不动产以及财产权；企业和公司的股份或其他参与形式；对资金的要求权和任何有经济价值的义务；版权、工业产权、知识和技术的权利；法律或条约授予的从事经济活动的权利，尤其是包括勘探和开采自然资源的权利。[23]

北美模式的投资定义更为广泛，其网罗了法律或条约授予外国投资者的任何权利或拥有的权利，以及依法授予的任何许可证和执照。此外两种模式的分歧还体现于将赋予投资者的投资待遇扩张到"投资前阶段"的行动，即投资者为进行投资而开启的行动。与北美模式相比，欧洲模式则将双边投资协定的范围限制于已经进行的投资之内。

通常，只有那些已经被东道国当局根据其立法批准的投资才会被接受。另有条例规定涉及某些部门（如公共企业、关键或战略产业等）的外资不被鼓励或不得享受国民待遇。[24]对于没有与之签署自由贸易协定的国家的投资者，投资的概念则由国家法律规定。于是，依据白俄罗斯法律，即 2013 年 7 月 12 日的《白俄罗斯投资法》（以下简称《投资法》）第 1 条，投资即投资者以所有权、准许其

---

〔21〕 Соглашение между Правительством Республики Беларусь и Правительством Молдова о содействии осуществлению и взаимной защите инвестиций, 28 мая 1999 года // Нац. реестр правовых актов Респ. Беларусь. –1999. –№ 84–3/38.

〔22〕 Соглашение между Правительством Республики Беларусь и Правительством Кыргызской о содействии осуществлению и взаимной защите инвестиций, 30 марта 1999 // Нац. реестр правовых актов Респ. Беларусь. –2000. –№35–3/66.

〔23〕 Соглашения между Правительством Республики Беларусь и Правительством Китайской Народной Республики о содействии и взаимной защите инвестиций от 11 декабря 1993 г. // ИБ "КонсультантПлюс: Комментарии Законодательства Белорусский Выпуск"〔Электронный ресурс〕. –Минск, 2022.

〔24〕 В. П. Мозолин. Право США и экспансия американских корпораций. –М., 1974. – с. 98.

处置的依据其他法律拥有的财产和其他民事权利客体，投资者按本法规定的方式在白投资，以获取利润（收入）、实现其他有意义的社会与经济成果，用于其他与个人无关的目的现金（货币），包含凑借的资金（包括贷款、信贷）、股票和其他动产或不动产、有估价的索赔权（以货币计算）、授权基金的股份、在白境内成立的商业组织的财产股份、其他有估价的民事权利对象（以货币计算），但不允许出现在营业额中的民事权利对象类型（从营业额中提取的对象）。[25]

故在白俄罗斯的法律中，投资的概念被简化为或许被投资于另一国家经济的资产清单。这些资产的清单取决于双边投资协定的目标与宗旨，并允许投资的定义与东道国立法中的定义相比有所扩大或缩小。

（二）关于投资者概念的解读

BIT 中的投资者被定义为遵从某种标准与自由贸易协定缔约国有国籍或其他法律联系的自然人和法人。BIT 纳入了一个较窄的定义：投资者是作为一方的公民并在另一方的领土上投资的个人。2001 年 5 月 27 日《白俄罗斯—奥地利 BIT》第 1 条中亦有类似的定义。[26]

一些 BIT 进一步缩小了投资者的概念范围，规定只有那些在原籍国被"允许"从事投资活动的人才有权在缔约国境内进行投资。1993 年 12 月 11 日《白俄罗斯—中国 BIT》第 1 条就作了这种规定，其限定了投资者的范围：根据该缔约国的法律，属于该缔约国公民的自然人；根据该缔约国的法律成立的企业、公司。个人、企业或公司依据该缔约方的立法，有资格在另一缔约方的领土上进行投资。[27]

应关注的是，除了伙伴国的国籍标准外，一些自由贸易协定还纳

〔25〕 Закон Республики Беларусь об инвестициях от 12 июля 2013 г. // ИБ "Консульт-антПлюс: Комментарии Законодательства Белорусский Выпуск" [Электронный ресурс]. – Минск, 2022.

〔26〕 О ратификации соглашения между Правительством Республики Беларусь и Пра-вительством Австрийской Республики о содействии осуществлению и защите инвестиций: Закон Респ. Беларусь, 4 дек. 2001 г., № 70–3. // Нац. реестр правовых актов Респ. Беларусь. – 2001. – № 116. – 2/819.

〔27〕 Соглашение по инвестиционным мерам, связанным с торговлей. [Электронный ресурс] / Россия и всемирная торговая организация. – 2009. – Режим доступа: http://www. wto. ru/documents. asp? f=sogl&t=13. – Дата доступа: 9. 10. 2022.

入了永久居留权的标准。譬如，2004 年 3 月 31 日《白俄罗斯—丹麦 BIT》第 1 条采用这一标准定义了个人投资者的概念：[28]投资者——法律实体包含根据母国的立法创建或建立并在东道国的领土上投资的法律实体，即法律实体的国籍通常是由注册标准与经营中心的标准共同裁决与判定，如 1994 年 3 月 1 日《白俄罗斯—大不列颠及北爱尔兰 BIT》（1994 年 12 月 28 日生效）[29]及 1992 年 7 月 8 日《白俄罗斯—越南 BIT》（1994 年 11 月 24 日生效）等。[30]

上述成立公司的标准，尽管简单且明显，但并不总适宜。如德·康·拉宾所言，这一原则的适用将两国之间的投资协议所赋予的特权也扩展到了在上述国家之一成立公司，但不是其中任何一个国家的国民的人。在这种情形下，国籍为法人实体创始人的国家可能不会给予东道国投资者对等的权利，但可能根本不与东道国产生经济关系。[31]

在一些自由贸易协定中，法律实体的国籍是在考虑到主要管理机构的位置、控制理论、主要营业地理论或其组合的情况下确定的。譬如，2004 年 10 月 29 日《白俄罗斯—波斯尼亚和黑塞哥维那 BIT》第 2 条第 1 款规定，[32]与波斯尼亚和黑塞哥维那有关的投资者是指根据波斯尼亚和黑塞哥维那的现行法律成立的，在波斯尼亚和黑塞

〔28〕 Соглашение между Правительством Республики Беларусь и Правительством Королевства Дания о содействии осуществлению и защите инвестиций, 31 марта 2004. // Нац. реестр правовых актов Респ. Беларусь. -2004. -№189. -2/1090.

〔29〕 О ратификации соглашения между Правительством Республики Беларусь и Правительством Соединенного Королевства Великобритании и Северной Ирландии о содействии и в16заимной защите инвестиций: постановление Верховного Совета Респ. Беларусь, 17 окт. 1994 г., № 3316-XII // Ведомости Верховного Совета Респ. Беларусь. -1994. -№ 33. -с. 560.

〔30〕 О ратификации соглашения между Правительством Республики Беларусь и Правительством Социалистической Республики Вьетнам о поощрении и защите инвестиций: постановление Верховного Совета Респ. Беларусь, 4 окт. 1994 г., № 3259-XII // Ведомости Верховного Совета Респ. Беларусь. -1994. -№ 27. -с. 490.

〔31〕 Лабин Д. К. Международное право по защите и поощрению иностранных инвестиций. / Лабин Д. К. -М. : Волтерс Клувер, 2008. -с. 43.

〔32〕 Соглашение между Правительством Республики Беларусь и Правительством Боснии и Герцеговины о содействии осуществлению взаимной защите инвестиций, 29 окт. 2004. // Нац. реестр правовых актов Респ. Беларусь. -2005. -№176. -2/1147.

哥维那境内设有注册办事处、行政中心或开展主要经济活动的人。可以指出的是，管理机构所在地的标准更准确地指明了公司的经济活动地点。

控制权的标准在国际投资法中的应用非常普遍。《1985 年汉城公约》和《1965 年华盛顿公约》都纳入了这一标准，但是独联体成员国的自由贸易协定中极少采用类似定义。因此，在实践中，白俄罗斯和法兰西于 1993 年 10 月 28 日缔结的 BIT（草案）〔33〕采纳了投资者定义中的控制标准，并结合注册标准，指出投资者是根据缔约一方的现行法律在其境内设立的任何法律实体，并在那里有其注册办事处，或由属于缔约一方公民的自然人直接或间接控制，或在缔约一方境内有其注册办事处并根据其法律设立的法律实体。〔34〕根据格·米·维利亚米诺夫的主张，这种规定反映资本输出国冀望将自贸协定的范围扩大到由其国家法律主体控制，但根据资本输入国或第三国的法律建立的公司。〔35〕

白俄罗斯国内的投资法采取了对"投资者"概念的最宽泛的解释方法。因此，根据《投资法》第 1 条的规定，投资者是指在白俄罗斯境内进行（已经进行）投资的人，特别是白方公民、永久居住在白俄罗斯的外国公民和无国籍人士如个人企业家，以及白俄罗斯的法律实体；非永久居住在白俄罗斯的外国公民和无国籍人士；永久居住在白俄罗斯境外的白方公民、外国和国际法律实体（非法律实体的组织）。〔36〕

---

〔33〕 О ратификации соглашения между Правительством Республики Беларусь и Правительством Французской Республики о взаимном поощрении и взаимной защите инвестиций: постановление Верховного Совета Респ. Беларусь, 25 апр. 1996 г., № 220-XIII // Ведомости Верховного Совета Респ. Беларусь. -1996. -№15. -с. 199-200.

〔34〕 Иностранные инвестиции. Официальная статистика ［Электронный ресурс］ - Режим доступа: available at https://www. belstat. gov. by/ofitsialnaya - statistika/realny - sector - ekonomiki/inostrannye-investitsii/. -Дата доступа: 2. 10. 2022.

〔35〕 В. П. Мозолин. Право США и экспансия американских корпораций. -М., 1974. - с. 368.

〔36〕 Закон Республики Беларусь об инвестициях от 12 июля 2013 г. // ИБ "КонсультантПлюс: Комментарии Законодательства Белорусский Выпуск" ［Электронный ресурс］. - Минск, 2022.

前述对"投资"和"投资者"概念的分析表明了国家法律和国际条约的不同做法。投资者的概念或许是基于投资者个人的国籍或居住地、公司或行政机构所在地或主要经济活动所在地的标准,或控制的标准——对法律实体而言。如果中国的潜在投资者冀望扩大与其参与的其他投资贸易协定的关系,则应关注与辨析外国投资法层面的相关定义,增加对贸易协定的熟知度,而不仅仅是与中国的投资协定。

三、对白俄罗斯投资相关法律的探析

(一)投资视域下白方对中国及"一带一路"的政策态度

根据白俄罗斯统计委员会的数据,2021 年白俄罗斯实体经济中的外资额仅为 87 亿美元,而 2011 年这一数字曾高达 189 亿美元。[37]白俄罗斯经济部指出,白方是最早支持中国国家主席习近平重构伟大的"丝绸之路"和"一带一路"倡议的国家之一。早在 2014 年,经济部通过与中国商务部签署正式议定书开始进行磋商。[38]2015 年5 月 10 日《白俄罗斯与中华人民共和国友好合作条约》夯筑中白合作的基础,其中第 8 条宣称中白亟须推动建立丝绸之路经济带,深入经贸、金融、投资、科技、能源、航天、交通、信息技术、农业、人文等领域的双边合作。

在全球经济走低、疫情反复、欧美严厉制裁下,白俄罗斯已面临吸引外资严重不足的窘境,由此颁布的《2021—2025 年社会经济发展规划》(以下简称《规划》)着重强调外资的重要性及迫切性,投资政策旨在优先创建高科技产业和发展区域基础设施,增加投资量并提高资本使用效率,该规划由 2021 年 7 月 29 日第 292 号总统令

---

〔37〕 Иностранные инвестиции. Официальная статистика［Электронный ресурс］-Режим доступа：available at https：//www. belstat. gov. by/ofitsialnaya－statistika/realny－sector－ekonomiki/inostrannye－investitsii/. -Дата доступа：2. 10. 2022.

〔38〕 Харлап, Т. В. Возможности активизации белорусско－китайского инвестиционного сотрудничества в условиях реализации проекта《Пояс и Путь》// Пояс и Путь：возможности для Беларуси：материалы Междунар. науч. －практ. конф. , Минск, 24 февр. 2017 г. / под ред. проф. А. А. Тозика. － Минск：РИВШ, 2017. -с. 37-44.

批准。[39] 该规划对引进外资的机制与外资来源的扩大作出了相应调整：将投资者利益和政策优惠的提供力度与投资项目的效率、其与所在地区的发展重点和领域的对应关系联系起来；创立特殊投资合同的特别法律制度，确保由国家赎回部分资产，从而刺激投资，创建新的生产设施；降减风险，为保护善意投资者的权利提供额外保障，如巩固稳定条款；简化为在各地区创建新企业而获得建设用地的条件；完善自贸区框架内的企业经营条款；依据公私合资经济的规模和预算，改善公私合营经济的筹备程序。

与此同时该规划规定了中白投资项目框架内的具体内容，譬如，杜伊斯堡港股份公司（德国）（DuisburgerHafen AG）和中国招商局集团联合建设工业园区的多式联运铁路货运枢纽（详见《规划》第九章）；中白工业园作为高科技园区平台，综合科学、技术和创新等要素，致力于各州的工程开展、技术研发、创新型小微创业的创立（《规划》第十章）；中白工业园创建一个中医药研发中心（《规划》第五章）。该规划亦声明中国是白俄罗斯最重要的经贸合作载体之一，白俄罗斯将继续与中国展开全面战略伙伴合作，依托匹配的社会和经济发展战略深化合作，涉及经贸、金融、投资、科技、人道主义和其他畛域，增强与拓展白方在丝绸之路沿线欧亚大陆的枢纽地位（《规划》第八章）。

2021 年 7 月 29 日第 292 号总统令描摹出更加详实的蓝图：筹划借助国际物流财团的运作，在中国铁路总公司和其他有关方面一同参与下，在亚欧陆路上构建一个国际物流中心，将中白工业园与欧洲铁路轨距 1435 毫米相连接。在中白工业园成立一个区域中医药研发创新中心，执行新中医药产品和技术的开发、生产和商业化。吸引不少于 5 家中医药领域的企业落户工业园区，每家企业实体年产量不低于 5000 万美元。与中国的风险投资基金建立合作关系，以吸

---

[39] Программа социально-экономического развития Республики Беларусь на 2021-2025 годы, утвержденной Указом Президента Республики Беларусь от 29 июля 2021 г. № 292 // ИБ "КонсультантПлюс：Комментарии Законодательства Белорусский Выпуск" [Электронный ресурс]. -Минск, 2022.

引投资进驻白俄罗斯的高科技园区和 IT 行业。确保工业园企业群的有效运作，并持续吸引新企业入园，积极发展创新活动、创业、集群合作，计划到 2025 年确保至少有 170 家公司入驻园区，其中 5 家投资规模须超过 5000 万美元。

2021 年 12 月 3 日，白俄罗斯总统在《关于发展白俄罗斯与中国的双边关系》第 9 号令中指出，白方亟须与中国深度合作，[40] 提出中白合作致力于构筑白中之间的服务和投资自由贸易区，签署中白之间的服务贸易和投资协议，由中国招商局筹建中白贸易进出口公司，基于单一渠道向终端用户推广白方产品，重点聚焦于农业与食品行业。针对中白金融和经济投资方面有关合作安排如下：白方积极发展与投资基金（丝绸之路基金、中国—欧亚经济合作基金）、亚洲基础设施投资银行之间的双边互利关系。确保每年至少吸引 5 亿美元的等值资金，以资助白方的投资项目，并使中国投资者通过购买或参与股权的途径进入白俄罗斯银行系统。

发展与中国的投资合作是白俄罗斯现阶段的首要政策方针。自 2014 年起，白方陆续颁布与通过多项国际和国内法案，已构建起投资领域法律监管的总体框架，还规定了诸多具体举措，以实现有效吸引中国投资的目标。晚近白俄罗斯愿与中国深入合作的迫切性、必要性、积极性皆在增强。就中国而言，白俄罗斯在"一带一路"共建中扮演着重要的角色：首先，白俄罗斯作为"一带一路"重要节点国家和欧亚经济联盟成员国，为中国提供了进入欧亚经济联盟单一市场的平台机会，该联盟约有 1.8 亿消费者，覆盖东欧及东中亚，市场主体规模与潜力巨大。其次，白俄罗斯组建了享受优惠待遇政策的经济特区网络，如中白工业园、高科技园区、自由经济区、小型定居点和其他经济区域。再次，白俄罗斯不断优化与改善营商环境，世界银行最新报告显示，2019 年、2020 年白俄罗斯营商环境

---

〔40〕 Директива Президента Республики Беларусь от 3 декабря 2021 г. № 9《О развитии двусторонних отношений Республики Беларусь с Китайской Народной Республикой》// ИБ "КонсультантПлюс：Комментарии Законодательства Белорусский Выпуск"〔Электронный ресурс〕.–Минск, 2022.

指数均在全球前 50。[41] 最后，白俄罗斯西衔欧盟、东濒俄罗斯、南镶中亚，是贯通欧亚两大陆的桥梁，其地理枢纽位置不言而喻。移民局为外国投资者量身定制的免签证制度为外商提供便利。作为苏联的重工业成员国，白俄罗斯拥有高素质的技工、完备的制造业基础设施和铁路、公路、航空的多式联运交通网。由此可见，在"一带一路"和当今全球局势下，中白合作大势所趋，双方合作潜力巨大、空间广阔，双边友好关系愈加密切。

（二）外资如何在白创建商业组织

根据《投资法》第 4 条的规定，[42] 在其境内的投资须按以下流程展开：创建一个商业组织；购置、创造，包括通过建造的方式，取得不动产；获得知识产权对象的权利；获得股份、特许基金的参与性权益、商业公司的财产股份；基于特许权的基础上；在公私合营关系的框架内；以其他方式，但立法所禁止的行为除外。作为一般性规则，国民待遇原则在《投资法》中得到保障与贯彻，换言之，目前除了为外国投资者设想的某些保障和具体的权利保护机制外，外国投资者和本国投资者的地位几乎毫无区别。因而，外国投资的规模，仅仅是以向一个组织的股本出资的形式，目前对于法人实体的注册和向投资者提供的福利都未有实际意义。

原先，《投资法》为有外资的商业实体规定了一个广泛的利益清单，其授予法律实体有外资的商业实体地位的条件是：在法律实体成立后的两年内向授权基金出资 2 万美元，法律实体运作的第一年到期时要求外国投资者的出资至少达到 50%。如果法定基金没有在两年内成立，则大概率会予以行政清算。因此，原先所有外资投资者皆可享受下列好处：自申报利润之日起 5 年内免征所得税，并在随后 5 年内将该税率降低 50%；对为组建授权基金而进口的财产免

［41］ World Bank, "Ease of Doing Business in Belarus", Trading Economics, available at ht-tps://tradingeconomics.com/belarus/ease-of-doing-business#:~:text=In%20the%20long-term%2C%20the, according%20to%20our%20econometric%20models, last visited on Oct. 2, 2022.

［42］ Закон Республики Беларусь об инвестициях от 12 июля 2013 г.// ИБ "КонсультантПлюс: Комментарии Законодательства Белорусский Выпуск"［Электронный ресурс］.-Минск, 2022.

征关税，如果未能将财产用于其预期目的（缔结交易，其目标是为组建法定基金而进口的财产），则可收缴之前未支付的关税和其他优惠；除上述特权，外资的商业组织享有稳定条款涉及的重要保障（在学界被称为"祖父条款"），即有外资的商业组织自注册时起 5 年内不会因该投资者国家的关系而受到波及、恶化。

然则，白俄罗斯因申请加入世贸组织，不得不为国内和外国投资者引入单一的法律制度。前述所有提及的特权和保障皆已被废除，但在具有特殊法律地位的白俄罗斯经济区，如中白工业园、自由经济区以及高科技园区等仍旧享有外资企业注册的特权。这些特权适配于任何投资者，不论其国籍（注册）或投资规模如何。

（三）如何注册成为中白工业园的企业

2012 年 1 月 7 日，白俄罗斯第 348-3 号《关于批准建立中白工业园协议》相关法律审议了 2011 年 9 月 18 日《中白工业园协定》。[43] 双方承诺在白方境内建立中白工业园，主要着眼于现代制造业，辅以科研、贸易、物流、行政、房地产等行业（《中白工业园协定》第 1 条）。在创办园区时借鉴了中国在创建和发展综合经济区方面的经验，以中国—新加坡协同创办的苏州工业园区为底本。

在缔结《中白工业园协定》时，列明了白方应承担的国际法律义务：中白工业园的法律地位将不低于白方的任一经济区；园区有权获取特殊的投资优惠，涵盖土地、税收、金融、公共采购、进出口、货币控制、海关优惠、货物原产地的确定、员工出入境、工作许可、产品检验和卫生控制、通信、国内基础设施的设计和建设以及其他领域；园区获得外部基础设施、公共秩序和其他领域建设的政府必要支持。[44]（《中白工业园协定》第 4 条）

〔43〕 Закон Республики Беларусь от 7 января 2012 г. № 348-3 《О ратификации Соглашения между Правительством Республики Беларусь и Правительством Китайской Народной Республики о Китайско-Белорусском индустриальном парке》// ИБ "КонсультантПлюс: Комментарии Законодательства Белорусский Выпуск" ［Электронный ресурс］. - Минск, 2022.

〔44〕 Данисевич, А. Н. Особая экономическая зона-Китайско-Белорусский индустриальный парк // ИБ "КонсультантПлюс: Комментарии Законодательства Белорусский Выпуск" ［Электронный ресурс］. -Минск, 2022.

根据 2017 年 5 月 12 日第 166 号总统令（2022 年 9 月 6 日修订）《关于完善中白工业园特殊法律制度》批准的《中白工业园特殊法律制度条例》第 3 条规定[45]，工业园区旨在吸引投资，创建有竞争力的组织，重点推进现代经济部门的生产，同时激励创新活动、贸易、物流、住房和其他产业的发展；创造就业机会，促进各州的社会经济发展，激发白俄罗斯的出口潜力。依据该条例第 7 款，位于工业园区境内的白方法律实体可注册为工业园区居民（即企业），但需满足下列条件：该实体已与园区管理部门（即中白工业园管委会）签署了关于工业园区经营活动条件的协议，并正在该地区实施（或者计划实施）一个投资项目，且园区投资项目的经营范围主要限制和约束在电子及电信、生物制药、医疗器械、实验室诊断、精细化学、生物技术、机械工程、新材料、综合物流、电子商务、大数据的存储和处理、5G 技术和人工智能、社会和文化活动等领域。项目投资额不少于 500 万美元，其中有关研发项目申报的投资额不得低于 50 万美元，务必在与园区管委会缔结关于工业园区经营活动条件的协议之日起 3 年内完成上述投资额。

此外，中白工业园管委会在园区居民注册问题上拥有相当大的自由裁量权。若某些外资企业即便不符合相关经营范围和投资额度规定，园区管委会依旧有权作出裁决，将该投资项目的法人实体备案为工业园区居民。再者，假使某些白俄罗斯法人或企业家投资项目不属于园区罗列的主要经营范围，但其契合工业园区的主要宗旨且隶属创新范畴，则园区管委会有权作出裁决将该法人或企业注册为工业园区居民（第 166 条第 7 款第 3 项、第 8 款第 1 项）。白俄罗斯立法规定工业园区企业禁止从事下列行业：生产、加工、储存、中和具有放射性和其他危险材料；研制麻醉药品、精神药物及其前体；播种、栽培、加工、储存、销售有毒农作物；制作酒精饮料；

---

〔45〕 Указ Президента Республики Беларусь от 12 мая 2017 г. № 166（в редакции от 6 сентября 2022 г.）《О совершенствовании специального правового режима Китайско - Белорусского индустриального парка 《Великий камень》 // ИБ "КонсультантПлюс: Комментарии Законодательства Белорусский Выпуск" [Электронный ресурс]. - Минск, 2022.

生产烟草制品；发行证券、纸币和硬币、邮票、彩票；制作和播放广播和电视节目，但广播和电视的技术维护除外；治疗患有威胁公众健康的病人；治疗患有高危疾病的动物。

企业欲注册为工业园区的居民，须履行完成以下步骤：首先，企业应向工业园区管委会申请注册一个园区内地址。工业园区管委会是工业园区内商业、非商业组织、个人企业家的官方注册机构，但银行和非银行金融机构、保险组织、保险经纪人、保险人协会等的注册不受其管辖［2019 年 4 月 18 日新总统令批准的《关于经济实体的国家登记和清算（终止活动）条例》第 6 条第 9 款］。[46] 对于银行和非银行信贷和金融组织的注册应由白俄罗斯国家银行办理，保险组织、保险经纪人、保险人协会的注册则由白俄罗斯财政部负责。

其次，在工业园区完成注册和制定投资项目后，申请人应向园区管委会递交以下文件：入园申请书、由企业法人或负责人证明的国家注册证书和相关复印件、批准投资项目的因由（参考《法人实体注册为工业园区居民的程序规定》附录 2）、签署的关于工业园区经营条件的协议草案。工业园区管委会务必自收到申请后的 5 个工作日审议文件并裁决是否批准该法人实体注册为园区居民。法人登记为工业园区居民当日需缔结关于工业园区经营活动条件的协议。若在工业园区内实施与工业园区经营范围不契合的投资项目（如建造旅馆、住宅楼、行政楼、其他类型的生产和服务），应当向联合管理公司和工业园区管委会提出申请。根据中白工业园网站提供的信息，截至 2022 年 10 月 9 日，该园区约有 100 家企业居民，其中 48 家来自中国。[47]

综上，注册成为中白工业园居民的程序与审批过程具有明确性、

---

〔46〕 Декрет Президента Республики Беларусь от 16 января 2009 г. № 1 《О государственной регистрации и ликвидации（прекращении деятельности）субъектов хозяйствования》// ИБ "КонсультантПлюс：Комментарии Законодательства Белорусский Выпуск"［Электронный ресурс］. -Минск, 2022.

〔47〕 Программа социально-экономического развития Республики Беларусь на 2021 - 2025 годы, утвержденной Указом Президента Республики Беларусь от 29 июля 2021 г. № 292 // ИБ "КонсультантПлюс：Комментарии Законодательства Белорусский Выпуск"［Электронный ресурс］. -Минск, 2022.

透明性、规范性等特点。为中国投资者在白俄罗斯从事的投资活动提供方便与快捷，拉动了中白工业园区在硬件设施、软件制度两方面的成长、完善。在园区多项利好的投资政策、宽松的营商环境、白方政府的高度重视下，大量涉及医药、电器、汽车、通信、物流等行业的中国企业入驻园区，让园区以肉眼可见的步调快速发展。

（四）与白俄罗斯签署投资协议的特征

投资的基本途径是签署投资协议，白俄罗斯法律中尚无这一概念。关于投资协议、条约的法律性质，学界主要分为两类：第一类强调投资条约具有行政法律性质，维·帕·莫佐林（V. P. Mozolin）[48]和米·伊·库拉金（M. I. Kulagin）[49]等学者持这种立场；第二类置投资协议于民法性质范畴下，拉·阿·鲁茨（L. A. Luntz）[50]和尼·尼·沃兹涅先斯卡娅（N. N. Voznesenskaya）[51]等法学家表示，一些学者将投资协议归入集体范畴，将调解投资活动的民法协议结合起来。采取这种立场的有莉·加·赛弗洛娃（L. G. Sayfulova），纳·格·多罗尼娜（N. G. Doronina），娜·根·塞米柳蒂娜（N. G. Semilyutina）[52]，内·丹·维克托罗维奇（D. V. Nefedov）[53]，伊·维·康达科娃（I. V. Kondakova）[54]，斯·帕·莫罗兹（S. P. Moroz）[55]，格·

[48] В. П. Мозолин. Право США и экспансия американских корпораций. −M. , 1974. −с. 98.

[49] М. И. Кулагин. Правовая природа инвестиционных соглашений, заключенных развивающимися странами // Политические и правовые системы стран Азии, Африки, Латинской Америки. М. , 1975. −с. 40−53.

[50] Лунц, Л. А. Международное частное право −M. , 1969. −с. 59.

[51] Вознесенская, Н. Н. Иностранные инвестиции и смешанные предприятия в странах Африки, −с. 55−57.

[52] Доронина, Н. Г. , Семилютина, Н. Г. Государство и регулирование инвестиций. −M. : ООО "Городец−издат", 2003. −с. 225.

[53] Нефедов, Д. В. // Коммерческое право: учебник: в 2 ч. / под ред. В. Ф. Попондопуло, В. Ф. Яковлевой. −3−е изд. , перераб. и доп. М. : Юристъ, 2004. Ч. 2. −с. 164−165.

[54] Кондакова, И. В. Правовая реформа инвестиционной деятельности в Российской Федерации и зарубежных странах (Украине и Республике Беларусь): автореф. дис. . . . канд. юрид. наук: 12. 00. 03 / И. В. Кондакова; Соврем. гуманит. акад. −M. , 2009. − с. 29.

[55] Многостороннее соглашение по инвестициям. Правка ОЭСР. [Электронный ресур] / Офис международных информационных программ. −2008. −Режим доступа: http://www. infousa. ru/economy/ru2−7. htm. −Дата доступа: 11. 10. 2022.

巴·伊斯帕耶娃（G. B. Ispaeva）[56]，古·图·卡齐耶娃（G. T. Kazieva）[57]，奥·弗·采格尔尼克（O. V. Tsegelnik）[58]，奥·亚·巴基诺夫斯卡娅（O. A. Bakinovskaya）[59]等诸多学者。

在白俄学界看来，投资协议具有混合的法律性质：首先，该协议具有民事法律的性质，但因合同的一签约方是国家（由国家机构或地方当局出面，作为被赋予权力的主体），这就涉及国家和地方政府的权力问题。著名法学教授扬·约·冯克（Y. I. Funk）说道，白俄罗斯法律规定的投资协议在白俄罗斯和投资者之间产生了"某些准公共义务"。在这种关系的框架内，投资者需为实施项目承担某些义务（乍一看也可称为"民法"，因其与财产关系有关）。但白俄罗斯已经"承担的不是民法义务"（这些义务中往往没有所谓的"财产因素"），而是与"履行权力实体的职能"相关的义务，为实施特定的投资项目提供法律保障，以及在某些情况下提供额外的（与立法已有规定相比）利益和优惠（当然，在后一种情况下，"可能存在某种财产成分"），在这种情况下，它要求投资者"在已经采取的措施的情形下，首先是民事法律责任"，履行所承担的义务。[60]

投资者与白俄罗斯之间的投资协议只能服务于在白境内实施与

---

〔56〕 Испаева, Г. Б. Договор в международном частном праве: коллизионные проблемы: автореф. дис. ... докт. юрид. наук: 12. 00. 03/Г. Б. Испаева; Каз. гуманитарно-юридический ун-т. -Алматы, 2010. -с. 24-25.

〔57〕 Казиева, Г. Т. Правовое регулирование инвестиционной деятельности в Республике Казахстан (проблемы теории): автореф. дис. ... канд. юрид. наук: 12. 00. 03 / Г. Т. Казиева; Каз. гуманитарно-юридический ун-т. -Алматы, 2010. -с. 19.

〔58〕 Цегельник, О. В. Инвестиционное обязательство при купле-продаже предприятия, акций, принадлежащих государству, по конкурсу в процессе приватизации / О. В. Цегельник // Промышленно-торговое право. - 2006. - N 4. - С. 75 - 98.

〔59〕 Бакиновская, О. А, Амельченя, Ю. А. Инвестиции, инвестиционная деятельность, инвестиционный договор: новые аспекты толкования категорий / О. А. Бакиновская, Ю. А. Амельченя // ИБ "КонсультантПлюс: Комментарии Законодательства Белорусский Выпуск" [Электронный ресурс]. -Минск, 2022.

〔60〕 Функ, Я. И. О правовой природе инвестиционного договора по праву Республики Беларусь // ИБ "КонсультантПлюс: Комментарии Законодательства Белорусский Выпуск" [Электронный ресурс]. -Минск, 2022.

投资的政策扶持的项目且以相关法令和法律规定的方式和条件签署，2016 年 5 月 12 日白俄罗斯通过的部长会议第 372 号法令[61]第 1 款规定：重点投资项目是在国家经济规划框架下，由白方总统制定，包括下列领域：信息和通信技术、物流系统、铁路和航空运输、白方国家边境的检查站和边境服务的其他设施的建设、改造和装备、谷物加工业、冶金、机械制造、电能生产，以及边境口岸建设。共涉及农业、林业和渔业、制造业（如食品、纺织、化工产品、药品、冶金、计算机、光学设备、车辆生产）等领域。

白俄罗斯立法划分了两种类型的投资协议（或其缔结的两个层次）：一级投资协议，依据国家行政机构或地方当局的裁决所签署；按照部长会议的裁决，并与白俄罗斯总统达成协议而签署的二级投资协议，根据该协议的规定，投资者可获得现行法律对所有投资者没有规定的特权和保障。与白俄罗斯的投资协议是根据特殊程序签署的，该程序由 2009 年 8 月 6 日第 10 号总统令《关于为在白俄罗斯进行投资创造额外条件》（2019 年 7 月 16 日修订）作出规定。[62]对第一级的投资协议，需通过以下强制性的阶段来完成签署：投资者向授权的国家机构或执行委员会提出申请，并附上一揽子必要的文件；申请等待期（或许举行竞标）；审议投资者的申请并作出裁决；最终签署协议。对第二级的投资协议，需符合以下流程：投资者带着申请书和一揽子必要的文件向授权的国家机构或执行委员会提出申请；对投资项目进行地方专家审查，并与国家机关协调投资协议草案（或许举行竞标）；[63]对投资协议项目进行强制性的法律

---

[61] Постановление Совета Министров Республики Беларусь № 372 《О приоритетных видах деятельности（секторах экономики）для осуществления инвестиций и признании утратившим силу постановления Совета Министров Республики Беларусь от 26 февраля 2014 г. № 197》// ИБ "КонсультантПлюс: Комментарии Законодательства Белорусский Выпуск" [Электронный ресурс]. – Минск, 2022.

[62] Декрет Президента Республики Беларусь от 6 августа 2009 г. № 10（в редакции от 16 июля 2019 г.）《О создании дополнительных условий для осуществления инвестиций в Республике Беларусь》// ИБ "КонсультантПлюс: Комментарии Законодательства Белорусский Выпуск" [Электронный ресурс]. –Минск, 2022.

[63] Бакиновская, О. А. Принципы инвестиционного права / О. А. Бакиновская. – Минск: Колорград, 2021. –с. 349; 198–199.

鉴定；对投资协议项目进行国家综合鉴定；向白俄罗斯提交关于缔结投资协议的决议草案；在与白方总统达成协议后，白俄罗斯部长会议批准决议；最终签署协议。

依据《白俄罗斯民法典》第 402 条第 1 款的规定，为了缔结投资协议，各方必须就协议的所有基本条款达成共识。譬如，关于协议主题，立法中规定的此类协议的基本、必要或强制性的条件，以及根据一方的申请必须达成协议的相关条款。2013 年 7 月 12 日《投资法》第 53 条第 3 款规制了缔结投资协议文本的基本内容：投资实施的对象、数量、条款和条件；投资者和白俄罗斯的权利和义务；协议各方对不履行协议条款和条件的责任；其他条款，根据白俄罗斯的立法行为确定。2022 年 1 月 5 日白俄罗斯第 10 号法令调整了投资协议的基本条款，依据《投资法》第 53 条第 3 款，增添下列条款：投资协议各方（或组织）对不履行或不适当履行其条款的责任；若投资者不履行义务，白俄罗斯有权单方面退出投资协议；商业信息保密制度；投资协议各方有关的争端的程序和审议机构。

（五）与白俄罗斯签署的特许权协议的特征

2013 年 7 月 12 日第 63-3 号《白俄罗斯特许权法》第 1 条第 8 款规定特许权隶属于特许权对象的权利，或是依据特许权协议开展活动的权利。[64]特许权的对象包含物体、国家的专属财产（土地、水域、森林）、仅由国家拥有的物体、仅由国家可开展的活动类型 [2010 年 7 月 15 日第 169-3 号《关于仅由国家拥有的物体和活动类型的法律》（2019 年 12 月 18 日修订）确定了此类物体的清单]。[65] 2008 年 1 月 28 日第 44 号总统令（2021 年 5 月 13 日修订）《关于批准拟转让特许权的对象清单》中列出了可根据特许权协议直接让渡

---

[64] Закон Республики Беларусь о концессиях от 12 июля 2013 г. № 63–3// ИБ "КонсультантПлюс：Комментарии Законодательства Белорусский Выпуск" [Электронный ресурс]. –Минск, 2022.

[65] Закон Республики Беларусь от 15 июля 2010 г. № 169–3 《 Об объектах, находящихся только в собственности государства, и видах деятельности, на осуществление которых распространяется исключительное право государства》 // ИБ "КонсультантПлюс：Комментарии Законодательства Белорусский Выпуск" [Электронный ресурс]. – Минск, 2022.

的特许权对象。[66]

特许权合同分为三种类型：其一，完整的特许权合同——规定特许权获得者发生和保留其生产的产品的所有权的协议。其二，生产共享特许权合同——规定生产的产品由特许权持有人和加工者遵循特许权合同确定的数量和方式进行分配的协议。按照特许权协议的条款，所生产的产品中隶属特许权人份额的部分，依所有权属于特许权人。特许权协议各方之间分享产量的程序和比例应由特许权协议确定。假若通过招标来选择特许公司，生产份额的比例可以是招标的一个条件。其三，关于提供服务的特许权协议（工程业绩）——根据该协议，根据特许权协议生产、加工的产品的所有权转移给特许权持有人。特许权持有人因所提供的服务（完成的工作）而获得报酬。根据提供服务（完成工作）的特许权合同，特许权持有人承担移交给他加工的特许权对象以及根据特许权合同生产和加工的产品在移交给授予者之前的意外损失或意外损坏的风险。

特许公司无权将特许权对象转租，无权将其在特许权合同下的权利和义务让渡给他人，无权租赁特许权对象，包括融资租赁（出租）、无偿使用（贷款）、质押，以及将其在特许权合同下的权利进行抵押，将其作为法人实体的授权基金出资，以及以第三方权利作为抵押。特许权协议的期限最长为99年，除非某些特许权对象的期限由立法规定，如2008年1月28日第44号总统令（2021年5月13日修订）《关于批准提供转让给特许权的对象清单》。[67]签署特许权协议的期限最初在特许权要约中确定，并可在签署特许权协议时由双方当事人协商指定。特许公司必须在特许权协议期满前6个月内以书面形式通知特许人其希望将特许权协议的期限延长至指定期限。

---

〔66〕 Указ Президента Республики Беларусь от 28 января 2008 г. № 44 《Об утверждении перечня объектов, предлагаемых для передачи в концессию》 // ИБ "КонсультантПлюс: Комментарии Законодательства Белорусский Выпуск" ［Электронный ресурс］. − Минск, 2022.

〔67〕 Указ Президента Республики Беларусь от 28 января 2008 г. № 44 《Об утверждении перечня объектов, предлагаемых для передачи в концессию》 // ИБ "КонсультантПлюс: Комментарии Законодательства Белорусский Выпуск" ［Электронный ресурс］. − Минск, 2022.

综上所述，特许权是在特许权协议的基础上进行投资的一种方式，目前在白俄罗斯相当难以开发或商业利益不大的物体通常被作为特许权协议的主体，应用于矿藏、基础设施开发领域。比如，2014 年，白俄罗斯交通部启动了几条公路的特许权，包括明斯克—维捷布斯克的 M3 公路。特许公司重建公路，随后运营 20 年，收取适当费用，进而收回成本。

（六）中白工业园居民（企业）的特许权

2017 年 5 月 12 日第 166 号总统令《关于完善中白工业园特殊法律制度》[68]为工业园居民（即企业）确立以下特许权：自报告期毛利之日起 10 年内，在园区内销售生产的商品（包含工程、服务等）免征所得税，且在紧接 10 年内所得税率降低 50%；在特殊法律制度期内，免征工业园区内的房地产税、土地增值税及契税；免征园区内的土地税；截至 2032 年 1 月 1 日，免征因出售位于园区的地块、永久性建筑、住宅等的利润税。在特殊法律制度期内，对位于园区内的土地免征房地产税和土地税；无需办理在白方雇用外国劳动力的许可证和在白方工作权利的特别许可证；个人所得税率调低至 9%；免除养老金和社保的强制性保险缴纳，可从雇员的薪酬中累积。但在工业园区行使特殊法律制度的期限内，根据税法的特殊程序，联合开发公司有权将地方规范性法案规定的对雇员的付款、联合公司部分的娱乐费用、美化费用以及资本结构的折旧、维护、修理、运营的费用（包括实际支出的费用）纳入税收的范围。

工业园区的法律制度正在逐步完善与健全，为进一步提升园区的外资吸引力度，2021 年 6 月 11 日《关于白俄罗斯总统法令的修正案》第 215 号法令作了重大修订，投资额相当于或超过 5000 万美元的项目，且须在协议签署后起 5 年内完成，则将享有更多特许权：工业园区的居民可无偿获得土地的所有权以便实施重大投资项目。

---

〔68〕 Указ Президента Республики Беларусь от 12 мая 2017 г. № 166（в редакции от 6 сентября 2022 г.）《О совершенствовании специального правового режима Китайско - Белорусского индустриального парка《 Великий камень》//ИБ " КонсультантПлюс: Комментарии Законодательства Белорусский Выпуск"〔Электронный ресурс〕. - Минск, 2022.

10 年期内免征利润税、个人所得税和不通过常设机构在白境内经营外国组织的所得税（而其他居民仅为 5 年）。不向企业提供履行支付关税、税收和特别税、反倾销和反补贴税义务的担保。在企业破产下，可被追究附属责任的主体范围缩小到个人，因现今只有在追究刑事责任之后或许才追究附属责任。若不超 25% 的股本属于白俄罗斯，且购买金额在决定购买之日不高出 1000 个基本单位（按市场价约为 1.25 万美元），居民有权自费购买商品，而无需按照白方立法展开正式的采购程序。借助园区的法律制度长期引入可转换贷款作为工具，使贷款人有可能根据对初创企业业绩的评估而成为创始人的一部分来推进园区内初创企业、孵化器和加速器的发展。引入合同选择权也是为了实现类似的目标，合同选择权规定有权裁决合同的基本条款，将交易的缔结推迟至创业公司的某些指标完成之后。此外，与白俄罗斯适用的一般规则不同，园区居民有权使用在中国境内托管的信息网络、系统和互联网资源，推广在园区生产的商品及服务。毫无疑问，使用托管在该国境内的定向广告更为有效。

此外，白方把与工业园区的主要企业活动定义为投资的重点优先项目，这为中国投资者准许适用欧亚经济联盟的法律子条款提供契机。欧亚经济联盟海关委员会于 2009 年 11 月 27 日生效的第 130 号法令规定：若投资项目属于成员国重点优先项目，为实施该投资项目而专门进口的技术设备、部件和备件、原材料等，可免征进口关税。这项条款为中国准入欧亚经济联盟其他成员国市场作了关键的法律制度铺垫。

四、白俄罗斯对外资的保护

有关 BIT 重要性的论述彰显了国家在法律制度和缔约国互相为对方投资者提供的保障问题上的立场。瓦·亚·特拉佩兹尼科夫（V. A. Trapeznikov）将国际法律保障定义为国家的承诺，在地域的范畴上为投资者维系有利的条件，并确保投资者的权利得到切实履行。多数自由贸易协定规定，每个缔约方有义务根据法律或政策鼓励在其境内投资。然而，一些条约使用了"在可能的情况下鼓励"

等措辞，在一定程度上降低了外资保护的水平。《白俄罗斯—中国BIT》就属于这一类条约，其含有缔约各方将尽可能地鼓励缔约另一方的投资者进行投资，并依法允诺在其境内进行投资等表述。可见，在与他国签署 BIT 时，白方对外资的保护具有一定的保留性，为本国争取更大利益留有回旋空间。下面从征收、支付转移、争端解决等层面探析白方对外资的保护。

（一）征收情况下的保护

依据 1993 年 12 月 11 日《白俄罗斯—中国 BIT》第 4 条第 1 款[69]，缔约一方投资者在缔约另一方境内的投资不得被国有化、强行征收或采取具有类似结果的其他举措，假若征收旨在公共利益则可除外，但须依法定程序且基于非歧视原则，并伴有支付赔偿。

国际上外资国有化情况下的赔偿问题是最具争议的。资本输出国对外商的财产国有化一般秉持"迅速、充分和有效的补偿"的立场，即支付被扣押财产的实际价值。因国有化引起损失而赔偿即国际法学中所谓的"霍尔公式"，该公式以美国国务卿科戴尔·霍尔（Cordell Hull）命名，他在 1938 年 7 月 21 日给墨西哥大使的照会中首度使用该公式。另外，鉴于"霍尔公式"在实践上具有广泛性与稳定性，有学者提议将其视为习惯法的规范。安·诺顿（A. Norton）在对仲裁裁决的研究中指出，在国家间暂未签订国际协议的情势下，应以市场价格，支付被征用财产的全部价值，但鉴于征用国的国情，可进行部分或适当的补偿。[70]资本输入国更情愿坚持"适当补偿"的立场，这意味着国家在结算补偿金额时有权触及其他因素：投资者从该国领土上赚取的利润、提取利润的期限。[71]因缺乏统一方式，对投资者被征收资产予以赔付时，国际上一般借助缔结双边条约来

---

[69] Соглашения между Правительством Республики Беларусь и Правительством Китайской Народной Республики о содействии и взаимной защите инвестиций от 11 декабря 1993 г. // ИБ "КонсультантПлюс: Комментарии Законодательства Белорусский Выпуск" [Электронный ресурс]. –Минск, 2022.

[70] Мингазова, И. В. Право собственности в международном праве / И. В. Мингазова. –Москва: Волтерс Клувер, 2007. – с. 110.

[71] Мингазова, И. В. Право собственности в международном праве / И. В. Мингазова. –Москва: Волтерс Клувер, 2007. –с. 109.

平稳解决与处理。

BIT 将"征收"定义为一个集体概念：征用或国有化的任何措施体系。一般，补偿应是被征用的资产在征用前或颁布前（以先发生者为准）的市场价值，并应包含自征用之日至赔付之日这段时间按照适用于投资货币的伦敦银行同业拆借利率计算的利息，且应以可自由兑换的货币支付，毫不拖延地转给申请人指定的国家。

白方与其他国家在赔付利息方面的计算存在差异，譬如在《白俄罗斯—比利时—卢森堡经济联盟 BIT》中，利息被定义为普通商业交易的利息，应从确定其金额之日起至实际支付为止。[72]在《白俄罗斯—以色列 BIT》中，利息则由被征用国家的法律确定。[73]1995 年 7 月 25 日《白俄罗斯—意大利 BIT》规定，赔偿将包括按 6 个月伦敦银行同业拆借利率计算的利息，从国有化之日起计算到支付日期为止。[74]然而，《白中自由贸易协定》将补偿金额完全限定在投资的实际价值上，其第 4 条第 2 款规定，一方的投资者在另一方境内的投资若被征收，则需按照投资的实际价值进行补偿。

2013 年 7 月 12 日白俄罗斯新修订的《投资法》也未规定征用补偿利息，其缘由如下：其一，该保障只适用于国有化（属于尚未颁布的特别法）、征用。其二，赔偿的完整性概念只包括资产在被作出国有化或征用裁决之日的价格的市场价值。2013 年 7 月之前生效的《投资法》规定，对被国有化或被征用的资产价值的补偿理当等

〔72〕 О ратификации соглашения между Правительством Республики Беларусь, с одной стороны, и Бельгийско - люксембургским экономическим союзом, с другой стороны о взаимном содействии и защите инвестиций: Закон Респ. Беларусь, 6 ноября 2005 г. № 56-3 // ИБ "КонсультантПлюс: Комментарии Законодательства Белорусский Выпуск" [Электронный ресурс]. -Минск, 2022.

〔73〕 О ратификации соглашения между Правительством Республики Беларусь и Правительством Государства Израиль о взаимном содействии осуществлению и взаимной защите инвестиций: Закон Респ. Беларусь, 10 мая 2001 г., № 14-3 // Нац. реестр правовых актов Респ. Беларусь. -2001. -№ 48. -2/757.

〔74〕 О ратификации Соглашения между Правительством Республики Беларусь и Правительством Итальянской Республики о содействии и защите инвестиций: постановление Верховного Совета Респ. Беларусь, 17 октября 1996 г., № 692 - XIII // Ведомости Национального собрания Республики Беларусь. -1997. -№ 11. -с. 228.

于该资产的市场价值，该价值按照白俄罗斯总统规定的方式或依其指示由白方确定与计算。此外，赔偿金应包括从实际国有化、征用之日起至实际支付补偿金为止这段时间按白俄卢布对相应外币的官方汇率计算的利息。利息的百分比不得低于伦敦银行间市场（LIBOR）确定的相应百分比。[75]

因此，白俄罗斯关于外商资产被征收的现行立法与 BIT 适用的国际标准存在分歧。

（二）支付转移的保护

支付转移保护涵盖以下几类：投资资本的返还、投资所得收入的转移和投资者股东的红利以及与投资有关的经常性支付（即支付费用、贷款利息和本金所需的金额等）。在多数金融信息服务中，主要有两种方法：第一种方法，保证与投资关联的所有付款的自由转移，收入的清单是开放式的。这种方法因其广泛性而受到青睐，但部分发展中国家或许会因外汇储备不足而抵制这种方法。囿于在 BIT 涉及相关付款方面的条款存在不确定性，大批双边投资协议倾向于采纳第二种方法：拟订一份详尽的收入清单，通常囊括利润、股息和利息、贷款支付的本金，以及出售或清算投资资本的特许权使用费。

《白俄罗斯—中国 BIT》遵循了第二种途径，[76]其第 5 条规定，各缔约方应依法保障另一缔约方的投资者自履行所有税收义务后，转移与投资有关的款项，譬如收入，即因投资获取的资金，但不限于：利润、股息、利息和许可证奖励；来自全部或部分投资清算的金额；根据贷款协议支付的与投资有关的款项；技术援助、维护和管理经验的支付款项；依法缔约另一方的国民因在第一方境内投资而提供的工作和服务而获得的工资和其他报酬。

---

〔75〕 Инвестиционный кодекс Республики Беларусь принят Палатой представителей 30 мая 2001г.：одобр. Советом Респ. 8 июня 2001 г.：с изм. и доп. текст Кодекса по состоянию на 15 июля 2008 г. Эталон － Беларусь〔Электронный ресурс〕／Нац. центр правовой информ. Респ. Беларусь. -Минск, 2022.／ООО《ЮрСпектр》. -М.，2022.

〔76〕 Соглашения между Правительством Республики Беларусь и Правительством Китайской Народной Республики о содействии и взаимной защите инвестиций от 11 декабря 1993 г.／／ИБ "КонсультантПлюс：Комментарии Законодательства Белорусский Выпуск"〔Электронный ресурс〕. -Минск, 2022.

需要谨记，假若发生破产、无力偿还和保护债权人权利等情形，东道国有权限制适用关于向投资母国或其他国家转移投资收入的法律。

（三）关于东道国和外国投资者之间争端解决程序的保护措施

双边投资协定普遍构建了一个相当周详的处理投资争端的框架，包括谈判、协商，亦可诉诸司法、仲裁机构。一些自由贸易协定仅限于对某些类型的争端程序作出规定。1993 年 12 月 11 日《白俄罗斯—中国 BIT》第 9 条详细规定了在征用情况下解决有关补偿金额争端的仲裁程序，[77]譬如缔约东道国与母国的投资者之间关于征收时补偿金额的争端可提交仲裁。这种仲裁庭应在个案基础上按以下方式组建：争端各方应各指定一名仲裁员，这两人应选择一名与缔约双方皆有外交关系的第三国国民担任主席。前两名仲裁员理应在两个月内指定，主席应在书面通知将争端提交仲裁之日起 4 个月内选定。如果仲裁庭没有在前述期限内组成，争端的任何一方则可邀请斯德哥尔摩商会仲裁院院长进行必要的任命及指派。仲裁庭应当确定自己的程序规则。法庭亦可采用斯德哥尔摩商会仲裁院的规则。仲裁庭应以多数票作出裁决。该裁决为最终裁决，对争议双方均有约束力和掣肘效应。各缔约方承诺依法执行仲裁庭的裁决；仲裁庭应根据本协议的规定、在其境内进行投资的缔约方的立法，包括其法律冲突规则，以及公认的国际法原则作出裁决。争端各方应承担其任命的仲裁员的活动及其在仲裁过程中的代表的相关费用。与主席的活动有关的费用及其他成本，由争端各方平均承担。

应当指出的是，2013 年新修订的《投资法》，尽管规定了外资与白俄罗斯之间的争端可遵循投资者的选择在几个司法机构（如接受国的主管法院、解决投资争端的国际中心、特设仲裁法庭、符合国际商会仲裁规则的仲裁法庭）进行审理，但这些机构不适用于有

---

〔77〕 Соглашения между Правительством Республики Беларусь и Правительством Китайской Народной Республики о содействии и взаимной защите инвестиций от 11 декабря 1993 г. // ИБ "КонсультантПлюс：Комментарии Законодательства Белорусский Выпуск" [Электронный ресурс]. –Минск, 2022.

中国参与的投资争端。

一些较新的 BIT 增添了专门解决投资者与东道国的争端的条款，详尽罗列了诸如投资争端听证会是否公开、裁决是否公开、相关索赔是否可提交给法院开启诉讼等问题。投资协定对这些争端的规定使争端各方事先知晓某些程序性问题将如何解决，有助于提高事件的可预测性。此外，如在投资协定中未具体规定的情况下，这些争端问题将交由法院酌情处理。[78]

五、结语

自 2013 年"一带一路"倡议开建以来，中国与共建国家硕果累累、收获颇丰，中国和白俄罗斯在经济互联互通、产业合作等多领域的建设亦如火如荼。随着中白工业园在白俄罗斯落地生根，中国在白方的投资规模日渐庞大。本文论述白俄罗斯投资层面的一系列法律法规及政策条款调整与迭代的细节，着重探究白方为外资从开启、营运至退出阶段提供的所有规则及注意事项。对白俄罗斯现行投资法和相关制度展开一场详实的特写，为中国降低白方法律法规及机制所产生的不稳定性和可变性风险，中国投资者亟须抓实进入白俄罗斯市场展开经贸合作的政策机缘。总体而言，《白俄罗斯—中国 BIT》和现行《投资法》以及相关政策制度对两国之间的投资交流大有裨益。白方仍需遵循现代投资法的趋势，立足于中白双方投资及经贸往来的共同利益，制定与调整投资领域相关法律和机制。这种法制上的构建与革新无疑将成为推动中白之间相互投资的安全引擎和保障护盾，丰富"一带一路"倡议下中国和共建国家的 BIT 网络和法律体系，夯实"一带一路"国际合作平台的共建基础。

（本文责编：王盛哲）

---

〔78〕 Многостороннее соглашение по инвестициям. Правка ОЭСР. ［Электронный ресур］/ Офис международных информационных программ. – 2008. – Режим доступа：available at http://www.infousa.ru/economy/ru2-7.htm. –Дата доступа：11. 10. 2022.

Exploring the Details of the Belarus Investment Law
—Grasping the Opportunities of Chinese outbound Investment

E. V. Babkina

(Trans. by Wang Yuan)

Abstract: Belarus is an important bridge and pearl along the "Belt and Road", and the analysis of the relevant issues of the Belarusian investment law can effectively reduce the risks for Chinese investors and protect the deep economic and trade cooperation between China and Belarus. This paper starts from the theoretical concepts of investment and investors in the field of BIT and Belarusian investment law, clarifies the process of foreign investors establishing business organizations in Belarus, explores the characteristics of investment agreements concluded with Belarus, the characteristics of concession agreements signed with Belarus, reveals the special preferential terms enjoyed by foreign investors in the China – Belarus Industrial Park, and explores the judicial protection of foreign investors in Belarus based on the perspective of compulsory levy, payment transfer and international dispute settlement mechanism. To explore the judicial protection of foreign investment in Belarus, in this way, we will dig deeper into the details of the changes and adjustments of the Belarusian investment law and related policies, so that China will be familiar with the current Belarusian investment law in its entirety, providing an effective legal reference and opportunity for China to enter the Belarusian market, and opening up broad prospects for high – quality cooperation between China and Belarus under the "Belt and Road" strategy.

Keywords: the "Belt and Road"; BIT; China – Belarus Industrial Park; Belarus

《巴黎协定》中的共同义务与国家雄心目标*

［澳］亚历山大·扎哈尔**著　杨　蒙***译

摘　要：一些学者宣称或暗示，《巴黎协定》对各国施加了一项共同义务，即将全球平均气温升幅控制在2℃以内。但从法律角度来看，何为共同义务？主张《巴黎协定》创设了共同义务的相关文献，却未能解答这个问题。在这篇文章中，我将讨论两点：其一，虽然创设一项对国家具有法律约束力的共同义务在理论上并非不可能，但《巴黎协定》并未明确规定这种义务。其二，尽管各国遵守协定表面上的共同义务（但实际上是最重要的目标）是协定成功的必要条件，但协定没有规定一个进程，将全球减缓负担分解为国家层面的有力承诺，以确保实现这一目标。虽然这是《巴黎协定》的一个重大缺陷，但2018年《巴黎规则手册》关于全球盘点的规定较为宽松，使这一机制能在减缓负担"个体化"进程中发挥作用。

关键词：2015年《巴黎协定》；共同与个体国家义务；低于2℃的遏制目标；个体化机制；全球盘点

一、核心问题

欧盟（EU）的一项声明直接引发了国际气候变化机制中最棘手

---

* 原文刊发于剑桥大学《跨国环境法》(*Transnational Environmental Law*)2020年第1期，第165~188页。

** Alexander Zahar，国际同行评议的成员，全球盘点两年期报告专家首席审评员，国际《气候法》杂志的创始人兼主编，武汉大学环境法研究所教授，曾为悉尼麦考瑞大学法学院教授。

*** 西南政法大学讲师。研究方向：国际公法。

的问题之一：根据《联合国气候变化框架公约》（United Nations Framework Convention on Climate Change，UNFCCC）[1]，欧盟及其成员国制定了联合减排目标——到 2020 年将其温室气体（Green-House Gas，GHG）排放量相较于 1990 年至少减少 20%，并附条件地提出减少 30% 的目标，条件是其他发达国家承诺达到与之相匹配的减排量，发展中国家根据其责任和各自的能力也为温室气体减排做出充分贡献。[2]欧盟多次重申的这一政策立场，看似并不引人注目，但它陈述了一个虚假事实，并且在某些方面几乎毫无意义。2018 年 3 月，我作为布鲁塞尔（比利时）的欧盟委员会气候行动总司（DG CLIMA）专家审查小组成员，被指派对《联合国气候变化框架公约》下欧盟第七次国家信息通报和第三次两年期报告展开"国内"审查。在会议上我向欧盟代表询问了欧盟就减少 30% 温室气体排放量提出的"附条件要约"，结果代表告诉我欧盟根本没有针对这一目标的触发程序，而且该程序自始至终不存在。换句话说，"附条件的要约"未曾提上议事日程。[3]

不真实只是众多问题之一，声明中使用到的一些术语——"相匹配的减排"（comparable emission reductions）（对于发达国家）和"充分贡献"（contribute adequately）（对于发展中国家）——本身就非常模糊，几乎毫无意义。发达国家和发展中国家都不知道它们需要做些什么来满足欧盟提出的从 20% 到 30% 减排目标的"条件"。此外，欧盟似乎要求其他国家先行动，然后自己才会采取行动，这一立场如何理解？事实上，这一切都显得名不副实，不能完全按照

---

［1］ New York, NY (US), May 9, 1992, in force 21 Mar. 1994, available at https://unfcc.int/resource/docs/ convkp/conveng. pdf.

［2］ European Commission, Directorate General for Climate Action (DG CLIMA), "Seventh National Communication and Third Biennial Report from the European Union under the UN Framework Convention on Climate Change", Dec. 2017, pp. ix-x (emphasis added). 较早的事件使用了相同的措辞，例见 European Commission, "Sixth National Communication and First Biennial Report from the European Union under the UN Framework Convention on Climate Change", 2014 (European Commission, NC6-BR1), p. vii.

［3］ "附条件的要约"意味着对触发要约的要件进行积极"监测"，但这样的"监测"并没发生过。

字面意义去理解。我认为,声明真正想要表达的意思是:"如果其他国家能做得更多,我们欧盟也就能做得更多。如何打破这种僵局?"

这是一个悬而未决的问题。《巴黎协定》(Paris Agreement,以下简称《协定》)〔4〕让回答这个问题变得容易一些,因为目前该协定规定的全球变暖幅度上限为 2℃(摄氏度),这意味着在全球必须实现碳中和之前,还剩余一个被允许的排放量"预算"。这个预算存在相当大的不确定性,但"不确定"总比"没有"好,特别是在回答关于欧盟如何理顺各成员国减排努力问题时。然而,《协定》仅仅止步于此,并没有回答解决这一问题的另一要素,即各国之间公平分配"低于2℃"预算的规则或程序。

二、基于《协定》的共同义务形式

本节区分了《协定》中的两种义务,目的是说明迄今为止学术文献中忽略了这种区别——或者只是表面上注意到了这种区别。这部分还引入了一些新术语。在气候变化制度背景下,"雄心目标"(ambition)、"努力"(effort)、"公平份额"(fair share)和同源概念可能是模糊的,在这种情况下,一个国家贡献的价值只能通过与其他国家进行比较来理解。为避免歧义,我将使用两个专业术语来代替"雄心目标"这个模糊术语。我在后文界定了这些术语——"S-ambition"和"T-ambition"。就本文而言,我认为"努力"(effort)一词与"雄心目标"同义,"公平份额"的概念被纳入了"T-ambition"的概念中。我还将使用另一个新术语——"个体化机制"(individuation mechanism),来表示促进共同国家义务缩减为个体国家义务的程序或机制。

(一)《协定》中的共同国家义务和个体国家义务

《协定》似乎在两个层面上为国家规定了义务:"个体"(individual)层面(即单个国家层面)和"共同"(collective)层面。虽然许多法律评论试图阐明《协定》的法律内容,但迄今为止没有任

---

〔4〕 Paris (France), Dec. 12, 2015, in force Nov. 4, 2016, available at: https://unfccc. int/sites/default/files/eng lish_paris_agreement. pdf.

何评论详细说明该协定对各国创设的义务属于个体义务还是共同义务。

《协定》设有一些条款以规范其创设的重要个体国家义务。我将从两个条款入手：第一个是第4.2条，其中规定"各缔约方应编制、通报并保持它打算实现的下一次国家自主贡献"。第二个是第4.3条，根据该条款，"各缔约方下一次的国家自主贡献将超越其当前的国家自主贡献并反映其尽可能大的力度"。文章后续采用了减缓（全球气候变暖）"雄心目标"的概念，在某种意义上，我将"国家雄心目标"（state ambition）简称为"国标"（S-ambition）。我很快会谈到它的定义，"国标"与《协定》规定的各缔约国为共同确保全球平均气温升幅保持在2℃以内而需要表现出的减缓雄心有所区别。我将把"雄心目标"的后一种形式称为"条约雄心目标"（treaty ambition），简称"条标"（T-ambition）。"国标"和"条标"可以在国家层面上共存。然而，正如我之后会展示的那样，最常见的情况还是国家根本不会展示"条标"，而只展示简单的"国标"。

现在我要界定"国标"，在对它进行界定的过程中，我将使用"遏制结果"（containment outcome）一词，作为《协定》中规定的全球变暖2℃上限的简写。"国标"可被定义为一个国家为自己设定的减缓目标（或一个国家采用多个补充性目标而形成的减缓目标的总和），它并没有为代表全球范围内的公平努力作出任何合理考虑以及积极的决定，而能在其他国家作出公平努力并致力于实现相应目标的情况下实现上述遏制结果。关于"国家雄心目标"的直接例证有：一是我在本文开头提到过的欧盟在2020年要达到的20%减排目标，该目标其实只是欧盟碰巧认为适合其自身环境发展的一个目标，除此之外，别无其他实质内涵；二是中国到2020年的行动，也被其描述为"中国根据自身国情自愿采取的行动"。[5]

《协定》中的许多其他条款也规定了个体国家义务，其中包括第4.9条，该条宣布"各缔约方应每五年通报一次国家自主贡献"。此

---

〔5〕China, "Second National Communication on Climate Change of the People's Republic of China", 2012 (China, NC2), p. 14.

外，第 4.11 条规定，任何缔约方"可随时调整其现有的国家自主贡献，以加强其力度水平"。事实上，这种权利（entitlement），而非义务，可以被解释为"国标"或"条标"，取决于调整该行为的基本依据。第 4.13 条对缔约方"解释说明"其国家自主贡献的要求似乎是各国准确报告其排放量。该事项在第 13.7 条中得到进一步细化，该条规定"每一缔约方应定期提供……（a）温室气体源的人为排放量和汇清除量的国家清单报告……（b）跟踪执行和实现国家自主贡献方面取得进展必需的信息"。

从这组条款可以看出，《协定》中的个体义务在本质上具有程序性。[6] 它们实际上涉及《协定》缔约国不同类型正式声明的主题、频次和修正方法，诸如关于温室气体排放水平的正式声明（《京都议定书》中称为"国家清单报告"[7]）、减排目标和未来承诺采取的其他行动（国家自主贡献）的正式声明，以及国家自主贡献实施进展报告的正式声明（两年期的透明度报告）。[8] 这些个体国家义务的主要目的在于实现国家行动的透明度。虽然这些规定也提到了国家"雄心目标"，这不只是一个程序概念，而是一个实质性概念，但它们仅规定一个国家应宣示其"雄心目标"，就是我所说的"国标"。《协定》第 4.3 条中的"最高可能的雄心目标"（highest possible ambition）一词表示一个国家为自己决定的任何一个雄心目标都是其最高可能的雄心目标：该协定没有给该术语下定义，也没有规定任何揭示、合理化、论辩、标准化或以其他方式告知确定一个国家的雄心目标的程序。

与国家层面义务一样的是《协定》对共同义务的规定。事实上，正是该《协定》明确创设了一项共同义务，使得其具有独特的特征，成为一项不可比拟、不可或缺的全球气候变化问题的协定。

---

[6] 一些学者已经注意到这一点（n. 11 below）。然而，其他人声称《巴黎协定》下的所有义务都是程序性的，这不是我的观点，我将在下文进行阐释。

[7] Kyoto Protocol to the United Nations Framework Convention on Climate Change（Kyoto Protocol），Kyoto（Japan），Dec. 11, 1997, in force Feb. 16, 2005, available at http://unfccc.int/resource/docs/convkp/kpeng.pdf.

[8] Art. 13（3）-（4），Paris Agreement.

《协定》的序言部分表明了其所处的特殊背景，序言承认"气候变化是人类共同关注的问题"。这种背景是气候变化制度所独有的，与其他多边环境协定中表达的"共同关注"不同。〔9〕《协定》共同义务的核心要素载于第2.1条，《协定》旨在加强全球对气候变化威胁的应对，包括把全球平均气温升幅控制在工业化前水平以上低于2℃之内，并努力将气温升幅限制在工业化前水平以上1.5℃之内。第2.1条的表述中没有设定法律义务的一些通常标志词——例如，情态动词"应该"，该词一般都会被应用于义务主体。然而，它们借由《协定》的其他要素而隐含在第2.1条中。例如，考虑第3条规定的义务："作为全球应对气候变化的国家自主贡献，所有缔约方将保证并通报有力度的努力……以实现本协定第2条所述的目的。"〔10〕

短语"所有缔约方将"（all Parties are to）等同于"所有缔约方应该"（all Parties shall）。因此，所有缔约方将"保证……有力度的努力"是义务。这些努力不仅仅是由国家决定（为实现国标所作的努力）；它们也应按照"以实现本协定第2条所述的目的"来确定。第3条所指的"雄心目标"是"条标"的一个例子，因为它与将全球变暖控制在2℃范围内有关。这种目标与第4.3条只关注自己、唯我论的"最高可能的雄心目标"不同。

根据第4.2条的规定，各缔约方有义务提交国家自主贡献，第3条规定国家自主贡献总目标必须达到《协定》的目的。由于第2.1条表明了《协定》的目的，因此实现第2.1条的目的也是强制性的，尽管在法律层面上单独看第2.1条的措辞是中性的，未创设义务的。当然，低于2℃的遏制义务并非对任何一个国家或一些国家而言都

---

〔9〕 作为对比，考虑"生物多样性的丧失是人类共同关注的问题"。这是一种不同于气候变化的声明。生物多样性损失可分解为局部地区损失的总和，而气候变化不能分解为局部地区变化；相反，气候变化是地球大气成分变化的结果。被改变的大气是一个单一且不可分割的物体。因此《巴黎协定》序言声明中表达了对"共同关注"的肯定，传达出对这一前所未有的人为环境干扰的担忧。

〔10〕 This link is repeated in Decision 1/CP. 21, "Adoption of the Paris Agreement" (13 Dec. 2015), UN Doc. FCCC/CP/2015/10/Add. 1, para. 13. （所有缔约方应向秘书处通报其为实现《公约》第2条规定目标的预期国家自主贡献。）

是强制性的；它对缔约国集体是强制性的。尽管《协定》可能会产生深远的影响，但它这种直截了当的逻辑含义似乎以前没有被注意到。

《协定》第 2.1 条应结合《联合国气候变化框架公约》第 2 条进行解释。这是因为《协定》的序言要求"《协定》的缔约方采取行动以实现《联合国气候变化框架公约》的目标"。那该公约的目标是什么？《联合国气候变化框架公约》第 2 条将缔约国的"最终目标"定义为"将大气中的温室气体浓度稳定在防止人类活动对气候系统造成危险的水平"。这一目标在《协定》第 2.1 条中得以明确规定，正如我对文本的上述解释所表明的那样，这与遵守全球 2℃温度遏制目标的强制性相一致。

从上述考虑可以看出，《协定》不仅仅如他人声称的是一些程序义务的集合，[11]还包含一个强有力的实质性义务。后者存在于集体

〔11〕 C. Voigt, "The Compliance and Implementation Mechanism of the Paris Agreement" (2016) 25（2）*Review of European, Comparative, and International Environmental Law*, pp. 161–73, at 161（《巴黎协定》主要确立了具有法律约束力的行政性、程序性义务，实质内容在很大程度上由当事人自行决定），and 166（对所有缔约方具有法律约束力的义务，仅是程序性的，而减排、适应和资金支持义务的实质内容不具有法律约束力，由各缔约方自行决定）；S. Oberthür & R. Bodle, "Legal Form and Nature of the Paris Outcome" (2016) 6 (1–2) *Climate Law*, pp. 40–57, at 40, 56（《巴黎协定》是一项聚焦于确立程序性义务的国际条约）；L. Rajamani, "Ambition and Differentiation in the 2015 Paris Agreement: Interpretative Possibilities and Underlying Politics" (2016) 65（2）*International and Comparative Law Quarterly*, pp. 493–514, at 493（《巴黎协定》设定了雄心目标以及具有约束力的与减排有关的行为义务）；L. Rajamani & J. Brunnée, "The Legality of Downgrading Nationally Determined Contributions under the Paris Agreement: Lessons from the US Disengagement" (2017) 29（3）*Journal of Environmental Law*, pp. 537–51, at 542（"缔约国对其国家自主贡献的结果不负有具有约束力的义务"，且"《巴黎协定》遵从了一些国家不愿意使其自身受具有法律约束结果义务的意愿，但是仍在条文中规定了对缔约国具有约束力的行为义务，并对其产生的结果带有善意期待"）；A. Huggins, "The Evolution of Differential Treatment in International Climate Law: Innovation, Experimentation, and 'Hot' Law" (2018) 8 (3–4) *Climate Law*, pp. 195–206, at 196（该机制的法律框架由《联合国气候变化框架公约》中相对模糊的条文演变成为《京都议定书》中规定的工业化国家需达到的有约束力的目标，再到《巴黎协定》中的行为义务而非结果义务）；and B. Mayer, "Obligations of Conduct in the International Law on Climate Change: A Defence" (2018) 27（2）*Review of European, Comparative, and International Environmental Law*, pp. 130–40, at 132（《联合国气候变化框架公约》确立了一项开放式的行为义务，相比之下，《京都议定书》创设了一项结果义务；反过来，《巴黎协定》又将其恢复为一项行为义务）。

而不是个体国家层面。[12]

共同义务理念的另一个要素体现在《协定》第3条中："所有缔约方的努力将随着时间的推移而逐渐增加。"假设这不仅仅是对我上面引用的第4.3条中个体国家进步要求的重复，该条还要求各缔约方共同行动的努力——"将"逐渐加强。对集体进度要求的另一版本见第4.1条：为实现第2条规定的长期气温目标，缔约方旨在尽快达到全球温室气体排放峰值，并在此后迅速减少该气体排放量，以期在21世纪下半叶实现温室气体源的人为排放量与汇清除量之间的平衡。鉴于我上面的讨论，实现"第2条规定的长期气温目标"是强制性的，因此尽快达到"全球峰值"（global peaking）的"目标"（aim）也是强制性的。这是因为我们从科学报道中得知，在实现全球峰值方面，任何显著的延迟都会使人们客观上不能实现将气温升幅控制在2℃之内这一遏制目标。[13]因此，作为法律上也是事实上的必要事项，不允许各缔约方的集体努力出现大幅延误。

《协定》关于国际（气候）减缓支助的规定也表明，《协定》各缔约方有共同义务实现低于2℃的遏制结果。乍一看，第2.1条的

---

〔12〕《巴黎协定》的共同义务不同于《京都议定书》第3条第1款规定的目标，即"在2008年至2012年承诺期内，将附件一缔约方附件A所列气体的总排放量相比1990年的水平至少降低5%"。5%是附件一缔约方减排行动的总和，除此之外没有其他意义。相比《巴黎协定》低于2℃的要求（该要求细化了《联合国气候变化框架公约》第2条的内容），《京都议定书》5%的减排目标是一个完全不同的法律建构。这是达到目的的一种方式——少数缔约国在5年期内采取的行动，与《巴黎协定》的2℃遏制结果形成鲜明对比，遏制结果本身就是所有缔约国的目的。至于《联合国气候变化框架公约》，其第2条规定的目标完全是模糊的，因而也不是一项实质意义上的共同或其他形式的法律义务。

〔13〕See, e. g., M. R. Raupach et al., "Sharing a Quota on Cumulative Carbon Emissions" (2014) 4 (10) *Nature Climate Change*, pp. 873–879; K. Anderson & G. Peters, "The Trouble with Negative Emissions" (2016) 354 (6309) *Science*, pp. 182–183; J. Rogelj et al., "Differences between Carbon Budget Estimates Unravelled" (2016) 6 (3) *Nature Climate Change*, pp. 245–252; C. -F. Schleussner et al., "Science and Policy Characteristics of the Paris Agreement Temperature Goal" (2016) 6 (9) *Nature Climate Change*, pp. 827–835; G. P. Peters et al., "Key Indicators to Track Current Progress and Future Ambition of the Paris Agreement" (2017) 7 (2) *Nature Climate Change*, pp. 118–122, at 121; and Carbon Pricing Leadership Coalition and World Bank Group, "Report of the High – Level Commission on Carbon Prices", May 29, 2017, p. 6, available at https://www. carbonpricingleadership. org/report- of – the – highle – vel – commission – on – carbon – prices.

相关部分没有对减缓支助作出法律上的承诺："本协议，旨在加强全球对气候变化威胁的应对，包括：……（c）使资金流动符合实现温室气体低排放和气候适应型发展的路径。"

这一条文必须放入具体语境中进行解释。第 4.5 条，作为另一条表明存在共同义务的条款，阐明了资金支持是强制性的："应向发展中国家缔约方提供执行本条款的支助……认识到加强对发展中国家缔约方的支助，将能够加大它们的行动力度。"第 9.1 条重申了同样的义务。负责履行第 4.5 条义务的国家集体并非乍一看如其言表的那样，只是发达国家缔约方。这是没有意义的，因为在这种情况下，如果没有接受（和执行）的镜像义务，也就没有给予的义务。国际气候支助计划，不仅仅只限于提供资金的义务，必然还包含着提供资金和将其用于减缓（以及适应）的义务。

因此，对《协定》关于气候支助的条款的一个简单解读是，该协定规定了所有缔约方的共同义务，以便那些有能力提供资金的国家必须提供支助，而接受支助的国家必须利用这些资金来增强它们的减排努力。提供和供使用的气候财政资金数额不是自由浮动的，而是应该依照第 2.1 条规定的 2℃ 升温限额确定。其文本基础不是条约文本本身，而是缔约方大会（Conference of the Parties，COP）通过该协定的决定：缔约方会议决定，向发展中国家缔约方提供资金以加强其在减排和适应气候变化方面的行动执行力度，促进实现《协定》第 2 条所确定的目标。[14]气候支助必须促进实现 2℃ 以下的目标。因此，一个国家在（提供或使用）气候资金方面的雄心目标不仅必须是"国标"，也必须是"条标"。也就是说，它必须履行气候支助的共同义务，而该义务服务于第 2.1 条设立的目标。因此，气候支助义务是第 2.1 条所规定的共同义务的一个方面。

在列举了存在于《协定》中的共同义务的证据之后，我将继续考虑法学研究领域是如何看待这种形式的义务的。

（二）对《协定》共同义务的评论

对《协定》的法律评论，通常分为承认条约中的共同义务（或

---

〔14〕 Decision 1/CP. 21, n. 10 above, para. 52.

某一共同义务）〔15〕和未提及任何此类义务的情况。〔16〕在一些情况下，

---

〔15〕　L. Rajamani, "The 2015 Paris Agreement: Interplay between Hard, Soft and Non-Obligations" (2016) 28 (2) *Journal of Environmental Law*, pp. 337-358, at 343. 条款针对谁或者说确定谁是履行者是很重要的。如果条款针对 "各缔约方"（each Party），则表示其创设的是一项个体国家义务。如果针对 "所有缔约方"（all Parties），则表示创设的是一项共同义务。如果它提到的是 "缔约方"（Parties），在某些情况下，根据语境，它可能创设的是一项共同或合作义务；在其他情况下，它可能是对 "各方" 的笼统或普遍提及，不一定表示创设共同或合作义务。And at 352（拉贾马尼承认存在一种 "硬性" 个体国家义务，"使其评估是否遵守了规定"，似乎暗示 "硬性" 共同义务也存在）；Rajamani, n. 11 above, pp. 497, 501, 503 [她区分了共同义务和个体国家义务并比较了对集体和个体国家的 "要求"（requirements）以及对集体和个人的 "期望"（expectations）]。C. Voigt, "The Paris Agreement: What Is the Standard of Conduct for Parties?", Questions of International Law online articles, Mar. 24, 2016, pp. 17-28, at 17, available at http://www. qil-qdi. org/paris-agreement-standard-conduct-parties（一些条约条款包含具有法律约束力的义务，要么是实质性，要么是程序性的；这些义务可以是集体的，或是个体的）。D. Bodansky, "The Legal Character of the Paris Agreement" (2016) 25 (2) *Review of European, Comparative, and International Environmental Law*, pp. 142-50, at 145-7（他将义务分为共同义务和个体国家义务，例如，"旨在创造共同而非个体义务的规定"，并将 "共同目标" 与 "共同义务" 区别使用）。D. Bodansky, J. Brunnée & L. Rajamani, *International Climate Change Law*, Oxford University Press, 2017, pp. 18, 218-9, 225, 231, 234-5, 243（他们将义务归类为共同义务和个体国家义务，并区分共同和个体 "期望" 以及共同义务和 "目标"）。J. Peel, "Climate Change", in A. Nollkaemper & I. Plakokefalos (eds.), *The Practice of Shared Responsibility in International Law*, Cambridge University Press, 2017, pp. 1009-50, at 1024（引用的是《联合国气候变化框架公约》，而不是《巴黎协定》："这些《联合国气候变化框架公约》第 3 条的规定，在其最高效力范围内，可能会使公约缔约方承担起一项共同义务，将排放稳定在足以保护现在和未来气候系统的水平，并避免危险的人为活动引起的变暖"）。Rajamani & Brunnée, n. 11 above, pp. 541, 543（作者指出 "个体义务" 和 "共同责任话语"，从而暗示共同义务也存在）。Huggins, n. 11 above, p. 204（《巴黎协定》对所有缔约方都施加了共同义务，旨在将全球平均气温的升幅控制在高于工业化前水平 2℃ 以内，并努力将气温升幅限制在高于工业化前水平 1.5℃ 以内）。C. Voigt & F. Ferreira, "Differentiation in the Paris Agreement" (2016) 6 (1-2) *Climate Law*, pp. 58-74, at 69-70（提到与气候资金有关的 "具有法律约束力的共同承诺"，并通过将某些义务限定为 "个体" 义务暗示共同义务的存在）。另请注意，皮尔声称《京都议定书》附件一缔约方在第一个承诺期要达到的 5% 减排目标是一项 "软性共同义务"：Peel, ibid., p. 1026.

〔16〕　既没有提及共同义务，也没有通过与 "个体" 义务进行对比来暗示其存在的作品包括 D. Bodansky, "The Paris Climate Change Agreement: A New Hope?" (2016) 110 (2) *American Journal of International Law*, pp. 288-319; M. Doelle, "The Paris Agreement: Historic Breakthrough or High Stakes Experiment?" (2016) 6 (1-2) *Climate Law*, pp. 1-20, at 4, 8-9 [仅提到共同 "目标"（goals）和共同 "减排努力"（mitigation effort）]。P. Lawrence & D. Wong, "Soft Law in the Paris Climate Agreement: Strength or Weakness?" (2017) 26 (3) *Review of European, Comparative, and International Environmental Law*, pp. 276-86, at 279, 281（仅提到共同 "目标" 和共同 "非约束性目标"）。Oberthür & Bodle, n. 11 above; H. van Asselt, "International Climate Change Law in a Bottom-up World", Questions of International Law online articles, 24 Mar. 2016, pp. 5-15, available at http://www. qil-qdi. org/international-climate-change-law-bottom-

作者某一作品中承认存在《协定》规定的共同义务，但在另一作品中却不承认。[17]我没有看到有任何学者明确否认《协定》中表达了共同义务这一事实。

因此，《协定》中在"集体"层面上存在一项或多项共同义务的观点，在已经明确提及此类义务的著作或以含蓄对比方式强调此类义务的著作中，有了一定说服力。[18]然而，在这些明示或默认共同义务的文献中，没有作者解释过共同义务到底是什么。似乎是假定读者已经了解这类义务，或者该义务内涵非常明显，无需解释。这种推定是不合理的。此前的气候法文献中，也无任何关于这一主题的相关讨论。

有关共同义务是否存在于《协定》中的立场，显著影响着人们对《协定》内容的理解。我将通过对比梅耶（Mayer）的立场和我自己的立场来说明这一点。梅耶声称，"关于气候变化减排的关键义务可见于第4（2）条第2句"[19]，即"缔约方应采取国内减排措施，以实现此类国家自主贡献的目标"。这是个体国家的义务。它纯粹是程序意义上的规定；可以在根本没有实现任何减缓结果的情况下得到实现。虽然梅耶可能更愿意将此称为行为或审慎义务（obligation of conduct or due diligence），但它仍然只是程序性的，因为它不需要任何实际上的减排措施。因此，按照梅耶的观点，《协定》的重点是创设和协调各个体国家的程序性义务。相比之下，根据我的分析，关键的条约义务，至少是初步可以认定，在第3条就出现了：作为全球应对气候变化的国家自主贡献，所有缔约方将保证并通报第4、7、9、10、11和13条所界定的有力度的努力，以实现本协定第2条所述的目标。这一强制性"将"（are to）条款包含了第4条

---

world；Voigt，n. 11 above；Mayer，n. 11 above；B. Mayer，*The International Law on Climate Change*，Cambridge University Press，2018，pp. 17，72，87，111，201，214，218［其中他提到了共同"尝试"（attempt）、"决心"（determination）、"雄心"（ambition）、"目的"（objectives）、"承诺"（commitment）、"倡导目标"（mobilization goals）和"目标"（target），但没提到共同义务］。

〔17〕　See the works by Bodansky and Voigt cited at nn. 15 and 16 above.

〔18〕　See n. 15 above.

〔19〕　Mayer，n. 11 above，p. 135.

的全部内容，以及包含个体国家义务的其他条款，而且还指出，国家自主贡献必须足够有"力度"（ambitious），以满足第 2.1 条的减缓目标（"条标"）。因此，在我看来，从严格文本解释的角度看，《协定》的重点是创设和协调一项实质性的共同国家义务，即使全球气温升幅控制在 2℃ 以下。这种严格的文本解释是否能在更广泛的法律解释中站得住脚，这是我下面将要讨论的一个问题。

三、共同义务的法律性质

《协定》中规定的共同义务的特性有哪些？它们在多大程度上与迄今为止在国际法中描述的共同义务的性质相符？

（一）义务的内涵

我已经论证过，《协定》似乎确立了一项义务，即所有缔约国共同采取行动，不得允许全球平均气温超过工业化前水平 2℃ 的义务。如果这是一项真正的法律义务，这将意味着将全球变暖控制在 2℃ 以下的共同义务由国家（缔约方）共同体承担，并且由国家（缔约方）共同体对其负责。[20] 简而言之，国家共同体将成为对自己负有义务的主体。这意味着什么呢？

当涉及一个复杂的实体，如一个国家（而不是个人），自我参照或反思义务并不显得多么稀奇。国家可以在其国内法中以各种方式限制自己的行为。在气候变化的背景下，一些国家已经做到了这一点。例如，英国已通过立法，使其减排目标和预算在国内具有法律约束力。[21] 因此，这使英国受制于其为自身创设的义务，该义务不

---

〔20〕 事实上，"国家共同体"（communities of states）并不等同于《巴黎协定》的缔约国。这是《协定》的一个问题，如果它不能争取到所有排放大国的参与，将不会见效，尽管这从共同义务观念来说不成问题。

〔21〕 关于该法效力的总结，参见 UK, Department for Business, Energy and Industrial Strategy, "7th National Communication", Dec. 2017 (UK, NC7), p. 100 (Climate Change Act)，引入了世界上第一个具有法律约束力的长期框架，以减少温室气体排放。该法案是管理英国应对气候变化方法的核心立法。该法案规定到 2050 年，英国必须将其排放量相对于 1990 年的水平（国际基准）至少减少 80%，到 2020 年至少减少 34%。该法案要求设定碳预算，通过设立每五年期最大排放量限制，建立一个达到法律目标的框架。法案设立了气候变化委员会——一个独立机构，该机构就排放目标向政府提供建议，并向议会报告在减少温室气体排放方面取得的进展，政府必须对此作出回应。

是对其他国家的（这是国内事务），它不亚于一项"单方面"（uni-lateral）的法律义务。[22]中国在其国内排放强度目标方面也采取了同样的做法，尽管不是通过立法，而是通过该国特有的其他法律手段。[23]它有义务（在法律上）实现这一自我设定的目标。

如果这种安排在国家层面上盛行起来，那么一系列国家在全球层面上联合为一类"法人"[24]作出安排，即各国使自身受制于自己创设的法律义务，并非不可行。重要的不是组建一个新的全球组织或政府来进行这样的安排，因为法人资格归属于国家共同体。国家共同体能够联合行动（如通过其在《协定》下的年度会议）来履行其义务。该义务不是由一个"超级国家"（super-state）来履行，而是通过国家的"同时行动"来实现。[25]

第二个内涵涉及未能履行此类共同义务的法律后果。未能实现《协定》规定的低于 2℃ 这一遏制目标，意味着《协定》的缔约国集体违反其共同义务。这意味着什么责任？

法律上的风险可能很大。由于法律义务的严肃性和国家的内在复杂性（包括思想，且在大多数情况下，包括投票、民意），一个国家共同体违反了即使仅对其自身而言（有约束力）的法律义务，将遭受负面的声誉后果，这可能会使"国际社会"、国际法，当然还有气候变化制度本身受到质疑。就我的观点而言，有足够的理由承认违反《协定》共同义务产生的代价可能是相当大的。该义务（在法

---

〔22〕 See A. McHarg, "Climate Change Constitutionalism? Lessons from the United Kingdom" (2011) 2（4）*Climate Law*, pp. 469-84, at 484.

〔23〕 China, NC2, n. 5 above, p. 9 （《中华人民共和国国民经济和社会发展第十二个五年规划纲要》首次将降低单位国内生产总值二氧化碳排放量 17% 设定为一个具有约束力的目标）。

〔24〕 由于法律义务可以"由整个国际社会负责"[see Art. 48（1）（b）of the International Law Commission（ILC）, "Draft Articles on Responsibility of States for Internationally Wrongful Acts, with Commentaries", 2001（II）, Part Two, Yearbook of the International Law Commission, p. 31（ILC Articles on State Responsibility）]，法律义务可以由整个国际社会承担。如果情况需要，整个国际社会或特定条约制度的缔约国可以被视为法人。举个简单的例子，如果火星已经有人类定居，火星和地球可能需要缔结条约——其中地球的"缔约方"为国际社会。

〔25〕 Reparation for Injuries Suffered in the Service of the United Nations, Advisory Opinion, 11 Apr. 1949, ICJ Reports（1949）, p. 174.

庭上）不可诉的事实，并不必然导致其成为一项非义务。[26]

《协定》中规定的共同义务，不仅较好地契合我们所期望的气候条约所采取的态度，因为我们正在接近地球上令人担忧的临界点（如夏季北极冰层消失、永久冻土融化等），也符合我们的直觉，即在未实现第 2.1 条遏制目标的情况下，不应认为《协定》缔约国已经遵守其条约义务。那些不承认条约中存在共同义务的国家，隐约接受了可能自相矛盾的结果：每一缔约方最终都在法律上遵守了《协定》规定的个体国家义务，从而使《协定》在法律上取得了完胜，然而与此同时，全球变暖有增无减，实现 2℃ 以内遏制目标变得不可能。

（二）国际法解释中的共同义务

《国家对国际不法行为的责任条款草案》第 42 条提到了"对整个国际社会承担的"义务。[27]第 42 条的评注补充到，在国际法中，共同义务是"对一些国家甚至整个国际社会"的义务。[28]这些国家"为实现某种共同目的而联合起来，并且被视为为了实现该目的而形成的一个国家共同体"。[29]此外，该条款草案第 48 条提到了"为保护各国共同利益而设立的"共同义务。该条款的评注将共同义务描述成一项超越缔约国双边关系领域的安排。[30]

因此，我们发现条约草案中提到了一种义务，该义务的主体（受益者）是整个国际社会，而义务的承担者是一个或多个国家。尽管存在这种差异，条款草案与我正在考虑的问题相关，因为它们告诉我们，各国可以联合为一个负有法律义务的"国际共同体"，这一

---

〔26〕 桑德斯与皮尔承认不可诉义务的存在：P. Sands & J. Peel, *Principles of International Environmental Law*, 4th edn, Cambridge University Press, 2018, p. 198.

〔27〕 In Barcelona Traction, Light and Power Company Ltd (Belgium v. Spain), Judgment, 5 Feb. 1970, ICJ Reports (1970), p. 32, para. 33, 国际法院区分了对特定国家的义务和对"整个国际社会"的义务，因为他们是"所有国家的关切"。

〔28〕 ILC Articles on State Responsibility, n. 24 above, p. 118, Commentary on Draft Art. 42 (b).

〔29〕 Ibid., pp. 118-9.

〔30〕 Ibid., p. 126, Commentary on Draft Art. 48. 1. 鲍威林（Pauwelyn）使用了超验隐喻来阐释共同义务：J. Pauwelyn, "A Typology of Multilateral Treaty Obligations: Are WTO Obligations Bilateral or Collective in Nature?" (2003) 14 (5) *European Journal of International Law*, pp. 907-51, at 925. 关于共同义务这一概念的起源，参见 ibid., pp. 909-15.

共同体成为该义务主体的法人。因此，在 2015 年具有法人资格的国家共同体概念并不新鲜。就《协定》而言，各国齐心协力以实现共同目标、保护集体利益：将气温升幅控制在 2℃ 以下。虽然该协定使它们成为该义务的主体，但任何一个或多个国家都不能成为该项义务的责任者，因为无法证明任何一个国家（或一些国家）单独构成了对该遏制义务的违反。由于较大的不确定性，无法将打破 2℃ 上限的责任归咎于个体国家，因为现在情形是所有国家都在排放着温室气体，增加现有的大气温室气体量，该气体排放量已持续增长了至少两个世纪之久。因此，《国家对国际不法行为的责任条款草案》第 42 条所提到的义务必然不同于《协定》中的义务。对于后者，不仅义务的主体是整个国际社会，而且责任负担者也必然是整个国际社会。

前面提到的学术著作认为《协定》中存在一项共同义务（或一些共同义务），[31] 可能有意无意提及《国家对国际不法行为的责任条款草案》中所载的义务形式。正如我已经指出的那样，这些著作的作者没有阐明他们关于共同义务的主张，因此我们无法知道是否有意将其与《国家对国际不法行为的责任条款草案》联系起来。

另一个共同义务的相关概念，比《国家对国际不法行为的责任条款草案》更接近《协定》中共同义务的含义，是诺尔凯姆佩尔（Nollkaemper）提出的国际法中的"分担责任"（shared responsibility）概念。他认为，"分担责任"是指多个行为者的共同行为促成同一损害结果，并且这种损害结果的法律责任被分配到这些行为者当中多个行为者之间的情形。[32] 这种"分担责任"有三种形式，其中"累积"（cumulative）形式与本文的讨论的联系最为密切。在累积责任分担下，"每个国家对损害的促成作用本身不足以造成最终伤害，最终伤害是其他参与者对损害促成作用的累积造成的。"[33] 气候变化的肇因也是如此。即便如此，这种分担责任理论与我在《协定》中

---

〔31〕 参见上文二（二）。

〔32〕 A. Nollkaemper, "Introduction", in A. Nollkaemper & I. Plakokefalos (eds.), *Principles of Shared Responsibility in International Law*: *An Appraisal of the State of the Art*, Cambridge University Press, 2014, pp. 1-24, at 6-7.

〔33〕 Ibid., p. 10.

所描述的共同责任的概念不同：分担责任的第三个定义特征是，两个或多个行为者对特定结果的贡献的责任分别在它们之间分配，而不是由它们共同承担。如果责任由集体承担，它就不再被分担，而其本身成为一项集体的责任。[34]诺尔凯姆佩尔的分担责任理论超越了《国家对国际不法行为的责任条款草案》第42、48条创设的模式。这是因为该理论根据各国对集体造成伤害的促成作用比例将责任分配给各个国家，尽管任何一国的行为不足以单独造成该伤害，它依然对产生损害结果的个体国家行为进行归责。但是，我们也可以从上面引用的片段中看到，诺尔凯姆佩尔确实附带承认了一种基于"集体本身"（collectivity as such）的责任形式。虽然他的理论仅限于分担责任的情况，而不是共同责任的情况，但他提及后者时仍然表明，其在法律上的存在是合理的。

诺尔凯姆佩尔的分担责任理论本身不适用于气候变化问题，原因同样在于该情形下个体国家责任不起作用：超过2℃变暖阈值会是一个过于复杂的事件，以至于无法按比例归因于个体国家责任。在很长一段时间内，人为排放气体的不确定性和剧烈增长将使国家层面的责任归属变得不可想象或任意无序。在这种情况下，基于集体的共同责任概念是必不可少的。

事实上，诺尔凯姆佩尔的分布式累积分担责任（distributed cumulative shared responsibility）与《协定》显示出的集体累积共同责任（collective cumulative shared responsibility）很相近，《协定》将法律责任赋予一个国家共同体以避免某种特定结果。[35]尽管从概念上讲这二者的差距可能很小，但缔约方在2015年12月的第21次缔约方会议（COP-21）上并未明确肯认这一责任的创设。筹备文件或第1/CP.21号决定（Decision 1/CP.21）中没有任何明文表述，[36]以支

---

〔34〕 Ibid. , p. 12.

〔35〕 See also J. Peel, "New State Responsibility Rules and Compliance with Multilateral Environmental Obligations: Some Case Studies of How the New Rules Might Apply in the International Environmental Context" (2001) 10 (1) *Review of European Community and International Environmental Law*, pp. 82-97, at 85, 89.

〔36〕 See n. 10 above.

持在谈判期间特意创造一种新的法律义务形式的论点。尽管在理论上其作为一种法律立场也许是合理的,但集体累积共同责任在《协定》起草期间是前所未有的,它需要明文表示来支持其在实践中的存在。相反,正如我在上文分析中所表明的,法律解释是识别共同义务外观所必需的。这种解释阐释了为什么一些学者在他们关于《协定》的著作中一直提到"共同义务"。然而,要揭示集体累积共同责任隐含的另一层含义,就需要作出努力,即创设这样一项义务是条约缔约国的本来意图。

总结一下这一节的内容,虽然国际法和相关解释没有明文规定(存在于)《协定》中的共同义务,但其并未排除该概念。[37]如果各国愿意,它们本可以通过在协定中强有力地突出这一义务而成功地创造这种义务。显然,这种形式的义务对于应对气候变化问题是必要的。然而,虽然《协定》含蓄地吸纳了这一概念,但如此规模的法律创新需要明确的语言表示,而《协定》中没有这种明文表示。因此,我们可以得出结论,《协定》虽然在形式上创造了共同义务,但并未使其成为实质上具有法律约束力的法律义务。因此,尽管十分重要,但这种义务仅存在于一个应然的层面。

四、共同目标下的个体化机制

前文已经阐述了《协定》中共同义务的性质,即其在法律上是合理可行的,但各方并未有效采纳,其只停留在应然层面,缔约国如何实现这一共同目标仍有待观察。这让我们认识到《协定》设计的一个重大缺陷,因为为了从共同(控制在 2℃ 以下)目标中分离出各个个体国家的义务,需要一个个体化的机制,否则共同目标就无法实现。然而,《协定》没有设置这样的机制。

(一)共同目标与个体国家义务的联系

《协定》的缔约方已经认识到,国家自主贡献预案(intended

---

〔37〕 M. Fitzmaurice, "International Responsibility and Liability", in D. Bodansky, J. Brunnée & E. Hey (eds.), *The Oxford Handbook of International Environmental Law*, Oxford University Press, 2007, pp. 1011-36, at 1020.(国家责任法的问题之一在于如何克服责任/权利范式的经典双边主义以及如何反映许多以保护共同利益为目标的环境义务的特征。)

nationally determined contributions，INDCs）的提交实际上已经生成一种"国标"。它没有引发"条标"，这使得各国走上了违背其将全球变暖控制在第 2 条限值以下的共同目标的道路。条约缔约方"关切地"注意到：2025 年和 2030 年按国家自主贡献预案估算的温室气体排放总水平不符合最高平均气温升幅 2℃ 情境，而会导致 2030 年预计达到 550 亿吨水平，并注意到，需要作出远大于国家自主贡献预案的减排努力，才能将 2030 年的排放量减少至 400 亿吨，将全球平均气温升幅控制在比工业化前水平高 2℃ 之内。[38]

因此，《协定》各缔约方承认缺乏"条标"。尽管如此，它们预期，国家自主贡献已转变为第一轮国家自主贡献。这些国家自主贡献出于"国标"而非"条标"，故迈向低于 2℃ 的遏制目标之历程在开始时举步维艰。鉴于这一事实，正如各国自己似乎已经认识到的那样，制定一个公平的全球预算分配程序，（简称为）一种个体化机制，比以往任何时候都更加紧迫。考虑到这一点，关于第二轮国家自主贡献的排放分配的磋商必须尽快排上议程。[39]问题是，在什么基础上，在什么论坛上开展磋商？正如我将在下文中展示的那样，此类讨论可能存在客观基础。然而，仍然缺少一个开展这些磋商的指定论坛。

（二）关于国家减排负担的衡平文献

过去 10 年里，涌现了许多关于气候变化"衡平"的精深文献。其立论前提是：建立一套展现各国在实现"条标"过程中取得的进展，进而比较各国在 2℃ 上限内作出的努力的体系，是《协定》成功的先决条件。[40]衡平文献提供了个体化机制的组成部分，即审查国家作出的实现"条标"主张的标准。这些文献中显示的经验可以

---

〔38〕 Decision 1/CP. 21, n. 10 above, para. 17.

〔39〕 N. Höhne et al., "Assessing the Ambition of Post-2020 Climate Targets: A Comprehensive Framework" (2018) 18 (4) *Climate Policy*, pp. 425-41, at 425.

〔40〕 J. E. Aldy, W. A. Pizer & K. Akimoto, "Comparing Emissions Mitigation Efforts across Countries" (2017) 17 (4) *Climate Policy*, pp. 501-15, at 502; Y. Robiou du Pont et al., "Equitable Mitigation to Achieve the Paris Agreement Goals" (2017) 7 (1) *Nature Climate Change*, pp. 38-43, at 38; Peters et al., n. 13 above, p. 118; Höhne et al., n. 39 above, p. 425.

简要总结如下：确实存在一些客观标准，通过这些标准可以衡量和比较各国为减排所作出的努力程度。但被认为与这一实践相关的标准数量并不多：大约有一半的标准普遍适用于大多数研究，但存在一些变化。[41]因为每个标准都有其缺点，所以在比较国家作出的努力时应该使用一套这些标准的组合。[42]使用不同的指标和数据集，对单个国家以及一些国家所作出的努力进行大量的分析、比较，得出大致相似的结论。

我提到的研究[43]有一个共同的难点：纳入比较研究的国家越多，计算的要求就越高。[44]然而，与早期气候模型的情况一样，这种难题是实践中产生的问题，而不是原则上、自然而然会产生的问题。至少一旦从所有主要排放国收集到了进行公平计算所需的相

---

〔41〕 H. Winkler & L. Rajamani, "CBDR&RC in a Regime Applicable to All" (2014) 14 (1) *Climate Policy*, pp. 102–21, at 111–2; Robiou du Pont et al., n. 40 above, pp. 38, 40; Peters et al., n. 13 above, p. 118; H. Van Zyl et al., "The Cost of Achieving South Africa's 'Fair Share' of Global Climate Change Mitigation" (2018) 18 (10) *Climate Policy*, pp. 1327–39, at 1330.

〔42〕 Aldy, Pizer & Akimoto, n. 40 above, p. 506; Höhne et al., n. 39 above, pp. 426, 438.

〔43〕 它们仅代表此类别中的一部分作品。See, in addition, L. Ringius, A. Torvanger & A. Underdal, "Burden Sharing and Fairness Principles in International Climate Policy" (2002) 2 (1) *International Environmental Agreements*, pp. 1–22; E. A. Page, "Distributing the Burdens of Climate Change" (2008) 17 (4) *Environmental Politics*, pp. 556–75; M. Den Elzen & N. Höhne, "Sharing the Reduction Effort to Limit Global Warming to 2℃" (2010) 10 (3) *Climate Policy*, pp. 247–60; N. Höhne, M. Den Elzen & D. Escalante, "Regional GHG Reduction Targets Based on Effort Sharing: A Comparison of Studies" (2014) 14 (1) *Climate Policy*, pp. 122–47; S. Kallbekken, H. Sælen & A. Underdal, *Equity and Spectrum of Mitigation Commitments in the 2015 Agreement*, Nordic Council of Ministers, 2014; T. Kuramochi et al., "Comparative Assessment of Japan's Long-Term Carbon Budget under Different Effort-Sharing Principles" (2015) 16 (8) *Climate Policy*, pp. 1029–47; M. Meinshausen et al., "National Post-2020 Greenhouse Gas Targets and Diversity-Aware Leadership" (2015) 5 (12) *Nature Climate Change*, pp. 1098–107; M. Rocha et al., "Analysis of Equitable Mitigation Contribution of Countries", *Climate Analytics*, 2015; A. F. Hof, M. den Elzen & A. M. Beltran, "The EU 40% Greenhouse Gas Emission Reduction Target by 2030 in Perspective" (2016) 16 (3) *International Environmental Agreements*, pp. 375–92; J. Rogelj et al., "Paris Agreement Climate Proposals Need a Boost to Keep Warming Well Below 2℃" (2016) 534 (7609) *Nature*, pp. 631–9; and J. Glynn et al., "Zero Carbon Energy System Pathways for Ireland Consistent with the Paris Agreement" (2019) 19 (1) *Climate Policy*, pp. 30–42.

〔44〕 Höhne et al., n. 39 above, p. 437.

关信息，就有可能对大多数国家实施的"条标"作出比较评估。[45]

（三）《协定》下的个体化机制

基于客观标准，比较国家努力差异的格式化方法不能构成完整的个体化机制。格式化方法固然会通过排除相关但无法量化的因素来简化问题，但因而也只能产生一个粗略的分配结果，其目的在于宣告一种政治意义上的进程。尽管如此，使用客观标准对努力进行评估远远超过目前存在的气候变化制度。它应由《联合国气候变化框架公约》的下属机构科学与技术咨询机构（UNFCCC's Subordinate Body on Scientific and Technical Advice）制定，并被纳入关于采用反映"条标"的磋商基础。信息基础将为《协定》缔约方的讨论提供客观参考。这也会在磋商中造成紧张形势和同侪压力，这是有益的。[46]归根结底，最公平的结果以及各国真正认为公平的表现（撇开一些弱国在外交上被其他国家压制的可能性不谈），不是公式的输出，而是磋商协议的结果。[47]格式化不足以实现个体化，但现在也许有其存在的必要性。

五、《协定》暂无个体化论坛

如前一节所述，个体化机制必须以一个商定的公式为起点，对国家层面"条标"进行计算。格式化的结果将通过磋商的过程（以及同侪压力）得到调节。《协定》没有规定这种机制或类似的进程。[48]该

---

[45] 梯若尔（Tirole）提出了一个更"现实"的替代方案，即根据一些国家参数（如收入、人口、当前和可预见的污染、对全球变暖的敏感性）磋商出一些粗略的公式（rough formulas），而不是试图确定各个国家自主贡献：J. Tirole, *Economics for the Common Good*, Princeton University Press, 2017, p. 226. 另一个基于"主要经济国家领导"（major-economy-country leadership）的替代方案，参见 Meinshausen et al. , n. 44 above.

[46] Winkler & Rajamani, n. 41 above; Aldy, Pizer & Akimoto n. 40 above, p. 502.

[47] Ibid. , p. 508.

[48] See, e. g. , Mayer, n. 16 above, p. 49（实施《巴黎协定》的挑战将在于启动一个能够激发每个国家承诺采取更显著的气候行动意愿的进程）. Van Asselt, n. 16 above, p. 10. 对全球盘点的这些输入，可以分析国家自主贡献总体上是如何与全球温度目标相抵触。但是，《巴黎协定》并未明确要求进行此类分析。此外，即使进行这样的分析，最终也会发现国家自主贡献与《协定》的目标不一致，目前尚不清楚这种关于共同努力的发现是否会以及如何影响单个国家自主贡献。一位学者声称（事实证明，这是错误的），公平难题需要各国达成"后

协定是否确实包含一个经过一些调整可以替代个体化机制或至少替代个体化论坛的进程，仍有待考虑。在本节中，我认为《协定》中唯一可以充当这样一个论坛的要素是全球盘点（global stocktake）。

（一）各国一直在回避个体化的话题

2014 年在第 20 次缔约方会议（COP-20）上发布的气候行动利马倡议（The Lima Call for Climate Action）呼吁各国阐明"该国如何看待其自身的预期国家自主贡献是公平且具有力度的"。[49]通过这份声明，各国一致认为，需要开始证明它们"国标"的合理性。然而，迄今为止，各国一直回避主张提供合理化解释。这种回避的"传统"可能是因为各国倾向于将其理由背后的细节保密——例如，因不想因为没有考虑相关标准而受到指责，或者因实际上不知道如何对"国标"进行合理化解释。但不管什么原因，这种回避（抵制）行为严重阻碍了在国家层面一级执行"条标"的进程。为了说明这方面缺乏进展，我将对提交给《联合国气候变化框架公约》的国家报告的内容进行研究，然后总结各国对有关雄心目标透明度的"利马倡议"所作出的回应。

尽管几乎所有国家在其提交给《联合国气候变化框架公约》的定期报告中都强调其拟定的减缓目标和行动是"充满力度"的，或构成了"公平"的贡献，但大多数此类声明纯粹是宣示性的，并很快转向其他事项。[50]我们可以假设这些至多是"国标"的宣言：也

2020 年"（post-2020）条约来解决：C. Voigt, "Equity in the 2015 Climate Agreement: Lessons from Differential Treatment in Multilateral Environmental Agreements"（2014）4（1）*Climate Law*, pp. 50-69, at 51 [在德班增强行动平台特设工作组（Ad Hoc Working Group on the Durban Platform for Enhanced Action, ADP）组织下的成功磋商除了有赖于其他因素，还依赖于对公平分担努力与利益的共同理解]。在 2015 年《巴黎协定》抑或是 2018 年《巴黎规则手册》中，都没有明显的这种共识。

〔49〕 Decision 1/CP. 20, "Lima Call for Climate Action"（14 Dec. 2014）, UN Doc. FCCC/CP/2014/10/Add. 1, para. 14.

〔50〕 E. g. , United States（US）. Department of State, "Climate Action Report 2014: First Biennial Report and Sixth National Communication under the United Nations Framework Convention on Climate Change", 2014, p. 6（美国两年期报告概述了美国应对气候变化的行动如何使美国实现雄心目标，即到 2020 年将美国温室气体排放量比 2005 年水平降低 17%）；UK, NC7, n. 21 above, p. 104（政府长期碳减排雄心目标）；Indonesia, Directorate General of Climate Change,

就是说，它们告诉我们，国家的"最高可能的雄心目标"是通过内部考虑确定的，不涉及任何全球比较评估。我认为这种思维模式，是十多年来《京都议定书》模式引发的思考，在这种模式下，一个国家设定了自己的减排目标，这个目标在很大程度上独立于任何其他国家或任何全球的目标，也不注重和这些目标的协调性。在这种背景下，"雄心目标"的概念被简化为一个国家实质进步，而不是其自我审视后确定的目标。目标超额完成被认为是这种"雄心目标"力度充足的表征。这是一种有别于其他国家的做法。它是孤立主义而不是比较主义，是还原主义而不是聚合主义。

少部分国家声称其目标和行动在更广泛的背景下也是"饱含力度"的，但没有进一步解释。[51]更罕见的是，各国试图引用《协定》

Ministry of Environment and Forestry, "Indonesia: First Biennial Update Report under the United Nations Framework Convention on Climate Change", 2015, p. i（印度尼西亚政府已承诺实现一个减排雄心目标，2020年比正常情况减少26%，并正在实施一项全国性的全面应对气候变化的措施）；India, Ministry of Environment, Forest and Climate Change, "First Biennial Update Report to the United Nations Framework Convention on Climate Change", 2015, p. 104（印度一直在为应对气候变化的挑战作出具体和有力的预算支出）；New Zealand, Ministry for the Environment, "New Zealand's Seventh National Communication", 2017（New Zealand, NC7）, p. 72（新西兰政府承诺在减少全球排放方面承担自己的公平份额）；Australia, Department of the Environment and Energy, "7th National Communication on Climate Change: A Report under the United Nations Framework Convention on Climate Change", 2017, p. 11（澳大利亚政府制定了一个雄心目标，即到2030年将排放量在2005年的水平上减少26%至28%；这相当于将人均排放量减半，或将澳大利亚经济的能源强度降低2/3）。澳大利亚通报中的最后一句话可能意在暗示，无论从任何标准来看，其提议的减排目标都是有雄心的，即使读者不去刻意留意，也可能作出这样的理解。

〔51〕 E. g., Germany, Federal Ministry for the Environment, Nature Conservation, Building and Nuclear Safety, "Third Biennial Report under the United Nations Framework Convention on Climate Change", 2017（Germany, BR3）, p. 18. 德国正在追求气候变化减排雄心目标。德国政府已经为自己设定了到2020年将该国温室气体排放量比1990年至少减少40%的目标。这一目标远远超出了德国在《减排分担决议》（Effort Sharing Decision）中为欧盟2020年减排20%的贡献所设定的减排14%的目标。New Zealand, NC7, n. 51 above, p. 69. 因为新西兰的排放状况与其他发达国家非常不同，新西兰进一步减排的成本可能更高。因此，新西兰的所有目标都是有力度的。South Africa, Department of Environmental Affairs, "South Africa's 2nd Biennial Update Report", 2017, p. 130. 两个背景彰显南非的总体减排努力：首先，作为负责任的全球公民，对减少全球温室气体排放做出贡献。UK, NC7, n. 21 above, p. 11. 英国在其国内设定的第一个碳预算（2008—2012年）的目标减排量方面，已经超量实现了1%，并且预计英国将超量实现其所设定的第二个和第三个预算，涵盖2013—2022年，分别超量实现约4%、6%。通

第 2.1 条的变暖限制及其隐含的全球预算。尽管如此，这些国家也保留有关如何确定其所谓"条标"所有信息。[52]

温克勒（Winkler）和他的合著者对 163 项预期国家自主贡献进行了分析，解析各国如何为其提议行动的公平性进行辩护，结果同样表明，尽管利马倡议发出了相关呼吁，但各国很少为证明其"国标"的合理性努力。[53]研究发现，在 75 项国家自主贡献中，各国认为仅仅宣布其"雄心目标"就足够了。[54]在其余 88 项国家自主贡献中，只有 20 项声称其符合第 2.1 条设立的 2℃（或 1.5℃）上限。其中，只有 3 个国家在自主贡献中主张它们计划的排放量是公平的时候，引用了政府间气候变化专门委员会计算的碳预算。[55]整整 101 个国家声称，它们在全球排放中所占的"小份额"本身就足以使其预期国家自主贡献达到公平水平。[56]这可能表明，对于某些国家来说，公平背景下的关键问题是经济发展或减排能力（或缺乏这种能力），但这也可能显示出，各国在公开讨论其"国标"时普遍感到不安。没有一个国家声称已采用了某种方法来计算其减排目标，也没有一个同时提出，如果其他国家都采用同样的方法来确定

过这样的行为，我们也期望超额实现我们在《京都议定书》下作出的国际承诺。虽然每一个示例都表示出对其他国家减排努力的认可，但不存在实际意义的国家间比较。此外，可以看出每个国家都只是在自我参照中评估其雄心目标。

〔52〕 E. g. , European Commission, NC6-BR1, n. 2 above, p. vii（欧盟将其气候变化减排目标设定在国际承诺范围内，即将全球平均气温上升幅度限制在与工业化前水平相比 2℃ 以下）; Canada, Environment and Climate Change, "Canada's Seventh National Communication on Climate Change and Third Biennial Report", 2017, p. 53（《泛加拿大框架》和《世纪中叶战略》与《巴黎协定》的目标一致，即将全球平均气温升幅限制在远低于 2℃ 的水平，并努力将升幅限制在 1.5℃ 以内）; New Zealand, NC7, n. 51 above, p. 69（此国家自主贡献是在广泛分析之后制定的，分析包括实现目标的预计经济成本，并与其他发达国家的提案进行比较，以确保新西兰提出的目标至少相当）。欧盟委员会、加拿大或新西兰没有就这些问题提供更多相关信息。

〔53〕 H. Winkler et al. , "Countries Start to Explain How Their Climate Contributions Are Fair: More Rigour Needed"（2018）18（1）*International Environmental Agreements*, pp. 99-115, at 101.

〔54〕 Ibid. , p. 103.

〔55〕 Ibid.

〔56〕 Ibid. , pp. 104-5（事实上，101 项"小份额"累计起来几乎占到全球排放量的 1/4，包括土地利用、土地利用改变及林地排放量）。

减排目标，全球排放总量将会是什么结果。[57]

从利马倡议到缔约方会议决定通过《协定》，要求各国在公平辩护方面做得更好的要求并没有变得更加强烈。缔约方会议决定中关于公平的措辞是很欠缺的：缔约方在通报其国家自主贡献时，应提供的信息包括关于缔约方何以认为其国家自主贡献就本国国情而言公平而有力度，以及该国家自主贡献如何能为实现《联合国气候变化框架公约》第2条的目标做出贡献。[58]尽管这个决定的效力可能比较弱，但它清楚地区分了我所说的"国标"（反映在"根据其国情"一词中）和"条标"（评估每个国家自主贡献对实现第2条目标的影响）。

（二）透明度框架

《协定》第13条规定，应依托和加强在《联合国气候变化框架公约》下设立的透明度安排，包括国家信息通报、两年期报告和两年期更新报告、国际评估和审查以及国际协商和分析。[59]《联合国气候变化框架公约》[60]下的此类报告和审查程序的组成文件，均未包含规定一国有义务确定、报告或维护其"条标"的条款，相反，只有确定、报告、维护其"国标"的相关条款。《协定》下的透明度框架只不过是一个报告信息框架，是检查各国的报告是否遵守报

---

[57] Ibid. , p. 111.

[58] Decision 1/CP. 21, n. 10 above, para. 27. 1.

[59] Art. 13 (3) - (4) Paris Agreement.

[60] See Decision 4/CP. 5, "Guidelines for the Preparation of National Communications by Parties Included in Annex I to the Convention, Part II: UNFCCC Reporting Guidelines on National Communications" (4 Nov. 1999), UN Doc. FCCC/CP/1999/6/Add. 1; Decision 22/CMP. 1, "Guidelines for Review under Article 8 of the Kyoto Protocol" (30 Nov. 2005), UN Doc. FCCC/KP/CMP/2005/8/Add. 3; Decision 1/CP. 16, "The Cancun Agreements: Outcome of the Work of the Ad Hoc Working Group on Long - Term Cooperative Action under the Convention" (10 - 11 Dec. 2010), UN Doc. FCCC/CP/2010/7/Add. 1; UNFCCC Guidelines on Reporting and Review (2000), paras. 40-7 and 60-4; Decision 2/CP. 17, "Outcome of the Work of the Ad Hoc Working Group on Long-Term Cooperative Action under the Convention" (11 Dec. 2011), UN Doc. FCCC/CP/2011/9/Add. 1, paras. 12-62, and Annex I; Decision 19/CP. 18, "Common Tabular Format for 'UNFCCC Biennial Reporting Guidelines for Developed Country Parties'" (8 Dec. 2012), UN Doc. FCCC/CP/2012/8/Add. 3; Decision 13/CP. 20, "Guidelines for the Technical Review of Information Reported under the Convention Related to Greenhouse Gas Inventories, Biennial Reports and National Communications by Parties Included in Annex I to the Convention" (12 Dec. 2014), UN Doc. FCCC/CP/2014/10/Add. 3.

告指南（报告内容、方法和格式），并就如何改进报告向各个国家提供反馈的框架。[61]技术专家评审（Technical Expert Review，TER）团队审查该信息后，会将其扩充入全球盘点：行动透明度框架目的是按照《联合国气候变化框架公约》第 2 条所列目标，清晰了解气候变化行动，以便为第 14 条下的全球盘点提供参考。[62]因此，如果任何通过透明度框架生成的信息，引发了关于公平（"条标"）的讨论，将在全球盘点的背景下进行，因为透明度框架中本身没有它的位置。提出此类问题当然不是技术专家评审团队的职责，[63]显然，《协定》的透明度框架关注的是个体国家表现，而非个体国家雄心目标，也非共同雄心目标。

（三）第 15 条机制

《协定》第 15 条机制旨在"促进执行和遵守本协定的规定"。[64]第 15 条规定，委员会"应具有促进性质并以一种具有透明性、非对抗性、非惩罚性的方式运作。委员会应特别关注缔约方各自的国家能力和情况"[65]。委员会将无法专注于各缔约方的共同义务，因此，除了加强各国对《协定》技术的个别、具有法律约束力义务的履行外，注定不会产生显著影响；也就是说，甚至把个体国家雄心目标排除在外。[66]

---

〔61〕 Decision 18/CMA. 1,"Modalities, Procedures and Guidelines for the Transparency Framework for Action and Support Referred to in Article 13 of the Paris Agreement"（2 - 14 Dec. 2018），UN Doc. FCCC/PA/CMA/2018/3/Add. 2（Transparency Framework Decision），Annex, para. 7.

〔62〕 Art. 13. 5 Paris Agreement.

〔63〕 Transparency Framework Decision, n. 62 above, Annex, para. 149; see also B. Mayer, "Transparency under the Paris Rulebook: Is the Transparency Framework Truly Enhanced?"（2019）9（1-2）*Climate Law*, pp. 40-64.

〔64〕 Art. 15. 1 Paris Agreement.

〔65〕 Ibid. , Art. 15. 2.

〔66〕 See Decision 20/CMA. 1,"Modalities and Procedures for the Effective Operation of the Committee to Facilitate Implementation and Promote Compliance referred to in Article 15, Paragraph 2, of the Paris Agreement"（15 Dec. 2018），UN Doc. FCCC/PA/CMA/2018/3/Add. 2, Annex, para. 22. See also Z. Gu, C. Voigt & J. Werksman, "Facilitating Implementation and Promoting Compliance with the Paris Agreement under Article 15: Conceptual Challenges and Pragmatic Choices"（2019）9（1-2）*Climate Law*, pp. 65-100.

（四）全球盘点

第一次全球盘点将于 2023 年完成。《协定》第 14.1 条规定了盘点的目的：

《协定》缔约方会议（Conference of the Parties to the Paris Agreement）应定期总结本协定的执行情况，以评估实现本协定宗旨及长期目标的集体进展情况。评估工作应以全面和促进性的方式开展，同时考虑减缓、适应问题以及执行和支助的方式问题，并顾及公平和利用现有的最佳科学。[67] 从该条款的措辞来看，以第 2.1 条温度限制来衡量，"集体进展"（collective progress）将是全球盘点的唯一焦点。这将排除"个体国家进展评估"（即国家层面的"条标"），以便充分关注集体进展。与此条文解读一致，第 14.3 条规定，全球盘点的结果应为缔约方提供参考，以国家自主的方式根据本协定的有关规定更新和加强它们的行动和支助，以及加强气候行动的国际合作。一种解读为，应由缔约方自己单独确定它们必须做些什么，才能将其国家自主贡献的雄心目标提高到"条标"的水平，[68] 而不能由全球盘点来决定各国的雄心目标应该是什么。然而，正如我在前文所说，《巴黎规则手册》关于全球盘点的决定允许有足够的模糊性，以使得如果缔约方希望将其用于该目的，盘点能够发挥个体化论坛的作用。[69] 鉴于全球盘点的重点是"以国家自主的方式根据本协定的有关规定更新和加强它们的行动和支助"[70]，如果全球盘点中所谓的技术评估阶段严格保持在集体层面，而对国家层面的相对努力却毫不提及，这在实践中是无法成功的。2018 年《巴黎规则手册》决定建立了技术对话，其所指范围广泛，并未明确禁止国家间

---

[67] Art. 14. 2 Paris Agreement.

[68] Decision 19/CMA. 1, "Matters relating to Article 14 of the Paris Agreement and Paragraphs 99-101 of Decision 1/CP. 21" (15 Dec. 2018), UN Doc. FCCC/PA/CMA/2018/3/Add. 2 (Global Stocktake Decision), para. 14.

[69] See A. Zahar, "Collective Progress in the Light of Equity under the Global Stocktake" (2019) 9 (1-2) *Climate Law*, pp. 101-21.

[70] See Global Stocktake Decision, n. 69 above, para. 3 (c).

比较。[71]获准参与全球盘点的"非缔约方利益相关者"[72]肯定会参与这样的比较，即使缔约国自己试图避免这样做。然而，《巴黎规则手册》倾向鼓励缔约国使用它，因为"有助于明确、透明和理解国家自主贡献的信息类别"[73]，包括有关"缔约国如何看待其国家自主贡献是公平而有力度的"信息。[74]这些将作为全球盘点的信息来源。[75]至于盘点的结果，它们将"总结机遇和挑战，以在公平的基础上加强行动和支助"[76]。当"公平之光"自然地照在个体国家层面时，将它们保持在集体层面的意义是什么？因为盘点的结果将被纳入完全没有文本的"高级活动"中考虑，[77]很难想象在这样的活动中能够保持对"集体"的完全关注。在实践中，这个过程很可能会演变成一场关于个体国家雄心目标的长时间争论，换句话说，这是一个事实上的个体化论坛。

六、结语

我认为，《协定》的一些条款无法被合理地理解，除非其设定了一项共同义务，即《协定》缔约方遵守2℃升温上限的义务，而该义务的履行，暗含通过相互合作的过程以确定各方的减排力度（"条标"）。在《协定》的集体逻辑中，一个国家必须设定其减排目标，以便与其他国家的努力相比，它是一个公平的贡献。该逻辑还要求采取减缓措施，与其他国家的减缓措施相结合，以确保全球平均变暖不超过2℃。这种由规范文本产生的共同义务是条约的主体和灵魂。然而，从更广泛的分析来看，虽然理论上这一义务可以成为一

---

〔71〕 Ibid., paras. 6, 30.

〔72〕 Ibid., para. 10.

〔73〕 Decision 4/CMA. 1, "Further Guidance in relation to the Mitigation Section of Decision 1/CP. 21" (15 Dec. 2018), UN Doc. FCCC/PA/CMA/2018/3/Add. 2, Annex I.

〔74〕 Ibid., para. 6.

〔75〕 Global Stocktake Decision, n. 69 above, para. 36 (h), albeit at the "collective level" (chapeau of para. 36). 当雄心目标未被定义且量化时，尚不清楚国家层面的雄心（和公平）信息将如何被整合为共同雄心目标。

〔76〕 Global Stocktake Decision, n. 69 above, para. 13.

〔77〕 Ibid., para. 33.

项法律义务，但在实践中它并未被采纳为对国家共同体具有约束力的法律义务，缺少对此进行明确规定的文本。不过，不违反控制在2℃以下的目标仍然是协定成功的关键。因此，有必要将《协定》的集体减排目标分解成为国家层面一级的责任，与集体目标并行存在，并达到集体目标。国家自主贡献必须从国家自主决定转变为公平自主决定（"条标"）。《协定》对孤立主义和绝对自下而上（"国标"）的当前做法的回应可能就是全球盘点。这一机制，作为新机制的组成部分，是唯一可用于监督 2℃ 共同目标的实现并向各个国家施加真正压力，以使其制定更有力度目标的一项机制。

（本文责编：张继红）

Collective Obligation and Individual Ambition
in the Paris Agreement

Alexander Zahar

(Trans. by Yang Meng)

Abstract: Several scholars have claimed or implied that the Paris Agreement imposes a collective obligation on states to keep global warming below 2℃, but what is a collective obligation from a legal point of view? The literature that asserts the existence of a collective obligation fails to address this question. In this article I argue two points. Firstly, while a legally binding collective obligation for states is not a theoretical impossibility, the Paris Agreement has not demonstrably created such an obligation; therefore, the collective obligation that appears in the treaty constitutes at most an objective of the Agreement, albeit a crucial one. Secondly, while state observance of the Agreement's apparent collective obligation (but, in fact, paramount objective) is necessary for the success of the treaty, the Agreement does not provide for a process to resolve the global mitigation burden into state-level ambition commitments to ensure that the

paramount objective is met. While this is a significant failing of the Agreement, the provisions in the 2018 Paris Rulebook on the global stocktake are sufficiently loose to allow for this mechanism to play a role in the "individuation" of the mitigation burden.

Keywords: 2015 Paris Agreement; Collective versus Individual State Obligations; Below 2℃ Containment Aim; Individuation Mechanism; Global Stocktake